Semblanza de un Guerrero

# Hernán Cortés, Conquistador

Corrió el velo de una leyenda e hizo de ella una realidad histórica

Profesor Esteban Mendieta Saavedra

Compilador y prólogo: Hugo Mendieta Zerón

Primera Edición, junio 2010.
Cincuenta ejemplares.
Todos los derechos reservados. Hugo Mendieta Zerón.
ISBN: 978-607-00-2401-6.

## Curriculum del Profesor Esteban Mendieta Saavedra

### 16 de julio de 1913-15 de junio de 1994

Lugar de nacimiento: San Miguel Mimiapan, municipio de Xonacatlán, Estado de México, México.

Hizo sus primeros estudios en la escuela rural de Mimiapan. A los 12 años puso una escuela vespertina para sus amigos que duró poco tiempo.

Sus estudios superiores los cursó en la Escuela Normal para Profesores de la ciudad de Toluca, Estado de México y su posgrado de la especialidad de matemáticas en la Escuela Normal Superior de la Ciudad de México.

Ingresó al servicio de la Federación como profesor de matemáticas el 1º de agosto de 1944 en la Escuela Secundaria de Atlacomulco, Estado de México, llamada actualmente Secundaria "Lic. Isidro Fabela Alfaro", siendo maestro fundador de la misma y profesor de física y química de la misma escuela hasta el 31 de enero de 1950.

Impartió las materias ya señaladas en la Escuela Secundaria Federal de Zamora, Michoacán hasta el 15 de febrero de 1951 y de esta fecha hasta el 31 de enero de 1952 en la Escuela Secundaria Federal de Acámbaro, Guanajuato, regresando a la Escuela Secundaria Federal de Atlacomulco de Fabela, para hacerse cargo de las clases de su especialidad hasta el 1º de marzo de 1959 en que fue comisionado como Director de la misma escuela donde prestó sus servicios hasta el 5 de mayo de 1970, fecha en que fue transferido a la Escuela Secundaria de Loma Bonita en Ciudad Nezahualcóyotl, Estado de México.

Atendió servicios correspondientes a su especialidad en secundarias particulares de Atlacomulco, Acambay, Coyoacán y Tlalnepantla, en donde en julio de 1973, recibió la orden de trasladarse al norte de la misma ciudad, con el fin de que en la colonia Impulsora Avícola fundara una nueva Escuela Secundaria Federal. Obedeciendo las instrucciones de los superiores se trasladó de inmediato al lugar donde se fundaría la nueva escuela, pero para sorpresa suya, se encontró que sólo había en el lugar indicado un gran basurero y un charco. Pues bien, en ese charco y basurero puso la primera piedra, se construyeron edificios que ahora son un próspero centro escolar donde han estudiado miles y miles de adolescentes, TESORO INVALUABLE DE LA NACIÓN.

Al finalizar el año de 1977 se retiró del servicio docente pero aún trabajó en PROTIMBOS y continuó colaborando además por el progreso de su comunidad: San Miguel Mimiapan.

Otro libro del profesor Esteban Mendieta Saavedra:
**"Tres personajes de noble espíritu"**. Biografías. Compilador: Mendieta Zerón Hugo. México. Instituto Mexiquense de Cultura. 2005.

Este escrito lo terminó el Profesor Esteban Mendieta Saavedra en 1980, un servidor, nieto de él, lo terminó de transcribir en 2008 para buscar publicarlo, mientras cursaba estudios doctorales en la Universidad de Santiago de Compostela, España.

Otro libro de Hugo Mendieta Zerón:
- "**Una Familia Mexicana. Historia de 7 Generaciones**". **Novela**. Editorial EDAMEX/Libros para Todos. 2002.

**Dedicatorias**

A mi familia que me entusiasma siempre a seguir escribiendo, mi madre la Dra. María Antonieta Zerón Rojas, mis hermanas las Dras. María Antonieta y Samara Mendieta y mi hermano, el Ing. Carlos Mendieta. A mi padre, el Dr. Hugo Mendieta Rosas, *in memoriam*.

A todos los familiares con quienes de alguna manera he convivido, agradeciendo en especial a mi tía, la Dra. Martha Ruth Mendieta Alcántara, por haber conservado celosamente los escritos de su padre (mi abuelo), el Profesor Esteban Mendieta Saavedra, para evitar su desintegración en el polvo del olvido.

# PRÓLOGO

¿Qué es México? Se dice que un país mestizo. Más bien, lo fue por un instante, pero como muchas cosas, se ha quedado parado en el tiempo. Ahora, por ejemplo, España se está haciendo verdaderamente mestiza, con 9.93% de su población proveniente más allá de sus fronteras,[1] mientras México sólo tiene 0.5% de su población que sea extranjera.[2] El verdadero México mestizo es el del exterior, con el 10% de mexicanos viviendo en otros países y formando familias multinacionales.

En la historia que me corresponde presentar, el no-héroe mexicano, Hernán Cortés, ejemplifica el ascenso meteórico hacia un sueño imposible, en el que sólo mentes con visión más allá de lo inmediato pueden soñar, pero también representa la caída de un poderoso a manos de sus propios compatriotas y por un exceso de confianza al desafiar al tiempo. Cuauhtémoc, de brioso carácter cual joven azteca que sentía su responsabilidad de defender su imperio para su gente y para sus dioses, significa el ejemplo de cómo se defiende un país hasta el final, significa el orgullo de una identidad.

Por paradojas de la Historia, Cortés, fenestrado por su nación, cuya esposa murió sospechosamente en sus manos, escribió en su testamento que a su muerte lo enterraran en México, donde sus restos han seguido reposando, mientras, el último líder azteca con valor y gallardía, después de haber aguantado la defensa de México-Tenochtitlán hasta su última barca sobre la entonces laguna, la quema de sus pies, la destrucción de sus edificios y ser asesinado por Cortés, ha quedado oculto en algún lugar entre México y Guatemala que es casi seguro nunca se pueda determinar.[3,4,5]

Hernán Cortés fue inhumado varias veces. Al morir en España fue inicialmente sepultado en el monasterio de San Isidoro del Campo, en Sevilla pero en 1566 sus restos mortales fueron trasladados a la Nueva España y sepultado junto con su madre y una de sus hijas en el templo de San Francisco de Texcoco. En 1794 las autoridades de la colonia exhumaron nuevamente los restos de Cortés con el fin de cumplir con los deseos del conquistador de México y fue sepultado en la iglesia contigua al Hospital de Jesús. En 1823, a los dos años de la Independencia de México, Lucas Alamán y el capellán mayor del Hospital, ante el temor de que la población arrasara con los restos de Cortés, ocultaron la urna con la osamenta bajo la tarima del templo del Hospital de

---

[1] Instituto Nacional de Estadística (INE, España).
[2] Instituto Nacional de Estadística, Geografía e Informática (INEGI, México).
[3] Hernán Cortés. 5ª Carta de Relación.
[4] Alva Ixtlilxóchitl. Obras Históricas. Décima Relación.
[5] Eulalia Guzmán. Pruebas y Dictámenes sobre la autenticidad de los restos de Cuauhtémoc. México. INAH. 1954.

Jesús, donde permanecieron escondidos allí durante trece años. En 1836 se extrajeron los restos y fueron depositados en un nicho que se construyó en la pared del templo, donde reposaron durante 110 años hasta ser reencontrados. Al parecer, Lucas Alamán, en algún momento informó a la embajada española del lugar en el cual habían depositado los restos de Cortés.

En 1946, historiadores del Colegio de México tuvieron acceso al acta notarial en la cual se detallaba la última morada de Cortés y después de autentificar los huesos, procedieron a restaurar la urna. El 28 de noviembre de 1946 por decreto presidencial se confirió al Instituto Nacional de Antropología e Historia la custodia de los restos mortales de Hernán Cortés y en 1947 se puso sobre el muro de la iglesia una placa de bronce con el escudo de armas de Cortés. Al final, los restos del conquistador descansan en el lugar que eligió en su juventud para ser sepultado.[6]

Está claro que el imperio azteca cayó ante una civilización con tecnología militar superior, pero que se impuso por un aspecto clave, la alianza de las ciudades vecinas a la Gran Tenochtitlán, ciudades grandes y poderosas pero celosas de la capital azteca, se unieron a una promesa para acabar siendo derruidas y obligadas a pagar tributo a un nuevo dueño. Por otra parte, también es cierto que una vez establecida una ruta comercial trasatlántica, sólo era cuestión de tiempo para que la avaricia despertara a otros ejércitos más allá de Veracruz, y si Cuauhtémoc hubiera podido vencer a Cortés, ¿cuánto tiempo más hubiera podido resistir una invasión de otra armada naval con cañones y armas de fuego hasta entonces desconocidas para los aztecas y todas las culturales originales de lo que ahora es México? Es por eso que la figura de este último gran guerrero azteca se levanta aún más, porque no sólo se enfrentaba al ejército español, se enfrentaba a la primera potencia marítima de su época, se enfrentaba al que sería el imperio más grande de la época, se enfrentaba a poblaciones autóctonas que se entregaron al extranjero y ¡se enfrentaba a la Historia misma!

Como es sabido por todos, la historia la suelen imponer los vencedores, y la historia de México no es la excepción. No obstante, hay un punto que llama la atención de manera inversa, la mayoría de quienes escribieron sus memorias de la Conquista de México-Tenochtitlán por parte de los autores españoles mencionan a Cuauhtémoc como un líder que estuvo siempre al frente de los suyos, organizando la defensa y los ataques para salvar su majestuosa ciudad, en cambio, los cronistas indígenas mencionan al gran y último Tlatoani con respeto pero sin darle protagonismo en las batallas.[7]

---

[6] Carlos Pereyra. Hernán Cortés. Editorial Porrúa, S. A., México 1985.
[7] Divergencias en la Biografía de Cuauhtémoc. Estudios de Historia Novohispana. México. 1. 1966:53-

Del desencuentro de las dos vertientes que nos dieron origen han quedado enormes vacíos en nuestra historia, la mayoría imposibles de recuperar, como lo fue la quema de todos los escritos de los grupos indígenas mexicanos, de los que no quedaron sino unos cuantos códices. De ahí en fuera, nunca sabremos toda la sabiduría que se eliminó en las hogueras, el conocimiento de los astros, la herbolaria, nuestra historia. Se fueron para siempre.

Como herederos de un espacio en el que por azar del destino nos tocó nacer, estamos obligados a buscar reminiscencias en nuestro espíritu del joven Cuauhtémoc y redoblar esfuerzos por conservar lo que haya y por crear de manera incesante un nuevo conocimiento, mantener una cultura mexicana que nunca más se vuelva a perder. Para esto debemos adquirir la costumbre de escribir nuestro presente, escribir las historias de nuestras familias, escribir nuevas obras para que futuras generaciones comprendan de dónde vienen.

Fuentes: Los libros consultados por el Profesor Mendieta fueron publicados antes de 1980 y el prologuista consultó referencias más actualizadas para cotejar información. De entre los autores no podemos dejar pasar que por ejemplo Gómara (o Gómora) sin haber estado nunca en América escribió su libro con cierto tinte de alabanza a Cortés, pero con muchas fallas ya comentadas en su tiempo. En relación a Salvador de Madariaga sus biógrafos critican sus escritos justificativos del imperialismo de la época e incluso su acercamiento a la CIA (Agencia Central de Inteligencia, de Estados Unidos, por sus siglas en inglés).[8] Por otra parte, resulta gratificante tener la oportunidad de consultar las ediciones más antiguas e incluso originales de los historiadores de la Conquista de México, estando en Toluca o en cualquier parte del mundo con la facilidad que ofrece el internet y la digitalización de los textos. Es así que se puede leer con precisión los acontecimientos como si estuviéramos enfrente del soldado-escritor Bernal Díaz del Castillo, quizás la voz más autorizada al haber tomado parte directa en la epopeya y dejarla escrita con mayor orden y precisión.

Época del autor: El Profesor Mendieta Saavedra alcanzó a vivir de niño las consecuencias de la Revolución Mexicana, y parece que su mente quedó programada y agradecida por la oportunidad de haber estudiado, esto último se manifestó en su vocación de maestro para dirigir el cauce de las vidas de miles de jóvenes. Sí, la creación de Escuelas Normales, una en las cuales él estudió, fue un éxito con efecto multiplicador en la formación de millones de mexicanos.

---

114.

[8] Ernesto Carmona. Las intrigas de la CIA contra Neruda (y los conflictos políticos de los escritores latinoamericanos) - MEMORIA, 187, 2004.

Tengamos en cuenta que esta obra fue escrita a máquina de escribir, y cuando hubo que agregar párrafos, las hojas se tuvieron que repetir. Este libro es un noble esfuerzo del Profesor Esteban Mendieta por recordarnos lo que somos. Encontraremos comentarios muy personales y juicios críticos y el lector más avezado encontrará influencias claras de los historiadores tradicionales de nuestro México, Vasconcelos, Justo Sierra, Riva Palacio, con esa redacción buscando la precisión y el sendero de la sabiduría, sabiduría que deberían perseguir todos los mexicanos para conducir mejor a nuestra nación.

Una acotación muy importante es que debido a que los nombres de personas y lugares en los libros de la misma época de la Conquista se escribieron de diversas formas, las posibles variaciones se han reducido al mínimo para homogeneizar la escritura.

Por último menciono que, una vez que el Profesor Mendieta terminó este libro, escribió varias cartas con la formalidad a la que estaba acostumbrado, a distintas instancias, buscando su publicación sin encontrar la más mínima respuesta, sus mejores años habían pasado y no le hacían caso. Gente que había estudiado con él o mucho más jóvenes pero sin sabiduría alguna, sólo afán de hacer dinero en una posición política. No obstante, casi tres décadas después su proyecto ha sido cumplido.

Dr. Hugo Mendieta Zerón

# Índice

| | |
|---|---|
| PRIMERA PARTE | 1 |
| Semblanza de un guerrero. Hernán Cortés, conquistador | 3 |
| Hernán Cortés hacia su destino | 8 |
| El imperio español | 12 |
| Hernán Cortés se presenta a Don Frey | 19 |
| Retorna Don Diego Colón a Santo Domingo como Virrey | 22 |
| Bernal Díaz del Castillo | 36 |
| Francisco Hernández de Córdoba | 37 |
| Juan de Grijalva | 40 |
| Allanado el camino | 51 |
| La imagen de un capitán | 61 |
| Hernán Cortés en el umbral de la fama | 64 |
| El imperio mexicano | 74 |
| Hernán Cortés en el umbral del gran imperio de Moctezuma | 79 |
| Hernán Cortés, Capitán General y justicia mayor | 89 |
| Nace la Villa Rica de la Veracruz | 96 |
| Planificando el ataque | 104 |
| La partida hacia la fama | 107 |
| Camino de Tlaxcala | 112 |
| Las batallas | 116 |
| Ataque nocturno al real español | 124 |
| Se abre una grieta | 130 |
| Hernán Cortés entre los tlaxcaltecas | 144 |
| Excursiones de Diego de Ordaz | 148 |
| Camino de Cholula | 152 |
| La matanza de Cholula | 158 |
| SEGUNDA PARTE | 175 |
| La marcha sobre México | 177 |
| La entrada a la Ciudad de México | 181 |
| La entrega | 186 |
| Hernán Cortés visita a Moctezuma en su palacio | 191 |
| Hernán Cortés hace un recorrido por la ciudad | 196 |
| Los españoles hacen una capilla en su aposento | 200 |
| Prisión del emperador | 202 |
| Se construyen dos bergantines | 206 |
| Hernán Cortés impone tributo a todos los mexicanos | 209 |
| Diego Velázquez, Gobernador de Cuba, equipa una armada para combatir y prender a Cortés | 214 |

| | |
|---|---|
| Hernán Cortés partió de México hacia Veracruz el dos de mayo de 1520 | 219 |
| El amanecer del 30 de mayo de 1520 | 228 |
| El genocidio del gran teocalli | 231 |
| Cuitláhuac, décimo rey azteca | 243 |
| Noche triste | 244 |
| Hernán Cortés en Tlaxcala y Campaña de Tepeaca | 254 |
| Fundación de Segura de la Frontera e institución de la esclavitud | 257 |
| Hernán Cortés concede permiso para retornar a Cuba | 262 |
| Cortés apresta sus armas para sitiar la ciudad de México | 265 |
| Cortés avanza sobre Texcoco | 269 |
| Campaña de Hernán Cortés por el sur de la gran Tenochtitlán | 278 |
| Conjuración en contra de Cortés | 284 |
| Comienza el sitio de México | 286 |
| El Uei Tlatoani hecho prisionero | 319 |
| El botín y tormento de Cuauhtémoc | 329 |
| Reparto del Botín y más batallas | 333 |
| Sospechosa muerte de la esposa de Cortés | 345 |
| Hernán Cortés, Capitán General y Gobernador de la Nueva España | 345 |
| Francisco de Garay | 353 |
| Acusaciones a Cortés ante su Majestad | 364 |
| Muerte de Pedro de Alvarado | 366 |
| Llegan a México los misioneros franciscanos | 368 |
| Hernán Cortés abandona el Gobierno de México por ir a las Hibueras | 371 |
| Muerte de Cuauhtémoc | 381 |
| Llega un navío | 388 |
| Aviso del licenciado Zauzo de la situación en México | 393 |
| Se pregona la Presidencia General en contra de Cortés y otros conquistadores | 399 |
| Destierro de Cortés | 403 |
| Hernán Cortés, Marqués del Valle de Oaxaca, Capitán General de la Nueva España y Caballero de la Orden de Santiago | 409 |
| Primera Audiencia | 412 |
| Segunda Audiencia | 416 |
| Fray Sebastián de Aparicio en México | 420 |
| Fin de Nuño de Guzmán | 421 |
| Gobiernos que sucedieron a Cortés después de su viaje a las Hibueras | 422 |
| Prisión de Pedro de Alvarado | 423 |

| | |
|---|---|
| Llegada del primer Virrey a la Nueva España. Don Antonio de Mendoza | 428 |
| Una nueva expedición | 430 |
| Llega a México la noticia de la firma de la paz entre Francia y España | 431 |
| Segundo viaje de Cortés a España | 434 |
| Carlos V en Flandes y expedición a Argel | 437 |
| Las quejas de Cortés | 440 |
| Se forma una academia en la casa de Cortés | 443 |
| Fin de Hernán Cortés | 445 |
| Epílogo | 449 |

# PRIMERA PARTE

# SEMBLANZA DE UN GUERRERO
# HERNÁN CORTÉS, CONQUISTADOR

La épica de España tocaba su fin, la victoria por su unificación e independencia total, estaba próxima. La dominación arábiga que comenzara con la invasión de la península hispana por Tarik, el guerrero moro en 711, en dos batallas sangrientas, en 713 acabó con la dinastía de los bisigodos españoles, su último rey, don Rodrigo, murió en la batalla de Guadaletas, y cuya dominación árabe durara hasta 1492, cuando Boabdil, el último rey moro huyera de su pequeño reino de Granada, dejando a España para siempre, después de que esta sufriera una dominación de poco menos de ocho siglos.

A siete años del triunfo de las armas hispanas, en Medellín, provincia de Extremadura, España, cuna de porfiados aventureros; tierra que hizo brotar de su entraña a audaces conquistadores y que siguiendo la huella de un gran genovés, engendró la epopeya de un Nuevo Mundo, que por arte de un malabarismo se llamó América.

Allí, en ese Medellín de 1485, vio la luz primera un niño no muy robusto, y que al ser bautizado se le pusieron los nombres de: Fernando, Hernando o Hernán Cortés y Pizarro por su madre, apellido que nunca usó. Nadie podría presagiar que al correr de los años, ese niño se convertiría en el adalid más importante de su tiempo.

Los padres de Hernán fueron: Martín Cortés sin el "Don" y doña Juana Pizarro de Altamirano. Dice el padre Francisco López de Gómara, biógrafo de Cortés en los momentos de su esplendor, no da el "don" a Martín y sí lo da a "doña" Juana, la madre, por lo que se asegura que por la línea materna, Cortés procedía de alguna "alcurnia".

El origen de noble estirpe de Hernán Cortés, ahora no debe preocuparnos tanto, como se preocuparon los cronistas de su tiempo, porque Cortés, es Cortés por los cuatro costados, con algo de Tamerlán, Atila y mucho del romano Julio César; cruel, despiadado y frío y nada cristiano, aunque su divisa fuera la Cruz. Como lo afirmara en el momento de preparar sus estandartes y banderas al insertar en su pendón, la siguiente leyenda:

"Compañeros, sigamos la señal de la Cruz, con fe verdadera que con ella venceremos".

Dícese que sus padres para su crianza, le dieron una ama, "con menos aparato del que después el valor de su persona le dio".

En sus primeros años se pierde su huella en conjeturas, que como hijo de hidalgo se fue desenvolviendo al lado de su ama, viviendo en casa de pueblo, con poca o ninguna comodidad, enfermizo y enclenque al grado de "que llegó muchas veces a punto de muerte" (Gómara). Los padres de Cortés queriendo encontrar remedio a esos males, afirma que buscaron la advocación de un santo entre los apóstoles, y echando suertes, al azar le deparó a San Pedro, por quien el encomendado sintió singular devoción a lo largo de su vida. Mas, Cervantes de Salazar asegura que no fue la suerte quien deparó a Cortés su santo protector, sino la devoción de la nodriza quien siendo devota del apóstol, le ofreció al niño con gran devoción y algunos sacrificios dignos de mujer cristiana, y que de allí en lo sucesivo el niño "convaleció".

Emancipado el muchacho de su ama, comienza sus escapadas, formando parte de pandillas de rapazuelos a quien él dirige, algunas veces cazando pájaros o liebres y otras veces solo, montando el caballo de su padre.

El muchacho delicado de Medellín, al irse convirtiendo en adolescente, dejará que el azar guíe su estrella, pero a menudo se servirá de su hado al apóstol a quien fue encomendado, ya sea para administrarse a sí mismo o para administrar su destino al que parece, está "predestinado".

A los catorce años sus padres lo hacen ingresar a la Universidad de Salamanca, sin que se diga si ya había hecho los estudios de primeras letras o en qué escuela aprendió a leer y a escribir.

La Universidad de Salamanca, era por ese tiempo, la más prestigiada institución de estudios superiores de España, tanto en el campo cultural, como en el social, político y moral. A esa casa de estudios había llegado por el año de 1499, siete años después del descubrimiento de un Nuevo Mundo, un adolescente ambicioso, con el deseo de estudiar la carrera de leyes, y los cosmógrafos de la casa de estudios más absortos por los recientes descubrimientos, no reparaban que entre la multitud de estudiantes se encontraba uno, que veinte años después sería el conquistador más famoso, más grande que el soñado por el navegante más grande de ese tiempo, don Cristóbal Colombo.

Se dice que Hernán Cortés sin ser tahúr, era aficionado a todo tipo de juegos de azar y que mostraba buena cara, tanto al perder como al ganar, esa cualidad debió depararle buenos amigos entres los estudiantes de la Universidad; aunque por otra parte, siendo hijo de hidalgo pobre, era altivo y supo codearse con la progenie de los grandes señores, que como él, eran universitarios.

Todos los autores de las crónicas de ese tiempo y específicamente hablando del joven Cortés, se enfrascan en inciertas suposiciones y no aclaran hasta qué grado académico alcanzó Hernán.

Dice Las Casas que era "latino" y que en Salamanca había estudiado leyes y que era bachiller. Bernal Díaz que le conoció y lo trató personalmente escribe:

"Era latino e oí decir que era bachiller en leyes y cuando hablaba con letrados y hombres latinos respondía a los que le decían en latín".

Mas, otros tres autores los desmienten y le niegan el grado de bachiller, Cervantes de Salazar, dice:

"Siendo de edad de catorce años, lo enviaron sus padres a Salamanca donde en breve tiempo estudió gramática, porque era muy hábil; quisieron sus padres que siguiera el estudio de las leyes, mas como su aventura lo llamara para empresa tan importante, dejando el estudio por ciertas cuartanas (calenturas intermitentes) que le dieron, de las cuales sanó, dentro de ciertos meses, volvió a su tierra".

Otro autor anónimo, quizás bien o mal informado afirma:

"Enviado a Salamanca a la edad de catorce años para que hiciera sus estudios; estudió gramática durante dos años viviendo en la casa de su tía Inés Paz, mujer de Francisco Núñez de Valera. De donde a causa del tedio de los estudios y de la esperanza de mayores empresas (para las máximas había nacido de verdad) se fue retornando al hogar paterno. Muy mal tomaron sus padres esto pues habían puesto sus esperanzas en él, que era hijo único, y deseaban que prosiguiese el estudio de la ciencia del derecho que en todas partes goza de honor y estima".

Gómara que conoció y trató a Cortés, dice:

"Volviese a Medellín harto o arrepentido de estudiar o quizá falto de dinero. Mucho pasó a los padres su venida y se enojaron con él, porque dejaba el estudio. Deseaban que aprendiese leyes, facultad rica y honrada entre todas las otras, pues era de muy buen ingenio y hábil para toda cosa".

Y siguen diciendo una sarta de razones, de que estudió dos años, que no estudió por falta de dinero o por la disciplina severa de la tía, o porque el joven estudiante no se sentía a gusto entre una juventud adinerada, o porque no mejor decirlo después de tanto tiempo, la vocación de Hernán Cortés no eran las letras ni las ciencias ni las artes, su verdadera vocación eran las armas. De todos modos, los dos años que Cortés pasó en la Universidad, le dieron cultura y conocimientos suficientes de los hombres para andando el tiempo servirse mejor de ellos.

Bachiller o no, Cortés acaba de cumplir diez y seis años, y ya los tenemos de regreso en casa, para hacerle frente al enojo de sus padres, Gómara dice: "Cortés es bullicioso, travieso y altivo, amigo de las armas".

Sus padres muy luego se dieron cuenta de su impotencia para gobernar sus ímpetus juveniles, y como hijo único debe haberles costado más de una pena resignarse a dejarlo que tomara la carrera de las armas, que ya manifestaba como la de su predilección.

Ya no hay duda, Cortés no será hombre de letras, será hombre de armas. Está en el umbral de su destino, pero no sabe cuál es su camino. Quiere ir a Italia a engrosar las filas del Gran Capitán, en el pináculo de su gloria, ¿o irá a América con alguna expedición en busca de oro y fama?

Pasa un año en la casa paterna y a los diez y siete, queda decidido que se enrolará en la flota de treinta navíos que está aprestando don Fray Nicolás de Ovando, Comendador Mayor de Alcántara, nombrado el 3 de septiembre de 1501, como gobernador general de las Indias, para sustituir a Bobadilla, que a su vez había sido sustituto del gran Almirante del Mar Océano, Don Cristóbal Colombo.

Mas, al enrolamiento con Ovando quedó frustrado, debido a que el joven Hernán, al andar allí metido en lides amorosas, y trepado en tejados ajenos, en pos de una dama, quedó mal parado al derrumbarse una pared ruinosa que dio con su humanidad medio sepulto en la puerta de la dueña, y poco faltó para que Cortés fuera atravesado por un hombre que espada en mano al oír el ruido de la caída, acudió al sitio donde el enamorado yacía. La intervención oportuna de la suegra del espadachín, argumentando que no se le hiciera nada al intruso, hasta no saber, quién era, salvó al novel don Juan de salir bien librado de ese incidente.

El golpe dejó maltrecho a Cortés, con la agravante de que le volvieron las cuartana, de tal modo que cuando Ovando se hizo a la vela en San Lucas, el 13 de febrero de 1502, Cortés se encontraba en su casa maltrecho y enfermo, por lo que no pudo embarcarse.

Pasó algún tiempo, y el joven sanó, nuevamente tiene el intento de dirigirse a Italia, donde aún residía el Gran Capitán, mas no pasó a Italia, dicen discretamente sus biógrafos que malgastó el tiempo en aventurillas. Tiene ya diez y ocho años y la bolsa vacía, pero un tesoro de esperanza saliente de su espíritu, sin caminar de prisa, con la espada al hombro y un envoltorio colgando en la punta, vestía un calzón de terreruelo y camisa, y puesto sobre ella una ropilla de terciopelo y adornos de raso, medias de seda, zapatos cuadrados a la usanza de la Corte. Va alegre rumbo a su destino pero no a Italia.

Deja pasar otro año, aprendiendo en la escuela de la vida todo lo que ve a su alrededor. En el mediodía de España, en Sevilla, en San Lucas, en Cádiz, en Palos y todos los puertos del sur, donde se aprestan y arman navíos que han de partir rumbo a un mundo de ensueño, de donde llegan noticias de tesoros, leyendas de reinos exóticos de maravilloso encanto.

Ve desfilar capitanes, pilotos, marinos, frailes y soldados de fortuna, seguidos de caciques indios, ya desnudos, ya vestidos con extraña indumentaria y adornos de plumas con aderezos de oro en muñecas y tobillos. Qué fantasía pasa por los ojos de su imaginación; pero su interés crece cuando se entera o llegan nombres de aspirantes a adelantados, descubridores y que desfilan por la cancillería real en demanda de una concesión o una cédula que les depare una porción de tierra, donde haya que buscar oro o perlas, riquezas y vasallos.

Andan por allí, los Vicente Yáñez, Alonso Niño, Vasco Núñez de Balboa, que años después, vistiendo sus galas, se adentraría, en las aguas del "mar del Sur" y a nombre de los reyes de España, tomaría posesión de él; Nicuesa, Ponce de León y tantos otros aventureros, de entre ellos, Pedrerías, que más tarde en una farsa de juicio, asesinaría a su yerno, Vasco Núñez de Balboa.

Entre tanto, Hernán Cortés, en Sevilla, Palos, o Cádiz, ha llegado a los 19 años, siendo receptor de las nuevas emociones que llegan de allende al Atlántico, por lo que dice su autor Gómara, "Tornóse a Medellín con determinación de pasar a las Indias. Diéronle sus padres la bendición y dineros para ir".

## HERNÁN CORTÉS HACIA SU DESTINO

En un barco de una flota comercial, compuesta de cinco navíos, al principiar el año de 1504, Hernán Cortés de 19 años, abordó una Nao capitaneada por el marino Alonso Quintero, hombre codicioso, corroído por la ambición y la envidia, que a todo trance trataba de sacar ventaja a sus empresas, y en éste al partir para las Indias, ya llevaba su plan para llegar a Santo Domingo, antes que sus compañeros y de ese modo, obtener en la vena de sus mercancías, las mejores ganancias.

La navegación se llevó a cabo sin ningún problema hasta la escala obligada, que era la Isla Gomera; que una vez cumplidos los votos, en Santa María del Paso y tomar refresco, Quintero deseoso de adelantarse a sus compañeros, por la noche hizo a la vela creyendo que llegaría primero a Santo Domingo, como ya lo había previsto, pero aún no había llegado a la isla de Hierro, la más occidental de las Canarias cuando una furiosa tempestad huracanada, se abatió sobre su barco, al que le arrancó el mástil, arrastrando jarcias y el velamen. No hubo víctimas, pero el barco quedó inutilizado para navegar en alta mar. Al momento la tripulación y el pasaje, no se dio cuenta del desastre, porque se encontraba en popa, comiendo conservas y confituras a expensas de Cortés que era el anfitrión. A su corta edad, ya revelaba esa generosidad de la que dicen que siempre fue pródigo y por la cual, siempre tuvo poder sobre los hombres.

Quintero muy a su pesar, tuvo que retornar a la Gomera y todo avergonzado y extenuado, debió implorar a los maestros de los otros barcos para que lo esperaran, mientras repara las averías de su nave, cosa que consiguió, aunque sospechaban de la deslealtad del marino, del que decían: "quien hace un cesto, hace ciento" o lo que es lo mismo, de que: "quien traiciona una vez, es capaz de volver a traicionar". Porque Quintero no les rogaba que esperasen por el gusto de ir con ellos, sino por el placer de volver a adelantarse. Y esto fue lo que hizo días después.

Cuando los cinco navíos partieron y ya se encontraban en alta mar, Quintero movido por su mezquino espíritu de codicia, por la noche desplegó todas sus velas y habiendo viento en popa, se alejó de sus compañeros de viaje, perdiéndose en la distancia y en la oscura soledad de la noche, casi sin rumbo y sin los suficientes conocimientos náuticos para salir avante en esa aventura en que se había metido el avaro navegante. Pero dice don Salvador de Madariaga: "Era indispensable que quedara vindicada la virtud y castigado el vicio". Esta vez no fue el viento huracanado el encargado del castigo sino el propio piloto, que como un juez supremo que hace uso de los altos designios de la justicia, supo fiarse más de su ignorancia más que de su rectitud. El piloto era un tal Francisco Niño, de la familia de los famosos navegantes Niño, del puerto de Palos; de aquel Alonso Niño que gobernara el navío "La Niña", que formara parte de las Carabelas de Colón.

Mas, este Niño, no hacía honor a sus congéneros famosos, pues se perdió en el camino hacia el Nuevo Mundo.

Según Madariaga, escriben los cronistas diciendo:

"Maravíllavanse los marineros, estaba triste el piloto, lloraban los pasajeros, (allí entre ellos iba Cortés) y ni sabían el camino hecho, ni por hacer. El patrón echaba la culpa al piloto y el piloto al patrón. Ca según pareció, iban reñidos. Ya en esto se apocaban las viandas y faltaba agua. Ca no bebían sino de la que llovía. Y todos se confesaron (unos a otros y se absolvieron unos a otros, añade el cronista latino a quien hay que creer). Unos maldecían su ventura, otro pedía misericordia esperando la muerte que algunos tenían tragada. O ir a tierra de Caribes, donde se comen a los hombres".

En este estado de zozobra, en el cual todos habían perdido la esperanza, al anochecer del viernes santo, vieron una paloma que después de volar suavemente se posó en el mástil de la nave.

"Lloraban de alegría, alzaban las manos al cielo y daban gracias a Dios, señor misericordioso, señor de todas las cosas. Uno decía que no podía estar muy lejos la tierra. Otro que era el Espíritu Santo que en forma de aquella nave, se había dignado a consolar a los tristes afligidos. Donde volaba la paloma, allá seguía el navío".

El barco siguió navegando con el rumbo que llevaba la paloma, con su cargamento de mercancías y pasajeros fieles, dispuestos a confiar en el éxito de su viaje o en las leyes naturales o en lo sobrenatural, que en ese tiempo generalmente era el timón de toda empresa.

El hombre, criatura impotente cuando se encuentra frente a los fenómenos naturales se cohíbe, se empequeñece e implora, pero cuando está frente al hombre que es su igual, se crece y trata de dominarlo, cuando no someterlo y explotarlo. Tal era el caso de los viajeros que navegaban en la nave de Quintero, de tal modo que cuando vieron a la paloma que se posó en su barco, los más lo atribuyeron a un signo de buen agüero, porque la iglesia representaba a una de las deidades de la trilogía celestial, en forma de paloma. Ante la inmensidad del océano, medrosos y esperanzados volvían a tener fe en llegar sanos y salvos a tierra.

Varios días después, otro Cristóbal de apellido Zarso, como aquel Rodrigo de Triana, dio la voz de "tierra", la alegría perdida envolvió a todos, el mismo Francisco Niño recobró su aplomo, que en la travesía había perdido. Habían llegado a la costa de las higueras y al promontorio de Samaná, en la Isla Española. Cuatro días después entraron al puerto de Santo Domingo, en donde el tramposo de Quintero estuvo a punto de desmayarse, porque allí se encontró con las cuatro naves que él dejó atrás y que sin embargo llegaron primero, llevándose las primicias del comercio.

Hernán Cortés, aún insignificante, a quien se creía perdido en el mar, ignorado y confundido entre la tripulación y pasajeros de una nave que acababa de llegar, no era más que un joven de 19 años, ¿con pretensiones de qué? ¿De colono, de explotador o de conquistador? Pasarían otros quince años para que le diera principio a su empresa que le daría fama, riqueza y poder.

Entre tanto, el Gobernador General no se encontraba en la ciudad, pero estaba uno de sus secretarios, un tal Medina que conocía a Cortés, quien acudió a bordo para hablar con éste, y explicarle y aconsejarle al inexperto recién llegado "las leyes de los insulares como ciudadanos de Santo Domingo a fin de gozar de los privilegios de los conquistadores: obtener tierra para granjería y un solar en la ciudad para construirse una casa, más la seguridad de que pronto sería señor de un número de indios; todo ella, a cambio de cinco años de residencia en la isla, sin salir de ella, salvo con permiso especial del Gobernador, después de cuyo plazo podría hacer lo que quisiera e ir a donde desease".

Leída que le fue la cartilla el joven conquistador en ciernes escuchó atentamente estos consejos y contestó:

"Ni en esta ni en ninguna otra isla de este Nuevo Mundo deseo yo ni espero estar tanto tiempo".

Al secretario Medina no la agradó nada esta respuesta, le causó disgusto y le informó de ello al gobernador.

## EL IMPERIO ESPAÑOL

Hernán Cortés, tenía 19 años cuando arribó a la Isla de Santo Domingo, llamada la Española, por su descubridor el gran Almirante del Mar Océano. Agonizaba el siglo XV, y con el inicio del siglo XVI, nacía a la Historia un gran imperio que no fortaleciendo su estructura con la idea de un modesto marino, que se ha hecho realidad y ha rejuvenecido a un mundo viejo, casi decadente, que recibe nuevas formas de vitalidad.

La épica de Cristóbal Colombo, dio nuevos rumbos a los conceptos científicos y una nueva luz iluminó el camino y el pensamiento de la humanidad.

Doña Isabela la Católica, reina admirable y ejemplo de estadistas junto con sus consejeros íntimos, don Hernando de Talavera, arzobispo de Granada y su colega el Cardenal Cisneros, sus confesores y hombres escogidos para dirigir la política, cumplían su cometido con la mayor responsabilidad religiosa y consideraban que era su deber la salvación de los "indios como la primera obligación que el descubrimiento imponía a la Corona".

Magnífico propósito reforzado por una pléyade de varones abnegados, que España enfrentó a las turbulencias de una corriente de aventureros ávidos de riqueza y poder, que se volcaron en un mundo virgen para avasallarlo todo.

Estuvieron presentes las figuras venerables de Las Casas, Sahagún, Mendieta, Motolinía, Montesinos y tantos preclaros defensores de los vencidos, que con juicio certero definieron los principios que condenaban merecidamente a tantos conquistadores y colonizadores españoles, en los que hay muy pocas excepciones.

Los principios que ellos formularon, a nivel de toda conquista o colonialismo, tienen vigencia de eternidad.

Veamos lo que dice Fray Bartolomé de las Casas, magnífico exponente y defensor del espíritu cristiano y del derecho humano y natural.

"Las indias pertenecían a los indios, cuyo hogar eran por voluntad de Dios, y todo lo que en ellos había, mineral, vegetal, o animal todo de ellos era. Los españoles no tienen otro título en ellos que el de llevar en sus carabelas el Evangelio".

Hemos de convenir que para Las Casas y para todo cristiano de su tiempo, la religión de Cristo era la verdad y que todo lo demás era error. Pero Las Casas difería de los demás, en que de verdad pretendía que la verdad prevaleciese. Y seguía con su santa intransigencia; "O los cristianos se conducían en las Indias como cristianos o no tenían derecho a estar allí". Y sigue diciendo: "No habiendo otra causa legítima para entrar cristianos a estos reinos y tierras, sino sólo para darles noticias y conocimientos de un solo y verdadero Dios y de su hijo universal Redentor".

La religión bien atendida, en los primeros tiempos de la conquista y colonización, fue el motor básico de la construcción y fundación de iglesias, conventos y centros educativos. El aprendizaje de dialectos nativos por los evangelizadores, facilitó la tarea de instrucción de la doctrina y sus preceptos, ya que por esos días la razón de la vida religiosa, era la razón de la vida, la razón del Estado.

La reina Isabel de Castilla, motor político en la unidad de España y en inmensas empresas de exploración y colonización de un mundo nuevo, que tempranamente para sus recursos, representaba un gran esfuerzo, frente a un vasto panorama, de complejos problemas, para un estado joven recientemente nacido, cuando el devenir del tiempo o el azar de la historia pone a sus plantas, las fabulosas Indias, y que sin alcanzar madurez política como estado soberano, tiene que hacerle frente apremiante prestancia e innumerables conflictos.

Con la huida de Boabdil el último rey moro y las estipulaciones de Santa fe, y la caída de Granada el 2 de enero de 1492, se consume la unidad del reino español, y el 12 de octubre del mismo año, apenas poco más de 10 meses, emerge de una epopeya, en el horizonte poniente, un mundo virgen que ofrece a los ojos de Europa, todo un panorama de ensueño y pasión, de ávida locura, de codicia y posesión.

España poco poblada y poco rica, por el esfuerzo de una guerra que culminó con la expulsión definitiva del último rey moro, hace prodigios para hacerle frente a los problemas económicos, pero sale avante en los primeros aprestos para equipar la flota que ha de conducir al primer Almirante del Mar Océano, Don Cristóbal Colombo.

Consumada la epopeya, muchos hidalgos, caballeros y señores, se sienten colonos y se agolpan en la corte para solicitar alguna merced real, que les autoricen dirigirse al país de las maravillas, para buscar oro, perlas y vasallos, o ganar un señorío.

Qué fascinante resultaba observar este remolino de actividades, donde los hombres prodigios van y vienen, unos con sus éxitos y otros con sus fracasos, unos ricos y otros pobres, maltrechos y enfermos, otros se pierden en la distancia como tragados por los elementos o por el medio hostil, como si se opusieran al irresistible avance a las puntas de lanza, que obstinadas pretenden abrirle camino a la civilización.

A partir del 12 de octubre de 1492, comienza la aurora de nuevos pueblos y el ocaso y el martirio de sus moradores. Santo Domingo, Jamaica, Cuba, Yucatán, Darién, las costas de tierra firme, para culminar con las conquistas de poderosos imperios, México y Perú, y vastísimos territorios. Y todo para la grandeza de Castilla y la expansión del gran Imperio Español.

La épica del Almirante del Mar Océano don Cristóbal Colombo, que culmina el 12 de octubre de 1492, en la isla de Guahananí, y en seguida con el descubrimiento de la Española que después se llamó Santo Domingo, en su oportunidad, comenzarán a hacerse efectivas las "estipulaciones" otorgadas por los reyes Católicos a don Cristóbal Colombo.

El descubridor, fue investido virrey y gobernador General de las Indias, para sí y para sus herederos, pero lo que tenía don Cristóbal de marino y navegante, le faltaba de político, más aún si navegaba en un mar de intriga y envidias, por lo que pronto dejó el gobierno de la Española en manos de Francisco de Bobadilla, quien sin ninguna consideración, y con espíritu mezquino, tal vez para borrar las glorias del ilustre descubridor, lo hizo preso, lo cargó de cadenas y grillos y lo remitió a España, para que fuera enjuiciado y procesado; afortunadamente para el cautivo, al presentarse ante la reina Isabel, ésta ordenó en el acto que el preso fuera liberado.

Bobadilla duró en el gobierno de Santo Domingo hasta 1502, año en que llegó, para sustituirlo don Frey Nicolás de Ovando, Comendador Mayor de la Orden Militar de Alcántara.

Dice Fernández de Oviedo, cronista y alcalde de Santo Domingo que conoció y trató personalmente a don Frey el nuevo gobernador de Santo Domingo, que: "Era muy devoto y gran cristiano, muy limosnero y gran piadosos con los pobres, manso y bien hablado con todos; y con los desacatados tenía prudencia y rigor que convenía; a los flacos y humildes favorecía y ayudaba, a los soberbios y altivos mostraba la severidad que se requería haber con los trasgresores de las leyes reales, castigaba con la templanza y moderación que era menester; y teniendo en buena justicia a la isla, era de todos amado y temido. Y favoreció a los indios mucho, y a todos los cristianos, que por acá militaban debajo de su gobernación, trató como padre, y a todos enseñaba a bien vivir como caballero religioso y de mucha prudencia, tuvo la tierra en mucha paz y sosiego".

El padre las Casas, opuesto a Oviedo, en el trato a los indios, en pocas palabras nos da una imagen de la personalidad de don Frey, cuando dice:

"Este caballero era varón prudentísimo y digno de gobernar mucha gente, pero no indica, porque, en su gobernación inestimables daños les hizo".

El centro colonial del naciente imperio, está en Santo Domingo, los gobernadores enviados por la Corona a esta Isla, aunque honorables y capaces, tenían que hacerle frente a innumerables problemas y conflictos, por una situación cambiante en la que debía enfrentarse con una colectividad formada por dos razas con costumbres totalmente opuestas, en lengua y tradiciones, y que se encontraban en constante conflicto.

El gobernador debía atender la distribución de tierras, promover expediciones, fundar ciudades, abrir caminos, crear puertos, organizar la mano de obra, para las muchas construcciones, cobrar, guardar y remitir el quinto real del oro extraído de las minas, reprimir revueltas y alzamientos, dar información a la Corona de los sucesos acaecidos en la isla y en las islas circunvecinas y aún en tierra firme.

La isla además de ser motivo de empresa, era suministradora de hombres y víveres; hacía el papel de enfermera y consoladora de afligidos y maltrechos y fracasados exploradores, que regresaban enfermos o arruinados maldiciendo su mala suerte.

Entre los hombres famosos que desfilaron por la Española en busca de riqueza y honores, de 1499 a 1502, cuando aún la colonia era incipiente, figuran; Alonso de Ojeda, que fue favorito de Fonseca y que se hizo acompañar del cartógrafo Juan de la Cosa y Américo Vespucio, que sin hacer algo notable, se inmortalizó dando su nombre al nuevo mundo.

Ojeda, hombre valiente, audaz y temerario, llegó hasta las costas de Venezuela, a la que bautizó con el nombre de pequeña Venecia y después degeneró en Venezuela.

Por el mismo tiempo, Alonso Niño, llegó a las mismas costas a las que había llegado Hojeda, pero con más suerte que éste, porque en poco tiempo se hizo rico.

En el mismo año de 1499, Vicente Yáñez Pinzón, compañero que fuera del Descubridor, el piloto más distinguido y heroico de su tiempo, zarpó de Palos y fue el primero en llegar a las costas de Brasil, el 20 de enero de 1500, recorrió más de dos mil millas de costa y descubrió la desembocadura del gran río Amazonas. Por los mismos años, Diego de Lepe, recorre los mismos mares, hasta llegar más allá del cabo de San Agustín, se dice que le acompañaba Américo Vespucio.

En 1500, Rodrigo de Bastidas, leguleyo y picapleitos en Sevilla, abandona si clientela, para emprender un viaje con Juan de la Cosa. Llegan a Venezuela y de allí, costeando el continente hacia el norte, llegan a Panamá. Retornan a Cádiz en 1502.

El continente se iba definiendo y se opone al paso de don Cristóbal Colombo, para llegar a Cipango y Quinsay, mientras tanto los portugueses le habían ganado la carrera para llegar a las islas orientales. Bartolomé Díaz, había doblado el Cabo de Buena Esperanza en 1486, y Vasco de Quiroga en 1497, había alcanzado la India, y pasando tres años, en 1500, al comenzar el siglo XVI, Pedro Álvarez Cabral, navegante portugués llega a las costas del Brasil. La rivalidad entre España y Portugal, parece ahondarse, empero, se ha de suavizar, cuando más tarde una flota española al mando de un navegante portugués, encuentra en Sudamérica, el paso hacia el Océano Pacífico, y que desde entonces se llamó, Estrecho de Magallanes.

Otros Argonautas llegaron después, que con la misma fe de aquellos que partieron en busca del Vellocino de Oro, se esparcieron por los mares ignotos hasta poner el pie en tierra firme. Algunos alcanzaron su empresa, otros murieron en el camino, pero todos contribuyeron con su ambición o su esfuerzo de adelantados a fundar y engrandecer un imperio.

Aquellos hechos, ahora a la luz de la historia y el avance de la civilización, parecen una leyenda o cuento de hadas, mas, situándonos en el tiempo que acaecieron, considerando los medios y elementos con que contaba el hombre, las hazañas se agigantan y la épica consumada no tiene dimensiones. Distancia, mar y cielo, y alcanzada la meta, había que luchar, hasta vencer o morir. Dilema cruel pero certero, que en ningún momento admitió vacilación, porque el que obró sin decisión estaba condenado a la muerte.

Queremos recordar con sumo interés lo que los cronistas han repetido en sus relaciones, y por más que se le quiera ver con la fría indiferencia con que la historia presenta los hechos, es conmovedor y hasta estrujante, que al Almirante don Cristóbal Colombo, el Gobernador Frey Nicolás de Ovando, le haya prohibido el acceso al puerto, que Bartolomé Colombo había fundado, parece irónico que al gran descubridor le hayan cerrado las puertas de su casa, o mejor dicho, de ese maravilloso Mundo que él descubrió y que puso a los pies de la humanidad, cuando de 1502 a 1503, el fantástico Almirante en su fantástica porfía intentaba por última vez, hallar un paso por occidente, para llegar a las tierras del Gran Can. Con la negativa de Ovando, el descubridor se vio obligado a vagar por los mares hasta encontrar un refugio en la Isla de Jamaica. Para entonces sus barcos estaban carcomidos, casi arruinados de tal modo, que representaban un peligro hacerse a la mar. La colonia de Santo Domingo que desaprobó la negativa de Ovando y tiempo después, vio con admiración, cómo dos compañeros del Almirante, Diego Méndez y Bartolomé Flisco, navegando en una canoa indígena, habían hecho la travesía desde Jamaica hasta Santo Domingo, para demandar socorro. Don Cristóbal espera, mientras Ovando dejaba pasar el tiempo, verano y otoño, sin mover un dedo en socorro de Colón. Por fin don Frey, mandó una carabela al mando de un enemigo del Almirante, para averiguar lo que pasaba, con la consigna de que no se acercase ni tratase de comunicarse con la tripulación de los navíos de Colón. En esta ocasión la opinión general de la colonia de Santo Domingo aún contraria a los Colón, censuró con acritud la conducta del Gobernador por la forma tan despiadada en que se había conducido, al negarse a dar socorro al gran descubridor.

Los sermones dominicales fueron el portavoz de la opinión pública que ahora favorecían al ilustre navegante.

Hernán Cortés residente en Santo Domingo y que había llegado a la isla por primera vez por la pascua florida de 1504, debió enterarse de los sermones y pudo ser testigo del paso del Almirante que por última vez, se iba de regreso a España, para no volver.

A Cristóbal Colón, triste, envejecido, casi pobre y amargado por los desengaños, Ovendo lo trataba con deferencia, pero con falta de respeto en los hechos, la víspera de su partida a España, se despedía de las "Indias" que él descubrió y que ya no volvería a ver, pero que su nombre y su hazaña, por encima de todas las mezquindades humanas, quedaría gravada en la historia con letras que no borra el tiempo y que brillarán a través de las sombras, hasta el fin de los siglos, por toda la eternidad.

Quisiera concebir un epitafio a la altura de la grandeza del magno Almirante, para esculpirlo en su tumba, pero Colón no tiene tumba, porque su tumba está en la conciencia de toda la humanidad, y mientras existe un ser humano, allí estará impreso el nombre de Cristóbal Colombo, Almirante del Mar Océano.

Esta breve reseña nos da una idea del panorama político de la isla llamada la Española, en los días en que gobernando don Frey Nicolás de Ovando, llegó Hernán Cortés a Santo Domingo en 1504, por los días de la Pascua Florida, en la nave de Quintero y que por milagro escapó de un naufragio.

Los reyes Católicos, habían puesto sumo cuidado en la selección de los colonos que habían de poblar las Indias, ordenaron ser escogidos de familias conocidas, honorables y de alcurnia, prefiriendo las que hubieran prestado algún servicio a la causa y a la casa Real, o de hidalgos de reconocido linaje, sin que no obstante, se colaran personajes de poca valía y cuyo título era el de aventureros. Mas, hay que convenir que no hay clase ni rango social que asegura la uniformidad, para una comunidad que está en proceso de formación, máxime si los componentes de una nueva sociedad provienen de diferentes medios sociales, con o sin preparación y movidos únicamente por el incentivo de la codicia.

Hernán Cortés no fue seleccionado, se embarcó por su propia iniciativa y al llegar a las Indias, tomó el partido que mejor le pareció. ¿Sería granjero, buscador de oro, explotador o conquistador? Estaba aún muy joven para pretender ser lo último; tendrían que pasar quince años para darle cima a la empresa que por ahora ni soñaba.

## HERNÁN CORTÉS SE PRESENTA A DON FREY

Cuando Hernán Cortés llegó a Santo Domingo y tuvo la oportunidad de presentarse al Gobernador, lo hizo con bastante diplomacia, le besó la mano y le entregó sus cartas de recomendación y le dijo que llegaba de Extremadura. Ovando lo recibió con agrado pero no pasó de ahí.

El joven Cortés estaba muy pobre y por esos días pasó por un período de penuria tal, que se dice que con dos de sus amigos se servían de una sala capa, para ir a "negociar a la plaza", pero comprendiendo que esa ocupación era poco remunerada y no estaba en concordancia de su carácter, se dedicó a la búsqueda de oro que pensaba lo haría rico, se dice que en esa ocupación estaba cuando el Magno Descubridor pasó por última vez por Santo Domingo a su retorno a España, y debe haberse enterado de la negativa de Ovando, de enviarle socorro cuando el Almirante se encontraba en Jamaica.

Hablan los cronistas que Cortés tuvo su primer ascenso en la Colonia, como escribano en el pueblo de Azúa, no muy lejos de Santo Domingo, y que lo debió a su arrojo en un combate en contra de los indios en 1503, lo que no puede ser cierto, ya que Cortés llegó a la Isla en 1504. Débese entonces el nombramiento de escribano a alguna merced que el gobernador quiso otorgar. El pueblo era aún una porción de chozas. La iglesia, alguna casa de hacendado rico, que ya para entonces apuntaba en la organización colonial. Cervantes de Salazar refiere que "Cortés vivió seis años dándose a granjerías y sirviendo su oficio a contento del pueblo".

Afirman los que conocieron al hidalgo extremeño, que era de fácil palabra y clara inteligencia y con su preparación salamantina, lo hacía a propósito para ser buen escribano público, con mucho trabajo por el cambio constante de propiedad en el orden naciente de la colonización.

El ascenso que alcanzó Cortés en aquellos años no fue en el campo de las armas, sino en el campo de las letras y esto mismo le abrió camino para andar en lides amorosas, al grado que tuvo más de un lance con algún hidalgo al disputarse los favores de alguna dama ya nativa o castellana. Bernal Díaz escribe diciendo:

"Oí decir que cuando mancebo en la isla Española, fue algo travieso sobre mujeres y que se acuchilló algunas veces con hombres esforzados e diestros e siempre salió con victoria e tenía una señal de cuchillada cerca de un brazo de abajo que si se miraban bien en ello se le parecía, mas cubríanselo con las barbas, la cual señal le dieron cuando andaban en aquellas cuestiones".

Las afirmaciones de Bernal Díaz, respecto de los amores de Cortés, no deben de asombrar a nadie, puesto que es una ley de la naturaleza, de que cuando en el ser humano aflora el sexo, a unos con más y a otros con menos fuerza, los empuja a satisfacer sus deseos y Cortés no podía ser una excepción, puesto que era un joven normal, entonces tenía que obrar de acuerdo con sus pasiones, o mejor dicho de acuerdo con las exigencias que su propia naturaleza le imponía, recuérdese que a los 17 años, ya andaba "por tejados ajenos en pos de una dama".

Los cronistas están de acuerdo que don Frey Nicolás de Ovando, Gobernador con poderes omnímodos y dictador de la Isla, no permitía bromas ni abusos respecto de relaciones ilícitas en la Colonia. Dice el Padre las Casas: "tuvo una industria muy buena para tenerlos muy sujetos, entre los cuales había muchas personas y caballeros".

No obstante la rigidez del gobernador, Hernán Cortés no fue desterrado, se salió con la suya, tuvo amores y hasta hijos naturales, y como en la Colonia no había muchas mujeres españolas y menos que se prestaran a fáciles amoríos, se infiere que anduvo detrás de las indias que eran más fáciles de encontrar, pero si el gobernador Ovando no le infirió ningún castigo, ya porque no se enteró, ya porque se hizo el disimulado, la naturaleza se encargó de castigar su desenfreno sexual, al contraer una enfermedad venérea, que en ese tiempo se conocía como el mal de "bubas".

Escribe Cervantes de Salazar: "En ese tiempo quiso pasar a Veragua, tierra afamada de muy rica; dejó de hacerlo por un dolor grande que le dio en una pierna. "Decían sus amigos que eran las bubas porque siempre fue amigo de mujeres y las indias mucho más que las españolas infeccionan a los que las tratan".

Cortés estaba comprometido para tomar parte en la expedición que había organizado Diego de Nicuesa y Alonso de Hojeda (Washington Irving, escribe Ojeda sin "H" en los

Compañeros de Colón), pero en el momento de zarpar Hernán no se presentó debido a que se encontraba en cama tomando el "guayacán" que entre los indios se usaba para curar la sífilis.

La expedición partió sin el joven escribano, en ella iba otro personaje que se haría célebre en la conquista del Perú, Francisco Pizarro. Por segunda vez, Cortés, debido a sus amoríos, no concurre a sus compromisos de armas, y en eso dicen algunos cronistas, parece asomar la sombra del destino, ya que esta expedición fue un completo desastre y a ella el extremeño no concurrió como testigo y actor en la tragedia que envolvió a todos los expedicionarios, incluyendo a los jefes, Alonso de Hojeda y Diego de Nicuesa, veinte mil pesos en gastos y más de mil hombres costó esta aventura. Hojeda regresó pobre y Nicuesa desapareció.

Mientras tanto, Cortés seguía en Azúa, atendiendo a sus asuntos y recobrando su salud, meditando en sus sueños para su porvenir.

## RETORNA DON DIEGO COLÓN A SANTO DOMINGO COMO VIRREY

Don Diego Colón, hijo del descubridor, ha logrado reivindicar sus derechos, como legítimo heredero de Don Cristóbal y retorna a Santo Domingo como Virrey y Gobernador General de las Indias y desembarca en el puerto el 10 de julio de 1509. Llegaba muy bien acompañado "su casa poblada de hijosdalgo". Con don Diego Colón llegaban sus dos tíos, el adelantado don Bartolomé, fundador de la ciudad y puerto, don Diego, que pretendía que hubiera una horca en cada calle, para colgar a los rebeldes españoles que no se avenían con el gobierno de los Colón; también llegaba el hermano bastardo del Gobernador, don Fernando, que había escrito una crónica de los Descubrimientos y aventuras de su ilustre padre.

Los cronistas hablan de que si Cortés estuvo presente en el desembarco de los viajeros, tendría puesta su atención en las damas que con ellos llegaban, ya que además de la Virreina, doña María de Toledo, sobrina del Duque de Alba, le acompañaban "algunas dueñas a doncellas hijasdalgo, é todas o las más de ellas que eran mozas se casaron en esta ciudad y en la isla con personas principales é hombres ricos de los que acá estaban, porque en la verdad había mucha falta de tales mujeres de Castilla".

Cortés, tal vez con ávida curiosidad, observaba ese grupo de damas que llegaban, entre las cuales iba la que en poco tiempo después, sería su mujer y le ocasionaría más de un grave y dramático problema.

Entre las personas que llegaron con Don Diego Colón en 1509, iba Juan Juárez, natural de Granada; le acompañaban sus tres hermanas, en calidad de damas de la Virreina doña María de Toledo, las animaba el propósito de casarse, con algún hijosdalgo o caballero, rico de los recientes en la Colonia.

En los días que gobernó don Diego Colón en la Española, promovió la conquista de la isla de Puerto Rico, que se conocía con el nombre de la isla de Borinquen y que los españoles la llamaron también San Juan. En esta conquista el joven Hernán Cortés no tomó parte, placíale su ocupación de Hidalgo-granjero leguleyo, sin que sintiera impaciencia por satisfacer su vocación de soldado, parece que no tiene prisa por empuñar las armas y una vez más, cuando don Diego Colón acuerda conquistar la isla de Cuba, cuando se ha comprobado que es una isla, y arma una expedición al mando de Diego Velázquez, uno de los hombres más distinguidos de la Colonia, Hernán Cortés es invitado por el nuevo jefe, que le promete oro y el moro, acepta éste, pero sin ir como soldado o Capitán, sino con un nombramiento de civil aunque relacionado con las armas.

El padre las Casas que siempre fue contrario de los conquistadores, por la mucha sangre que derramaban entre los vencidos, en muchas veces casi indefensos, dice de Diego de Velázquez: "Una era de ser más rico que ninguno otro; otra era que tenía mucha experiencia, en derramar o ayudar a derramar sangre destas gentes malaventurazas; otra que era de todos los españoles que debajo de su regimiento vivían era muy amado, porque tenía condición alegre y humana y toda sus conversación era de placeres y agasajos...otra que tenía todas sus haciendas en Xaraguá y otras comarcas".

Este era el personaje que en diciembre de 1511, salió de la villa de Sabana, en la Española, para ir a conquistar a Cuba. De Jamaica le llegaron varios voluntarios, entre ellos, Pánfilo de Narváez, lugarteniente del gobernador de la isla. Dice las Casas que "Este Pánfilo de Narváez, era un hombre de persona autorizada, alto de cuerpo, algo rubio que tiraba a ser rojo, honrado, cuerdo pero no muy prudente, de buena conversación y buenas costumbres y también para pelear con indios esforzado...con una falta de ser descuidado".

Diego Velázquez, nombró a Narváez como su Capitán general y a requerimiento del mismo Velázquez, aparece en escena uno de las personajes más singulares de esos tiempos y que había de ser el relator apasionado y vehemente de los hechos de la conquista y de las atrocidades de los conquistadores; Fray Bartolomé de las Casas.

Las Casas, joven aún, acompañaba a Narváez en su calidad de sacerdote, y en mucho intervino para hacer menos duros los golpes terribles que impactaban los españoles cristianos sobre los indefensos indios.

Aseguran los cronistas que Narváez puesto del codo con las Casas, llevaron a cabo la conquista de Cuba, ya que Velázquez por su obesidad, ni era buen jinete ni buen soldado, aunque la campaña no fuera de las más aguerridas y más heroicas de la conquista.

Refiere las Casas sobre los descuidos imperdonables de Narváez, y que todo buen Capitán no debe olvidar estando en campaña, que él estando dormido: "se despertó con gran sobresalto, hallándose con sus 25 soldados casi copado por unos millares de indios, que codiciaban la vestimenta de los españoles, ya que desde la llegada de estos, habían sentido vergüenza de sus desnudez. Narváez al percatarse de la situación, al recibir una pedrada en el estómago, mandó ensillar su yegua, que dice las Casas era su única caballería, y que en camisón saltó en ella, y que bastó el ruido de las campanillas del arnés, para que los indios presas de terror pánico, se pusieron en precipitada fuga.

Mientras tanto, Hernán Cortés, según su relator Francisco López Gómora, que Diego Velázquez impedido por su obesidad, para las lides de guerra, hizo su socio y consejero al extremeño, y que éste: "se condujo esforzadamente en la guerra y que en poco tiempo, llegó a ser el más experto de todos". Esta afirmación carece de confirmación, ya que las Casas no está de acuerdo con Gómora, porque presenta a Cortés en esta etapa de su vida, como secretario de Velázquez y Gómora como oficial del tesorero Miguel de Pasamonte.

Dicen los historiadores que en este pasaje de la vida de Cortés, las Casas merece más crédito, puesto que vivió cerca de los hechos, mientras Gómora, escribió muchos años después inspirado en el mismo Cortés.

El padre las Casas relató de Cortés como lo vio y dice: "Era muy resabido y recatado, puesto que no mostraba saber tanto ni ser de tanta habilidad, como después lo demostró en cosas arduas". Su cronista Gómora afirma que: "Después de que Cortés pasó a Cuba con Velázquez, a nada dedicaba más atención que congraciarse con su jefe de todas maneras posibles". Este testimonio es de mucho valor ya que procedía de una fuente que siempre le fue favorable a Cortés, ya que siempre trataba de acomodar los años juveniles de los hombres famosos a sus épicas posteriores; a Cortés sin embargo no es necesario agregarle o quitarle nada de sus años mozos, porque Cortés fue Cortés desde siempre, como lo son todos los donceles de inteligencia despierta y viva imaginación.

Cortés como soldado fue valiente Capitán en el campo de batalla, de singular bravura hasta llegar al heroísmo, añádanse a estas cualidades su sagaz astucia y su habilidad como diplomático negociador y en el manejo de los hombres, era un consumado artista que sirviéndose de ellos, en los primero años de su ascensión, supo y pudo conducirlos a la fama y la inmortalidad.

El futuro conquistador tenía 27 años, cuando en Cuba ocupaba los cargos de secretario del gobernador Diego Velázquez y tesorero del rey. Dice Gómora que en todo trataba de congratularse con su jefe, pero lo cierto es que poco a poco le fue presentando una abierta oposición.

Los cronistas sin ponerse de acuerdo, sacan el hilo diciendo, que concurrieron dos factores para el distanciamiento entre Velázquez y Cortés; uno amoroso y el otro político. El primero tuvo su origen en la intervención de Velázquez para que Cortés cumpliera una promesa de matrimonio hecha a doña Catalina Juárez (Antonio de Solís, Cronista de Indias, dice que doña Catalina se apellida Suárez), quien con bastante éxito había cortejado al tesorero, pero que ahora se negaba a casarse con ella, se deduce que la dama haría sido seducida, porque de otro modo la promesa no hubiera pasado de palabras y allí habría terminado todo. La intervención del Gobernador ante su secretario se fundaba en que aquel, amaba también a una de las hermanas de doña Catalina, que por ese vínculo, instaba al jefe de Cortés, para que hiciera presión sobre éste, para que cumpliera su palabra de matrimonio hecha a su hermana. Gómora dice que el reacio amante se vio reducido a prisión y que "al fin se casó con ella, aunque primero tuvo sobre ello algunas pendencias".

El segundo, el factor político, se suscitó, por aquello de que Velázquez en el reparto de tierra y la concesión de mercedes y vasallos, no había sido "parejo"; que a unos les daba más y las mejores tierras y que a otros les daba malas tierras y en menor extensión, con menor número de indios. De las murmuraciones, pasaron a los hechos, de tal modo que los descontentos buscaron donde reunirse y como para entonces Cortés ya apuntaba en su medio social y político como foco de atracción, puestos de acuerdo con él, y amparados por la oscuridad de la noche, se reunían en su casa para "conspirar".

Los cronistas no han aclarado si Cortés conspiraba en contra del Gobernador, movido por un sentimiento de justicia por sus muchos yerros y abusos o porque estaba sentido por la intervención que tuvo en su matrimonio con doña Catalina. En este pasaje de la vida de Cortés, López de Gómora, su relator cercano, trata de justificarlo haciendo recaer la culpa del distanciamiento, a envidiosos y enemigos del secretario del Gobernador, que según el cronista, se dedicaron a sembrar intrigas, que provocarían rencillas entre ambos y acabarían enemistados.

Por esos días llegaban a la Española, enviados por la Corte, los Oidores de la Real Audiencia, para averiguar las actas del Virrey, y al enterarse de esta visita los descontentos de Cuba, al punto se apresuraron a escribir sus quejas y enviarlas pero para ello necesitaban una persona de confianza y de valor probado, y disponer de una embarcación para la travesía que no era corta. El elegido fue Cortés que ya era conocido por su audacia y ascendiente, que él sería capaz de desafiar no solamente la furia del Gobernador su jefe, sino también las furias del mar. En un endeble y pequeño esquife se disponía a realizar su misión, cuando al subir a su embarcación por órdenes de Velázquez fue aprehendido y recluido en prisión.

El castigo lógico, de acuerdo con las leyes del tiempo, el secretario traidor a su jefe, era la muerte, la horca, pero repitiendo lo que dice don Salvador de Madariaga:

"¿Dónde estaba la horca de donde iba a colgar el adalid más grande que España ha conocido, el destino de un continente y la epopeya más luminosa y fértil en leyendas que el mundo occidental ha vivido?"

En este pasaje de la vida de Cortés, Madariaga habla de él con devoción, porque para España no se duda de si fue una épica, tal vez superior a la del Cid, pero ¿y para los que resultaron vencidos qué sería? Las consecuencias de esa epopeya las ha juzgado ya la historia y sabemos que no fueron tan luminosas. Lágrimas, dolor, sangre y sojuzgamiento fueron sus frutos. ¿Qué para construir un edificio nuevo sobre las ruinas de un viejo es necesario derribar el viejo? Cierto, pero no sacrificar a sus moradores.

Las leyes del tiempo son inexorables, y cuando el hombre las 34 aplica, se vuelve salvaje, se hace feroz y si la épica se escribe así, ¿qué clase de épica es para los muertos? ¿O para los vencidos?

La empresa realizada por Cortés, no es ni pequeña ni grande, fue una empresa semejante a todas las realizadas por otros conquistadores, con su cortejo de muerte, despojos y sumisión, y si Cortés hubiera sido ahorcado por Velázquez, otro Cortés con diferente nombre hubiera realizado su obra, con más o menos crueldad. Pero Diego Velázquez no lo ahorcó, durante varios días la vida del futuro conquistador estuvo pendiente no del lazo de la horca, sino del humor de un Gobernador, que por su obesidad, con frecuencia se sentía cansado y "era bien condicionado y durábale poco el enojo".

Cortés salvó la vida pero no la libertad, encontrábase prisionero con grillos en los pies y centinela de vista. Mas, no era hombre que durara mucho tiempo en prisión, su ingenio y su audacia le allanarían el camino y le abrirían las puertas de su prisión. Sin que los cronistas se pongan de acuerdo, López de Gómora dice: "Quebró el pestillo del candado del cepo, tomó la espada y la rodelas del alcaide, abrió una ventana y descolgase por ella y fuese a la iglesia". Este hecho parece inverosímil, ya que no es de creerse, que un cautivo, con grillos en los pies y centinela de vista, pudiera realizar por sí solo todo un programa de evasión sin que nadie lo viera o le ayudara.

Cristóbal de Lagos su guardián, que dormía en la habitación de su prisionero, es probable que por amistad o por miedo, él haya sido el que le ayudó a fugarse. Con esto se verá que Cortés por esos días ya contaba con bastante influencia para oponerse y contrarrestar la autoridad del Gobernador.

Cuando Diego Velázquez se enteró de la evasión del prisionero, indignado "riñó a Cristóbal de Lagos, diciendo que soltara a Cortés por dinero y soborno". El Gobernador hizo todo lo posible por apoderarse del fugitivo, ahora prisionero en una iglesia, pero no lo consiguió.

Cortés aburríase dentro del espacio reducido de un templo, cuando surge a su recuerdo la imagen de Catalina Juárez, la joven desdeñada antes por el prófugo, y ella no se hizo la sorda ni Cortés indiferente, cuando en un momento dado salió del templo al encuentro de la dama, los guardias de Velázquez que estaban en acecho, le echaron mano y lo volvieron a reducir a cautiverio, no sin antes presentar tenaz resistencia. Tomaba parte en la aprehensión del futuro conquistador un tal Juan Escudero, que andando el tiempo por motivos que no es preciso adelantar, Cortés lo mandaría ahorcar.

Para asegurar a su prisionero, Velázquez lo mandó a bordo de un barco en la bahía, y para ya no tener problemas con él, decidió enviarlo a la Española, a la que Cortés con gusto iría como testigo de cargo en las acusaciones en contra del Gobernador: mas, no como prisionero, por lo que comenzó a tramar su evasión.

Hernán Cortés era poseedor de una singular sangre fría, astucia y audacia, que con un poco de buena suerte como dicen los cronistas, logró en esta vez, atraerse a sus cómplices que lo ayudarían en su escapatoria. Con verdadero esfuerzo, aunque un poco lastimado, logró descalzarse los grillos, por la noche se vistió con el traje de su criado y tranquilamente subió a cubierta y anduvo por allí a la vista de todos sin ser reconocido, despreocupado, como quien no tiene prisa, estuvo entre marineros de tripulación y nadie lo reconoció, entonces se arrimó a la borda y tomando una cuerda, se deslizó en la oscuridad sobre un batel del navío y a remo se alejó hacia otro barco solitario, que se encontraba en la bahía, cortó la cuerda de su batel para que el mar en su oleaje se lo llevara y para que al descubrir su fuga, no tuvieran bote en qué perseguirlo; a continuación se puso a remar hacia la costa, pero la corriente del río era violenta y no lo dejaba avanzar, por lo que decidió echarse al agua para llegar a la orilla nadando; resuelto se desvistió, pero antes de tirarse al agua, se amarró en la cabeza unas escrituras que llevaba como escribano del ayuntamiento y como oficial del tesorero y que hablaban mal de Velázquez. Este detalle ofrece una luz de este Cortés, como hombre de pluma y de espada. Se tiró al agua en la bahía de Baracoa infestada de tiburones, y en medio de una oscuridad cerrada, nadó hacia la costa, donde al llegar se escondió en un zarzal, mientras pasaba el peligro de los guardias que ya lo buscaban por todas partes, y sin esperar a que amaneciera, sin pensarlo mucho, se dirigió a la casa de Juan Juárez, el hermano de Catalina, la dama con quien se había rehusado a casarse.

Se pensará el por qué Cortés se había ido a refugiarse en la casa de una familia que él había desdeñado y que sería como echarle leña al fuego, para encender las pendencias particulares y de éstas a las pendencias de índole público, pero Cortés ahora deseaba casarse con la joven Catalina "porque lo había prometido y quería vivir en paz". Por lo que se infiere que había ido a la casa de Juan Juárez, para comunicarle que estaba dispuesto a casarse con su hermana y por fin buscar un arreglo con el Gobernador. Sin embargo, Cortés se movía con cautela, se refugió otra vez en la iglesia y esperó a que Juan se comunicara con Diego Velázquez y saber qué era lo que éste decía.

La reconciliación fue fácil y placentera, si Cortés aceptaba casarse, ya no había problemas, podía considerarse como perdonado, si así se le puede llamar a esa quella entre jefe y subordinado o entre pretendientes de dos hermanas.

Por esos días el Gobernador se encontraba persiguiendo a unos indios rebeldes, y al estar en su campamento revisando cuentas de su despensa, por una ventana se asomó Cortés que iba armado y acompañado de Juan Juárez, su casi ya cuñado, gritando: "Hola señores, aquí está Cortés que viene a ofrecerse a su bizarro Capitán". Velázquez había perdonado al rebelde secretario. Se dice que Cortés se batió con denuedo y que en recompensa, recibió a muchos indios.

Diego Velázquez no tenía como debilidad ser rencoroso, al poco tiempo, fue padrino de una hija de Cortés, que procreó con una india, que decía llamarse doña Fulana Pizarro, apellido que probablemente le dio Cortés al bautizarla y luego la tomó para sí como manceba, porque con doña Catalina no tuvo nunca hijos. En consecuencia, el Gobernador y el Secretario, terminaron sus querellas siendo compadres, ¿que si se estimaron? ¿Qué si se tuvieron confianza? El tiempo lo diría. Mas, por esos días, Velázquez le hizo Alcalde de la Villa de Baracoa, que después y hasta hoy habría de llamarse Santiago de Cuba.

Cortés se halla, ya en el principio de su senda, se ha vuelto a ganar la confianza de su jefe, su don de gentes, resalta, -dice las Casas- "no se descuidaba nada de servirle y agradarle y no enojarle en cosa chica ni grande". Mas, si hay que agregarle su facilidad de palabra, que usaba como una fuerza vigorosa de convencimiento, su presencia de ánimo combinada con su chispeante ingenio, le daban un arma irresistible que a todos convencía. Su rápida vuelta al poder, habla de su mérito, por lo que Velázquez, debe haber pensado que más le convenía tener a Cortés como amigo que como enemigo.

Hernán Cortés ya tranquilo y seguro de su estancia en la Villa de donde era Alcalde, según testimonio del padre las Casas, no solamente se dedicó a los asuntos de su empleo, sino a negocios de producción de ganado mayor y menor; vacas, yeguas, corderos y cerdos. Y se dice que fue el primero en tener un "atho" y cabaña; y que a Cuba, fue el primero en llevar toda clase de ganado procedente de la Española, y los muchos indios que le dio el Gobernador en su reparto los empleó en la búsqueda de oro, que llegó a reunir más de tres mil pesos, cantidad cuantiosa para esos tiempos. Sobre esto, el padre las Casas, termina diciendo en uno de sus párrafos: "los que por sacarle el oro murieron. Dios habrá tenido mejor cuenta que yo".

El buen padre, más piadoso para el indígena que para el español mal cristiano, había sido ya testigo de los maltratos que recibía el indio, del colono hispano, sediento de riqueza y ávido de oro, que deba por seguro que toda riqueza acumulada en las Indias, tenía un origen criminoso.

Sin embargo, algunos historiadores aseguran que Cortés, aunque exigente en el trabajo con sus indios, no fue cruel con ellos y ponen el ejemplo en sus aseveraciones, de que el Amo salió una vez en canoa a hacer una inspección a su gente y que al regresar en su endeble embarcación, el oleaje y la corriente contraria no le permitió llegar a la rivera y que la noche, junto con un fuerte viento, se le vinieron encima e hicieron zozobrar la débil embarcación. Que de este peligro mortal y casi sin aliento, lo salvaron unos indios de su dominio, a quienes les debió la vida. A este Hernán Cortés, cada vez que estuvo en un trance difícil o en un peligro mortal, siempre se realizó un prodigio que lo salvara. Y dicen que si éste hubiera tratado mal a sus indios, estos no lo hubieran salvado.

Hernán Cortés iba acumulando experiencia, la colonia iba creciendo y el gobernador también crecía en autoridad y él en sentido de su dignidad e importancia, el mar y la distancia sus aliados para ir creando una sociedad casi autónoma, sin injerencia del Virrey y la Corona; se creía casi como un virrey y exigía que se le diera ese trato; refieren los cronistas que "nadie se sentaba mientras él estuviera de pie, así fuese muy caballero". Tenía una como corte privada, en la que su Capitán General y sus cortesanos, le rendían respeto y vasallaje.

Velázquez tenía un "truhán", que lo divertía, según la costumbre del tiempo, a quien se le permitía decirle algunas verdades de lo que oía o intuía, y aunque estaban adornadas con chistes, no dejaban de ser amargas para el Gobernador. El truhán se llamaba Cervantes.

Diego Velázquez engreído con su cargo y con su "reino", hacía todo lo posible por que su estancia en el poder se prolongara y movía cielo y tierra para conseguirlo; de tal manera que a espaldas del virrey don Diego Colón, su superior jerárquico y a quien le debía el puesto, procuró tener directamente del rey la confirmación de su nombramiento, de tal manera que después, aunque el virrey pretendiera moverlo, no lo conseguiría. Su padrino era Miguel de Pasamontes, jefe en el Servicio del Tesoro Real.

Los historiadores de la época, sospechaban que entre las ambiciones de Velázquez y su benevolencia con la rebeldía de Cortés, hay alguna relación para llevar adelante esa intriga de perfiles cortesanos con el concurso de Miguel de Pasamontes y con la audacia y el estilo de Cortés. Mas, si esto ofrece alguna duda, los personajes que observaron de cerca este episodio, dan cuenta de los felices resultados del obeso Gobernador.

Gonzalo Fernández de Oviedo, cronista de Indias, dice: "Diego Velázquez no usó demás cortesía con el Almirante Don Diego Colón" y se quedó con el cargo de la Nueva España. Y el cronista concluye: "Matarás y matarte han; y matarán a quien te matara". Certera moraleja, Diego Velázquez, a su tiempo, pagará con Cortés, lo que hizo con el Almirante Don Diego Colón.

Dice don Salvador de Madariaga en su "Hernán Cortés", que "Hay a primera vista algo de desagradable y aún de repulsivo en esta cadena de infidelidades e insubordinaciones en que se desarrolla, al menos en sus primeros días la Conquista del Nuevo Mundo, llegando a ser hasta una especie de diseño permanente de su historia; y sin embargo, aunque siempre valiosa como indicio del carácter de tal o cual conquistador, la insubordinación viene a revelarse como un proceso biológico mediante el cual se extendió la vida europea sobre los vastos territorios indios. La célula madre de la isla española dio de sí las células de Jamaica, San Juan o Puerto Rico, Castilla del Oro, Andalucía, Nueva España o México, Florida, Perú y otras, gracias a este tendencia del ibero a desprenderse de la autoridad central; y en su conjunto, todo ello viene a constituir un monumento impresionante del vigor que el principio monárquico tenía entonces en España, pues a pesar de las corruptelas de algunos de los altos dignatarios de la Corona, a pesar de la actitud de desvío e ingratitud de Carlos V, ni uno solo de aquellos conquistadores tan animosos como díscolos, soñó en tallarse con la espada un imperio para sí mismo en las tierras distantes y vacantes que conquistaban con su propio esfuerzo".

Conformes, la insubordinación siempre fue la tendencia de casi todos los tenientes de exploradores y conquistadores, y esa misma insubordinación con afán de ser independientes para hacerse ricos, dueños, señores, engendró innumerables desastres, tanto entre los españoles como en los conquistadores. En muchos casos se mató por estar sin temor a ninguna autoridad; al cabo se sentían independientes.

En su mayoría las expediciones con fines de conquista, eran producto de la iniciativa popular, y siempre les animaba un sentimiento de igualdad, como en nuestros días llamaríamos democracia, pero en ese tiempo si se obraba así, no era porque conocieran el significado de ese término, sino porque obrando en conjunto con la aportación personal de cada participante, se sentían y daban la impresión de ser más fuertes.

Madariaga dice que "pierdan el tiempo" los que siguen a las Casas, cuando afirma que las expediciones lanzadas a lo ignoto y al peligro, tenían como objetivo el despojo, el asesinato y la captura de indios para ser vendidos como esclavos. ¿Si no era así, cuáles otros fueron los fines?

Pero el mismo Madariaga en su obra Hernán Cortés, continúa diciendo: "Brotaban (las expediciones) directamente del ánimo de los pobladores y conquistadores y su índole dependía del carácter de los que las habían concebido y de los que las ejecutaban; unas lanzadas por hombres mezquinos, con la misión estrecha de rehacer las reservas de ganado humano que en sus minas y granjerías diezmaban los malos tratos, la viruela y sin duda el dolor de la LIBERTAD PERDIDA". Dice que otras expediciones fueron realizadas "por hombres magnánimos, en busca de honra y riqueza descubriendo nuevas tierras que, desde luego como todas las tierras por descubrir, eran fabulosamente ricas". ¿Y qué no era rico en un continente virgen, indefenso, inmensamente grande para unos cuantos exploradores? Pero que hay que reconocer, resultó rico botín para audaces y aguerridos conquistadores.

Por eso tiempo las consejas, fábulas y andanzas de caballería, eran la comidilla de las gentes cortesanas, se divertían y reían con las narraciones de los andantes caballeros, y como no habían de prestar atención a las leyendas de los nuevos aventureros. Con las descripciones de misterio de un continente nuevo, que tiene tanto de sobrenatural, como en los cuentos de encantos, donde existen árboles con ramas que mueven los brazos, hombres que vuelan y donde existe una fuente que rejuvenece la vida y dé al ser humano el poder de nunca hacerse viejo, es decir, la existencia de la "Fuente de la Juventud".

El autor de la conseja de la fuente de la juventud, fue el cronista de la época, Gonzalo Fernández de Oviedo, quien la hizo circular y ya en la voz del vulgo, sonó a verdad, por lo que un caballero de edad de cincuenta años en 1511, Juan Ponce de León, emprendió la odisea más dramática de esos días, perdiéndose en los confines de lo hasta entonces desconocido, con sus compañeros de expedición, durante seis meses, sin encontrar la ansiada fuente, pero sí encontró y descubrió una lengua larga de tierra, que por su esplendorosa y exuberante vegetación, le puso por nombre la Florida. Ponce de León, no regresó joven, regresó envejecido para morir en Cuba en 1521.

Oviedo dice de esta aventura lo siguiente:

"Y entonces se divulgó aquella fábula de la fuente que hacía rejuvenecer o tonar a mancebos los hombres viejos: esto fue el año de mil quinientos doce. E fue esto tan divulgado é certificado por indios de aquellas partes que anduvieron el Capitán Johan Ponce y su gente y carabelas perdidos y con mucho trabajo más de seis meses, por entre aquellas islas, é buscar esta fuente; lo cual fue muy grande burla decirlo los indios, y mayor desvarío creerlo los cristianos é gastar el tiempo en buscar tal fuente. Pero tuvo noticias de la Tierra firme é vídola é puso nombre é una parte della que entra en el mar como una manga, por espacio de cien leguas de longitud, é bien cincuenta de latitud y llamóla la Florida".

La desdichada expedición de Nicuesa, a la colonia de Veragua aún está latiente, donde Vasco Núñez de Balboa había sentado sus reales en Darién, ciudad y puerto que continuamente se incrementa en construcciones y cultivos, por las acertadas disposiciones del Descubridor. Se aseguraba que reinaba la paz entre los colonos y las tribus vecinas, al grado de que el tránsito de los españoles por entre los nativos no representa ningún peligro, esto fue hasta la llegada a la colonia del felón de Pedrerías, que con su carácter de gobernador, haría todo lo posible por demeritar la labor del descubridor del "Mar del Sur", que no obstante haberlo hecho su reino, lo minó, intrigó, hasta reducirlo a prisión y en 1517, mandarlo decapitar.

## BERNAL DÍAZ DEL CASTILLO

En 1517, un grupo de hombres que habían sido compañeros de aventuras de Vasco Núñez, retornan a Cuba llevando la noticia de que "no había qué conquistar, que todo estaba en paz, que el Vasco Núñez de Balboa lo había conquistado y la tierra de suyo es muy corta". La persona que escribiera esto, tomaría parte en, todas las expediciones que se organizan para explorar y conquistar el imperio de los mexicanos. Se llamaba Bernal Díaz del Castillo, era natural de Medina del Campo y había nacido en el mismo año del descubrimiento de América, su padre fue Francisco Díaz del Castillo, Regidor de su Villa llamado el "galán", su madre fue María Díaz Rejón. Al hablar de sus padres dice con sencillez y manifiesto orgullo: "mis antepasados, mi padre y un hermano siempre fueron servidores de la Corona Real". En 1514, se unió a una expedición porque dice: "quise parecer en algo a ellos", se embarcó con el funesto Pedrerías para ir a Darién, en donde es muy probable que haya sido testigo de la muerte de Balboa. En 1517, regresó a Cuba para dar comienzo a sus fabulosas aventuras, en la exploración y conquista de México. Testigo y actor, habla con singular sencillez, utilizando sin ruborizarse, el lenguaje de su tiempo, sin importarle que otros cronistas haciendo uso de una erudición académica hablen de los mismos hechos con más propiedad y elegancia.

A la edad de más de ochenta años, Bernal Díaz, escribió su "Historia Verdadera de la Conquista de México". En ella nos da una imagen viva, de hechos y personajes, hace resaltar las ideas, juicios y acciones de los motores que intervinieron en el drama, no lo ciega la pasión, ni la egolatría, ni la adulación por sus compañeros y amigos que más estimó; dice su verdad, que fue la verdad de la historia, tal como la vio y vivió.

Este Bernal Díaz del Castillo, no letrado ni latino, ni académico, resulta singular por lo ameno y brillante de su relato, cuando se le va siguiendo en sus narraciones, un rayo de luz quedando en la conciencia del lector juicioso. Habla con claridad cuando dice que fue el primero que sembró una "pepita de naranjo en Veracruz" o cuando se refiere al desastre de la "Noche Triste" o la muerte de Cuauhtémoc. Los hechos y los personajes, entre ellos el mismo Cortés, resalta con mayor relieve, cuando va pasando por las páginas de este narrador modesto, que de las académicas y latinas de su biógrafo Gómara.

## FRANCISCO HERNÁNDEZ DE CÓRDOBA

Cuenta Bernal Díaz del Castillo, que: "ciento y diez compañeros de los que habíamos venido a tierra firme y de los que en la isla de Cuba no tenían índice, concertamos con un hidalgo que decía Francisco Hernández de Córdoba, y era hombre rico y tenía pueblo de indios en aquella isla, para que fuese nuestro Capitán, porque era suficiente para ello, para ir a nuestra aventura a buscar y describir tierras para en ellas emplear nuestras personas y para aquel efecto compramos tres navíos".

Bernal Díaz sigue diciendo: "Como se habían ya pasado tres años, ansí en los que estuvimos en tierra firme e isla de Cuba, y no habíamos cosa ninguna que de contar sea..."

Eran ciento diez jóvenes que en alegre comparsa se animaban para lanzarse a la aventura más aventura, que por entonces se proyectaba, pero estos expedicionarios en ciernes, necesitaban a un conductor con estructura de adalid y que después de buscar de entre ellos a uno capaz, se fijaron en un caballero rico que aportaba también capital para la empresa, recayendo la elección en un hidalgo llamado Francisco Hernández de Córdoba, que según el padre las Casas, tenía dos socios que contribuyeron con dos mil castellanos cada uno, para los gastos de la empresa. La mayoría de los enrolados en este expedición, si es que no todos, eran pobres, aunque eran "hidalgos personas de calidad"; por lo que tuvieron que pedirle prestado un buque a Diego Velázquez, más otro que le pidieron fiado al mismo gobernador, que se daba de plácemes, pero con la condición de que le regresaran el barco cargado de indios, que él sometería al régimen de esclavitud. Mas, Bernal Díaz del Castillo dice:

"Desque vimos los soldados que aquello que nos pedía el Diego de Velázquez no era justo, le respondimos que lo que decía no lo manda Dios ni el Rey; que hiciésemos a los libres esclavos".

Los razonamientos del grupo de aventureros que ya casi eran soldados, dejaron al Gobernador convencido, no replicó porque la opinión pública de ese tiempo y en esos lugares, era respetada, como si proviniera de un pueblo donde se practica la democracia, y no sólo prestó el barco fiado, sino que cooperó para hacer acopio de víveres, municiones, armas y toda clase de mercancía que se requerían para el viaje.

Por fin el ocho de febrero, los expedicionarios, después de "oído misa encomendándose a Dios nuestro señor y a la virgen Santa María Nuestra Señora, su bendita madre", se hicieron a la vela, navegando como dice Bernal Díaz: "hacia donde se pone el sol sin saber, ni corrientes, ni qué vientos suelen señorear en aquellas alturas".

La flota compuesta de tres barcos, en la que iban 110 soldados, era conducida por Antón de Alamitos, aquel marino compañero del gran Colón en su primer viaje y se dice que era tan de mal carácter, como poco experto en esos mares desconocidos. Ya mar adentro, una furiosa tormenta, los sacudió durante dos días con sus noches, calmada ésta, siguieron navegando con relativa calma, después de 17 días de navegación, el 4 de marzo llegaron a una isla que llamaron "Mujeres" porque había un adoratorio con ídolos en forma de mujeres. Siguieron navegando y poco después evitaron tierra, habían llegado a las costas de la península que más tarde se llamaría Yucatán. Tierra adentro vieron un pueblo de gran tamaño, como no se había visto antes, al que le llamaron el gran Cairo, nombre pasajero que le pusieron, por inferir que no era pueblo de cristianos.

El pueblo que avistaron, tenía aspecto de una villa, cerca del cabo Catoche. Los indígenas al notar la presencia de las naves y sus tripulantes, acudieron en masa abordando sus canoas, rodearon los barcos e invitaron por señas a los hispanos a que bajaran a tierra, mientras otros subían a los barcos a los que Hernández de Córdoba obsequiaba algunos adornos de vidrio. Por fin los iberos se resolvieron a bajar en sus bateles y no en las canoas de los indígenas como éstos lo pretendían. Los españoles, temiendo alguna celada, llevaron entre sus armas, quince ballestas y diez arcabuces; y cuando estuvieron en la ciudad rodeados de indios, súbitamente a las voces de un cacique, salieron de un monte cercano, escuadrones de nativos que en plan de batalla comenzaron el ataque; los castellanos se defendieron con denuedo y merced a los estampidos de las armas de fuego, los indígenas se pusieron en precipitada fuga. Los hispanos avanzaron hasta una plazuela donde se encontraba un templo con muchos ídolos con adornos de oro de mala ley, lo tomaron por botín y además se llevaron dos prisioneros, que a continuación fueron bautizados con los nombres de Melchor y Julián y que luego serían dos valiosos intérpretes entre conquistadores y conquistados.

Antón de Alamitos, como otros navegantes, había adquirido la manía de que toda la tierra que avistaban eran islas, por lo que pensó que Yucatán era una de tantas islas. Mas, por esos días debido a la mala calidad de las pipas que llevaban a bordo porque la armada era de pobres, el agua ya se les había agotado, entonces siguieron navegando con el propósito de bajar a tierra para proveerse del vital líquido, pero ante la amenaza de ser rechazados por fuerzas superiores no lo hacían, hasta que por fin la necesidad los obligó a arrostrar el peligro que venían eludiendo y desembarcaron para llenar sus barriles y cuando se disponían a reembarcarse, llegaron a ellos como cincuenta indios, dando voces inentendibles, como "castilán, castilán", que según daban a entender eran de "paz", pero que tal vez era una paz encubierta con una celada, por lo que los españoles ya embarcados, siguieron navegando cerca de la costa durante seis días. Llegaron a un río llamado Champotón cerca de Campeche, pero obligados por la necesidad de tomar agua, volvieron a desembarcar para llenar sus tinajas y pasar la noche en tierra; mas, al asomar la alborada, fueron sorprendidos por una horda de nativos, que a los primeros golpes, fueron heridos ochenta españoles. La lucha fue cuerpo a cuerpo, en la que los exploradores se batieron en retirada, para acogerse a sus naves, casi todos mal heridos y el Capitán Hernández de

Córdoba muy grave con diez heridas. De los expedicionarios, quedaron en tierra cincuenta muertos y dos prisioneros que sin duda serían sacrificados a sus dioses paganos. Siguieron navegando, con un presente sufrimiento por las heridas y la sed, que les hacía más penoso el viaje, por lo que puestos de acuerdo, concertaron ya no seguir adelante y se ordenó el retorno, pero tomando un derrotero diferente, que Antón de Alamitos ya conocía, por la península de la Florida, por haber llegado ahí con Ponce de León cuando buscaban la fuente de la Juventud. Mas, al llegar a ese lugar, creyéndose sin peligro, desembarcaron para tomar agua en sus barriles, pero de pronto, volvieron a ser atacados aunque con menos furia, Bernal Díaz recibió otra herida. Los expedicionarios se defendieron con denuedo y hecha su provisión de agua, volvieron los navegantes a sus naves poniendo proa rumbo a Cuba; donde llegaron a la Habana, pobres y heridos, pero con una inmensa fama, que hizo renacer la esperanza a nuevos expedicionarios, que en poco tiempo después se alistarían bajo un mando nuevo.

Hernández de Córdoba, partió de Puerto Carenas (la Habana) a Sacti Spiritus, donde tenía sus propiedades y diez días después, enfermo de sus heridas y del espíritu, murió sin haber logrado dar cima a una gran empresa.

## JUAN DE GRIJALVA

Diego Velázquez, fue informado en detalle de la azarosa expedición y quiso afirmar sus derechos de propiedad en los descubrimientos y posesión de las nuevas tierras, por lo que sin dilación, emprendió la tarea de armar otra expedición, aprovechando los navíos de su propiedad, a los que equipó con toda clase de bastimentos; armas, municiones y todo lo necesario para la navegación. Le procuró un Capitán a cada nave; alistó doscientos cuarenta soldados, con el señuelo del oro y "casas de cal y canto". En esta expedición, como en la anterior, sobresale el carácter democrático que animaba a las empresas de ese tipo en aquel tiempo. Todos opinan, todos cooperan y todos exponen su vida, porque en la aventura todos persiguen los mismos fines: hacerse ricos o morir en la empresa.

Los tres capitanes nombrados por Velázquez, serían andando el tiempo, distinguidos y bizarros conquistadores en la expedición de Hernán Cortés.

Bernal Díaz del Castillo, nos ha dejado una bien pintada imagen de cada uno de los capitanes de navío y dice:

-Pedro de Alvarado "sería de obra de treinta y cuatro años cuando acá pasó, fue de muy buen cuerpo y bien proporcionado y tenía el rostro y cara muy alegre é en el mirar muy amoroso y por ser agraciado le pusieron por nombre los indios mexicanos Tonatio, que quiere decir sol. Era muy suelto é buen jinete y sobre todo ser franco y de buena conversación y en vestirse era muy pulido y con ropas costosas é ricas. Traía al cuello una cadenita de oro con un joyel y un anillo con buen diamante".

-El segundo Capitán era Francisco Montejo: "Fue algo de mediana estatura el rostro alegre de regocijos é hombros de negocios y buen jinete é cuando acá pasó sería de treinta y cinco años y gastaba más de lo que tenía de renta".

El tercer Capitán que gobernaría la tercera nave se llamaba Alfonso Dávila, "era de buen cuerpo y rostro alegre y en la plática, expresiva, muy clara y de buenas razones y muy osado é esforzado. Sería de hasta treinta y tres años cuando acá era tan soberbio é amigo de mandar é no ser mandado y algo envidioso é era orgulloso é bullicioso".

El cuarto barco, sería mandado por el propio Capitán General de la expedición, un hidalgo llamado Juan de Grijalva, algo pariente del Gobernador Diego Velázquez.

Era Grijalva un caballero valiente y esforzado, aunque un poco deficiente en algunos de sus actos. El padre las Casas lo llegó a estimar bien, y dice de él:

"Era gentil mancebo de hasta veintiocho años", que en la expedición que iba a emprender "estaba vestido de un sayón de un carmesí-pelo, con lo demás que el sayón respondió cosas ricas", que en sus cualidades morales sigue diciendo las Casas: "era de tal condición su natural que no hiciera, cuanto a la obediencia y aun cuanto a la humildad y otras buenas propiedades, mal fraile. Yo lo conocí é conversé harto y entendí siempre dél ser a virtud y obediencia y buenas costumbres inclinado y muy sujeto a lo que los mayores le mandasen".

Bernal del Castillo iba como alférez.

Los pilotos serían experimentados marinos que ya conocían la ruta.

Antón de Alamitos, natural del puerto de Palos Moguer.

Fulano Camacho, originario de Triana.

Juan Álvarez "el Manquillo", natural de Huelva.

Fulano Sopuerta, que se decía natural de Moguer.

Terminados los preparativos en Santiago de Cuba, que entonces se consideraba como la capital de la Colonia, se procedió a bendecir las banderas, se conciliaron todos entre sí y con Dios; se oyó misa con exposición del santísimo. Con lágrimas en los ojos y sonrisas, se despidieron todos de familiares y amigos, la tropa desfiló hacia el puerto con la compañía del obeso Gobernador, quien hizo un verdadero sacrificio para recorrer la distancia que había hasta el embarcadero; y que después de darles un abrazo a cada uno de los capitanes, les dirigió una alocución que según Cervantes de Salazar les dijo:

"Señores y amigos míos, criados y allegados: antes de ahora tendréis entendido que mi principal fin y motivo en gastar mi hacienda en semejantes empresas que esta ha sido servir a Dios y a mi Rey natural, los cuales serán muy servidos de que con nuestra industria se descubran nuevas tierras y gente, para que con nuestro buen ejemplo y doctrina, reducidos a nuestra santa fe, sean rebaño y manada de los escogidos. Los medios para este principal fin son: hacer cada uno lo que debe, sin tener en cuenta ningún interés presente, porque Dios, por quien acometemos tan arduo y tan importante negocio os favorecerá de tal manera que lo menos que os dará serán bienes temporales". Algunos de los presentes, soldados y amigos oyeron esta oración, se sonreían y guiñaban el ojo, porque estaban ciertos de que Velázquez, ya había dado instrucciones a su Capitán Grijalva, sobre el rescate de oro, perlas y otras riquezas y que viera si podía poblar y si no "que se volviese a Cuba".

El 25 de enero de 1518, entre música, gritos, sollozos y tiros disparados por las naves, salió la armada de Santiago de Cuba rumbo a sus objetivos, navegando por la costa norte hasta llegar a Matanzas, (puerto así llamado por la matanza llevada a cabo por unos nativos en contra de treinta hispanos en los que iban dos mujeres, las únicas que se salvaron) allí hicieron acopio de provisiones y carne de cerdo porque según Bernal Díaz, aún en Cuba no había de otro ganado. Recogidas las provisiones siguieron navegando, hasta llegar a San Antón de Guaniguanico la parte más occidental de la isla, donde la tropa se confesó y se cortó el cabello casi a rape para estar más aptos en la pelea, que se presumía no tardaría.

Bernal Díaz del Castillo en su "Historia Verdadera de la Conquista de la Nueva España" dice:

"Ya que estábamos recogidos todos nuestros soldados, y dadas las instrucciones que los pilotos habían de llevar y las señas de los faroles para de noche, y después de haber oído misa, en ocho días del mes de abril del año de mil quinientos diez y ocho años, dimos vela y en diez días (18 de abril) doblamos la punta de Guaniguanico, que por otro nombre se llama de San Antón, y dentro de diez días (28 de abril), que navegamos vimos la isla de Cozumel, (isla de Golondrinas) que entonces la descubrimos, porque decayeron los navíos con las corrientes más abajo que cuando vinimos con Francisco Hernández de Córdoba". Madariaga en su obra "Hernán Cortés", apoyándose en Oviedo, dice que la salida fue el 1º de mayo y que hicieron la travesía hasta Cozumel en tres días.

Bernal Díaz sigue escribiendo: "Yendo íbamos bajando la isla por la banda del sur, vimos un pueblo de pocas casas y allí cerca, buen surgidero y limpio de arrecifes, saltamos en tierra con el Capitán con buena copia de soldados". Los naturales admirados y sorprendidos por la presencia de las naves para ellos hasta entonces desconocidos, huyeron a los montes y solamente se quedaron dos viejos, que interrogados por los intérpretes Julianillo y Melchorejo, se les envió a llamar a sus caciques, pero que jamás volvieron.

Estando en la espera de los mensajeros nativos, "Vino una india moza de buen parecer, y comenzó a hablar en la lengua de la isla de Jamaica, y dijo que todos los indios e indias de aquel pueblo, habían huido a los montes, de miedo". En este pasaje de la historia de Bernal, se dice que la india llegó a ellos; y en cambio Madariaga en su obra "Hernán Cortés", dice que el 11 de mayo, (es decir como ocho días después); el Capitán de la Flotilla, "Se dio cuenta de que le faltaba una carabela; temió al principio que hubiese varado, pero cuando en el batel de su propio navío, fue en persona a cerciorarse de lo ocurrido, halló que la carabela se había retrasado para recoger a un cristiano que llevaba dos leguas (L.M. unos 11.110 Km, distancia que nos parece imposible para seguir una nave a través de una costa) siguiendo la costa a la vista de la flota. El "cristiano" resultó ser una india de Jamaica". Según Bernal Díaz de "buen parecer" como ya se dijo antes.

Al ser interrogada esta indígena, manifestó que prefería los cristianos a los indios de Yucatán, porque al haber naufragado con otros paisanos suyos de Jamaica, fueron presos y sacrificados a los dioses, por los de Yucatán, y a ella la hicieron esclava. La anterior información, conocida por Grijalva, lo hizo ser cauteloso.

Los anteriores detalles de contradicción, que son muchos, pensamos que de ninguna manera opacarán la imagen de los hechos históricos que en este texto venimos abordando.

Se dice que cuando el 3 de mayo de 1518, Juan de Grijalva acompañado de sus tres capitanes desembarcaron en sus bateles en un pueblecillo de la isla de Cozumel, en el momento de tomar tierra, una seña del jefe de la expedición, los detuvo, mientras él solo saltaba a la playa y santiguándose, hizo una oración callada y luego muy solmene, como si se tratara de una ceremonia de alto rango y desplegando sus banderas, declaró que: "En nombre de los muy altos é poderosos, serenísimos é católicos, la reina doña Juana y el rey don Carlos, su hijo, nuestros señores de Castilla y de León é para su corona real de Castilla tomaba é aprehendía, tomó é aprehendió la posesión é propiedad é señorío real é corporalmente de aquella Cozumel, é de sus anexos, é tierras é mares é todo lo demás que le pertenece o pertenecer podría. E hizo su auto de posesión en forma, según lo llevaba ordenado, sin contradicción alguna". (Oviedo, cronista). A continuación, desembarcaron todos los expedicionarios y como era día de la festividad de la Santa Cruz, a ese lugar que sería un puerto le pusieron por nombre "Santa Cruz".

Después del acto anterior, no se asomó por ese rumbo ningún nativo, todos habían desaparecido; sólo de vez en cuando, asomaba por allí, alguna canoa que trataba de parlamentar, pero luego desaparecía. Grijalva, no tuvo ningún interés en establecer contacto con los naturales de Cozumel, dejó atrás la isla, siguió adelante con el propósito de explorar las costas de Yucatán, a las que llegaron el 7 de mayo; tomaron rumbo al sur, llegaron a la bahía de la Ascensión, y es probable que desde sus naves hayan admirado la ciudad de Tulum, sus construcciones en los acantilados y su muralla que la circundaba. Pero siendo Grijalva sumamente cauteloso, y aunque su gente se mostró muy ufana, por haber divisado una ciudad con casas de "cal y canto", no les permitió el desembarco. Y que según Madariaga en su obra "Hernán Cortés", y aunque Bernal Díaz no lo dice en su *Historia*; Grijalva retornó a Cozumel en busca de agua, de la que ya estaban muy necesitados.

Tornaron a navegar con proa hacia el norte observando la costa que Antón de Alamitos aún creía que Yucatán era una isla, que llamaron: "Santa María de los Remedios de Yucatán". Siguieron navegando, pasaron frente al Cabo Catoche y llegaron al lugar llamado Lázaro, el 22 del mismo mes en busca de agua. De allí siguieron a Champotón (Potonchan, nombre que por confusión dieron algunos cronistas), "Bahía de la Mala Pelea" por la derrota que sufrió en ese lugar la expedición de Francisco Hernández de Córdoba, y que ahora Grijalva observaba barruntos de hostilidad, ya que por doquier, se veían hogueras que denotaban preparativos de guerra en contra de los extranjeros. Pero había otros temores en el ánimo del Capitán, ya que su gente se mostraba descontenta por las medidas disciplinarias que por la salvaguarda de todos había dictado; y que además en el trato con los indios, para las transacciones de rescate y de paz, sólo a él competía. Más aún, el piloto Antón de Alamitos, intransigente en el manejo y dirección de la armada, exigía cierta autonomía que Grijalva tuvo que conceder.

Los autores de Salvat, dicen que Grijalva y sus hombres no desembarcaron en Champotón o Bahía de la Mala Pelea, y que siguieron navegando hasta llegar a la boca oriental de la laguna de términos, a la que bautizaron con el nombre de: Puerto Deseado.

Bernal Díaz del Castillo dice sobre Champotón: "Pues vueltos a embarcar y yendo por las derrotas pasadas, cuando lo de Francisco Hernández, en ocho días llegamos (23 de mayo) en el paraje del pueblo de Champotón que fue donde nos desbarataron los indios de aquella provincia, como ya dicho tengo en el capítulo (IV) que de ellos habla. (Hay aquí una cita en que se dice que esta versión no concuerda con los términos del "Itinerario de Grijalva"). Y como en aquella ensenada mengua mucho el mar, anclamos los navíos una legua de tierra, y con todos los bateles desembarcamos la mitad de los soldados que allí íbamos junto a las casas del pueblo. Y los indios naturales de él y de otros sus comarcas se juntaron todos como otra vez cuando nos mataron sobre cincuenta y seis soldados y todos los más salimos heridos, según memorado tengo, y por esta causa estaban muy ufanos y orgullosos y bien armados a su usanza, que son arcos, flechas, lanzas tan largas como las nuestras y otras menores, y rodelas y macanas, y espadas como de a dos manos, y piedras y hondas y armas de algodón, y trompetillas y tambores, y los más de ellos pintados las caras de negro y otros de colorado y de blanco, y puestos en concierto esperando en la costa para que llegando a tierra dar de nosotros...Y como teníamos experiencia de la otra vez, llevábamos en los bateles unos falconetes e íbamos apercibidos de ballestas y escopetas. Pues llegados que llegamos a tierra nos comenzaron a flechar, y con las lanzas (a) dar de manteniente, aunque con los falconetes les hacíamos mucho mal, y tales rociadas de flechas nos dieron, que antes que tomásemos tierra hirieron a más de la mitad de nuestros soldados. Y luego que hubieron saltado en tierra todos nuestros soldados, les hicimos perder la furia a buenas estocadas y cuchilladas y con las ballestas…"

Antón de Alamitos siguió como derrotero las costas del noroeste de Yucatán, que seguía creyendo era una isla, el 31 de mayo llegaron a una gran bahía, donde creyeron que terminaba la isla, por lo que le pusieron por nombre Puerto de Términos, que resultó ser la laguna de Términos. Desembarcaron en ese lugar, donde encontraron abundante caza de de venados y conejos, descansaron tres días, para luego continuar el viaje, con la flota navegando mar adentro y observando que las costas no tenían fin. Así llegaron el 7 de junio a la desembocadura de un gran río, en los confines de un lugar llamado Tabasco. El río fue bautizado con el nombre del Capitán de la expedición y que desde entonces se llama "Río Grijalva". Los expedicionarios que estaban con el ojo avizor y atentos a los movimientos de los indígenas, observaron y oyeron desde las carabelas, el ruido que hacían los nativos, al cortar madera para fabricar polaizadas y fortalezas para resistir los ataques de los extranjeros.

El Capitán castellano y los suyos, no se intimidaron y decidieron desembarcar en busca de agua y de algunos bastimentos; Grijalva, tomaba tierra en son de paz y de amistad, no buscaba la guerra, por eso buscó atraérselos a través de sus intérpretes, Julianillo y Malchoejo (los dos indios que hizo prisioneros Hernández de Córdoba), explicaba el castellano a los caciques; que él y sus hombres venían de tierras muy lejos y eran vasallos de un gran emperador que se dice don Carlos, el cual tiene por vasallos a muchos grandes señores y caciques, y que ellos le deben tener por señor y que les iría muy bien en ello".

Para los nativos las palabras del Capitán español no eran claras, poco o nada le entendían, pero se veían con claridad sus actos, y en su contestación se interpretó que: "como ya tenían un señor, no necesitaban otro y que prestos están a batirse si no los dejaban en paz". Como Grijalva no llevaba la intención de hacer la guerra, hubo paz y hasta intercambio de regalos.

Moctezuma supo de la presencia de los extranjeros en Chalchiucueyehcan, por lo que conocedor de la leyenda de Quetzalcóatl y fatalista como era, convocó a los sacerdotes, adivinos y agoreros, para consultarlos y el dictamen de ellos, fue de negros presagios. Ya veían el retorno de Quetzalcóatl, con su cauda de hombres blancos y barbados que venían a apoderarse del reino. Se dice que Moctezuma, lleno de temor se escondió, que puso presos a sus agoreros, elevó plegarias, y ofreció sacrificios a sus dioses, todo inútil, fatalmente se consideró perdido. Sin embargo hizo lo posible por conjugar el peligro y para lograrlo o mejor dicho, para aplazarlo, envió a los extranjeros, como embajadores a Cuitlalpitoc y Tautlamacazqui, que oportunamente llegaron al lugar de la costa donde habían desembarcado los castellanos que jefaturaza Juan de Grijalva. La entrevista fue cordial, pero como no conocían sus lenguas, sólo se trataron por señas, ya que faltó un intérprete para que el entendimiento fuera cabal, sin que ello impidiera para que Cuitlalpitoc y Tautlamacazqui, los dos embajadores, dieran muestras de una atenta y gentil cortesía, en la que se trataba de halagar a los extranjeros, se le hizo sentar en hojas frescas de los arbustos de la región, se les dio de comer y se les presentaron los valiosos regalos que el comarca azteca les enviaba. Y al mismo tiempo, con instancia vehemente, les pedían que se embarcaran y no avanzaran sobre el imperio de Moctezuma.

Desde este lugar, Grijalva, en el mejor navío, el San Sebastián, comisiona a Pedro de Alvarado para que regrese a Cuba, dé información al Gobernador Diego Velázquez de todo lo acontecido y que le envíe un pronto socorro.

Mientras tanto, Velázquez, inquieto por la falta de noticias de la expedición, ha enviado en su busca a Cristóbal de Olid, que en un navío recorre los mares conocidos, pero no encuentra a nadie y emprende el regreso.

Después de permanecer siete días, el 1º de julio, los expedicionarios en sus tres naves, ponen proa más al norte, descubren desembocaduras de otros ríos, esteros, barras y lagunas, pasan frente al río de la Antigua, el Tecolutla, Cazones, el Tuxpan, barra de Tangüijo, la Laguna de Tamiahua, hasta llegar al río Canoas, actualmente Pánuco, en donde Antón de Alamitos, el piloto mayor, y Francisco de Montejo, se opusieron a seguir adelante, y juntos con Alonso Dávila, se negaron a poblar, toda vez que los víveres se habían enmohecido, faltaban ya trece soldados muertos y cuatro estaban enfermos de gravedad. Aunque estaban convencidos de que el territorio era vastísimo, con numerosos pueblos y el Capitán Grijalva estaba resuelto a poblar. "Y luego se tomó consejo –dice Bernal Díaz– de lo que se debía hacer y fue acordado que diésemos la vuelta a la isla de Cuba, lo uno porque ya entraba en invierno y no había bastimentos, y un navío hacía mucho agua, y los capitanes, disconformes, porque Juan de Grijalva decía que quería poblar y Alonso Dávila y Francisco Montejo decían que no". Además, todos los soldados estaban ya agotados y que por el peligro de los muchos guerreros, sería difícil conseguir víveres; por lo que se ordenó el retorno que afortunadamente para los navegantes fue venturoso, debido a que las corrientes les eran favorables, de tal modo, que en poco tiempo llegaron al río Coatzacoalcos, donde con dificultad entraron para hacer carena al navío que había estado haciendo agua. Se encontraban en esa tarde, cuando llegaron hasta ellos, indios de Tonalá para obsequiarles víveres, pescado y frutos en abundancia. También llegaron los de Coatzacoalcos y otros pueblos comarcales y trajeron sus joyuelas, unas hechas de cobre que parecían oro, eran como unas seiscientas. Los expedicionarios estaban muy contentos con esos regalos, mucho más que los indios con sus cuentas de vidrio, un marinero había rescatado hasta siete hachas y estaba también muy contento con ellas. Dice Bernal Díaz: "También me acuerdo que un soldado que se decía Bartolomé Pardo fue a una casa de ídolos, que ya he dicho que se dicen Cués, que es como quien dice casa de sus dioses, y en aquella casa halló muchos ídolos y copal, que es como resina con que sahuman, y cuchillos de pedernal con que sacrificaban y retajaban, y en una arca de madera halló muchas piezas de oro, que eran diademas y collares, y dos ídolos, y otras como cuentas vaciadas. Y el oro tomó el soldado para sí, y los otros ídolos y sacrificios trajo al Capitán. Y no faltó quien lo vio y lo dijo a Grijalva, y queríaselo tomar, y rogamos que se lo dejase, y como era de buena condición, mandó que, sacado el real quinto, lo demás fuese para el pobre soldado, y valdría obra de ciento cincuenta pesos". Reparado que estuvo el barco, siguieron su retorno y después de cuarenta y cinco días con buen tiempo o contrario, llegaron a Santiago de Cuba, donde Diego Velázquez ya había sido informado por Pedro de Alvarado, de las exuberantes tierras y pueblos descubiertos.

Bernal Díaz sigue diciendo, (aunque se dice que está tachado en el original): "Cómo yo sembré unas pepitas de naranja junto a otra casa de ídolos, y fue de esta manera que como había muchos mosquitos en aquel río, fuimos diez soldados a dormir en una casa alta de ídolos, junto a esa casa las sembré, que había traído de Cuba, porque era fama que veníamos a poblar y nacieron muy bien porque los 'papas' de aquellos ídolos las beneficiaban y las regaban y limpiaban desde que vieron que eran plantas diferentes a las suyas, de allí se hicieron de naranjos toda aquella provincia. Bien sé que dirán que no hacen al propósito de mi relación estos cuentos viejos, y dejarlos he". De todos modos Bernal Díaz del Castillo deja el testimonio de que por allí por Coatzacoalcos él fue el PRIMER SEMBRADOR DE NARANJOS, en tierra firme de México.

Al llegar a Santiago de Cuba, Diego Velázquez les hizo buen recibimiento y dice Bernal Díaz: "Y desde que vio el oro que traíamos, que serían cuatro mil pesos y lo que trajo primero Pedro de Alvarado, sería por todo veinte mil; y otros decían que eran más. Y los oficiales de su majestad sacaron el real quinto. Y también trajeron las seiscientas hachas que creíamos que eran de oro bajo, y cuando las vieron estaban tan mohosas y en fin, como cobre que era. Y ahí hubo bien que reír y decir de la burla y el rescate. Y el Gobernador estaba muy alegre, puesto que pareció que no estaba bien con el pariente Grijalva, y no tenía razón sino que Francisco de Montejo y Pedro de Alvarado, que no estaban bien con Grijalva, y también Alonso Dávila, ayudó de mala gana.

Por lo que se infiere que los informes que dieron a Diego Velázquez, los capitanes Pedro de Alvarado, Alonso Dávila y Francisco Montejo, acerca del Capitán General Juan de Grijalva, no han de haber sido muy favorables, toda vez que el Gobernador al armar una nueva flota para enviarla a las tierras nuevas, en plan de conquista y de colonización. Ya no se ocupó de su pariente y tuvo que sortear nuevos personajes para encomendarles la empresa.

## ALLANADO EL CAMINO

¿Mientras, qué había hecho Hernán Cortés? ¿Sus negocios eran bonancibles? Indudablemente que sí, era hombre rico, compadre del Gobernador, granjero, alcalde y tesorero; pero sobre todo, gran observador. Se había frustrado en varias expediciones, desde la de Nicolás de Ovando, Nicueza y Hojeda, Hernández de Córdoba y la de Grijalva, en las dos últimas, había sido agudo observador, en las que sin exponer ni arriesgar nada, había sacado la mayor enseñanza. Él no sería rescatador de oro, ni de perlas, ni de esclavos, y porque "él no venía para tan pocas cosas, sino para servir a Dios y al Rey".

Nadie de los historiadores y cronistas de ese tiempo, han tratado de explicar el por qué Hernán Cortés permaneció pasivo, durante los años en que Hernández de Córdoba y Grijalva, exponían sus fortunas y sus vidas para prepararle el camino que él seguiría después.

Por su parte, Diego Velázquez, hacía cuanto podía, por sacudirse la autoridad de don Diego Colón, que ahora se encontraba en España, y que Santo Domingo era gobernado por una junta de tres frailes jerónimos, a quienes Velázquez acudió en demanda de su autorización para explorar "rescatar" en Yucatán, sin hablar de poblar, pero que el Gobernador ya tenía ese intento.

Escriben los cronistas que Diego Velázquez, desde antes del retorno de Grijalva, ya hacía gestiones en la corte del Monarca joven Carlos V, ignorante de todos los asuntos de su vasto y naciente imperio, de tal manera que allá, se otorgaban nombramientos casi sin ton ni son, a conquistadores y adelantados, para que en las Indias promovieran u organizaran expediciones ya de rescate, conquista o colonización, y el Gobernador de la isla de Cuba, se había dirigido a sus amigos o valores ante el emperador entonces residente en Barcelona, por medio de su capellán, Benito Martín o Martínez, para que obtuviera el título de adelante y para sí, el de Abad de la isla.

Por otra parte, el Gobernador de Jamaica, compañero de Colón en los primeros viajes, Francisco de Garay, obtenía también el título de adelantado para explorar las mismas tierras, so pretexto de que ya había mandado una expedición exploradora, en las costas y norte de Yucatán, hasta Pánuco.

Sin embargo, Diego Velázquez siguió en los preparativos, de su flota, tal vez nunca supo lo de Adelantado de Francisco de Garay, vacilaba, desconfiaba y no encontraba a punto fijo a quién confiarle la expedición; salieron a flota los nombres de varios hidalgos. Vasco de Porcallo, uno de ellos, pero Diego, receloso pensaba que con la flota se "alzaría" cuando alcanzara el mando. Mas, la audacia y habilidad de Hernán Cortés se ha anticipado, ha cultivado con verdadero tino la amistad de entre varios personajes, dos que cerca de Velázquez, en su oportunidad serían sus valedores, Andrés de Duero, secretario del Gobernador y Amador de Lares, contador real, hombre demasiado astuto que había estado al servicio del Gran Capitán en Italia. Se dice que con estos dos personajes, Cortés había hecho un pacto secreto para repartirse los rescates y demás ganancias de lo que hubiera en la conquista. Y dice Bernal Díaz: "Y fue desta manera que concertasen estos privados de Diego Velázquez que le hiciesen dar el Hernando Cortés la Capitanía General de toda la armada y que partirían todos tras la ganancia del oro y plata y joyas de la parte que le cupiese a Cortés".

Por otra parte, no debe olvidarse que la esposa de Cortés doña Catalina Juárez, tenía una hermana que mantenía relaciones de amor o de amistad, con Diego Velázquez que es muy probable que ella, cuñada de Cortés; haya interpuesto su influencia, para que recayera el nombramiento de Capitán General de la armada a favor de Hernán Cortés, no obstante que Diego Velázquez vacilaba en darle el nombramiento por conocer el carácter autoritario y rebelde del extremeño y por que a su alrededor, trabajaba la intriga y además en los días de los aprestos de la armada, había dicho de su "bufón", con presagios fatales que más tarde Cortés haría realidad.

Cuenta Bernal Díaz del Castillo, Antonio de Solís lo repite y Salvador de Madariaga lo vuelve a escribir en su "Hernán Cortés"; que un domingo yendo a misa Diego Velázquez acompañado de su séquito como un reyezuelo, y Cortés "a su lado derecho para lo honrar", el truhán del Gobernador llamado Cervantes, el loco que caminaba delante de todos, "haciendo gestos y chocarrerías" de pronto exclamó: "'a la gala, a la gala mi amo Diego. ¡Oh, Diego, oh Diego! ¡Qué Capitán has elegido, que es de Medellín de Extremadura, Capitán de gran ventura, mas temo Diego, no se te alce con la armada, porque todos lo juzgan por muy varón en sus cosas!' Y decía otras locuras que todas iban inclinadas a malicia, y porque lo iba diciendo de aquella manera le dio pescozones Andrés de Duero que iba allí junto a Diego Velázquez, y le dijo: 'Calla borracho loco, no seas más bellaco, que bien entendido tenemos que esas malicias, su color de gracia, no salen de ti' Y todavía el loco iba diciendo por más pescozones que le dieron: 'Viva, viva la gala de mi amo Diego que por no verte llorar el mal recaudo que ahora has hecho, yo me quiero ir con él a aquellas ricas tierras' Túvose por cierto, que le dieron los Velázquez, parientes del Gobernador, ciertos pesos de oro a aquel chocarrero porque dijese aquellas malicias, so color de gracias, y todo salió verdad como lo dijo, dicen que los locos algunas veces aciertan en lo que dicen'".

Sea como haya sido, existen testimonios históricos de que las "movidas" existieron, para que el nombramiento de Capitán General de la armada, recayera en Hernán Cortés, y una vez obtenido, el secretario Andrés de Duero, hizo las provisiones, como Cortés "quiso que se hicieran". Más aún, Cortés, ya elegido debe haber sido el mayor accionista de la empresa, toda vez que se dedicó a hacer acopio de lo necesario en el aparejamiento de los novios y en el enrolamiento de los hombres que le acompañaran.

Se ha tomado de una de las páginas de "Hernán Cortés" de Salvador de Madariaga, un trozo que da una idea completa del problema que en estas notas abordamos respecto de la organización y gastos en la empresa: "Por mucha agudeza que en este asunto pusiera Cortés, y aún suavizadas, como él sabía hacerlo, con el bálsamo del don de genios, tanto éxito no podía explicarse sin otro rasgo también importante, quizá predominante en el carácter de aquel hombre singular: su disposición a arrostrar en cada momento los riesgos del juego de la vida, una mano generosa con el grano que hay que tirar para simiente confiando en la plenitud de la cosecha. Cortés no era ni con mucho rico como Velázquez, pero sean cuales quiera las cifras que resulten exactas, si alguna vez llega a dilucidarse el tema, es seguro que fue más libera y generoso en los gastos iniciales de la empresa que su jefe, tan codicioso como sedentario".

Además, Cortés sabía porque conocía a su compadre, que éste era un personaje comodón, que deseaba alcanzar el éxito con el menor esfuerzo posible y arriesgando poco, el primero estaba conciente de que siendo el más fuerte accionista en la expedición, más fuerte sería su posición como Capitán General, por eso gasto sin límites y pidió prestado y hasta fiado para que a la armada no le faltara nada en su gran empresa.

Hernán Cortés, cuidadoso de las apariencias y de su personalidad, dice Bernal Díaz del Castillo:

"Se comenzó a pulir y ataviar su persona, mucho más que antes y se puso su penacho de plumas con su medalla y una cadena de oro y una ropa de terciopelo sembradas por ella una lanzadas de oro, y en fin como un bravoso y esforzado Capitán". No descuidó el detalle importante de su bandera por lo que después de su persona, sigue diciendo Bernal Díaz: "Y luego mandó hacer dos estandartes y banderas labradas de oro con las armas reales, e una cruz de cada parte con un letrero que decía:

Hermanos y compañeros, sigamos la señal de la Santa Cruz con fe verdadera que con ella venceremos".

Luego a su personal prestigio, añadió su acción dinámica de dar avisos y partes a sus amigos para que prestos se alistaran bajo su bandera. Dice Bernal Díaz del Castillo: "Y luego mandó dar pregones y tocar trompetas y a tambores en nombre de su Majestad y en su real nombre Diego Velázquez y él por su Capitán General, para que cualesquiera personas que quisieran ir en su compañía a las tierras nuevamente descubiertas, a conquistarlas y poblarlas, les daría sus partes del oro y plata y riquezas que hubiere y encomiendas de indios después de pacificadas, y que para ello tenía licencia Diego Velázquez de su Majestad".

Al conocerse en la isla de Cuba, la noticia de la nueva expedición, los amigos y los que no eran amigos, se alistaban para ganar un lugar en el ejército de la armada, unos vendían sus haciendas o empeñaban sus bienes, otros pedían prestado o fiado lo que necesitaban, ya para armas, víveres, pan de casabe, tocino, artefactos de algodón y todo lo que fuera "menester".

Cuando dos mercaderes amigos de Cortés, supieron que era Capitán General, Jaime Tría y Jerónimo Tría y un Pedro de Jerez, le hicieron un préstamo de cuatro mil pesos oro y le fiaron otros cuatro mil pesos en mercancías, sobre sus haciendas, indios y finanzas.

En los días que siguieron, para los aprestos de la expedición, se presentaron ante Cortés algunos renombrados hidalgos y hasta completar trescientos cincuenta soldados y de la casa de Velázquez, salió Diego de Ordaz, con la consigna de vigilar los movimientos del Capitán General del que el Gobernador comenzaba a desconfiar que se "Alzaría". "Y vino un Francisco de Morla, y un Escobar que llamábamos el 'paje', y un Heredia, y un Juan Ruano, y Pedro Escudero, y un Martín Ramos de Lares, y otros muchos que eran amigos y paniaguados de Diego Velázquez".

El nombramiento de Capitán General de la armada, no había caído bien entre los familiares de Diego Velázquez y menos de los amigos del futuro conquistador, a diario le recordaban los pleitos con su ahijado y compadre, con el fin de convencerlo para que revocase el nombramiento de Capitán General y se lo diese a otra persona que le fuera leal, mas, Andrés de Duero pendiente de las intrigas y temores del Gobernador, instaba a Hernán Cortés para que apresurase su salida.

Convencido el Capitán General por los avisos, mandó a su mujer que le llevase a los barcos, todo lo que tenía preparado para el viaje, y luego por pregón hizo apercibir a todos los maestres, pilotos y soldados que entre ese día y la noche, todo mundo se embarcase y que nadie quedase en tierra y cuando todo quedó concluido, Cortés acompañado de sus amigos y algunos hidalgos, se fue a despedir de Diego Velázquez. Afirma Bernal Díaz del Castillo: "Y después de muchos ofrecimientos y abrazos de Cortés al Gobernador y del Gobernador a él, se despidió, y otro día muy de mañana, después de haber oído misa, nos fuimos a los navíos, y el mismo Diego Velázquez fue allí con nosotros; y se tornaron a abrazar, y con muchos cumplimientos de uno a otro; y nos hicimos a la vela y con próspero tiempo llegamos al puerto de la Trinidad".

En el anterior pasaje transcrito de la "Historia Verdadera de la Conquista de la Nueva España", se verá que Cortés, no fue huyendo, sino, como lo dice también el cronista don Antonio de Solís, se despidió del Gobernador a la luz del día y salió de Santiago de Cuba la mañana del 18 de noviembre de 1518.

Por su parte escriben los cronistas, y en "Hernán Cortés" de Salvador de Madariaga se lee, que después de los avisos de Andrés de Duero y Amador de Lares, y siguiendo a Bernal Díaz del Castillo, escribe:

"No se quitaba de estar siempre en compañía del Gobernador, y mostrándose muy gran su servidor y le decía que le había de hacer, mediante Dios, muy ilustre señor e rico en poco tiempo". Madariaga añade: "Pero mientras procuraba adormecer así las sospechas de Velázquez, daba vigoroso impulso a los preparativos de marcha, habiendo ya tomado en secreto la decisión de zarpar, no sólo tan pronto como fuera posible, sino de un modo abrupto e inesperado. Una noche dio la orden de embarcar inmediatamente y, con un golpe final de aquella ambición de previsión y de audacia tan típica en su carácter, obligó al encargado del suministro de carnes, un tal Humberto Alfonso de que le entregara todo el ganado que tenía". Conseguido lo anterior sin ninguna dificultad, porque se infiere que el tal Alfonso tendría algún entendimiento con el Capitán, para atreverse a dejar la ciudad sin carne, por lo que además, recibió una compensación por la multa que tendría que pagar, consistente en una cadena de oro que Cortés lo entregó al punto.

Comenzaba a asomarse la alborada cuando Cortés dio orden de hacerse a la mar y mientras esto sucedía, el Gobernador fue avisado del suceso, por lo que jadeante se precipitó al puerto donde ya los barcos habían desplegado sus velas y comenzaban a zarpar.

Cortés, que siempre mostró la cara a todos sus actos conflictivos, ahora acompañado de sus amigos y adictos, en una barca provista de armas y con la vara de alcalde y a tiro de ballesta de la playa, apercibió cuando Velázquez le dijo, según las Casas:

"¿Cómo compadre así os vais? ¿Es buena manera de despediros de mí?". Cortés contestó al punto a la manera de cómo lo sabía hacer:

"Señor, perdone Vuestra Merced, porque estas cosas y semejantes antes han de ser hechas antes que pensadas, vea Vuestra Merced qué se manda".

El Gobernador estupefacto tuvo que ceder, no por falta de carácter sino vencido por la evidencia, tenía menos influencia sobre la flota y en ese momento era el menos fuerte. Vio partir la armada que desde ese instante se emancipaba de su gobierno. Eran las primeras horas de esa mañana del 18 de noviembre de 1518.

Antonio de Solís, cronista de Indias, atribuye esta narración histórica a Antonio de Herrera y a otros cronistas de su tiempo, indudablemente influenciado por las quejas de Velázquez, o por celo de la fama que en poco tiempo Cortés alcanzaría, y que tratan de envolverlo con el velo de la traición que el mismo gobernador incubó cuando poco después de la partida de la armada, trata de revocarle el nombramiento a su Capitán; prenderlo y obligarlo a que pediera su inversión y su prestigio. El mismo cronista Antonio de Solís, hace el comentario de que: "¿Cómo habría de ser posible que una armada de nueve navíos, con trescientos hombres, con varios privados de Diego Velázquez, de entre ellos, Diego de Ordaz, convocados con pregón y a tambor batiente y de noche, pudieran embarcar sin ser oídos y que el Gobernador fue enterado cuando furtivamente ya partían?" Bueno, debemos estimar que dada la distancia del tiempo, cada cronista se quede con su versión y que a la luz de los hechos, con sus inevitables consecuencias, la gran hazaña se realizó.

Al partir Hernán Cortés con sus huestes, de Santiago de Cuba, la mañana del 18 de noviembre, como ya queda dicho, el Capitán de la armada se encamina rumbo a su destino; navegan sin ningún incidente, con tiempo favorable llegan en pocos días a la Villa y Puerto de Trinidad, donde al desembarcar fueron bien recibidos y alojados en las casas del vecindario, y Cortés se alojó en la residencia de Juan de Grijalva, donde plató en el acto sus banderas y estandartes, y por pregón, dio aviso a todos sus amigos e hidalgos que lo quisieran acompañar en su empresa. En seguida se ocupó con suma actividad a aumentar sus armas y hacer acopio de toda clase de bastimentos para que no faltara nada en la expedición.

En los días que siguieron como convocados por un conjuro mágico, se fueron presentando ante el Capitán General, personajes que habían de alcanzar fama y mando en la empresa que se gestaba. Así llegaron, dice Bernal Díaz del Castillo: "Cinco hermanos, que se decían Pedro de Alvarado, y Jorge de Alvarado y Gonzalo y Gómez y Juan de Alvarado, el viejo, bastardo, el Capitán Pedro de Alvarado es el por mí otras veces ya memorado. Y también salió de esta villa Alonso de Ávila, Capitán que fue cuando lo de Grijalva; y Juan de Escalante y Pedro Sánchez Farfán y Gonzalo Mejía, que después el tiempo andando fue tesorero en México; y Joanes de Fuenterrabia, y Lares, el buen jinete, llamámoslo así porque hubo otros Lares, y Cristóbal de Olid, el muy esforzado que fue maestro en las guerras mexicanas, y Ortiz, en músico, y un Gaspar Sánchez, sobrino del tesorero de Cuba, y un Diego de Pineda o Pinedo, y un Alonso Rodríguez, que tenía unas minas ricas de oro, y un Bartolomé

García, y otros hidalgos que no me acuerdo sus nombres, y todas personas de mucha valía".

Cortés hizo también un vehemente llamado a los vecinos de la Villa de Sancti Spiritus, distante unas dieciocho leguas de Trinidad, para que se enrolaran en "aquel viaje que iba a servir a su majestad", y acudieron al llamado: Alonso Hernández Puertocarrero, Gonzalo de Sandoval, Juan Velázquez de León, pariente de Diego Velázquez, Rodrigo Rangel y Gonzalo López de Ximena y un hermano suyo, Juan Sedeño, además de otros dos Sedeños que iban ya en la armada. Cortés recibió a estos hidalgos con sumo afecto, como lo sabía en tales casos para atraerlos a su causa y ellos a su vez, le ofrecieron mucho "acato". A Puerto Carrero, el Capitán, le regaló una yegua rucia, ya que no traía caballo y carecía de medios para comprarlo.

En aquellas horas de regocijo y de planes para lo futuro, llegó al puerto y a presencia de Cortés, un navío procedente de la Habana, cargado de pan casabe y tocino, propiedad de otro Juan Sedeño que iba a vender a un mineral que estaba cerca de Santiago de Cuba, pero una vez en tierra para saludar al Capitán de la armada y después de prolongada conversación, Cortés compró fiado el navío con todo su cargamento y de rivete, Juan Sedeño se incorporó a la expedición. Con el navío de Sedeño, la armada sumó once embarcaciones, que ya provistas de todo lo necesario, armas, víveres y agua, Cortés dio las órdenes para que todos los soldados y pilotos se embarcaran juntamente con él. Mas, a Pedro de Alvarado le ordenó que por tierra fuese hasta la Habana, para recoger a unos soldados que esperaban en unas estancias y a su amigo Juan de Escalante le ordenó que fuera en un navío por la banda para que se encontrara con Alvarado en la Habana, donde llegarían también los caballos despachados por tierra, hechos que se realizaron con toda felicidad, mientras por otra parte, el Capitán se embarcaba en la Nao Capitana, pero como pasaran cinco días sin que el Capitán General diera signos de vida, se comenzó a especular sobre en quién recaería el cargo de Capitán General de la expedición, mientras no se supiera de Cortés, Diego de Ordaz como mayordomo de Diego Velázquez era el que más ambicionaba el cargo; se formaron dos bandos, hubo acaloradas discusiones y no se llegaba a ningún acuerdo, cuando la nave de Cortés hizo su aparición, con el consiguiente regocijo de sus amigos y el descontento de los adictos de Velázquez, entre los que se contaba Diego de Ordaz. Explicó el Capitán de la armada, que su tardanza se debía a que su nave había encallado en unos bajos de la isla de Pinos y que en la descarga y carga de la nave para ponerla a flote, tardaron más de tres días.

Ya en la Habana, Hernán Cortés se hospedó en la casa de Pedro Barba que era teniente de esa villa de Diego Velázquez, al punto mandó sacar sus banderas y estandartes y los plantó dando pregones semejantes a los anteriores para atraerse más soldados e hidalgos que reforzaran su expedición. Allí llegaron ante Cortés para seguirlo en su portentosa aventura: Francisco de Montejo, posteriormente gobernador de Yucatán, Diego Soto, "vino un Angulo", Garcicaro, Sebastián Rodríguez, "y un Pacheco", y "un Fulano Gutiérrez", "y un Rojas", "y un mancebo que se decía Santa Clara", "y dos hermanos que se decían los Martínez de Fregenal, y un Nájera, y no lo digo por el sordo, todos personas de calidad". Escribe Bernal Díaz, "Y cuando Cortés los vio todos aquellos hidalgos juntos se holgó en gran manera", y luego envió un navío a la punta de Guaniguanico, a un pueblo que estaba donde hacían casabe y tenían muchos puercos, para que cargasen el navío de tocino. Pero como aquella estancia era del Gobernador Diego Velázquez, envió como Capitán del navío a Diego de Ordaz, como mayordomo de las haciendas de Velázquez y para tenerlo apartado de sí.

Diego Velázquez había tomado todas las medidas para nulificar el nombramiento de Capitán General dado a Cortés, pero ninguna le había dado resultado, ya que la mayor parte de los hidalgos y capitanes, habían sido convencidos por Cortés para que abrazaran su causa y algunos por incentivos de la conquista y otros por descontentos con el Gobernador de Cuba, por no haberles dado suficiente en el repartimiento de indios y tierras, uno de ellos era Juan Velázquez de León.

Un último mandamiento de Diego Velázquez, para que se despojara a Cortés de su nombramiento, como ya lo había hecho en Trinidad con su teniente y cuñado Francisco Verdugo, sin resultado, ahora lo hacía con su teniente en la Habana, Pedro Barba y otros parientes que allí residían, pero Barba y los demás deudos del Gobernador, comprendieron que tratar de prender al Capitán de la Armada, era exponerse, ya que éste era el más fuerte. Y al contestar Barba el requerimiento dice: "No osé prender a Cortés porque estaba muy pujante de soldados". Y Cortés "escribió a Velázquez con palabras tan buenas y de ofrecimiento, que la sabía muy bien decir, y que otro día se haría a la vela y que le sería servidor".

Hernán Cortés antes de partir hacia su destino, había recibido de Diego Velázquez, escrito por su escribano público Escalante, un mandamiento o instrucciones, para que a ello se sujetaran todos los soldados y demás personal que formaría la armada y que decía: "Item, porque más cumplidamente en este viaje podáis servir a Dios Nuestro Señor, no consentiréis ningún pecado público, así como amancebado públicamente, ni que ninguno de los cristianos de vuestra compañía haya acceso ni coito carnal con ninguna mujer fuera de nuestra ley, porque es pecado a Dios muy odioso y las leyes divinas y humanas lo prohíben; y procederéis con todo rigor contra el que tal pecado o delito cometiera, y castigarlo héis conforme a derecho por las leyes que en tal caso disponen". Hernán Cortés debe haberse sonreído de buena gana, cuando recibió y se enteró del contenido de la ordenanza, ya que él, un don Juan, y sus capitanes de armas tendrían ocasión de recibir mujeres y más mujeres.

## LA IMAGEN DE UN CAPITÁN

Bernal Díaz del Castillo, inquieto y ameno historiador, en su relato de "La Historia Verdadera de la Conquista de la Nueva España", nos ha dejado un vivo retrato de Hernán Cortés, tal como lo vio y lo trató en el umbral de su gran hazaña, cuando ya contaba con treinta y cuatro años y quince de haber llegado al Nuevo Mundo, y después de alcanzar la conquista, la fama, el poder y el marquesado del Valle de Oaxaca.

"Fue de buena estatura e cuerpo bien proporcionado e membrudo e la color de la cara tiraba algo cenicienta y no muy alegre e si tuviera el rostro más largo mejor pareciera, y era en los ojos en el mirar algo amorosos e por otra parte graves, las barbas, e tenía algo prietas e pocas e ralas e el cabello, que en aquel tiempo se usaba, de la misma manera que las barbas, e tenía el pecho alto y la espalda de buena manera, e era cenceño y de poca barriga y algo estevado y las piernas e muslos así de a pie como de a caballo e sabía muy bien menearlas e sobre todo corazón y ánimo que es lo que se hace el caso (...) En todo lo que mostraba ansí en su presencia como en pláticas e conversación e en el comer y en el vestir, en todo daba señales de gran señor. Los vestidos que se ponía eran según el tipo de la usanza e no se le daba nada de traer muchas sedas ..., sino llanamente e muy pulido, ni tampoco traía cadenas de oro grandes, salvo una cadenita de oro de primera hechura e un joyal con la imagen de nuestra señora la Virgen Santa María con su hijo precioso en los brazos e con un letrero en latín en lo que era de Nuestra Señora y de la otra parte del joyal a señor San Juan Bautista con otro letrero, e también traía en el dedo un anillo rico con un diamante y en la gorra, que entonces se usaba de terciopelo, traía una medalla e no me acuerdo el rostro, y la medalla traía figurada la letra del. Mas, después el tiempo andando siempre traía gorra de paño sin medalla. Servíase ricamente como gran señor con dos maestresalas y mayordomos e muchos pajes e todo el servicio de su casa muy cumplido e grandes vajillas de plata e de oro. Comía bien y bebía una buena taza de vino aguado que cabría un cuartillo, e también cenaba, y no era nada regalado ni se le daba nada por comer manjares deliciosos ni costosos, salvo cuando había necesidad que se gastase o los hubiese menester de dar. Era de muy afable su condición con todos sus capitanes e compañeros, especialmente con los que pasamos con él de la isla de Cuba la primera vez, y era latino e oí decir que era bachiller en leyes y cuando hablaba con letrados e hombres latinos respondía a lo que le decían en latín. Era algo poeta; hacía coplas en metros o en prosas. Y en lo que platicaba lo decía muy apacible y en buena retórica; e rezaba por las mañanas en unas horas e oía misa con devoción. Tenía por su muy abogada a la Virgen María, Nuestra Señora, la cual todo fiel cristiano la debemos tener por nuestra intercesora e abogada, e también tenía a señor San Pedro e Santiago e San Juan Bautista y era limosnero. Cuando juraba, decía en mi 'conciencia' y cuando se enojaba con algún soldado de los nuestros sus amigos le decía 'Oh mal pese a vos'. E cuando estaba muy enojado se le hinchaba una vena de la garganta e otra de la frente. E aún algunas veces, de muy enojado, arrojaba un lamento al cielo: e no decía ninguna palabra fea ni injuriosa a ningún Capitán ni soldado; e era muy sufrido, porque soldado hubo muy desconsiderado que le decía palabras descomedidas e no les respondía cosa soberbia ni mala y aunque había materia para ello lo más que les decía 'calla o id con Dios y de aquí adelante ten más miramiento en lo que dijéredes porque os costará caro por ello'. E era muy porfiado en especial en las cosas de la Guerra (...) E comenzamos a hacer la fortaleza y el primero que cayó e sacó tierra en los cimientos fue Cortés. E siempre en las batallas le vi que entraba en ellas juntamente con nosotros (...) E no quiero decir de otras muchas proezas e valentías que vi que hizo nuestro marqués don Hernando Cortés porque son tanto e de tal manera que no acabaría tan presto de lo relatar (...) Era muy aficionado a juegos de naipes e de dados e cuando jugaba era muy afable en el juego e decía ciertos remoquetes que suelen decir los que juegan a los dados. E era demasiado dado a mujeres e celoso en guardar sus indias. E era muy cuidadoso en todas las conquistas que hacíamos aún de noche e muchas noches rondaba e andaba requiriendo las velas e entraba en los ranchos e aposentos de nuestros soldados e el que hallaba sin armas e estaba descalzo, las alpargatas le reprendía e le decía que a la oveja ruin le pesa la lana".

La anterior narración es de Bernal Díaz del Castillo, pero la repite Don Salvador de Madariaga apoyado en el primero, para hablarnos de la imagen y figura de un Cortés adulto en la cima de su obra, la fama y el poder, de un marqués que lo ha alcanzado todo y que por eso dispone de todo, hasta de mujeres. Que es mesurado, que es prudente, que es parco y talentoso, no se le puede negar, pues de otro modo no hubiera alcanzado la cima donde llegó, pero independientemente de esas virtudes, por qué se quiere negar fue cruel, crudelísimo aún con sus compañeros, para imponer su autoridad y sembrar el terror entre los vencidos indefensos que ya no había necesidad de sacrificar.

En tiempos de la barbarie, los hombres eran como fieras, luchaban entre sí, para disputarse los bienes y el vencedor le infringía al vencido los más crueles tormentos. El espíritu de venganza siempre estuvo latente, tal vez se justificaría la lucha o la muerte, por lo daños recibidos o por el justo derecho de defensa; pero en los tiempos en que esta historia se refiere, el mundo ha superado a la barbarie, y a una civilización cristiana de mil quinientos años, se ha enseñoreado del mundo conocido, con un decálogo, cuyo contenido de amor, perdón y caridad, hubiesen servido de freno a toda acción de crueldad, sobre todo, cuando ya no caben los inútiles y cruentos sacrificios, máxime si se consumen sobre seres humanos ya vencidos, o que se han entregado, y ya están indefensos y a merced del vencedor.

## HERNÁN CORTÉS EN EL UMBRAL DE LA FAMA

En la mañana del diez de febrero de mil quinientos diecinueve, Hernán Cortés, Capitán General de la expedición que partiría de la Habana hacia las tierras descubiertas, por Hernández de Córdoba y Juan de Grijalva, y después de haber oído misa, dio la orden de zarpar rumbo a su destino.

La armada compuesta de 11 navíos, llevaría por piloto mayor a Antón de Alaminos, que como sabemos, ya conocía la ruta; y como capitanes de navío, irían: Pedro de Alvarado, Alonso de Ávila, Diego de Ordaz, Francisco de Montejo, Juan Velázquez de León, Francisco Saucedo, Cristóbal de Olía, Alonso Hernández Portocarrero, Juan

Escalante y Francisco de Orozco, a cuyo cargo iría la artillería. Iban también Ginés Nortes y Francisco de Morla.

El ejército expedicionario estaba formado por 508 soldados, 16 caballos, 109 marinos, 200 indígenas de Cuba, 10 piezas de artillería, que como ya se dijo, estarían a cargo de Francisco de Orozco. Irían como capellanes, el presbítero Juan Díaz y el mercedario Bartolomé de Olmedo y un intérprete llamado Melchor.

Las naves se alejaron de las costas de Cuba, y la que gobernaba el piloto Camacho, en la que iba Pedro de Alvarado y Bernal Díaz, y sesenta soldados según Bernal, el piloto no tomó en cuenta las disposiciones del Capitán General y se adelantó tanto, que llegaron a Cozumel tres días antes que el grueso de la flota. Todos los nativos de los pueblos tocados en dicha isla, ante la presencia de los hispanos, se dieron a la fuga, y en unos abandonaron sus bienes domésticos, de entre algunos, sus gallinas de las que los compañeros de Alvarado se apoderaron de cuarenta: de un adoratorio tomaron los ornamentos que parecían de oro "bajo", hicieron dos prisioneros y una india, volvieron al pueblo donde desembarcaron, y allí esperaron la llegada de Hernán Cortés, que según dice Bernal Díaz, se había retardado debido a que a la nave que gobernaba Francisco de Morla, se le había saltado el gobernalle y que reparado este, la flota llegó a Cozumel el 18 del mismo mes. Al enterarse de los desmanes de Pedro de Alvarado, le llamó severamente la atención y le dijo "que no se habían de apaciguar las tierras de esa manera", a Camacho, también lo reprendió por no haber obedecido sus órdenes de aguardarlo "en el mar como le fue mandado", en seguida, mandó llamar a su presencia a los indios que habían sido presos y con el intérprete Melchorejo, se les dijo que fuesen a llamar a los caciques y a la gente de ese pueblo, y regresado que fueron, Cortés ordenó que se les regresara lo tomado en su adoratorio y en pago de las gallinas les ofrecieron una porción de cuentas y otros adornos de vidrio de poco valor; al día siguiente, acudió el cacique con toda su familia. Se presentaba una especie de coexistencia de dos razas. Flotaba en el ambiente un espíritu de armonía y paz y los nativos: "andaban entre nosotros como si toda su vida nos hubieran tratado, y mandó Cortés que no se les hiciese enojo alguno". Y dice Bernal Díaz que "Aquí en la isla, comenzó Cortés a mandar muy de hecho".

Por los de Cozumel, Cortés, supo que en Yucatán estaban unos españoles que habían naufragado desde años atrás y que los tenían por esclavos. El Capitán castellano mandó en el acto un navío con soldados, un mensaje y el respectivo rescate para que no hubiera dificultad en su retorno "y lleva el navío de plazo ocho días para nos aguardar; veníos con toda brevedad; de mí seréis bien mirados y aprovechados. Yo quedo en esta isla con quinientos soldados y once navíos; en ellos voy mediante Dios, la vía de un pueblo que se dice Tabasco o Potonchán". Partió la nave con su rescate, su mensaje y los soldados, y dice Bernal Díaz, que en tres horas atravesaron el golfete para llegar a Yucatán. Localizado uno de los hispanos, que respondía al nombre de Jerónimo de Aguilar, recibió con sumo regocijo la noticia de su rescate y la presencia de la flota, se apresuró a buscar a su compañero de cautiverio, que se llamaba Gonzalo Guerrero, a quien comunicó la noticia, pero éste se excusó alegando que era casado y ya tenía hijos con una india, hija de un cacique de Yucatán.

Aguilar obtuvo del cacique de quien dependía, la licencia de ir donde quisiera, por lo que ya sin demora, se incorporó a la expedición, donde fue muy útil por el dominio de la lengua maya que ya poseía, por haber estado en ese pueblo más de ocho años.

Regresada la nave que fue al rescate de Jerónimo de Aguilar, Cortés se interesó en conocer su historia del naufragio, por lo que luego que el Capitán le mandó dar de vestir, camisa y jabón, zaragüelles, y caperuza y alpargatas, que otros vestidos no había y le preguntó de su vida y cómo se llamaba y cuándo vino a aquella tierra. Y él dijo, aunque no bien pronunciado, que se decía Jerónimo de Aguilar, y que era natural de Ecija, y que tenía órdenes de evangelio que había ocho años que se había perdido él y otros ocho hombres y dos mujeres que iban desde Darián a la isla de Santo Domingo, cuando hubo unas diferencias y pleitos de un Enciso y Valdivia; y dijo que llevaban diez mil pesos de oro y los procesos de los unos contra los otros, y que el navío en que iban dio en los Alacranes, que no pudo navegar, y que en el batel del mismo navío se metieron él y sus compañeros y dos mujeres, creyendo tomar la isla de Cuba o Jamaica; y que los 'calachiones' de aquella comarca los repartieron entre sí, y que habían sacrificado a los ídolos muchos de sus compañeros, y ellos se habían muerto de dolencia, y las mujeres que poco tiempo pasado había, que de trabajo también murieron, porque los hacían moler, y que a él que tenían para sacrificar, y una noche se huyó y se fue aquel cacique con quien estaba, ya no se me acuerda el nombre, que allí le nombró, y que no habían quedado sino él y un Gonzalo Guerrero. Y dijo que le fue a llamar y no quiso venir, y dio muchas gracias a Dios por todo." Después de escuchar esta historia, Cortés le prometió que "sería bien tratado y recompensado." Y a continuación al Capitán le siguió preguntando por la extensión de las tierras y sus pueblos, pero Aguilar, no le supo dar noticia alguna, que porque siempre fue esclavo y no tenía libertad para salir y ver, que lo habían ocupado en los trabajos domésticos y en cortar leña, y concluyó, que salvó la vida por una prueba de castidad a que había sido sometido.

Una vez oída la anterior relación, Hernán Cortés dispuso seguir el derrotero de la palabra de Bernal Díaz, y el 5 de marzo, llegaron a la isla de Mujeres, y sólo se detienen el tiempo necesario para tomar agua y lo necesario que allí encuentran para luego seguir adelante; el 22 del mismo mes, llegaron a la desembocadura del río Grijalva; el 23 desembarcaron en Tabasco, permanecen el 24 a la expectativa, observando a los nativos que se encontraban haciendo aprestos de guerra, preparaban todas sus armas, se pintaban, se ponían sus adornos de plumas y muy ufanos hacían gala de sus triunfos anteriores sobre los castellanos.

Algunos autores dicen que la batalla se libró el 25 de marzo y Bernal Díaz, sugiere que fue el 14, porque escribe:

"Otro día de mañana que fueron a quince días del mes de marzo de mil quinientos diez y nueve años; vinieron muchos caciques y principales de aquel pueblo de Tabasco..."

Y aquella mañana del mes de marzo, los nativos atacaron a los hispanos con singular denuedo; Bernal Díaz escribe:

"Y así como llegaron a nosotros, como eran grandes escuadrones, que todas las sábanas cubrían, y se vienen como rabiosos y nos cercan por todas partes, y tiran tanta flecha, vara y piedra, que en la primera arremetida hirieron mas de setenta de los nuestros y con las lanzas pie con pie nos hacían mucho daño,..."

La batalla duró poco más de una hora, los iberos se defendieron y atacaron a su vez con ímpetu, haciendo con sus armas verdaderos estragos en las filas cerradas de los indígenas, y poco después, se enseñorearon del campo, merced a la superioridad de las armas y a la presencia de los de caballo, entre ellos, el mismo Cortés.

Gómara afirma que por la milagrosa intervención de los apóstoles Santiago y San Pedro, los castellanos obtuvieron la victoria en ese día; negando de esta manera la acción valerosa y el mérito de los expedicionarios. Bernal Díaz lo desmiente diciendo:

"Y pudiera ser que los que dice Gómara fueran los gloriosos apóstoles señor Santiago o señor San Pedro, y yo como pecador no fuese digno de verlo. Lo que yo entonces vi, fue a Francisco de Morla en una caballo castaño y venía juntamente con Cortés..."

Al recorrer el campo los hispanos se percataron de que habían causado a sus enemigos más de ochocientas bajas, y ellos perdieron tres soldados muertos y más de cien heridos. Y siguiendo Bernal Díaz, escribe:

"Y después de apeados los de a caballo, debajo de unos árboles y casas que allí estaban, dimos gracias a Dios por habernos dado aquella victoria tan cumplida; y como era día de nuestra señora de Marzo, llamóse una villa que se pobló, el tiempo andando, Santa María de la Victoria, así por ser día de Nuestra Señora, como por la gran victoria que tuvimos. Esta fue la primera guerra que tuvimos en compañía de Cortés en la Nueva España. Y esto pasado apretamos las heridas a los heridos con paños, que otra cosa no había, y se curaron los caballos con quemarles las heridas con unto de un indio de los muertos, que abrimos para sacarle el unto; y fuimos a ver a los muertos que había por el campo y eran más de ochocientos,..."

Hernán Cortés, como ya lo ha demostrado antes, era un hábil político y buen negociador, se sirvió de los cinco prisioneros que había hecho a los indígenas para proponer la paz a los caciques de Tabasco, de tal manera que los puso en libertad, les dio regalos de cuentas y Jerónimo de Aguilar los instruyó con "muchas palabras bien sabrosas y de halagos, y que les queremos tener por hermanos y que no hubiesen miedo, y que lo pasado de aquella guerra que ellos tenían la culpa".

Cuando los caciques se enteraron por los enviados de Cortés que les hablan de paz, respondieron enviando quince indios esclavos, tiznados de la cara, portando buena cantidad de víveres, gallinas, pan y pescado, Cortés les recibió de buen grado, pero los regresó haciéndoles saber que dijeran a sus caciques, que para hablar de paz, él no lo haría con esclavos.

Al día siguiente se presentaron ante el Capitán hispano, sobre treinta caciques principales, portando los mismos presentes, pan de maíz, gallinas, pescado asado y frutos, y después del intercambio de palabras que Jerónimo de Aguilar interpretaba, los caciques pidieron permiso al Capitán castellano para enterrar o quemar sus muertos y que al día siguiente, llegarían los principales y señores de todos los pueblos comarcanos para concertar la paz.

Hernán Cortés, sagaz psicólogo, sabedor de que al día siguiente llegarían ante su presencia los principales caciques de Tabasco, en su oportunidad quería amedrentarlos, por lo que ordenó a sus soldados que prepararan una lombarda y dispararla en el momento preciso, en el que los indios estuvieran con él; además provocarían el celo de una caballo entero que traía Ortiz el músico, poniéndolo frente a la yegua de Juan Cedeño, para que tomara "olor de ella", allí en el lugar donde Cortés recibiría a los caciques al día siguiente. Todo pasó como lo había previsto el Capitán. A su tiempo se disparó la lombarda y el caballo atado cerca de donde conferenciaba Cortés con los indígenas, llegaron unos cuarenta, bien vestidos, con ricas mantas, con sahumerios y copal, zahumaron a todos los presentes y demandaron perdón de Cortés, de lo pasado, prometiendo que de allí en adelante serían buenos. Cortés les respondió con gravedad, casi con enojo que él los había requerido de paz y que ellos contestaron con la guerra y que de ellos era la culpa". Y que ahora eran merecedores, que a ellos y a cuantos queden en todos sus pueblos, matásemos, y que somos vasallos de un gran rey y señor que nos envió a estas partes que se dice el Emperador don Carlos,..."

En esa plática estaban con el intérprete Jerónimo de Aguilar, cuando secretamente el Capitán mandó poner fuego a la lombarda, "que dio tan buen trueno que era menester". Los indios quedaron espantados con el estampido, pero aún se asustaron más, cuando llevaron el caballo y lo ataron frente al aposento donde había tomado el olor de la yegua, y comenzó a patear el suelo y a relinchar en dirección de los caciques, por lo que los indígenas entendieron que la bestia se dirigía a ellos. Conseguido el efecto, Cortés mandó retirar el caballo y les dijo a los caciques que a no tuvieran miedo, ya que venían en son de paz. A continuación llegaron treinta indios tamemes portadores de alimentos, pan de maíz, gallinas, frutos y pescado asado. Las pláticas entre Cortés y los caciques siguieron y al despedirse, éstos se fueron muy contentos prometiendo que al día siguiente regresarían con otros presentes.

Al otro día quince de marzo, según Bernal Díaz, se presentaron a Cortés "haciéndonos gran acato", muchos caciques y señores de Tabasco y pueblos comarcanos, portando varios regalos de oro y en forma de figurillas, telas de manta y víveres en abundancia y el presente más valioso de veinte mujeres jóvenes, para que las tomaran como esposas o esclavas, entre las que iba la Malinche que al ser bautizada, recibiría el nombre de doña Marina. Esta mujer era noble y hermosa, hija de cacique, conocía la lengua de los aztecas o el náhuatl, por lo que prestó valiosos servicios a la conquista.

Los padres de esta doña Marina, eran caciques de un pueblo llamado Painala, que después desapareció, pero que tenía otros pueblos tributarios, cerca de "Cuazacualco", y que al morir el padre, su madre se casó con otro cacique, y que para que la niña como heredera no los estorbara, secretamente la hicieron desaparecer, entregándola a unos de Xicalango, diciendo al mismo tiempo, que la niña había muerto, coincidiendo esta noticia con la muerte de otra niña hija de una esclava, "y los de Xicalango, la entregaron a los de Tabasco y los de Tabasco, la entregaron a Cortés".

Dice Bernal Díaz: "Y conocí a su padre y a su hermano de madre, hijo de la vieja, que era ya hombre y mandaba juntamente con la madre a su pueblo, porque el marido postrero de la vieja era ya fallecido". Y sigue diciendo Bernal Díaz, que tiempo después: "Y estando Cortés en la villa de Cuazacualco, envió a llamar a todos los caciques de aquella provincia para hacerles un parlamento acerca de la santa doctrina, y sobre su buen tratamiento, y entonces vino la madre de doña Marina y su hermano de madre, Lázaro, con otros caciques. Días había que me había dicho la doña Marina que era de aquella provincia y señora de vasallos, y bien lo sabían el Capitán Cortés y Aguilar, la lengua. Por manera que vinieron la madre y su hijo, el hermano y se conocieron, que claramente era su hija, porque se le parecía mucho. Tuvieron miedo de ella, que creyeron que los enviaba hallar para matarlos, y lloraban. Y como así los vio llorar doña Marina los consoló y dijo que no hubiesen miedo, que cuando la transpusieron con los de Xicalango, que no supieron lo que hacían, se los perdonaba y les dio muchas joyas de oro y ropa y que se volviesen a su pueblo; y que Dios le había hecho merced en quitarla de adorar ídolos y ahora ser cristiana, y tener un hijo de su amo y señor Cortés, y ser casada con un caballero marido Juan Jaramillo; que aunque la hicieran cacica de cuantas provincias había en la Nueva España, no lo sería, que en más tenía servir a su marido y a Cortés que cuanto en el mundo hay. Y todo esto que digo sólo yo muy certificadamente (Bernal Díaz agrega un paralelo bíblico) y esto me parece que quiere remendar lo que acaeció con sus hermanos en Egipto a Josef, que vinieron en su poder cuando lo del trigo. Esto es lo que pasó y no la relación que dieron a Gómara, y también dice otras cosas que dejo por alto".

Bernal Díaz del Castillo dice en su historia, que las veinte mujeres fueron repartidas entre los capitanes y que doña Marina, "como era de buen parecer y entremetida y desenvuelta, dio a Alonso Puerto Carrero, que ya he dicho otra vez que era buen caballero, primo del conde de Medellín, y después que fue a Castilla Puerto Carrero estuvo la doña Marina con Cortés, y hubo en ella un hijo que se dijo don Martín Cortés. Pasado algún tiempo, doña Marina dice que tenía como marido a Juan Jaramillo.

Doña Marina además de ser bilingüe, y leal al conquistador, debe haber tenido algún singular encanto, puesto que cuando Puerto Carrero se fue a España, Cortés la hizo suya, le dio un hijo. Doña Marina era como una propiedad del conquistador por razones de conquista y de política, pero también pudo ser por razones de afecto o más claro de amor.

Concluida la concertación de la paz entre el conquistador y los caciques de Tabasco, los despidió con el encargo de que ordenaran a todas las familias que habían huido, que regresaran a sus casas. "Y luego los caciques mandaron llamar a todos los vecinos, y con sus hijos y mujeres en dos días se pobló; y lo otro que les mandó, que dejaran sus ídolos y sacrificios, y respondieron que así lo harían".

Después de la refriega, Hernán Cortés y sus hombres permanecieron cinco días en Tabasco, para dar lugar a que cicatrizaran las heridas, tanto de hombres como de caballos, por lo que se deduce, que debieron salir rumbo a su "derrota", por el veinte o veintiuno de marzo.

En seis "Siglos de Historia", de Casasola, se lee, que Cortés y sus hombres, salieron de Tabasco el 18 de abril y que llegaron a San Juan de Ulúa, el 21 del mismo mes, jueves santo, día en que el Conquistador Funda la Villa Rica de la Veracruz.

Antes de la salida dice Bernal Díaz, "Luego Cortés les mandó que para otro día que era Domingo de Ramos, muy de mañana viniesen al altar con sus hijos y sus mujeres para que adorasen a la santa imagen de Nuestra Señora y la Cruz,..."

Hechas las prevenciones a los indios respecto de la fe cristiana, procesiones y misas que ofició el padre de la merced Juan Díaz, Cortés ordenó que se aparejasen todas las canoas, para embarcarse y hacerse a la vela el mismo Domingo de Ramos, porque los pilotos advirtieron al Capitán del mal tiempo, un "norte" que se anunciaba, Bernal Díaz dice: "Y hecha nuestra solemne fiesta, según el tiempo, vinieron los principales y trajeron a Cortes hasta diez gallinas y pescado y otras legumbres y nos despedimos de ellos y Cortés recomendándoles siempre el cuidado y veneración de la santa imagen las santas cruces y que el santuario que se había erigido, estuviera limpio, aseado y enramado, que le presentasen reverencia y con ello "hallarían salud y buenas sementeras. Y después de que era ya tarde nos embarcamos, y otro día por la mañana nos hicimos a la vela. (Debe haber sido lunes de semana santa, 18 de abril), y con buen viaje navegamos y fuimos a la vía de San Juan de Ulúa y siempre muy junto a tierra..." Prosigue Bernal Díaz:

"... y yendo navegando con buen tiempo, decíamos a Cortés los que sabíamos aquella 'derrota': Señor, allí queda la Rambla o Ayagualulco,... Tonalá o San Antón,... el río Guasacualco; y vio las altas sierras nevadas,... la sierra de San Martín, la roca partida, el río Alvarado –en el que se detuvieron, en seguida llegaron al río Banderas- luego le mostramos la isla Blanca, luego la isla Verde,... Y junto a tierra vio la isla de Sacrificios, y luego en buena hora llegamos a San Juan de Ulúa, jueves de la cena, (21 de abril de 1519) después de mediodía". Los expedicionarios habían navegado los tres últimos días casi pegados a las costas.

El viernes Santo 22 de abril, Hernán Cortés y sus huestes y sus caballos, desembarcaron en una playa arenosa, donde poco después, fundaría la Villa Rica de la Veracruz.

El islote que los españoles bautizaron con el nombre de San Juan de Ulúa, cuando por primera vez llegaron a las playas del golfo, en donde poco después tendría sus asentamiento la "Villa Rica de la Veracruz", se debió como ya se dijo antes, a que los nativos al querer hacer referencia del imperio mexicano, decían "Culúa, culúa".

Bernal Díaz del Castillo escribe sobre ese hecho histórico lo siguiente: "...porque entonces no teníamos lengua ninguna, o como ya otra vez lo he dicho, porque Julianill y Melchorejo, (dos nativos tomados en Yucatán desde la expedición de Hernández Córdoba, aún no sabían la lengua de los mexicanos) no entendía la mexicana. Y respondió el indio Francisco que los de Culúa los mandaban sacrificar, y como era torpe de lengua, decía: "Ulúa, Ulúa" (en lugar de Culúa) y como nuestro Capitán estaba presente, y se llamaba Juan, (Juan de Grijalva) y era por San Juan de junio pusimos por nombre a aquella isleta: San Juan de Ulúa,…"

Desde el momento en que los castellanos oyeron con insistencia la palabra "Culúa" y que todo era ordenado desde Culúa, intuyeron la existencia real en tierra firme, de un país rico y poderoso.

## EL IMPERIO MEXICANO

El pueblo más próspero que habitaba la altiplanicie mexicana llamada Anáhuac, a la llegada de los españoles a los arenales de las playas del Golfo de México y que después tocaría su asentamiento al puerto de Veracruz, era el pueblo Azteca, de origen Nahuatleca.

Afirman las leyendas y los antropólogos y cronistas lo refieren, que los aztecas procedían de una región situada en el norte del territorio que hoy es México; le dan el nombre de Axtlán, pero sin identificar el verdadero lugar. Le asignan una región, luego otra y otra, para quedar en que Aztlán, se encontraba en algún lugar de lo que hoy es el estado de Sinaloa.

Traducida Aztlán al castellano, le dan varias interpretaciones: "Lugar de las Garzas", "Lugar donde Amaneció", "Tierra de la Aurora", o "Lugar donde empieza la civilización", o simplemente una modificación en "Aztatlán".

Se afirma que el comienzo del éxodo de la tribu nahuatlaca, más tarde Azteca, se pierde en nebulosos horizontes del pasado; y sólo hay memoria de que su dios Huitzilopochtli y su sacerdote y jefe de tribu, Tenoch, guiaron a su pueblo a través de penosa y larga peregrinación, en cuya senda, tuvieron que luchar con otras tribus que se oponían a su paso, o que cuando hacían alguna escala, los asediaban para obligarlos a evacuar el campo donde se habían asentado. La peregrinación, según los historiadores, debió haber sido lenta y larga, quizá llevaría años, décadas o siglos. Los hombres se harían viejos y los niños se harían hombres y en el camino se renovarían las generaciones, pero la fe en llegar a la tierra prometida, jamás desmayó. El misterio mostró su cara; oíanse voces de aliento de aliento, o el canto de alguna avecilla que en sus gorjeos parecían escucharle: "Tihuí, tihuí", que en su dialecto quería decirles: "¡Ya vamos, ya vamos!" Así, dejaron atrás las regiones de lo que hoy son los estados de Sinaloa, Nayarit, Jalisco y Michoacán, para remontar las montañas y asomarse a la meseta de Anáhuac, maravillosa región lacustre de una cuenca cerrada, bordeada por altas montañas y dos majestuosos volcanes formando un puerto por donde se asoma el sol por las mañanas. País de ensueño, con clima de paraíso, de inviernos benignos, primaveras tibias, veranos cálidos y otoños primaverales; donde las lluvias alternan con los días bañados de sol; con sus tardes opalinas incendiadas en el horizonte con el fuego divino de los últimos rayos de sol, que matiza con celajes de púrpura y de oro el paisaje del edénico atardecer. Así debió haber sido el panorama de ese mal llamado Valle de México; con sus poéticos lagos, espejos naturales de un cielo intensamente azul. Y por el estío, sus riveras adornadas con los colores de encendidos girasoles. Y más allá, las extensas praderas con ropajes de verde esmeralda, con adornos vivos de múltiples flores; luego las colinas cubiertas de arbustos, escalón de maravillosos bosques, morada de nomos y duendes, de hadas y genios, donde celebran consejo para repartir los bienes.

Así era el país donde llegaban los errantes nahuatlacas.

Al descender de la sierra las tribus peregrinas, bordearon el lago, procurando evitar el paso por donde otras tribus ya se les habían adelantado y formaban ya sus señoríos. Así los recién llegados siguieron avanzando, hasta llegar frente a un islote en cuyo centro crecía un nopal, en el cual un águila encaramada devoraba una serpiente.

El drama no podía ser más sugestivo, y la imagen no podía ser más dramática, para que no se grabara en el alma de estos peregrinos. Al instante comprendieron que habían llegado al final de su senda y que ese lugar era su destino. El Presagio se había cumplido. No llegaban allí en plan de conquista, sino en plan de colonos.

Contrictos se inclinaron y besaron la tierra, en seguida levantaron los ojos al cielo para darles gracias a sus dioses por la inmensa merced que se les hacía. Según el maestro don Gregorio Torres Quintero, era el año de 1325.

La tribu de los recién llegados peregrinos, tomó posesión del islote, pero quedó sometida a los tepanecas de Atzcapotzalco, de quienes en mucho tiempo fueron tributarios. Su asentamiento no podía ser más pobre. Chozas de tule o de zacatón, sin tierra suficiente para cultivos agrícolas, pues las mejores de éstas, las poseían por el este los chichimecas-olmecas de Texcoco, por el oeste los tepanecas y por el sur los xochimilcas.

Los primeros años de la tribu nahoa en su islote debieron ser de sumo trabajo, pues a su carencia de tierra para cultivos, la sustituyeron por la creación de chinampas, especie de balsa flotante cubierta con tierra, que se prestaba para realizar cultivos de hortalizas y aún de maíz, perfeccionando el cultivo de este cereal con el intercambio cultural con los olmecas, verdaderos técnicos en el cultivo del maíz

Desde su llegada a su nueva morada los peregrinos de Aztlán, tomaron el nombre de aztecas, en recuerdo del lugar de su origen, y a su ciudad la nombraron Tenochtitlán, en memoria de Tenoch, su sacerdote.

En los primeros años del asentamiento del pueblo azteca, su alimentación debió estar basada en la recolección, la pesca y algo de caza menor, aumentada después con productos agrícolas, por lo que después de sus dos principales dioses, aumentaron su mitología con otras deidades, tales como Tláloc "dios de la lluvia", Chalchiuhcihuatl "diosa de la abundancia" y Centéotl "diosa del maíz", entre otras deidades. La indumentaria era pobre y tosca, tejida con fibra de maguey o de otra planta.

Es asombroso el avance que alcanzó este pueblo laborioso pues después de no poseer ninguna tecnología, en menos de doscientos años, de 1325 a 1521, año de su caída, se hizo el más culto, el más regio, el más rico y el más poderoso, alcanzó a avasallar a todos los pueblos del valle y su poder llegó más allá de los horizontes que le rodeaban.

Durante los primeros 53 años, si hemos de creer a los cronistas e historiadores, que se han ocupado de estos hechos, aunque difieren en algunas fechas; los aztecas estuvieron gobernados por un consejo de ancianos o jefes de hombres, y en 1376, se dieron su primer rey.

1º Acamapichtli: hijo de Apochtli y de Atozoztli; primer jefe de 1376-1396. Durante su reinado el islote se ensanchó de manera notable, se multiplicó el número de chinampas, la agricultura prosperó y las casas de tule se fueron transformando en incipientes casas de piedra (tezontle), se ensanchó la calzada de Ixtapalapa y se comenzaron construir la de Tacaba y el Tepeyac.

2º Huitzilihuitl: Segundo jefe de Hombres-Rey de 1396-1417, le dio al pueblo azteca un sentido más amplio de la unidad, para hacerlo más fuerte. Las casas de tezontle proliferaron, se aumentó de manera notable la tierra de cultivo y el pueblo dirigido por sus jefes, se dedicaron con ahínco a labrar su bienestar. Se intentó hacer un acueducto desde el cerro de Chapultepec, para llevar agua potable a la Tenochtitlán pero no se logró debido a la oposición de algunos caciques. El rey azteca como tributario del déspota Tezozomoc rey de Atzcapotzalco, tuvo que concurrir con su hueste a hacer la guerra al rey chichimeca de Texcoco.

3º Chimalpopoca: Tercer jefe de Hombres Rey de 1417-1427. Con este rey, dan comienzo las grandes construcciones de cal y canto. Templos y palacios, y sobre todo, el templo mayor consagrado a los dioses Tezcatlipoca y Huitchilopochtli, el primero dios universal y el segundo, dios de la guerra. Se mejoran las calzadas, principalmente la que iba a Ixtapalapa.

4º Itzcoatl: Cuarto Jefe de Hombre Rey. De 1427-1440. Con este rey comienza la emancipación del reino azteca, de la sumisión a la que por muchos años estuvieron sometidos a los caciques del valle y da principios la grandeza del reino mexicano.

5º Moctezuma I Ilhuicamina, Flechador del cielo, nace en 1390 y asume el poder en 1440-1469. Quinto Jefe de Hombres Rey, quizá el más aguerrido y sabio de sus antecesores. Con él se inicia la gran expansión del imperio. Sus conquistas van allende los horizontes y logra la sumisión de muchos pueblos. La ciudad experimenta una expansión demográfica y urbanística, aumentan las casas de cal y canto, las calzadas (Iztapalapa, Tacaba y el Tepeyac) se amplían y se rectifican, se les construyen canales para que los lagos se comuniquen entre sí. El comercio y la agricultura, han alcanzado notable progreso, sobre todo en el gran mercado de Tlatelolco.

6º Axayacatl: Sexto Jefe de Hombres. Emperador de 1469-1486. Guerrero batallador, aumenta las conquistas de su predecesor y entra a formar parte de la confederación del Valle (Triple Alianza) considerado ya su reino como una de las naciones más poderosas. Aumenta la riqueza de la cuidad, con los tributos de los pueblos sometidos.

7º Itzcoatl: Séptimo Jefe de Hombres. Emperador de 1486-1502. Asciende al poder en condiciones muy favorables, aumenta las conquistas de sus antecesores; por el este han sido sometidos todos los pueblos de la vertiente del Golfo, excepto Tlaxcala que se ha defendido con éxito, pero será que no se le ha conquistado, para librar guerras con ella y tomar prisioneros y llevarlos a los sacrificios a sus dioses. Por el sur, el imperio se expandió hasta Tehuantepec y Chiapas; por el oeste, los tarascos han opuesto tenaz resistencia. De todos modos Itzcoatl, ha preparado la grandeza del imperio para el Uei Tlatoani que le sucederá.

Moctezuma II Xocoyotzin: Octavo Jefe de Hombres Rey. Emperador de los aztecas de 1502-1520. Gran Uei Tlatoani, su grandeza es suntuaria, sus dominios se extienden por los cuatro puntos cardinales, excepto Tlaxcala como ya se dijo antes y el motivo por lo que no había sido sometida.

Con Moctezuma la ciudad ha alcanzado su máximo esplendor, sus templos, sus escuelas, su mercado, sus palacios, sus casas, sus calles, sus calzadas, la distribución de las tierras de labor, la distribución de los trabajadores por gremios. En fin, de toda esa organización y magnificencia, darían cuenta cabal en sus crónicas los extranjeros cuando se apoderaran del país, pues ya tocaban en sus puertas.

## HERNÁN CORTÉS EN EL UMBRAL DEL GRAN IMPERIO DE MOCTEZUMA

Cuando el emperador Moctezuma, tuvo la fatal noticia de la presencia de los castellanos en las costas del Golfo, como ya se dijo antes, convocó a sus consejeros, sacerdotes, adivinos, agoreros y hechiceros, para tratar de conjurar el peligro que implicaba el retorno de Quetzalcóatl y su cauda de hombres blancos y barbados. Se recurrió a todos los medio, incluso a la magia y a la hechicería, menos a las armas que era lo imperativo para rechazar a los hispanos y obligarlos a que no avanzaran sobre los dominio del gran imperio azteca. Probaron enviar embajadores con valiosos regalos, pero esto último, avivó más la codicia de los extranjeros.

Los primeros emisarios se presentaron ante Cortés, poco después del arribo de éste a las playas mexicanas, habían llegado en dos piraguas para demandar quiénes eran los recién llegados, de dónde venían y qué era lo que querían. Al estar frente a Cortés le hicieron reverencias y le presentaron gran "acato".

Jerónimo de Aguilar y doña Marina, interpretaban la lengua de los aztecas. Según cuenta Bernal Díaz del Castillo: "Y los indios hicieron mucho acato a Cortés a su usanza, y le dijeron que fuese bien venido, y que era un criado del gran Moctezuma, su señor, les enviaba a saber qué hombres éramos, y qué buscábamos, y que si algo hubiese menester para nosotros y los navíos, que se los dijésemos, que traerán para ello".

Cortés agradeció con buenas palabras al través de sus intérpretes. Y luego mandó darles de comer y beber vino, les hizo algunos regalos de cuentas de vidrio y los mensajeros se volvieron muy contentos.

El mismo viernes santo 22 de abril de 1519, después de desembarcar artillería, caballos y todos los bagajes, se construyó un altar y algunas chozas y se pusieron los caballos en buen resguardo.

El sábado 23 del mismo mes, se presentó en el campamento un escuadrón de indios mandados por Pitalpitoque, gobernador que era de Moctezuma, provistos de utensilios, algo así como herramientas para "adobar" las chozas y poner mantas encima de ellos, para proteger a los castellanos de los rayos quemantes del sol. Cortés les hizo algunos regalos y agradeció la ayuda de los nativos, que se retiraron muy ufanos y complacidos.

Al día siguiente, domingo de Pascua de Resurrección 24 de abril, se presentó ante Cortés otro gobernador llamado Teñidle, acompañado del anterior Pitalpitoque, con una comitiva cargada de víveres, gallinas, legumbres y frutos. El gobernador mandó que se apartasen y él, entonces con mucha humildad, hizo tres reverencias a Cortés y después a todos los soldados. Cortés les agradeció sus regalos, los abrazó y les dijo que se esperasen, y al momento ordenó que se pusiera el aparato místico para que Bartolomé de Olmedo, oficiara una misa cantada auxiliado por el padre Juan Díaz. Concluida la misa, el Capitán castellano, comió con los dos gobernadores y algunos de sus capitanes, y a continuación, se apartó con los dos caciques aztecas para manifestarles que él, era enviado de un poderoso emperador, y que traía la embajada de hablar con el monarca azteca: "Y después que lo sepa y haya atendido, se holgará; y también para contratar con él y sus indios y vasallos de buena amistad; y que quería saber donde manda su merced que se vean".

Y el Tendile respondió algo soberbio, y dijo: "Aún ahora has llegado y ya le quieres hablar; recibe ahora este presente que te damos en nombre de Nuestro Señor y después me dirás lo que cumpliré". En seguida sacó de una especie de petaca todos los regalos que el monarca enviaba. Algunos eran de oro puro, primorosamente trabajados, otros eran adornos de plumas de admirable presentación, incluían diez cargas de ropa blanca de algodón; víveres en abundancia, gallinas, pescado, pan de maíz y frutos. Cortés parecía un experto negociador, puso semblante risueño y correspondió a los regalos con las baratijas de vidrio que a trueque acostumbraba dar. Además, Cortés agregó una silla de caderas perfumada con almizcle.

Bernal Díaz dice que en el séquito de esta embajada iban algunos pintores y relatores que tomarían nota gráfica de todo lo acontecido y visto en el campamento de los iberos, para presentar al Tlatoani azteca una información cabal de los extranjeros. Aquí en el campamento, donde más tarde sería el puerto de Veracruz, el Capitán hispano, procedía como buen psicólogo, ordenó a su artillero que cargara y disparara una de las bombardas y que los de a caballo montaran sus corceles. Para más impresionar a los emisarios de Moctezuma. Se dispararon dos tiros y los de a Caballo realizaron algunos movimientos, por lo que los embajadores del Tlatoani azteca, no sólo quedar presionados sino hasta asustados y llenos de temor, se despidieron de Cortés y sus capitanes, con la promesa vehemente de que informarían a su Señor de los deseos de los extranjeros de ir a saludarlo y que muy pronto estarían de regreso con la respuesta.

Moctezuma fue informado minuciosamente de las características de los extranjeros, de lo que quedó hondamente impresionado y a la vez se puso contento cuando vio que dentro de los regalos de los españoles, sus comisarios sacaban un casco de metal, que tenía parecido con uno que la tradición aseguraba que había pertenecido a Quetzalcóatl y que ahora lo tenía puesto su dios Huitzilopoztli, por lo que el monarca dio por cierto que los extranjeros eran los personajes que pertenecían a la leyenda de Quetzalcóatl, que aseguraba, que andando el tiempo, vendrían de oriente a señorear estas tierras.

Por lo tanto, consejas, tradición, supersticiones y fatalismo, se conjugaron, para dar al emperador Azteca, la convicción de que su poder tocaba a su fin; por eso en lugar de tomar medidas militares, y oponer un ejército poderoso a los invasores, los colmaba de regalos y dádivas que por su riqueza, incitaban más la codicia de los españoles.

El Uei Tlatoani, se encontraba en un estado lastimoso de histeria, no tenía calma, casi ya no comía como era su costumbre, el gusto y la alegría lo habían abandonado y un terror pánico invadía su espíritu. Desde que partieron los mensajeros hasta que regresaron, casi no dormía, no tenía sosiego, hablaba para sí, o en forma de lamentos, se dirigía a sus consejeros, familiares o amigos. ¿Qué será de nosotros? —decía— ¿Dónde iré? ¿Cómo escaparé? —repetía—. Y en verdad, no tenía escapatoria ni dónde ir. Moctezuma sucumbiría por su pusilanimidad, como treinta años atrás, había sucumbido en Granada, España; Boabdil, el último rey moro, que no supo defender como hombre, el reino que después lloraba como mujer.

Abrumado el Uei Tlatoani, por el miedo que le infundía la presencia de los blancos y barbados, a quienes atribuía poderes divinos, no creía que en su reino hubiera fuerzas suficientes para rechazarlos, ordenó recurrir a los poderes sobrenaturales. Escribe Sahagún:

"Envió Moctezuma, a aquellos adivinos, agoreros y nigrománticos para que mirasen si podrían hacer contra ellos algún encantamiento o hechicería para que enfermasen o se volviesen".

Bernal Díaz escribe: "Todos los principales que estaban con Moctezuma, dijeron que un principal que se decía Quintalbor se le parecía a lo propio a Cortés,..... Que en llegando donde nuestro Capitán estaba, besó la tierra, y con braceros que traían de barro, y en ellos de su incienso le sahumaron y a todos los soldados que allí cerca nos hallábamos. Y Cortés les mostró mucho amor, y asentólos cabe sí".

El sortilegio de Quintalbor, resultó un fiasco, por lo que cambiando de actitud y donde el para bien de Cortés y sus capitanes, mandó sacar los presentes que traían. Tendieron unos petates y sobre ellos pusieron unas mantas de algodón para ir acomodando los valiosos regalos de que eran portadores los emisarios aztecas. Una como rueda de oro fino, del tamaño de las ruedas de carreta, otra rueda de plata del tamaño de la anterior, y otras muchas figurillas de oro, y un casco lleno del mismo metal. El conjunto representaba un verdadero tesoro, que daba una idea de las riquezas mineras que en el imperio azteca habría. También presentaron al Capitán hispano un penacho y adornos ricamente aderezados, con adornos de oro y plumas: y treinta cargas de ropa blanca de algodón, otras hechas de muchos géneros. Verificada la entrega, Tendile y Quintalbor le dijeron a Cortés: "Que reciba aquello con la gran voluntad con que su señor se lo envía y que la reparta entre los 'teules' y hombres que consigo traía".

Cortés muy ufano les dio las gracias y correspondió con unos regalos de vidrio de poco valor: incluyó unas camisas de Holanda y les repitió a los embajadores: "Que venía de lejanas tierras solamente por hablar su persona con la suya (Moctezuma)". Y los embajadores dijeron que ellos irían y se lo dirían. Al irse los embajadores, Pitaltipoque, quedó comisionado como proveedor de los extranjeros, para llevarle toda clase de víveres y demás bastimentos que necesitaran.

Moctezuma debe haber sido informado del fracaso de la magia de Quintalbor, pero aún no desistió de creer en los prodigios sobrenaturales. Preocupado o más bien aterrado, hizo llamar a los sabios de sus dominios para consultarlos y obtener alguna información que en lo posible, concordara con la información gráfica, que sus embajadores y relatores le habían presentado acerca de los hispanos. Los ancianos de Chalco, le aseguraron que los extranjeros tenían por nombre "Senteycxinque", que quiere decir que tienen un solo pie, de una pata muy grande, con que se hacen sombra y tienen la cabeza en el pecho". Moctezuma dudó malhumorado de esa versión, ya que no coincidía con las gráficas pintadas por sus relatores enviados a observar a los españoles.

Quilaztli, sabio de Xochimilco, le aseguró al emperador, que los extranjeros se llamarían Coayxeequee, que quiere decir que tendrían caras de culebra y caras de pescados grandes y vendrían cabalgando en grandes culebras que parecerían cerros y habrían de dormir sobre sus cabalgaduras y comer en ellas como si estuvieran en sus propias casas: vendrían por el oriente y andarían a horcajadas sobre sus grandes ciervos o venados poderosos, serían blancos de rostro y de largas barbas y vestidos de muchas diferencias y de muchos colores". Esta versión ya tenía semejanza con la información que recibiera de sus pintores y relatores que estuvieron a entrevistar a los castellanos.

Moctezuma en los momentos de la crisis que estaba viviendo, tenía brillantes momentos de lucidez, pensaba que si bien esos extranjeros no tendrían ninguna relación con la tradicional leyenda de Quetzalcóatl, sí en cambio vendrían a conquistar su imperio. Por lo tanto debía luchar, pero no con la lucha que da la victoria al valiente, buen organizador y audaz estratega, sino empeñar una lucha estéril, torpe y siega; la nigromancia, que por arte de encantamiento pretendía hacer desaparecer al enemigo. Moctezuma no se daba por vencido en ese aspecto de su lucha. Otra vez volvió a llamar a sus adivinos, nigrománticos y hechiceros de los confines de su imperio, los de Malinalco, Huaxtepec, Ayacapichtlan, Ocuilan, Tautzingo y otros lugares, que tenían fama de grandes magos y hechiceros, que poseían grandes poderes"Y comen los corazones de los hombres vivos y los llevan acuestas de noche durmiendo, que van encantados y los arrojan en despeñaderos". Cuando esos personajes estuvieron en presencia de Moctezuma, este les dirigió un elocuente discurso para que en el acto fuesen "a empecer a los venidos por la mar del cielo, porque ya no quieren volver; y el remedio de ello es que vais y hagáis vuestros poderes en tanta manera que teman de llegar acá y se vuelvan; o sobre ellos profundo sueño, que los lleváis a medianoche a cuestas y los despeñéis en unas hondas peñas o barrancas: o comerles los corazones".

Los hechiceros no obstante poseer tan formidables poderes, eran sumisos y leales vasallos de su emperador. Una vez informados e instruidos, se pusieron en camino hacia la costa del Golfo donde se encontraba el campamento de los extranjeros. Una vez llegados allí, en el mayor silencio, con todo sigilo rodearon el campamento; pronunciaron las palabras cabalísticas correspondientes a cada una de sus prácticas especiales; los encantadores que se volvía bravos animales dijeron: "Nosotros queremos probar nuestra ventura; y si no bastare les comeremos los corazones". No pasó nada, todo fue inútil, los hispanos ni siquiera se dieron por enterados. Tocó el turno a los encantadores, los hombres que se volvían culebras ponzoñosas y alacranes que morderían a los españoles, pero tampoco pasó nada. En seguida el turno fue de los hechiceros que comían corbas y pantorrillas. Todo fue en vano, nada pasó a los hispanos. Por último tocóles actuar a los encantadores, que con sueños levantaban para despeñar a los dormidos, pero tampoco tuvieron éxito, todo fue un rotundo fracaso. Para "los magos" aztecas no pasó desapercibido, que los extranjeros estaban tranquilos, que mientras unos dormían, sus centinelas velaban.

Convencidos los hechiceros de que sus poderes en nada menguaban la fortaleza de los hispanos; decepcionados, volvieron humillados ante su emperador, para confesarle la importancia de sus poderes frente a la superioridad de esos "teules" que el mar había traído.

El Uei Tlatoani, al conocer el fracaso de sus magos, se convenció de que estaba perdido; un inmenso abatimiento invadió su persona, en su espíritu aterrado ya no quedó ninguna fuerza moral, toda esperanza de salvación estaba perdida; no le queda otro camino que el de negociar o someterse. Debió quedar convencido de que luchar u oponerse en contra de los extranjeros, era luchar contra poderes superiores, contra el poder de los mismos dioses.

Si Moctezuma no hubiera perdido el espíritu guerrero que mantuvo cuando era joven, y que hubiese sabido enfrentar al problema, con las armas en la mano, en lugar de agasajar a los invasores que venían a arrebatarle su reino, poderoso monarca como era, señor de vastos dominios tributarios, pudo haber convocado a legiones y más legiones de guerreros, que conducidos con la fe de todo pueblo que defiende su casa, su patria y sus dioses, en campo abierto y sólo por el número, pudieron haber sido envueltos y desbaratados, ese puñado de hispanos audaces, que venían a arrebatarle su todo.

Más, en diez y siete años de reinado, el Uei Tlatoani azteca, ya no era el joven guerrero, audaz y valiente que ascendió el trono, los placeres y la malicie de la vida disipada que llevaba en su corte, las consejas, los augurios y las leyendas, lo habían vuelto supersticioso, pusilánime y hasta cobarde. Por eso, en lugar de aprestarse al combate, se aprestó a la sumisión.

Existen factores históricos que pueden dar una luz acerca de la actitud pasiva de Moctezuma frente al invasor de sus dominios; la tiranía de su gobierno sobre los pueblos que dominaba. Realmente la metrópoli Azteca, no era grande, su fuerza y poder radicaba en los numerosos pueblos que había subyugado, y que convocados para combatir a los extranjeros, sin prever el peligro que ellos representaban para todos, es probable que no hubieran acudido con gusto al combate, para defender a sus tiranos, como lo demostraron después los tlaxcaltecas.

Después de los fracasos de los magos, en los cuales, el monarca Azteca había cifrado su salvación, y recibidos los últimos informes de los correos, relativos a la invencibilidad de los hispanos, el Uei Tlatoani, convocó nuevamente a los reyes y grandes señores, aliados y tributarios del imperio, para estudiar la crítica situación y hallar la forma de rechazar a los extranjeros; mas, después de mucho discurrir, en lugar de rechazarlos con las armas, tomaron el acuerdo de recibirlos en son de Paz, Cuitláhuac, uno de los grandes señores, levantó la voz y dijo con gran acierto, como si sus palabras fueran una sentencia profética: "Mi parecer es gran señor, que no metas en tu casa a quien de ella te ha de sacar". Las circunstancias pusieron a los concurrentes oídos sordos y nadie reparó en las palabras de Cuitláhuac. Moctezuma presto ordenó valiosos presentes para enviarlos a los extranjeros, con nuevos embajadores, con el encargo vehemente de que los hispanos se fueran. Entre ellos iban: Tizaoa, Tallizchan, Huehuetecatl, Tepuztecatl y Hueicaznecatecatl.

Moctezuma, el Uei Tlatoani, era un personaje de amplia cultura y de una educación refinada, estudió en el Calmecac, donde adquirió conocimientos de filosofía y astronomía, hasta alcanzar el grado de Sumo Sacerdote. En su juventud, fue guerrero distinguido y valiente: en los periodos de conquista y de expansión del reino Azteca, hizo muchos prisioneros, que conducía a la gran Tenochtitlán, para sacrificarlos a sus dioses. Hizo la guerra a Malinal, señor de la Mixteca y a los tlaxcaltecas en 1504, venció al primero, pero fue derrotado por los segundos en dos ocasiones.

Moctezuma o Motecuhzoma (señor señudo y respetable) Xocoyotzin, (joven), ascendió al trono en 1502, en sustitución del rey Ahuizotl, como noveno rey de los aztecas. Era supersticioso, fanático y déspota. Durante su reinado discriminó a los plebeyos y se rodeó de la nobleza, de quien recibía una tratamiento de gran señor; al llegar a su presencia tenían que hacerle tres reverencias y nombrarlo con dulces palabras de: TLATOANI, NOTLATOANI, HUEI TLATOANI; que significa: Señor, señor mío, gran señor.

Sobre la conciencia del supersticioso monarca azteca, flotaba el espíritu latente, de la tradicional profecía del retorno de Quetzalcóatl, con la leyenda de que llegarían por oriente, hombres blancos y barbados. En 1510, por el horizonte del este, apareció una gran luz, que pudo ser una aurora boreal; en 1511, desde Yucatán, le llega al Uei Tlatoani Azteca la noticia de la presencia de los hombres blancos. Deben haber sido los hispanos que capitaneaba Pedro de Valdivia. En 1516 apareció en el cielo de Anáhuac, un luminoso cometa, que el Uei Tlatoani, como buen astrólogo, lo interpretó como mensajero de negros presagios para el reino. En 1517, los correos de posta, deben haber informado al rey Azteca, de la presencia en las costas del golfo, de la expedición de Francisco Hernández de Córdoba. En 1518, vuelve a aparecer otro cometa en el horizonte de México, conjuntamente con las noticias, que los correos, prestos, deben haberle llevado al emperador azteca, de la expedición por los mares de oriente, de Juan de Grijalva. Y ahora en abril de 1519, tiene que hacerle frente a una realidad agobiante, a la presencia de un Capitán hispano, con poderes casi divinos, que encabezaba a un ejército de soldados dioses.

Netzahualpilli, rey de Texcoco, en una conversación que tuvo con el poderoso pero agobiado monarca azteca, le aseguró y lo convenció de las ineludibles verdades que contenían las profecías de Quetzalcóatl y le pronosticó el rey chichimeca, que muy pronto el reino azteca estaría bajo el dominio de poderosos extranjeros. Moctezuma quedó consternado, pero militarmente no hizo nada para conjurar el peligro; parecía dar la impresión de que un hechizo lo paralizaba en acción y pensamiento y presentaba una imagen triste, semejante a la de un condenado, que sólo espera la hora y el día en que se ha de cumplir la sentencia.

Mientras tanto, en los días que siguieron, Hernán Cortés dispuso que Antón de Alamitos y Juan Álvarez "El Manquillo", que ya conocían esa "derrota" fuesen como pilotos en busca de un puesto seguro; navegando cerca de la costa, llegaron hasta el río Pánuco, pero encontraron corrientes contrarias que los hicieron regresar; en su retorno avistaron un pueblo al que los nativos llamaban Quiahuistlan, y cerca de él, vieron un puerto que a los pilotos les parecía adecuado para fondear a la flota con alguna seguridad.

Por esos días escaseaban los víveres al ejército, ya que el proveedor Pitalpitoque, se había desentendido y los demás indios que les llevaban a los hispanos, gallinas y otros comestibles, ya no se presentaban.

Poco tiempo después, volvió Tendile, iba acompañado de Pitalpitoque, con muchos bastimentos, regalos de oro, cargas de manta, Quintalbor ya no volvió. Los mensajeros se apartaron con Cortés, para comunicarle, que recibiera de parte de Moctezuma esos presentes, pero que de ir a verlo, "no le hablen más de ello".

Por los mismos días, los amigos de Diego Velázquez, protestaron ante Cortés, porque permitía que los soldados efectuaran operaciones de "rescate", por lo que le propusieron que lo evitara y que se nombrara un tesorero y se separara el quinto real, que correspondía a la corona. El nombramiento de tesorero recayó en un tal Gonzalo Mejía.

Refiere Bernal Díaz que estando de guardia en compañía de un soldado, por allí en unos arenales, llegaron cinco totonacas a solicitar hablar con el Capitán, y conducidos a donde éste estaba, le hicieron muchas reverencias y a continuación a través de los intérpretes, le comunicaron su inconformidad con el dominio que ejercían los de Cuiúa sobre los totonacas. Por los informes de estos emisarios, Hernán Cortés comenzó a darse cuenta de que no todos los pueblos de tierra firme, eran adictos al emperador azteca.

## HERNÁN CORTÉS, CAPITÁN GENERAL Y JUSTICIA MAYOR

Los adictos de Diego Velázquez, no quitaban el dedo del renglón, murmuraban y exigían el regreso a Cuba, para informar al gobernador de los resultados de la expedición, mas, la astucia de Cortés, era superior a la mayoría de los descontentos que estaban en su contra; moviendo sus hilos como él lo sabía hacer, se puso de acuerdo con sus amigos, para que promovieran lo que más convenía a la expedición, ya que los velazquistas presentaban mayoría y pretendían a toda costa el regreso a Cuba. Bernal Díaz del Castillo escribe:

"Y desde que estuve apartado en la choza me dijeron: 'Mirad, señor, tened secreto de un poco que os queremos decir, que pese mucho, y no lo entienden los compañeros que están en vuestro rancho que son de la parte de Diego Velázquez'. Y lo que me platicaron fue: '¿Pareceos, señor, bien que don Hernán Cortés así nos haya tenido engañados a todos, y dio pregones en Cuba que venía a poblar y ahora hemos sabido que no trae poder para ello, sino rescatar y quieren que nos volvamos a Cuba con todo el oro que se ha habido y quedaremos todos perdidos, y tomarse he el oro Diego Velázquez, como la otra vez, Mirad, señor, que habéis venido ya tres veces con este postrera, gastando vuestro haberes, habéis quedado empeñado, aventurando tanta veces la vida con tantas heridas; hacémoslo, señor saber porque no pase esto más adelante, y estamos muchos caballeros que sabemos que son amigos de vuestra merced para que esta tierra se pueble en nombre de su majestad y Hernán Cortés en su real nombre, y en teniendo que tengamos posibilidad, hacerlo saber en Castilla a nuestro rey y señor, y tenga señor, cuidado de dar el voto para que todos lo elijamos para Capitán, de unánime voluntad, porque es servicio de Dios y de nuestro rey y señor.' Yo respondí que la idea de ir a Cuba no era buen acuerdo, y que sería bien que la tierra se poblase y que eligiéramos a Cortés por general y justicia mayor, hasta que su majestad otra cosa mandase. Y andando de soldado en soldado este concierto, alcánzalo a saber los deudos y amigos de Diego Velázquez, que eran muchos más que nosotros; y con palabras algo sobradas dijeron a Cortés que para qué andaban con mañas para quedarse en esta tierra, sin ir a dar cuenta a quien le envió para ser Capitán, porque Diego Velázquez no se lo tendría a bien; y que luego nos fuésemos a embarcar, y que no curase de más rodeos y andar en secretos con los soldados, pues no tenían bastimentos, ni gente, ni posibilidad para que pudiese poblar".

"Y Cortés respondió sin mostrar enojo, y dijo que le placía que no iría contra las instrucciones y memorias que traía de Diego Velázquez y mandó luego pregonar que para otro día todos nos embarcaríamos, cada uno en el navío en que había venido. Y los que habíamos sido en el concierto le respondimos; que no era bien traernos así engañados; que en Cuba pregonó que venía a poblar, y que viene a rescatar, y que lo requerimos de parte de Dios nuestro Señor y de su Majestad, que luego poblase y no hiciese otra cosa, porque era muy gran bien y servicio de Dios nuestro señor y de su Majestad, y se le dijo muchas cosas bien dichas sobre el caso, diciendo que los naturales no nos dejarían desembarcar otra vez como ahora, y que en estar poblada esta tierra siempre acudirían de todas las islas, soldados para ayudarnos, y que Diego Velázquez, nos ha echado a perder con publicar que tenía provisiones de su Majestad para poblar, siendo al contrario, y que nosotros queríamos poblar y que se fuese quien quisiese a Cuba. Por manera que Cortés aceptó, aunque se hacía mucho del rogar; y como dice el refrán: 'tú me lo ruegas y yo me lo quiero'; y fue con condición que le hiciéramos justicia mayor y Capitán General, y lo peor de todo que le otorgamos, que le diésemos el quinto del oro de lo que se hubiese, después de haber sacado el real quinto. Y luego le dimos poderes muy vastísimos, delante de un escribano del rey que se decía Diego de Godoy, para todo lo por mí aquí dicho. Y luego ordenamos de hacer y fundar poblar una villa que se nombró la VILLA RICA DE LA VERACRUZ". Se le llamó así, por la tierra rica que Puertocarrero le había pregonado a Cortés, y la terminación del nombre, porque Cortés llegó a ese lugar con sus huestes, el jueves de la cena y desembarcó el viernes de la crucifixión. El lugar donde se fundó la Villa Rica, era una playa arenosa llamada Chalchiucueyehcan, donde hoy es asiento de Veracruz.

Bernal Díaz sigue diciendo: "Y funda la Villa, hicimos alcaldes y regidores, y fueron los primeros alcaldes Alonso Hernández Puertocarrero y Francisco de Montejo…Se levantó una picota en la Plaza y fuera de la ciudad se puso una horca. Pedro de Alvarado recibió el cargo de Capitán para vigilar las entradas; Cristóbal de Olid, fue nombrado maestro de Campo; Juan Escalante alguacil mayor; Gonzalo Mejía tesorero; Alonso de Ávila, contador y fulano Corral, fue nombrado alférez; en sustitución de Villarroel que le había provocado no sé qué enojo a Cortés sobre una india de Cuba, y se le quitó el cargo; Ochoa fue alguacil del Real."

Con la fundación de la Villa Rica y la creación del primer Ayuntamiento a nombre del monarca español, con esta obra de Cortés y sus adictos, realiza su primer gran golpe político, pues merced a ello, queda desligado totalmente de la autoridad de Diego Velázquez y se constituye en la primera autoridad hispana en el suelo de México, hecho consumado que disgusta a los amigos del gobernador de Cuba, que comienzan a murmurar su inconformidad y dicen: "que no estaba bien hecho haberle elegido sin ellos, y que no querían estar bajo su mando, sino volverse luego a la isla de Cuba". Cortés les contestó: "que él no detendría a ninguno por la fuerza, que cualquiera que le viniese a pedir licencia para regresar a Cuba se la daría de buena voluntad, aunque se quedara solo". La mayoría de los velazquistas quedaron al parecer conformes, mas, Juan Velázquez de León, Diego de Ordaz, Escobar el Paje y otros, trabaron de seguir la política contraria a Cortés, por lo que éste en concierto con los alcaldes, los pusieron presos y a los tres primeros los encadenaron en los navíos. Poco después, merced al don de la persuasión que poseía el Capitán General, puso en libertad a algunos de los presos, no así a los tres antes nombrados que quedaron en los navíos con sus cadenas, pero que más tarde también fueron liberados y que andando el tiempo, fueron de los mejores amigos del conquistador.

En los días que siguieron, hubo escasez de bastimentos en el campamento, por lo que se encomendó a Pedro de Alvarado que fuera tierra adentro, donde se sabía que había grandes pueblos, para hacer acopio de víveres y los encontrara. Mas, al llegar a esos lugares todos estaban despoblados y vieron sangre fresca y hombres sacrificados con el pecho abierto y el corazón extraído. Informó Alvarado que los más de aquellos muertos, estaban mutilados, sin piernas o sin brazos, unos indios de los que habían regresado, dijeron a los castellanos que las partes que les faltaban a los muertos, se las llevaron para comérselas. En los pueblos abandonados Alvarado encontró a dos nativos que le llevaron gallinas y maíz en abundancia y otras legumbres, que cargaron los soldados y volvieron al campamento.

Puestas las cosas en orden y una amistosa armonía entre todos los capitanes y soldados, acordaron ir al pueblo llamado QUIAUIZTLAN y se enviaron "los navíos frente a aquel pueblo, acamparon cerca de Cempoal o Cempoala, donde al día siguiente recibieron unos mensajeros portadores de víveres que el cacique de esa ciudad les mandaba, con una invitación cordial para que pasasen a su ciudad, que tardarían en llegar 'de andaduría un día, porque es un sol'".

Caminaron ese día y durmieron los castellanos en otro pueblo chico, donde hallaron varios hombres sacrificados, allí los nativos les ofrecieron de cenar y supieron que para llegar a Quiauiztlan tendrían que pasar por Cempoala, y como ya tenían hecha la invitación, los castellanos con seis de los mensajeros, mandaron avisar que ya se dirigían allá, y quedaron otros seis para que los guiaran en el camino. Los españoles bien organizados y bien "apercibidos", muy de mañana se pusieron en marcha y cuando llegaron a la distancia de una legua, del pueblo, salieron veinte indios principales a recibirlos de parte del caique, "y trajeron unas piñas de rosas de la tierra muy olorosas, y dieron a Cortés y a los de a caballo con gran amor, y le dijeron que su señor los estaba esperando en los aposentos, y por ser hombre muy gordo y pesado no podía venir a recibirlos".

Al llegar al centro de Cempoala, los castellanos pudieron admirar una ciudad con plaza principal, casas bien construidas y pintadas con cal, espaciosos jardines y una multitud que los admiraba. El cacique que era muy gordo, y que por eso fue llamado así por Bernal Díaz, salió a recibir a Cortés y sus huestes, le hizo muchas reverencias y le "sahumó", fue correspondido con un abrazo del Capitán hispano, y una vez instalados en espaciosos aposentos, se les sirvió de comer, pan de maíz y frutos con verdadera abundancia, de tal modo que los españoles pusieron a esa ciudad "Villaviciosa", pero Bernal Díaz la nombró Sevilla. Hernán Cortés ordenó a sus soldados que observaran frente a los pobladores una conducta respetuosa, y habló a los nativos de la fe y del emperador don Carlos y que le son vasallos muchos señores y pueblos.

El cacique gordo, y otros señores, ofrecieron a Cortés valiosos presentes, diciendo que si más tuvieran, más les darían y luego dando suspiros, se quejó ante el Capitán de la tiranía de Moctezuma y sus Gobernadores. Cortés les entendió y "les dijo que él haría de manera que fuesen desagraviados". Al día siguiente los iberos siguieron su camino, para llegar a Quiauiztlan antes del mediodía. Al entrar a ese poblado, los castellanos no encontraron alma viviente, pues todos los pobladores habían huido de miedo a los montes. Poco después al estar en lo más alto de una fortaleza, los capitanes observaron que por allí donde estaban los adoratorios, se encontraban quince indios bien vestidos, con braceros de barro donde tenía fuego y sobre ellos, ponían copal, se acercaron reverentes a Cortés y lo sahumaron, lo mismo hicieron con los soldados que se encontraban cerca del Capitán, en seguida pidieron perdón por no haber salido a recibirlos. Luego les llevaron pan de maíz, gallinas y otros comestibles. Cortés les agradeció y le dio algunos regalos.

Se encontraban en esas pláticas, cuando llegaron a avisar a Cortés, que el cacique Gordo de Cempoala, había llegado en andas a cuestas de algunos indios principales de su señorío; y desde que llegó justamente con otros indios del lugar, se quejaban ante el Capitán castellano, de la tiranía de Moctezuma y de los abusos de sus recaudadores, "y decíanlo con lágrimas y suspiros", que cada año les demandaban hijos e hijas, para sacrificarlos a sus dioses; que además los recaudadores de Moctezuma, les tomaban a sus mujeres e hijas y si eran hermosas las violaban, que así eran con todos los pueblos de habla totonaque. Cortés los escuchaba y los consolaba y les prometía que los favorecería en cuanto pudiese. "Y quitaría aquellos robos y agravios, y que para eso lo envió a estas partes el emperador nuestro Señor; y que no tuviesen pena ninguna, y que presto lo verían, lo que sobre ello hacíamos. Y con estas palabras recibieron algún contento; mas, no se les aseguraba el corazón, con el gran temor que tenían a los mexicanos." Escribe Bernal Díaz del Castillo.

Se encontraban en esas pláticas con Cortés, cuando, unos indios del mismo pueblo, llegaron a avisarles que estaban presentes cinco recaudadores de Moctezuma, por lo que los caciques y demás señores que conferenciaban con el castellano, lo dejaron con sus soldados y prestos acudieron a recibir a los recién llegados, les hicieron mucho acato, les prepararon una enramada y les sirvieron de comer, dice Bernal Díaz, "desde que lo oyeron se les perdió el calor y temblaban de miedo; y dejan solo a Cortés y los salen a recibir, prestos les enraman una sala, les guisan de comer y les hacen mucho cacao, que es lo mejor que entre ellos beben".

Según Bernal Díaz, los recaudadores, se daban mucha importancia, a su usanza iban bien vestidos con sus bragueros y ricas mantas labradas, bien peinados y con rosas olorosas y mosquiteros que les llevaban otros indios.

Prosigue Bernal Díaz: "Y después que hubieron comido, mandaron llamar al cacique gordo y todos los más principales y les riñeron que por qué nos habían hospedado en sus pueblos, y que tenían ahora que hablar y ver con nosotros, y su señor Moctezuma no será servido de aquello, porque sin su licencia y mando no nos había de recoger, ni dar joyas de oro. Y sobre ellos al cacique gordo y a los demás principales les dijeron muchas amenazas, y que luego les diesen veinte indios e indias para aplacar a sus dioses por el maleficio que habían hecho".

Hernán Cortés se encontraba cerca de los recaudadores y los caciques, se dio cuenta de la discusión, entonces preguntó a doña Marina y a Jerónimo de Aguilar, del conflicto que enfrentaban los de Cempoala, por lo que mandó llamar al cacique gordo y a los demás principales y les preguntó sobre el problema que se les presentaba: los nativos le informaron lo que les sucedía con los recaudadores, por lo que el Capitán hispano los consoló y les dijo: "...que no tuviesen miedo, que él estaba allí con todos nosotros y que los castigaría".

El cacique de Cempoala, por consejos de Cortés, mandó poner presos a los recaudadores de Moctezuma, y envió avisos a todos los pueblos totonacas, para que ya no pagaran tributo al Uei Tlatoani, por lo que unos treinta pueblos se rebelaron en contra de Moctezuma y dieron su reconocimiento al emperador de Castilla. Entonces de una manera fácil y formal, Cortés, ganó un numeroso contingente para su causa.

El Capitán castellano, hábil, en todos sus designios, después de que fueron hechos presos los cinco recaudadores aztecas, secretamente mandó poner en libertad a dos de ellos, no sin antes haber intervenido ante el cacique gordo de Cempoala, para que no los mataran. Cuando estuvieron en su presencia, a través de sus intérpretes, les convenció de que él les salvó la vida y que no sabía por qué estaban presos. Los instruyó sobre lo que debían decirle a su rey, y escoltados para preservarlos de cualquier peligro, con todo sigilo los mandó encaminar para que se dirigieran a Culúa en calidad de embajadores. Cuando los caciques de Cempoala, se dieron cuenta de la desaparición de los recaudadores, en el acto dispusieron sacrificar a los tres presos que quedaban, mas, otra vez, la oportuna intervención de Cortés les salvó la vida, y además simulando gran enojo, riñó al cacique gordo por su descuido en la evasión de los dos presos anteriores y se llevó a los navíos, cargados de cadenas a los tres recaudadores presos, que porque sólo allí estarían bien resguardados y una vez allí, les mandó quitar las cadenas; a través de Jerónimo de Aguilar y doña Marina, platicó con ellos y les aseguró que él, ignoraba por qué estaban presos. Siguió la misma política de los anteriores y con buenas palabras les dijo que presto los enviaría a México.

## NACE LA VILLA RICA DE LA VERACRUZ

Con los pueblos aliados, como auxiliares y obedientes a la autoridad imperial de Castilla; la actividad incansable de Hernán Cortés se vuelca sobre la villa que ha nombrado Rica de la Veracruz, sus endebles chozas y cabañas, serán convertidas en casas de cal y canto, sobre calles bien trazadas, una plaza, iglesia y una fortaleza, para su propia defensa, y "todas las cosas que convenían para ser villa".

En el primer asentamiento humano, que los extranjeros crearon en la naciente Nueva España, el primero en excavar la tierra, para plantar los cimientos, fue Hernán Cortés, seguido de sus capitanes, los hidalgos y soldados, hasta recibir la ayuda efectiva y numerosa de los pueblos que el Capitán hispano había ganado como aliados. Tomaron parte, albañiles, carpinteros, herreros, ladrilleros, tejeros, caleros, buscadores de alimentos y los arquitectos que dirigían las obras, todo se previno y se realizaba con singular prestancia.

Los de Cempoala y los totonacas, cooperaban con verdadero entusiasmo en todas las obras que realizaban los españoles, pues se sentían contentos de que el castellano Capitán, los hubiese liberado de los tributos y tiranía de Moctezuma. Creían haber sacudido un yugo sin considerar que habían caído en otro, tal vez tan cruel como el primero. Al ser informado el Uei Tlatoani de la rebeldía de los pueblos de la costa del Golfo, montó en cólera y trató de organizar un gran ejército para ir a someter a los rebeldes, mas, al llegar a su presencia los dos recaudadores que liberara Cortés y con sus informes y los ofrecimientos del Capitán castellano, cambió de parecer y en el acto, dispuso que dos jóvenes, que Clavijero supone, que eran hijos de Cuitláhuac, por lo tanto, sobrinos de Moctezuma, estos príncipes fueran portadores de un mensaje de agradecimiento a Cortés, por haber liberado a sus recaudadores. Cortés recibió los regalos y los agradeció con abrazos y dijo a los mancebos: "que dijeran a su señor Moctezuma, que él y todos sus compañeros eran sus amigos". Este doble juego muy al estilo maquiavélico, aseguraba a Cortés la amistad de los cempoaltecas y de

Moctezuma, y al mismo tiempo lograba enemistarlos con los recaudadores y hacían bien y desagraviaban a los robados. Pedían al Capitán castellano, que los guerreros de Cempoala, no llegaran a su pueblo, porque los consideraban sus enemigos y que sus intenciones eran, matar y robar. Hernán Cortés los escuchó y de inmediato dio órdenes a Cristóbal de Olid para que con parte de los soldados, detuviera a los cempoaltecas antes de que llegaran a la comunidad, pero cuando los hispanos estuvieron frente a ellos –dice Bernal Díaz– "ya estaban robando en las estancias de los cuales hubo Cortés grande enojo y mandó que viniesen los capitanes que traían a cargo aquellos guerreros de Cempoala, y con palabras de muy enojado y de grandes amenazas, les dijo que luego, trajesen los indios e indias, y mantas y gallinas que han robado en las estancias, y que no entre ninguno a aquel pueblo; y que por qué le habían mentido y venían a robar a sus vecinos, con nuestro favor; eran dignos de muerte, y que nuestro rey y señor, cuyos vasallos somos, no nos envió a estas partes y tierras para que hiciesen aquellas maldades y que abriesen bien los ojos no les aconteciese otra cosa como aquella, porque no quedaría hombre de ellos con vida".

Hecha la anterior amonestación, los caiques de Cempoala y sus indios, prestos llevaron ante Cortés todo lo robado, incluyendo indios e indias, y en el acto fueron restituidos a sus dueños. Después de estos hechos, el Capitán castellano logró persuadir a ambos pueblos de que vivieran en paz, en interés de la protección que los españoles les habían de dar. Esta política debió rendirle a Cortés óptimos frutos, para los fines de la empresa que se proponía; obtener abastos y aliados en el momento que los necesitó. Ordenó en seguida que los cempoaltecas acamparan fuera del pueblo.

Al regresar de Cingapancinga, Hernán Cortés y sus huestes y a su paso por Cempoala, el cacique gordo y principales, para desagraviarlos, ya los estaban esperando en unas estancias, con suficiente comida y como regalo especial, le presentaron ocho indias jóvenes bien vestidas con adornos de oro, todas hijas de caciques, una para Cortés, sobrina del cacique gordo; dice Bernal Díaz: "muy fea, que al ser bautizada, se le puso por nombre doña Catalina, que no obstante su fealdad, sería por política, Cortés la recibió de la mano, sonriente y complacido; otra india muy hermosa…hija del cacique Cuesco, y que al ser bautizada se le llamó, doña Francisca. Cortés se la dio a su amigo predilecto Alonso Puerto Carrero; las demás indias también fueron bautizadas y repartidas entre los otros capitanes."

Una de las preocupaciones del jefe castellano, que siempre tuvo presente y que sin contemplaciones llevó a cabo, con la complacencia de sus capellanes y la acción de sus soldados, fue la destrucción de los ídolos en todos los adoratorios que encontró a su paso. Esta acción la realizó en Cempoala con la consiguiente angustia de los caciques y de los sacerdotes que cuidaban del culto y de los sacrificios humanos; lloraban y temían la ira de sus dioses ante tal sacrilegio, y pensaban que un gran castigo les sobrevendría inclusive a los castellanos. Consumada la destrucción, Cortés ordenaba plantar una cruz y un altar y en seguida se oficiaba una misa, se bautizaba a los indios y a las indias de regalo y se amonestaban a los nativos para que abjuraran de sus dioses, de los sacrificios humanos, de la sodomía y otros vicios, entre ellos el de comer carne humana. Insistía en que hicieran profesión de fe en los principios del evangelio de Cristo. Sometidos los pueblos y en paz los de Cingapancinga con los cempoaltecas, reconocieron por rey, al emperador de Castilla.

Después de los sucesos que se acaban de relatar, Hernán Cortés y sus soldados, regresaron a la Villa Rica de la Veracruz; y se encontraron con la nueva de que ese mismo día, había llegado de la isla de Cuba un navío que traía por comandante a Francisco de Saucedo, al que llamaban el "pulido", porque siempre andaba de galán y muy pulido, se decía que había sido maestresala del almirante de Castilla, natural de Medina de Rioseco, traía un caballo, llegaba con él, Luis Marín, que poco después, sería un esforzado Capitán en la conquista de México, traía éste una yegua. Llegaban también diez soldados y con ellos las nuevas de que a Diego Velázquez le habían llegado las provisiones para rescatar y poblar, y el nombramiento de Adelantado de Cuba. Al enterarse de estas noticias los amigos del Gobernador, se alegraron y afirmaron sus esperanzas de volver muy pronto a Cuba.

Habían pasado ya más de tres meses desde que los hispanos llegaron al sitio donde tuvo lugar la fundación de Veracruz, la construcción de la villa seguía su curso, la fortaleza estaba por terminarse y los soldados comenzaban a estar impacientes, por dirigirse al reino de Moctezuma, o los que eran adictos de Velázquez, pugnaban por regresar a Cuba.

Hernán Cortés, como siempre, político previsor, adelantado en todos sus fines, buscaba los medios para que ellos le salieran a la medida de sus deseos; se ponía de acuerdo con dos o tres de sus amigos, para que en las juntas, ellos sugirieran lo que el Capitán les había indicado que propusieran. Bernal Díaz del Castillo hace notar:

"… y hacía ya más de tres meses que estábamos en aquella tierra; que sería bueno ir a ver qué cosa era el gran Moctezuma y buscar la vida y nuestra ventura; y que antes que nos metiésemos en camino, enviásemos a besar los pies a su Majestad y darle cuenta y relación de todo lo acaecido después que salimos desde la isla de Cuba; y también se puso en plática que enviásemos a Su Majestad todo el oro que se había habido, así rescatado como los presentes que nos envió Moctezuma. Y respondió Cortés que era muy bien acordado, y que ya lo había él puesto en plática con ciertos caballeros…"

Para hacer un envío de oro a España, Cortés dio cargo a Diego de Ordaz y a Francisco de Montejo, que eran personas de negocios, que fuesen de soldado en soldado para convencerlos de no pedir lo que les correspondía según ellos de la repartición pues obtendrían muy poco. Y convencieron a todos, para que cedieran su oro y de esa manera se aumentara el presente que se enviase al emperador.

Los comisionados como procuradores, fueron: Alonso Hernández Puerto Carrero y Francisco de Montejo; el primero, persona de suma confianza de Cortés, que irían a Castilla y presentarían ante el emperador un informe minucioso desde la salida de Cuba, con las órdenes y contraórdenes de Diego Velázquez, hasta los logros obtenidos al presente. La fundación de la Villa Rica de la Veracruz, la institucionalidad del H. Ayuntamiento, en dicha Villa, el nombramiento de Capitán General y Justicia

Mayor, conferidos a Cortés, por voto general del ejército: "la sumisión de los pueblos de tierra firme y la predicación de la fe cristiana entre los nuevos súbditos, que ahora reconocían como Rey único a su Majestad el emperador don Carlos de España. También informarían de la vastísima extensión del País y del gran imperio del poderoso Moctezuma. En la nave que conduciría a los procuradores, iría como piloto, Antón de Alamitos, conocedor de las rutas de esos mares, con la orden dada por el Capitán castellano, de no tocar puertos en Cuba, por lo que tendría que navegar por el canal de las Bahamas, auxiliado por quince marineros, portador de cartas y relaciones de Cortés, Cabildo y soldados de los que le acompañaban en su empresa. Escribe Bernal Díaz: "Y esto apercibido, acordamos de escribir y hacer saber a Su Majestad todo lo acaecido. Y Cortés escribió por sí, según él nos dijo, con recta relación, mas no vimos su carta; el Cabildo escribió, justamente con diez soldados de los que fuimos en que se poblase la tierra y le alzamos a Cortés por general, y con toda verdad, que no faltó cosa ninguna en la carta; iba yo firmado en ella; y demás de estas cartas y relaciones, todos los capitanes y soldados justamente escribimos otra carta y relación. Y lo que se contenía en la carta que escribimos en la siguiente:"

"...fue esto que diré en suma breve: Cómo salimos de la isla de Cuba con Hernán Cortés; los pregones que se dieron cómo veníamos a poblar, y que Diego Velázquez secretamente enviaba a rescatar y no a poblar;..."

La información contenida en las cartas y relaciones, era larga y detallada; no se emitía nada de los hechos, y el ser expuestos por los relatores, a los personajes de la jerarquía administrativa, allá en la corte parecíale a estos, que frente a sus ojos y su imaginación, desfilaba un mundo que surgía de la fantasía de las mansiones de encantos.

Por su parte, Diego Velázquez recibió información secreta de Francisco de Montejo, acerca del contenido de las Cartas enviadas a Su Majestad, y supo quiénes eran los embajadores de Cortés; por lo que presto, armó dos navíos con artillería y soldados, a cargo de los capitanes Gabriel de Rojas y Fulano de Guzmán; les ordeno fuesen a la

Habana y de allí, al canal de las Bahamas, para interceptar al navío enviado por Cortés, donde iban los procuradores, lo hiciesen presos y los condujeran a su presencia. Pero esta diligencia no tuvo el mínimo éxito, pues los navíos de Velázquez anduvieron de un lado a otro, y del canal de la Haban, regresaron a Santiago de Cuba con la sola noticia que les dieron de que por el canal vieron desembarcar una Nao de gran porte pero no pasó de allí.

Diego Velázquez sumamente acongojado echaba pestes en contra de su secretario Andrés de Duero y su contador Amador de Lares, por haberle aconsejado que diera el nombramiento de Capitán General a Hernán Cortés. Al notar la presencia de sus naves sin el navío de Cortés, su enojo subió al máximo. Dice Bernal Díaz:

"Y luego le aconsejaron sus amigos que se enviase a quejar a España, al obispo de Burgos, que estaba por presidente de Indias, y hacía mucho por él. Y también envió a dar sus quejas a la isla de Santo Domingo a la Audiencia Real que en ella residía, y los frailes jerónimos que estaban por gobernadores en ella, que se decían Fray Luis de Figueroa y Fray Alonso de Santo Domingo y a Fray Bernardino de Manzanedo, los cuales religiosos solían estar y residir en el Monasterio de la Mejorada, que es dos leguas de Medina del Campo; y enviar en posta un navío a darles muchas quejas de Cortés y de todos nosotros".

Los frailes jerónimos al conocer las promesas de Cortés, le prodigaron y evaluaron los valiosos presentes que Cortés había enviado a su Majestad: "que otro como él no se había visto de muchos tiempos pasados en nuestra España."

Los mismos frailes jerónimos condenaron la conducta de Velázquez y por el licenciado Zuazo, le fijaron residencia. Pero no obstante esa diligencia, Diego Velázquez, no contento con la política del casi conquistador, puso singular empeño en armar otra flota, que aunque tardó casi un año en organizarla, completó diez y ocho navíos, bien equipados, con más de mil trescientos soldados, entre capitanes y marinos y puso por Comandante General a un Hidalgo rico que se llamaba Pánfilo de Narváez, que a su tiempo, partiría rumbo a las costas de México, con la consigna de prender a Cortés y sus capitanes, destituirlo y regresarlo a Cuba.

Los procuradores de Hernán Cortés, salieron del islote de San Juan de Ulúa, rumbo a España, el seis de julio de 1519, y contrariando la orden de Cortés, con buen viento llegaron a la Habana a mediados del mismo mes. Francisco Montejo, de la embajada de Cortés a la corte de Castilla, sigilosamente hizo circular en forma de posta, la noticia del objeto de su viaje, con el fin de que Diego Velázquez lo supiera y tomara las medidas que mejor le pareciera. Luego de hacerse a la vela, navegaron a las islas de la tercera, de allí se dirigieron a Sevilla, de donde partieron en Posta a Valladolid, donde se encontraba la Corte. Fungía como presidente del Real Consejo de Indias, don Juan Rodríguez de Fonseca, obispo de Burgos y Arzobispo Rosano; ostentaba el poder de la Corte, por ausencia del emperador que por esos días se encontraba en Flandes.

Los comisionados de Hernán Cortés, muy respetuosos y ufanos, se presentaron ante el presidente del Gobierno, con el fin de saludarlo, besarle la mano y presentarle la información contenida en las cartas de Relaciones, y los valiosos presentes de oro y joyas, destinados para su Majestad, ofreciéndose ellos mismos para llevarlos a ir a besarle sus reales pies. Mas, el Obispo Fonseca, después de oírlos su presentación verbal y los propósitos que llevaban, se mostró airado y con marcado enojo, según escribe Bernal Díaz; "...y aún les dijo palabras mal miradas, que nuestros embajadores estuvieron para responderle de manera que se reportaron y dijeron que mirase sus señoría los grandes servicios que Cortés y sus compañeros hacíamos a su Majestad, para que sepa lo que hay y ellos irían con él".

A lo anterior, Rodríguez de Fonseca, les respondió aún más disgustado y despótico, diciendo que ellos no tendrían ya ningún cargo, y que él se ocuparía de escribir a su majestad, para informarle de los que pensaba, ya que Cortés y sus capitanes, se habían levantado en contra de Diego Velázquez.

Los procuradores de Cortés se encontraban hablando con el Obispo Fonseca, cuando llegó a la Corte Benito Marín, capellán que fuera del Gobernador de Cuba, con su informe y sus muchas quejas en contra de Cortés y sus soldados, por lo que el Obispo se puso más furioso con los comisionados de Cortés, negándose a seguirlos escuchando.

Mas, Puerto Carrero o Portocarrero, sin ser letrado, era elocuente y primo del Conde de Medellín, por lo que se sentía protegido, se hizo oír y siguió hablando, porque Montejo, no se atrevía a contradecir al presidente, en parte era fiel al Gobernador de Cuba. Portocarrero suplicaba: "…y que luego enviase aquellos RECAUDOS, así como los traían a su Majestad; y que éramos muy buenos servidores de la Real Corona y dignos de mercedes".

Al percibir los procuradores de Cortés, la ira manifiesta en las palabras del obispo de Fonseca, optaron por callar y hablar a su debido tiempo; pero el obispo no calló, pues mandó a Flandes un informe contrario de los dicho por Cortés, en sus cartas y relaciones, de tal manera, que el futuro conquistador, sólo era un rebelde y traidor, y que secundado por sus hombres, le habían cometido a Diego Velázquez innumerables desacatos. No envió todo el oro y las joyas, reservándose una parte para sí.

Mientras tanto, los procuradores de Cortés, secundados por Martín Cortés, padre del Capitán y un licenciado de apellido Núñez, relator del Real Consejo de su Majestad, y pariente cercano de Cortés, acordaron enviar un mensajero a Flandes con duplicados de la relación y cartas que ya habían entregado al Obispo Fonseca, e informaban del recibimiento y maltrato que éste les dio; agregaban además, una memoria del los presentes y joyas de oro de los tratos que el obispo tenía con Diego Velázquez. Enterado el emperador de todo lo hecho por Cortés y sus hombres, mostró suma alegría; y difundida la noticia entre todos los cortesanos, condes, duques y marqueses, se comenzó a hablar muy encomiadamente de Hernán Cortés y sus esforzadas huestes. Y se trocaron los papeles, pues pasados dos años, la fama y el poder de Cortés habían llegado a la cumbre y el obispo Rodríguez de Fonseca se había eclipsado, pues por los manejos en los asuntos de Cortés, fue procesado y mal visto; había caído de la gracia del Emperador.

## PLANIFICANDO EL ATAQUE

Hacia la media noche del diez de julio de 1519; apenas unos cuantos días después de la partida de los procuradores hacia España; Bernardino de Coria, se presentó arrepentido ante Cortés para delatar a sus compañeros; amigos y criados de Diego Velázquez, que habían acordado tomar un navío de poco calado, y partir a Cuba para dar cuenta a Velázquez de lo acontecido acá donde moraba Cortés con sus hombres. Los involucrados en el complot eran: Juan Cermeño, Padre Escudero, aquel que prendió a Cortés por orden de Diego Velázquez, cuando salió del templo a ver a doña Catalina, Gonzalo de Umbría, que iría como piloto, el clérigo Juan Díaz, los Penates, naturales de Gibralón y otros hombres de mar que por razones diversas, estaban resentidos con el Capitán General. Cuando Cortés supo la trama del complot, ordenó que se desmantelara el navío; del timón, velas y todos sus enseres y en el acto, mandó poner presos a los cabecillas y sus cómplices. Ordenó que se les formara juicio del cual salieron condenados a la horca: Pedro Escudero y Juan Cermeño, al piloto Gonzalo de Umbría, se le cortarían los pies y a algunos marineros se les condenó a sufrir la pena de azotes, el padre Juan Díaz solamente fue amonestado, para los demás cómplices hubo un calladisimulo; porque no convenía al ejército ni a Cortés, hacer mas ejecuciones.

Dice Bernal Díaz sobre este caso: "Acuérdome que cuando Cortés firmó aquella sentencia dijo con grandes suspiros y sentimientos: 'Oh, quien no supiera escribir, para no firmar muertes de hombres'"

Cortés bien pudo ser clemente con todos los del complot. Dice Salvador de Madariaga que las penas resultan "más bien suaves que severas". Pero surge aquí una interrogante: ¿Qué pena más severa que la muerte y la mutilación puede haber?

Después de ser ejecutadas las sentencias, Cortés estaba conciente de que con esos cuantos sacrificios, su autoridad se afirmaba. Mas, es de creerse que no fueran necesarias, ni el delito era grave, porque él, Cortés, le cometió a Diego Velázquez insubordinaciones y faltas mucho más graves, que sólo se hubiesen lavado con la pena de muerte. Si embargo, Cortés vivía; aún habiéndose alzado en contra de su mismo jefe. Entonces acá, debió ser indulgente, máxime si existía el ofrecimiento de que estaba dispuesto a conceder licencia para todo aquel que deseara regresar a Cuba. Consumados los hechos, a galope tendido se dirigió a Cempoala, distante unos 20 km de la Villa Rica, y ordenó que se le reunieran doscientos soldados todos los de a caballo. Al llegar allí, convocó a todos los caciques de los pueblos comarcanos para formar un plan que lo condujera a la conquista del Imperio de Moctezuma.

Estando en Cempoala, reunidos en consejo con sus adictos, y después lo dio a conocer a todos los soldados, que se había tomado el acuerdo, entre los que eran sus amigos, aunque hubo algunos en contra, que se diera al través con la nave, que para que no hubiese embarazo o algún Capitán quisiera alzarse, mientras Cortés y sus hombres, anduvieran haciendo la guerra en el imperio de Moctezuma. Afirma Bernal Díaz:

"Y según entendí, esta plática de dar con los navíos al través, que allí propusimos, el mismo Cortés lo tenía ya concertado, sino quiso que saliese de nosotros –el Capitán hábil como siempre- porque si algo le demandasen que pagase los navíos, que era por nuestro consejo y todos fuésemos en los pagar. Y luego mandó a un Juan de Escalante que era alguacil mayor y persona de mucho valor y gran amigo de Cortés y enemigo de Diego Velázquez , porque en la isla de Cuba no le dio buenos indios, que luego fuese a la Villa y que de todos los navíos se sacasen todas las anclas y velas y lo que dentro tenían de que se pudiesen aprovechar, y que diese con ellos al través, que no quedasen más de los bateles, y que los pilotos, y maestros viejos y marineros que no eran para ir a la guerra se quedasen en la Villa…"

Juan de Escalante, cumplió con las órdenes recibidas por Cortés, y regresó a darle cuenta al Capitán de su cometido, le acompañaban hombres de mar que después demostraron ser buenos soldados.

Hernán Cortés nombró Capitán al alguacil mayor de la villa y puerto, Juan Escalante, con la prevención expresa de que hiciera frente a todas las contingencias que se llegaran a presentar, en caso de que Velázquez mandara alguna tropa. Se encargó a los caciques allí convocados que obedecieran a su hermano Juan Escalante, que se quedaba como autoridad, que terminaran la iglesia y la fortaleza, y siguieran con la construcción de las cosas en todas la Villa.

Bernal Díaz del Castillo, cronista e historiador ocular de muchos hechos en la conquista de México, aclara muchas inserciones que Francisco López Gómara, cronista de Cortés, escribe sin ser bien informado. Aquí en lo de Veracruz, dice que Cortés al partir hacia México, nombró por Capitán a Pedro de Ircio, cuando a éste, aún no le habían dado ningún cargo. Asegura Gómara también, que Cortés no se atrevía a poner en conocimiento de los soldados, que ya había mandado desmantelar y barrenar a los navíos. Sobre este hecho Bernal Díaz dice lo contrario, y afirma que el hundimiento de los barcos, fue un acuerdo de consejo, a sugerencia de capitanes y soldados, como ya se transcribió antes, y que obedecía al propósito manifiesto de que todos los soldados estaban de acuerdo en ir a la conquista del imperio de Moctezuma.

Había pasado la segunda mitad del mes de julio, en aprestos organización, del ejército para acometer la magna empresa, y ya avanzaba la primera mitad del mes de agosto, cuando tuvo lugar la destrucción de las naves, al encargo de la autoridad de la Villa Rica de la Veracruz, y ya se tomaban las providencias para la marcha, cuando una mañana al salir de misa y estando Cortés rodeado de sus capitanes y soldados, comenzó a hacerles un vehemente razonamiento, que según Bernal Díaz, les dijo:

"Que ya habíamos extendido la jornada que íbamos y que, mediante Nuestro Señor Jesucristo, habíamos de vencer en todas las batallas y reencuentros; y que habíamos de estar tan prestos para ello como convenía, porque en cualquier parte donde fuésemos desbaratados, lo cual Dios no permitiese, no podríamos alzar cabeza, por ser muy pocos, y que no teníamos otro socorro ni ayuda sino el de Dios, porque ya no teníamos navíos para ir a Cuba, salvo nuestro buen pelear y corazones fuertes; y sobre ello dijo otras muchas comparaciones y hechos heroicos de los romanos…Y todos a una le respondimos que habíamos lo que ordenase, que echada estaba la suerte de la buena ventura, como dijo Julio César sobre el Rubicón, pues eran todos nuestros servicios para servir a Dios y a su majestad."

## LA PARTIDA HACIA LA FAMA Y EL PODER

Hernán Cortés se encontraba arengando a sus compañeros como antes se ha trascrito, cuando llegó de la Villa un mensajero, portador de una carta que enviaba el Capitán Escalante, avisando a Cortés de la presencia de un navío, frente a la costa de la Villa Rica, y que después de tomar algunas providencias para averiguar su misión, no lo ha conseguido y que se le avisa para ver lo que manda. Enterado el Capitán General del contenido de la carta, encarga el mando del ejército en Cempoala, a Pedro de Alvarado y a Gonzalo de Sandoval, y él, Cortés, con algunos soldados escogidos, se dirige al puerto de Villa, donde Escalante al verlo, en el acto, se aparta con el Capitán para informarle de las novedades y se formula un plan para hacer caer a la nave en una trampa, pero no lo consiguen. Efectivamente, Francisco de Garay, desde los días de Grijalva, había sido favorecido con provisiones de Adelantada y Gobernador de las tierras que descubriese, más allá de los ríos San Pedro y San Pablo, por la banda del norte, o sea del río Pánuco. Sus valores en la corte, habían sido el obispo de Burgos, el licenciado Zapata y un secretario Conchillo. Hizo las gestiones su mayordomo Terralva. Garay envió entonces tres navíos con doscientos setenta soldados, suficientes provisiones y caballos, al mando de Alonso Alvarado Pineda, con instrucciones de poblar. Mas, ahora el navío frente a la Villa Rica, al que Cortés trataba de detener y a cuya tripulación, el Capitán trataba de convencer para que desembarcaran, uno de los principales de los de Garay llamado Guillén de los, se excusó, obedeciendo a su Capitán que los había instruido para que no tuvieran relaciones con los soldados de Cortés. Pero que a nombre de su mismo Capitán, Álvarez Pineda, cuya flota se encontraba anclada en el Río Pánuco, acompañado de los testigos, Andrés Núñez de oficio carpintero y Pedro de la Arpa, que se decía músico, llegaba a tomar posesión de esa tierra, descubierta hacía poco por Pineda.

Y decía a Cortés que repartiese los términos de sus respectivos descubrimientos.

Mas, Cortés, como siempre, en los asuntos de derecho, sospechó que los de Garay no tenían los mandatos jurídicos legales para explorar y poblar, demandó a Guillén de Loa que mostrase los títulos de su jefe, a lo que el interpelado contestó sobre las gestiones que hiciera el Gobernador de Jamaica ante la Corte y las personas que le favorecieron. Cortés hizo todo lo que pudo por apoderarse de la nave donde iba Guillén de Loa, recurrió a ardides, disfraces y todo lo que la astucia aconseja en esos casos, pero no consiguió nada; luego, considerando que era más fuerte que Pineda, en elementos y en prioridad, se atrajo y previno a los caciques donde Garay con su Capitán Pineda pretendía poblar.

A mediados de agosto de 1519, cuando Cortés dio la orden de marchar hacia la ciudad de México, sede del poderoso imperio de Moctezuma, salían los españoles de Cempoala, algunos para ya no volver. El ejército se componía de cuatrocientos hispanos, trece caballos, siete piezas de artillería y un millar de indios tamemes para transportar los implementos de guerra, porque dice Bernal Díaz: "para nosotros, los pobres soldados, no habíamos menester ninguno, porque en aquel tiempo no tenían qué llevar, porque nuestras armas, así lanzas como escopetas y ballestas y rodelas y todo otro género de ellas, con ellas dormíamos y caminábamos, y calzados nuestros alpargatas, que era nuestro calzado, y, como he dicho, siempre muy apercibidos para pelear".

En la primera jornada, los castellanos y sus aliados, llegaron en Jalapa, pueblo amigo de los cempoaltecas, que no eran tributarios de Moctezuma. Llegaron a Socochima, o

Xico, donde dice Bernal Díaz que encontraron "muchas parras de uvas de la tierra". Jerónimo de Aguilar y doña Marina hacen su labor de explicar lo relativo a la fe cristiana y a la misión de los hispanos como vasallos del emperador Carlos V, y hacen hincapié en que abjuren de sus Dioses y de los sacrificios humanos. En ese lugar, los castellanos fueron bien atendidos, les ofrecieron suficientes alimentos y todo lo que habían de menester.

Pasaron adelante, salieron de la tierra cenagosa, donde dice Torquemada que "se sumen los caballos hasta la barriga". Llegaron a otro pueblo (hoy desaparecido) que se llamaba Texutla, donde fueron bien recibidos, porque sus habitantes, tampoco eran tributarios del Uei Tlatoani de Tenochtitlán.

Al seguir avanzando para llegar a las cumbres heladas de la sierra, donde el frío cala hasta los huesos, una fuerte lluvia con granizada se abate sobre los expedicionarios, sin ropa adecuada y en despoblado debieron sentir el azote del viento gélido. Por consejos de los caciques de Cempoala, habían tomado la ruta que los condujera a Tlaxcala, en lugar de los otros senderos que con malicia, dos enviados de Moctezuma, los trataron de conducir y extraviar, haciéndolos sentir lo extremoso del calor al frío y de ese modo hacerlos desistir de su "ida a México".

La falta de alimentos hacía más penosa la marcha, todo el ejército acostumbrado al clima cálido de Cuba y de la costa.

Escribe Bernal Díaz: "y venía un viento de la sierra nevada, que estaba a un lado, que nos hacía temblar de frío, porque como habíamos venido de la isla de Cuba y de la Villa Rica, y toda aquella costa era muy calurosa, y entramos en tierra fría y no teníamos con qué nos abrigar sino con nuestras armas, sentíamos las heladas, como éramos acostumbrados de diferente temple".

En su avance los castellanos y sus aliados, llegaron a un pueblo donde había varios adoratorios con leña suficiente para el servicio del culto y los sacrificios, en ese lugar no encontraron nada para comer, y el frío arreciaba con suma intensidad. Siguió la marcha y más adelante divisaron un pueblo con casas de cantera pintadas de blanco, aquí el aire era menos frío; a este pueblo Cortés le llamó Caltamní, Bernal lo llamó Zocotlan y un soldado portugués le puso Castil-Blanco que porque le daba un parecido a la villa de Castil Blanco, de Portugal. Cortés dice que tenía grandes casas de cantera "Labradas y muy nuevas; e había en ellas muchas y muy grandes y hermosas salas y muchos aposentos muy bien obrados".

El Capitán castellano había enviado a dos mensajeros de Cempoala, para percibir al Cacique de nuestra llegada; los mismo había hecho Moctezuma, enviando al caique Olintetl, un mensaje donde lo instruía para que fuera con los españoles, cortés y hospitalario. Mas, este cacique tratando de interpretar según sus luces las órdenes del Uei Tlatoani; hospedó bien a los recién llegados, pero les dio de comer poco y de mala voluntad; pero en cambio se lució con el sacrificio ante sus ídolos de cincuenta esclavos, para que los españoles a su llegada, encontraran sangre fresca y les causara "placer".

Dice Madariaga en su "Hernán Cortés" que "Moctezuma seguía la misma táctica de Cortés: acogedor en la forma pero hostil en el fondo". Ojalá y Madariaga tuviera razón, Moctezuma nunca fue hostil a Cortés, fue sumiso desde el principio hasta el fin. Si Moctezuma hubiera tenido el carácter y el temple de Cuitláhuac o Cuauhtémoc, con el poder del imperio, Cortés y sus huestes hubieran sido deshechos en el camino; y tal vez otro con más fuerzas hubiera sido el conquistador.

Olintetl era un hombre obeso, mucho más obeso que el cacique de Cempoala, tal vez cobarde, tal vez enfermo, los soldados de Cortés se dieron cuenta en el acto, de cómo temblaba, y hacía temblar la litera que portaban cuatro fornidos mancebos. A Olintetl, por su temblorina, le pusieron "El temblador". Este personaje era astuto y sagaz; trataba de impresionar a Cortés con el poder de Moctezuma, algo así como meterle miedo, tanto como para que no siguiera en su empresa. Le habló al Capitán hispano, de la grandeza de la ciudad, de sus calzadas, de los lagos, canales y de lo fácil que era su defensa. Cuando Cortés le preguntó al obeso cacique que si era vasallo de Moctezuma; éste le contestó: "¿Y quién no es vasallo de Moctezuma?". Hernán Cortés aprovechó la oportunidad para hablarle a Olintetl, del poder del emperador Carlos, que tenía como vasallos a grandes señores, y reyes mucho más poderosos que Moctezuma.

Los soldados hispanos estaban asombrados de la información de Olitetl, que Bernal Díaz escribe: "todos nosotros estábamos admirados de lo oír, y con todo cuanto contaban su gran fortaleza y puertas, como somos de tal calidad los soldados españoles, quisiéramos ya estar probando ventura". El cacique seguía hablando del gran Moctezuma, de su poder y de que "todo lo que quería señoreaba", y manifestaba sus temores porque "no sabía ni sería contento cuando supiese nuestra estada allí, en aquel pueblo, por habernos aposentado y dado de comer sin su licencia".

Cortés hizo saber al cacique lo que siempre decía: que venía de tierras lejanas; que era portador de un mensaje de su rey y señor el emperador don Carlos, "de quien son vasallos muchos grandes señores, y envía a mandar a ese vuestro gran Moctezuma que no sacrifique ni mate ningunos indios, ni robe sus vasallos, ni tome ningunas tierras, y para que de obediencia a nuestro rey y señor; y ahora lo digo asimismo a vos, Olintetl y a todos los más caciques que aquí estéis, que dejéis vuestros sacrificios y no comáis carne de vuestros prójimos, ni hagáis sodomías, ni las cosas feas que soléis hacer porque así lo manda Nuestro Señor Dios, que es el que adoramos y nos da la vida y la muerte, y nos ha de llevar a los cielos".

El Capitán castellano en seguida intentó dejar allí una cruz como símbolo de la fe cristiana, pero el padre, fray Bartolomé de Olmedo lo disuadió, que porque aún no era tiempo, y que esos naturales cometerían desacatos con ella.

Olintetl u Olintecle y sus caciques, querían saber de los efectos de los castellanos y preguntaban a los de Cempoala por las bombardas, las escopetas, los caballos y hasta por un perro de gran tamaño, que por las noches ladraba y les infundía miedo; los cempoaltecas supieron infundirles temor, hablando de las hazañas de los castellanos, en Champotón, Tabasco, y el trato que a ellos mismos les habían dado, atribuyéndoles poderes divinos capaces de adivinar el pensamiento y de conocer las intenciones de sus enemigos; luego agregaron la destrucción de sus CUES-ídolos y colocar en ellos la cruz. Entonces Olintetl comprendiendo que los castellanos efectivamente eran Teules, les llevaron regalos de oro de poco valor y cuatro indias y una carga de mantas.

Cuenta Bernal Díaz que allí en ese pueblo, había una plaza muy grande donde estaban sus adoratorios; "puestos tantos rimeros de calaveras de muertos que se podían contar, según el concierto de cómo estaban puestas, que al parecer serían más de cien mil, digo otra vez sobre cien mil; y en otra parte de la plaza estaban otros tantos rimeros de zancarrones, huesos de muerto que no se podían contar, y tenían en unas vigas muchas cabezas colgadas de una parte a otra, y estaban guardando aquellos huesos y calaveras tres papas (sacerdotes), que según entendimos tenían cargo de ellos; de lo cual tuvimos que mirar más después que entramos bien tierra adentro, en todos los pueblos estaban de aquella manera y también en lo de Tlaxcala".

## CAMINO DE TLAXCALA

Antes de salir del pueblo de Castil-Blanco, para seguir a México, los hispanos le preguntaron a Olintetl, por dónde sería mejor seguir la marcha, y contestó que por el rumbo de Cholula, pero en el mismo momento los de Cempoala, amigos de Cortés, opinaron que era más seguro avanzar por Tlaxcala, que ese pueblo era amigo de los cempoaltecas y enemigo de Moctezuma, mientras que Cholula era tributaria del Uei Tlatoani y en esa ciudad había guarnición de guerreros aztecas. Los castellanos optaron por seguir el camino de Tlaxcala, avanzaron dos leguas y llegaron a otro pueblo llamado Ixtacamextitlán, al que Bernal Díaz le da el nombre de Xalacingo.

En Xalacingo, Hernán Cortés y sus huestes, fueron recibidos de buena voluntad, se le hicieron algunos pequeños regalos y le dieron alguna información, respecto de la república de Tlaxcala. Cortés entonces, desde ese pueblo, despachó unos embajadores cempoaltecas, para anunciar al senado de dicha República, de su llegada, y solicitaba permiso para pasar rumbo a México. Mas, los embajadores en lugar de ser escuchados, según Bernal: "los mandaron prender sin ser oídos. Y estuvimos aguardando respuesta aquel día y otro". Madariaga escribe que los tales embajadores, sí fueron recibidos y escuchados por los tlaxcaltecas, aunque después los pusieron en prisión, de la que se fugaron dos y fueron al encuentro de Cortés, para informarles del estado de guerra en que se encontraban los de Tlaxcala.

El senado de la confederación al tener noticia de la proximidad de los extranjeros y luego confirmada por los embajadores cempoaltecas, se reunieron en consejo para acordar las medidas que debían tomar para hacerle frente al problema que presentaba la situación. Cervantes de Salazar, hace alguna referencia acerca de estos mensajeros de Cortés, y Madariaga las repite en su "Hernán Cortés", diciendo que: "los cuatro señores o Tlatoanis escucharon en silencio con la mayor atención, la cabeza muy baja, de modo que casi tocaban el rostro con las rodillas, y cuando el cempoalés hubo terminado, todavía siguieron en silencio un rato largo, por cortesía". Al fin, Mexicatzin habló otra vez diciendo a los embajadores cempoaltecas, unas palabras de bienvenida y despidióles hasta que el consejo hubiera deliberado sobre su embajada".

Por ese tiempo, Tlaxcala estaba organizada en una federación de cuatro pueblos o cantones, con un Tlatoani en cada uno como jefe o señor, con derecho y obligación de intervenir en las deliberaciones de estado; por eso cuando se les presentó el problema de la presencia de los españoles en su territorio, inmediatamente se reunieron en Consejo, para discutir las medidas que mejor convinieran a sus pueblos.

Estuvieron en los debates, Mejixcatzin, Xicotencatl el viejo, Xicotencatl el joven, Temilutecutl o Tlehuexolotzin. Las opiniones se dividían, se presentaba el dilema de que se recibiera a los extranjeros en son de paz o se hiciera la guerra. Mejixcatzin decía que "se concediera a los blancos barbudos el paso por Tlaxcala a título de amigos, pues si en verdad eran teules, pasarían de todos modos, y si no lo eran, por lo menos habían hecho acto de ser enemigos de Moctezuma". Al fin se impuso el criterio de hacerle frente a los extranjeros; se le ratificó a Xicotencatl el joven, la jefatura del ejército; y convocados y reunidos los escuadrones de guerreros, se aprestaron a la lucha para detener a los invasores.

Entre tanto, Cortés esperaba impaciente la vuelta de sus embajadores, pero al convencerse de que no volvían; después de exhortar a los de Xalancingo, como era su costumbre a que abjuraran de sus ídolos y abrazaron la fe cristiana; el último día del mes de agosto de 1519, dio la orden de partir sobre el territorio de Tlaxcala. Llevabab ya unas horas de marcha, el Capitán castellano iba a la cabeza de su ejército, escoltado por seis jinetes. La emoción y el temor embargaban a todos; mas, el espíritu guerrero que animaba el alma de la tropa, les impedía seguir adelante, como si estuvieran invitados a una fiesta. Sin naves que les permitieran el retorno, lejos de la costa, de sus bases, de su tierra y de su patria, iban con el ojo avizor, en pos de la aventura, más aventurada, para hurtar una tierra ajena y hacer de esa tierra, una nueva patria.

El avance seguía sin incidentes, cuando de pronto; vieron que venían dos de los embajadores escapados de la prisión de los tlaxcaltecas con la información de que los de Tlaxcala estaban en estado de guerra. Que les dijeron cuando les tenían presos: "Ahora hemos de matar a esos que llamáis 'teules', y comer sus carnes, y veremos si son tan esforzados como publicáis; y también comeremos vuestras carnes, pues venís con traiciones y con embustes de aquel traidor de Moctezuma."

Y que por más que aseguraron que eran mensajeros y en contra de los mexicanos y que a todos los tlaxcaltecas los querían tener por hermanos, no quisieron oír sus razones.

Cortés y sus huestes se dieron por enterados del informe de los mensajeros cempoaltecas, y aún esforzados y valientes como eran, esas noticias no dejaron de ponerles a pensar, pero reaccionando luego, exclamaron a una sola voz: "¡Pues que así es, adelante, en buena hora!"

Enarbolando su bandera a toda asta, que portaba el aférez Corral, siguieron adelante, instruyéndose entre sí, la manera de combatir y de portar las armas; cuando Cortés les lanzó la siguiente arenga: "Mirad, señores compañeros; ya veis que somos pocos; hemos de estar siempre tan apercibidos y avisados como si ahora viésemos venir los contrarios a pelear, y no solamente verlos venir, sino hacer cuenta que ya estamos en la batalla con ellos, y que como acaece muchas veces, que echan mano de la lanza, por esto habemos de estar avisados para el tal menester; así de ello como de otras cosas que conviene en lo militar, que ya bien le he entendido que en el pelear no tenemos necesidad de avisos, porque he conocido que por bien que yo lo quiera decir lo hacéis muy más animosamente".

Después de oír las palabras de su Capitán todos los soldados quedaron bien enterados y con la moral muy alta, siguieron adelante, donde después de avanzar poco más de dos leguas, se encontraron con una barda de piedra de cal y canto, especie de muralla, que cercaba todo el valle de una montaña a otra. La habían construido los de Tlaxcala para defensa de sus pueblos, de los ataques frecuentes de los guerreros de Moctezuma.

Cortés solía cabalgar siempre delante de sus soldados, para darse cuenta del estado ambiente o del terreno donde tenía que irrumpir, por eso al ir de punta de flecha en la vanguardia de esta formación, el fue el primero que se encontró con la fortaleza, que cubría el valle, como ya se dijo, con una única puerta, con entrada indirecta, es decir, con una vuelta, para evitar la entrada de frente y de sopetón. En el paso de la muralla había un aviso que al ser interpretado decía: "Aquí hay fuerza y artificio. Pasad este muro si os atrevéis, extranjeros, pero antes de pasarlo, pensad bien si podréis volverlo a pasar hacia fuera".

Los cronistas dicen que el anterior aviso estaba impreso en lenguaje de piedra, y en ese momento ¿iría quien lo interpretara?

Mas, a Cortés y los suyos no les hizo ninguna mella, pues ordenó al alférez Corral que enarbolara la bandera diciendo: "¡Señores, sigamos nuestra bandera que es la señal de la Santa Cruz, que con ella venceremos!

Y todos respondimos a coro:

¡Vamos mucho en buena hora, que Dios es la fuerza verdadera!"

Y todos ufanos cruzaron la muralla. Y Cortés les repetía prevencones de guerra y que por ser pocos contra muchos, cómo debían de auxiliarse.

Más adelante, atravesados en el sendero, se encontraron con unos hilos que tenían, algo así como listones y papeles, que con ellos, los hechiceros naturales, por fuerza de magia, pretendían detener a los extranjeros; pero estos ni siquiera se dieron por enterados, y sin obstáculos, prosiguió la marcha; pero de pronto, la vanguardia de exploración, descubrió a manera de espías, a unos treinta indios tlaxcaltecas, que sigilosamente observaban el avance de los extranjeros. Presto Cortés ordenó que los siguieran e hicieran algunos prisioneros, pero los nativos se defendieron, murieron cuatro de ellos, y después de herir a los caballos, escaparon a incorporarse donde se encontraba el grueso de sus compañeros.

## LAS BATALLAS

El 31 de agosto de 1519 fue el principio de la Primera Batalla, una gran batalla, pues de pronto aparecieron escuadrones cerrados de tlaxcaltecas, que dice Bernal Díaz, serían más de tres mil que estaban en "celada", y que trataron de cerrar el paso a los españoles, disparando una lluvia de flechas. Al momento entraron en acción las arnas de pólvora, las ballestas y las espadas; los tlaxcaltecas al sentirse atacados por armas que no conocían, temerosos se detuvieron, y a poco volvieron la espalda en franca retirada, dejando diez y siete muertos; de los hispanos fueron heridos cuatro y poco después murió uno.

El tiempo avanzaba, la tarde caía. Los tlaxcaltecas se retiraron, los iberos nos los siguieron, se sentían cansados por el ajetreo de la jornada.

Escribe el cronista soldado: "Y donde aquellas rencillas pasamos era llano, y había muchas casas y labranzas de maíz y magueyales, que es donde hacen el vino; y dormimos en un arroyo y con el unto de un indio gordo de los que allí matamos, que se abrió, se curaron los heridos, que aceite no había. Y tuvimos muy bien de cenar de unos perrillos que ellos crían, puesto que estaban todas las casas despobladas y alzado el hato, y aunque los perrillos llevaban consigo, de noche volvían a sus casas, y allí los apañamos, que era harto bien mantenimiento. Y estuvimos toda la noche muy a punto, con escuchas y buenas rondas, por temor no diesen con nosotros".

Según el dicho de Bernal, los hispanos, cenaron esa noche con carne de perros, pero si hemos de creerle; ¿habría suficientes? Recuérdese que iban cuatrocientos españoles y algunos millares de cempoaltecas y totonacas. Bien sea de ello como haya sido; al día siguiente fueron notificados por Xicotencatl, de que serían atacados. Y obedeciendo a una tradicional costumbre de caballerosidad, escribe don Gregorio Torres Quintero, los hispanos recibieron de los tlaxcaltecas, trescientos guajolotes y doscientos chiquihuites de tamales, "para que se alimentaran bien y si perdían, que no se quejaran y dijeran que había sido por falta de fuerzas".

La Segunda Batalla debe haber sido el dos de septiembre de 1519, cuando muy de mañana Cortés pensativo cabalgaba en su caballo rocillo, casi blanco, casi ajeno al paisaje de tierra virgen para ellos, que iba desfilando ante sus ojos, se les presentaba un panorama de un mundo incierto cargado de promisión, preñado de acechanzas, peligros y confrontación. Todos iban tranquilos, cuando de pronto, apareció un ejército, que según Bernal Díaz, estaría formado por unos tres mil guerreros, Cortés afirma en sus Cartas de Relación que serían unos seis mil.

Los naturales iban comandados por Xicotencatl, se lanzaron sobre los extranjeros haciendo alarde de su fuerza, gritando y tocando trompetillas y "tambores", y disparando sus flechas. Cortés al ver la hostilidad de los atacantes, ordenó a sus soldados que se estuvieron "quedos"; y con tres prisioneros que les había hecho, el día anterior, les mandó ofrecer la paz, diciéndoles que "no diesen guerra, los queremos tener por hermanos".

Cuando los tlaxcaltecas recibieron el mensaje que portaban sus coterráneos, mostraron su contrariedad y se aprestaron a luchar; entonces el Capitán castellano llamó a un soldado de nombre Diego de Godoy, que era escribano de su majestad, para que tomara testimonio de lo que pasaba "por si se hubiese menester, porque en algún tiempo no nos demandasen las muertes y daños que se recreciesen, pues los requerimos con la paz".

En el anterior pasaje, Cortés, como en todos los actos de su vida, para obrar trata de apoyarse en una base legal, el Derecho Humano que él en muchas, pero muchas veces violó. Hábil como desde siempre, buscaba la forma de eludir responsabilidades, para no tener que responder a ellas después. Están aún frescos los acuerdos legales para dar con través de las naves, para sacudirse la autoridad de Diego Velázquez, con la erección del Ayuntamiento en la Rica Villa y sus nombramientos de Capitán General y Justicia Mayor, allí en Veracruz.

Los tlaxcaltecas incontenibles, comenzaron la lucha, por lo que el hispano Capitán, comprendió que si se demoraban, serían envueltos por la avalancha de nativos, que materialmente, se les echaban encima. Entonces, Cortés, con la audacia que siempre afloró en su espíritu en los momentos más difíciles de su existencia, lanzó un grito de guerra diciendo: "Santiago y a ellos". Y los iberos arremetieron con singular denuedo, pero los nativos no cejaron, también dieron golpe tras golpe; sufrieron numerosas bajas, perdieron a tres de sus principales capitanes, pero alcanzaron a herir de gravedad a varios españoles. Los tlaxcaltecas se iban retirando a manera de atraer a los castellanos para que cayeran en una emboscada, donde Xicontencatl, con más de cuarenta mil guerreros, los tenía en acecho. Vestía Xicontencatl el joven, como gallardo príncipe, su librea, y su penacho de guerrero distinguido. Era el jefe de los escuadrones de la confederación tlaxcalteca.

La batalla se generalizó, el terreno era desfavorable a los hispanos, por ello estuvieron a punto de ser envueltos en un encuentro cuerpo a cuerpo. Los indígenas que tenían el deseo de tomar vivo o muerto a un caballo, decapitaron de un solo tajo a la yegua que montaba Pedro de Morón, y éste estuvo a punto de morir, junto con la yegua, si sus compañeros no le hubieran dado auxilio, aunque pasados los días, murió de las heridas. Se recordará que la yegua, animal hermoso y de carrera, era de Sedeño, que no concurrió al combate por estar herido.

Haría una hora que la lucha había entrado en su apogeo y los hispanos se sostenían impávidos, no habían sido envueltos y menos deshechos, aunque casi exhaustos, sus armas habían causado estragos en los batallones compactos de sus enemigos, los iberos debían sostenerse incólumes o estaban perdidos. Por fin en lo recio del combate, los indígenas notaron la muerte de otros ocho de sus aguerridos capitanes, hijos de señores principales, además de numerosos guerreros distinguidos, por lo que poco a poco fueron aflojando en la lucha, y sin dar muestras de que fueran vencidos, ordenadamente, se fueron retirando. Dice Bernal Díaz: "Y a nosotros no nos pesó de ello, y no les seguimos porque no nos podíamos tener en los pies de cansados. Y llamábase donde pasó esta batalla Tehuancingo y fue dada en dos días de septiembre de mil quinientos diez y nueve años".

Cortes y sus huestes, dueños del campo, después de cenar perros y gallinas, durmieron en ese pueblecillo, con la alerta de sus vigías y rondas para no ser sorprendidos.

Al día siguiente, debe haber sido el tres de septiembre, Cortés y sus soldados, mellados por los golpes del día anterior, asentó su real en un pueblo al que Bernal Díaz, llama Teoancingo o Teuacingo a unas tres leguas del campamento de Xicotencatl. Cortés no se movió de ese lugar y los tlaxcaltecas no hicieron acto de presencia; los castellanos dedicaron ese día a restañar sus heridas, en hombres y caballos, y a descansar de las fatigas del día anterior; sin olvidar que tenían que reparar y alistar sus armas para lo que hubiera menester.

El cuatro de septiembre por la mañana, Cortés siempre activo ordenó que los de caballo, realizaran una incursión por los pueblos circunvecinos, para que los de Tlaxcala se dieran cuenta de que estaban con su ejército en pie de guerra; hicieron veinte prisioneros, indios e indias sin causarles ningún daño, pero sus amigos de Cempoala prendieron fuego a muchas casas. Regresaron al real llevando muchas gallinas y perrillos, Bernal Díaz dice que fueron los amigos los que quemaron las casas y Cortés en sus cartas afirma que él fue el que causó el incendio. Ese mismo día el Capitán castellano liberó a dos indios prisioneros para que a través de Jerónimo de Aguilar y doña Marina, llevaran un mensaje para Xicotencatl, ofreciéndole la paz y solicitando permiso para pasar por su territorio en camino hacia México, para ir a hablar con Moctezuma. Mas, Xicotencatl, que se encontraba en un pueblo, a unas dos leguas del real de Cortés, llamado Tecuacinpancingo, al recibir el mensaje del Capitán castellano contestó airado: "Que fuésemos a su pueblo donde está su padre, y que allá harán las paces con hartarse de nuestras carnes y honrar sus dioses con nuestros corazones y sangre y que para otro día de mañana, veríamos su respuesta".

Cortés y sus compañeros, eran hombres soldados que sin haber sido educados en las escuelas militares de la vieja Hélade tenían el temple de los antiguos espartanos, al oír la respuesta del guerrero tlaxcalteca, no dejaron de sentir una especie de escalofrío que cimbró sus cuerpos, no temían la muerte, pero veían que esa guerra no tenía fin, y que los tlaxcaltecas parecían inmunes a las propuestas de paz y a los halagos de su Capitán.

Por su parte, Xicotencatl, se dedicaba con ahínco a convencer a los cuatro tlatoanis, de que debían darle guerra sin cuartel a los extranjeros. Masse-Escaci, Chichimecatecle, Tepacaneca, Guaxobcin y el propio Xicotencatl, aportarían cada uno diez mil hombres, en total, cincuenta mil contendientes, que el día siguiente, los hispanos, sacando fuerzas de flaqueza, tendrían que enfrentar, por lo que esa noche, temerosos de morir, la pasaron haciendo penitencia y confesando sus pecados a Fray Bartolomé de Olmedo y al padre Juan Díaz.

La Batalla Decisiva (Tercina) debió haber sido el cinco de septiembre de 1519. Muy de mañana, Cortés y sus hombres estaban "muy apercibidos" para entrar en combate. Dice Bernal Díaz: "pusimos los caballos en concierto, que no quedó ninguno de los heridos que allí no saliesen para hacer cuerpo y ayudar en lo que pudiesen" y se alistaron los de espada y rodela, artillería y lanzas.

Completamente organizados los castellanos salieron de su real; habían caminado poco, como un cuarto de legua, cuando aparecieron los ejércitos tlaxcaltecas, tan numerosos eran, dice Bernal Díaz, "porque nos cercaron por todas partes tantos guerreros que se podía comparar, como si hubiese unos grandes prados de dos leguas de anchos y otras de largo y en medio de ellos cuatrocientos hombres; así eran todos los campos llenos de ellos y nosotros obra de cuatrocientos, muchos heridos y dolientes, Supimos cierto que esta vez venían con pensamiento que no habían de dejar ninguno de nosotros con vida, que no habían de ser sacrificados a sus ídolos".

Y se dio la batalla, tremenda y feroz, se batían los adversarios con verdadera furia, los tlaxcaltecas atacaban con coraje infernal; lanzaban gritos, flechas, piedras y hacían funcionar sus lanzas y macanas con suma destreza; pero los hispanos estaban bien organizados, respondían al furor de sus atacantes con singular acierto; la artillería bien dispuesta y mejor servida hacían estragos en las filas cerradas de los nativos, las escopetas y las ballestas funcionaban sin dar cuartel, y las espadas prestas acometían sembrando la muerte entre los guerreros que arremetían sin ninguna previsión. Los soldados de Cortés, dice Bernal Díaz: "estuvieron a punto de ser desbaratados, pero los mismos tlaxcaltecas les dieron la oportunidad de rehacerse y seguir la lucha enconada y sangrienta para los indígenas, que eran los que llevan la peor parte, pues en lo recio del combate, se notó una cuarteadora en las filas de los nativos, pues un hijo de Chinchimacatecla, por celos de mando convocó a los capitanes de Guaxolacingo, que no peleasen con Xicotencatl; por lo que esos guerreros en lo más enconado de la batalla, no dieron obediencia al jefe de los escuadrones de la Confederación. Entonces, el ímpetu de parte de los de Tlaxcala, comenzó a decrecer, y por fin, ordenadamente se fueron retirando, hasta dejar el campo en poder de los hispanos, los de caballo no los siguieron porque estaban verdaderamente cansados.

Escribe Bernal Díaz, que a los tlaxcaltecas, en esta batalla, les mataron a un Capitán de los "muy principales", que muertos no vieron ninguno, porque los de Tlaxcala, los recogían apañados y se los llevaban. De los castellanos, murió un soldado, salieron heridos más de sesenta y todos los caballos. El soldado historiador recibió una pedrada en la cabeza y un flechazo en un muslo. Aunque maltrechos, todos regresaron al real muy contentos, dando gracias a Dios, por haber salido tan bien librados en esa desigual batalla.

Hernán Cortés, ordenó que secretamente fuera enterrado el español muerto, en una casa que tenía un subterráneo, para que los nativos no se dieran cuenta de que los castellanos eran mortales y siguieran creyendo que eran TEULES.

Habla el historiador soldado que sus carencias eran tantas, que no tenían ni siquiera sal, ni víveres, ni cobijas para guarecerse del intenso frío y del viento helado que soplaba de la sierra nevada que los hacía tiritar "porque las lanzas y las escopetas, y ballestas mal nos cobijaban. Aquella noche dormimos con más sosiego que la pasada, porque teníamos mucho recaudo de corredores y espías y velas y rondas. Y dejarlo he aquí, y diré lo que otro día hicimos. En esta batalla prendimos tres indios principales".

Si fuéramos verdaderamente crédulos y nos dejásemos llevar por la creencia en los prodigios, diríamos que esta batalla del cinco de septiembre, se verificó uno a favor de los castellanos, pues la enemistad de dos Tlatoanis de los guerreros tlaxcaltecas, en el momento decisivo de la lucha, obró a favor de Cortés y lo libró de ser exterminado por los ejércitos de Xicotencatl, que al ser desobedecido por los dos capitanes del hijo de Chichimecatecle, los escuadrones del Capitán general, comenzaron a replegarse, dando con ello la victoria a los hispanos.

Al día siguiente de la bélica jornada, Cortés, temeroso de que la guerra no terminara y al fin fuera vencido por la superioridad numérica o por agotamiento, diplomático maquiavélico como era, insistió en ofrecer la paz, y siendo vencedor, solamente pedía permiso para pasar a México a saludar a Moctezuma, por lo que envió a los caciques de Tlaxcala como mensajeros a los cinco caciques cautivos que tenían para ofrecer la paz.

Hernán Cortés, en su mensaje de paz, amenazaba al senado de Tlaxcala de que si no acudían a él para concertar la paz, les decía: "y que si ahora no vienes, que les matamos a todas sus gentes y porque les queremos mucho y tener como hermanos nos les quisiéramos enojar si ellos no hubiesen dado causa a ello".

Cuando los embajadores nativos llegaron a presencia de sus coterráneos, estos se hallaban reunidos en consejo, para deliberar y acordar las medidas que se habían de tomar para la seguridad de Tlaxcala. Era urgente hallar la forma de vencer a los extranjeros, pues en tres batallas sucesivas, no habían sido derrotados y ni siquiera diezmados, ya que la única baja cifrada por los hispanos, los caciques la ignoraban; estaban estos hondamente preocupados por los muchos muertos, hijos de señores principales. En su fueron interno, un temor obsesivo los embargaba y comenzaba a tener visos de realidad, la idea de que los extranjeros fueran invencibles. En la reunión se encontraban, caciques, sacerdotes, hechiceros y adivinos o "tacalnaguas", a estos les urgieron que mediante sus adivinanzas, averiguaran qué clase de gentes eran esos extranjeros, que vieran qué comían, si eran de "hueso y carne", que si eran verdaderamente "teules" como decían los de Cempoala, y en qué clase de batalla podrían ser vencidos. Los interrogados deben haber meditado detenidamente, y después de tomar un aire de solemnidad, respondieron que los extranjeros sí podrían ser derrotados, pero debían hacerles la guerra de noche que era cuando perdían su fortaleza, que porque decían, la luz les favorecía por ser hijos del Sol.

Los caciques convencidos de lo que sus adivinos les decían, en el acto comunicaron a su Capitán general, Xicotencatl, de que organizara y efectuara un ataque nocturno al campamento español.

## ATAQUE NOCTURNO AL REAL ESPAÑOL

Xicotencatl, al recibir la orden del ataque nocturno, no se la hizo repetir, organizó sus huestes y al tercer día por la noche, debe haber sido el nueve de septiembre, con diez mil guerreros, llevó a cabo el asalto en el campamento hispano. Dice Bernal Díaz que era noche de luna, que el Capitán hispano y los suyos, estaban apercibidos, que había ordenado que los caballos llevaran cascabeles para denotar su presencia donde estuvieran; en el ataque los tlaxcaltecas fueron rechazados y perseguidos por los maizales, dejando en el campo más de cuarenta muertos.

El ataque de Xicotencatl fue un rotundo fracaso, se dice que días después, los caciques ordenaron el sacrificio de los adivinos por no haber acertado en sus augurios. Al día siguiente, los castellanos se encontraron con que casi todos estaban heridos, incluyendo dos caballos y resintieron la muerte de un cempoalteca. La noche la habían pasado bien, bajo la vigilancia de sus centinelas y sus rondas, aunque molestos por sus heridas y un conato de calentura que hasta el mismo Cortés estaba afectado de esas cuartanas que siempre había padecido.

En los días que siguieron de relativa calma, Cortés organizó un ataque nocturno a los pueblos cercanos que había visto desde su real. Dice Bernal Díaz que la noche de la salida, hacía un intenso frío, que tres caballos se atorzonaron y que fueron devueltos al campamento, que el caballo que montaba Cortés, también se enfermó o que cayó en un mal paso. Madariaga habla de este incidente apoyándose en lo dicho por un soldado presente:

"Llamóle la atención un lugar, hacia unas cuatro leguas de distancia, que parecía como si fuera una gran ciudad, y a ella se decidió ir en persona. Estaba la noche oscura. Salió del real con cien soldados españoles de a pie, todos los jinetes y un contingente de soldados indígenas. De la sierra cubierta de nieve soplaba fuerte viento helado que los hacía temblar. Tropezó un caballo y dio al suelo, Cortés dio órdenes de que se lo llevaran al real. Siguieron andando en la noche oscura, cayó otro caballo.

Los que vinieron a decírselo a Cortés no podían ocultar en su voz la zozobra que el hecho les causaba. Cortés dio orden de que se llevasen el caballo real. Su voz era la de siempre, firme. Las alas del corazón se les cayeron a no pocos soldados. 'Cayó otro caballo, Señor' –dijo una voz en la noche– 'mire que es mal pronóstico, mejor será que dejemos amanecer; luego veremos por dónde vamos'. Pero la voz firme y tranquila del jefe volvía a elevarse de aquella alma segura de sí: '¿Por qué miráis en agüeros? No dejaré la jornada porque se me figura que della se ha seguir mucho bien esta noche, e el diablo por lo estorbar pone estos inconvenientes'. Aunque todos los de la compañía decían que retornase, porque era mala señal, todavía seguía mi camino, considerando que Dios es sobre natura. Entonces tropezó y cayó su propio caballo y aún otro más; los mandó al real e hizo desmontar a los jinetes que quedaban y siguió avanzando silenciosamente en la oscuridad hacia aquellos fuegos que había visto desde el teocalli. Se perdieron, retornando al buen camino con la ayuda de dos lugareños y antes del alba cayeron sobre dos pueblos 'en que maté mucha gente' escribe al emperador. Bien claro resulta de sus palabras que no sentía escrúpulo alguno en ello. Su postura era inconmovible, venía como conquistador cristiano, dispuesto a entrar de paz en todas partes, para establecer la Cruz y la bandera por conversión y persuasión. A tal fin había ofrecido la paz a los tlaxcaltecas reiteradamente. Ellos habían preferido la guerra, la guerra pues, les daba él. Lo demás es pura hipocresía y Cortés no era nada hipócrita".

Se ve en el anterior pasaje, que Salvador de Madariaga trata de justificar la acción de crueldad que Cortés siempre mostró; es de pensarse que no es necesario justificarlo, porque Cortés es Cortés, como ya se ha dicho antes; frío y cruel, como todos los conquistadores. ¿O qué conquistador fue magnánimo? Incendiaron, destruyeron, violaron, despojaron y mataron, sembrando a su paso desolación; se apoderaron de bienes ajenos y redujeron a los vencidos a esclavitud. ¿Qué pues se podría esperar de un Cortés ávido de poder, riqueza y grandeza? Qué estaba ungido o barnizado de la fe cristiana, ¡Sí! Pero se sirvió de ella para alcanzar sus fines; pero no era cristiano, porque la fe cristiana es un caudal de amor, paz y esperanza, y Cortés era impío y cruel. Y si se pavonaba de cristiano y a nombre de esa fe hacía una guerra de conquista y violaba sus preceptos, era entonces, un redomado hipócrita. Quedemos pues, en que Cortés, para no ser hipócrita, no se le de el mote de cristiano, porque sus actos lo condenan a nombre de la fe que se dice profesaba. Pero sí le queda a la medida de su persona el mote de GUERRERO CONQUISTADOR. Nótese la diferencia entre los conquistadores y la pléyade de insignes personajes, excelsos, que derramaron por todo el Nuevo Mundo un caudal de enseñanzas, amor, protección y caridad.

Sobre la mutilación de los supuestos espías, Madariaga escribe que fue antes del primero y único ataque nocturno de Xicotencatl, al real español. Sobre este hecho sangriento cometido en prisioneros, Madariaga lo vuelve a justificar diciendo: "¿Cómo imaginarse que la conquista del Imperio más sangriento que el mundo ha conocido pudo llevarse a cabo sin sangre?" Y sigue: "Apartar la vista es hipocresía; hacer espavientos de horror, es mayor hipocresía, porque en la historia hasta en la de hoy mismo abundan páginas mucho menos defendibles".

En este último, don Salvador de Madariaga tiene razón, pero jamás se podrá justificar la barbarie de un bárbaro, y menos en plena civilización CRISTIANA; porque otros, antes o después, fueron también como él. ¿O a caso en la judicatura a Ley y la justicia, absuelven o justifican a un criminal porque otros fueron o son tan criminales como él? Por lo tanto, déjase al extremeño, tal como fue, Hernán Cortés el Conquistador.

Sobre la mutilación, Bernal Díaz dice que acaeció después del ataque nocturno de Xicotencatl al real, porque el general tlaxcalteca organizó una corriente de espías, que con el vago pretexto del llevar al real español, alguna cosa para comer, dice Madariaga que a vender, pero cabe preguntar, ¿con qué moneda pagarían los hispanos? Entraban y salían del campamento, haciendo toda clase de observaciones, que no tardaron en ser advertidos por Teuch, cacique de Cempoala, y éste sin tardanzas le comunicó a Cortés lo que pasaba; entonces el Capitán castellano ordenó que fueran detenidos hasta diez y siete sospechosos de aquellos que merodeaban el real, a los que se les acusó de espías. El Capitán hispano, frío y cruel como era, en lugar de condenarlos a muerte como el caso requería, les mandó cortar las manos y a algunos los dedos pulgares, y así se los envió a Xicotencatl.

En la historia de la humanidad, hay episodios en los cuales brilla la grandeza de espíritu del hombre, y se levanta a las cimas de lo excelso, pero hay momentos en que ese espíritu desciende, con un acto aparentemente insignificante a los avisos tenebrosos del mal. Ese era Hernán Cortés: excelso y generoso en algunos momentos de su magna empresa, y en otros como los Tamarlán o los Atila, impío, ruin y cruel. Si ofrecía la paz, si estaba demandando la paz y ya era vencedor ¿para qué apoyar su ofrecimiento o su demanda en la mutilación? ¿No era preferible la muerte? ¡Pero así es la guerra! Se objetará. Que hay que ganarla empleando los medios más rigurosos, los más cruentos que sean necesarios, porque el que es blando, tibio o magnánimo, está perdido, se impone rigurosamente el SER O NO SER.

Allí en la historia están latentes, entre otros, los ejemplos vivos de muertos y destrucción: las Termópilas (480 a.c.), Cártago (146 a.c.), Numancia (133 a.c.) y Alesia (40 a.c.). ¿Por qué Cortés en su empresa de conquista había de ser magnánimo, máxime si estaba en juego su propia vida y la de los hombres que le seguían? ¿Qué hay de contradicción en estas consideraciones? Si es necesario diremos en voz alta; ¡que no la hay! Porque Cortés, es como es Cortés, y nada gana ni nada pierde, si se le ensalza o se le denigra: la historia lo ha juzgado tal cual fue. Pero la medida de su ente, de su yo pensante y actuante, nos la dé él mismo, cuando después de la segunda batalla contra los tlaxcaltecas en una de sus cartas de Relación informa al emperador Carlos V, le escribe:

"Otro día torné a salir por otra parte antes que fuese de día, sin ser sentido dellos, con los de caballo y cien peones y los indios mis amigos y les quemé más de diez pueblos, en que hubo pueblos dellos de más de tres mil casas".

Según Cortés, al día siguiente del incendio de los pueblos que confiesa el Capitán hispano haber quemado; llegaron ante el real, algunos mensajeros de caciques principales, a hacer promesas de amistad a los hispanos con ofrecimientos de sumisión al emperador de España, llevando suficientes provisiones y otros presentes. Los de Cempoala, observaron lo que en la página precedente se afirma; por lo que Cortés en su segunda Carta de Relación escribe:

"Yo hice tomar uno dellos disimuladamente, que los otros no vieron, y apartéme con él y con las lenguas y amedrentéle para que me dijera la verdad; y el cual confesó que Sintengal

(Xicotencatl) que es Capitán general de esta provincia, estaba detrás de unos cerros que estaba frontera al real, con mucha cantidad de gente, para dar aquella noche sobre nosotros, que ya se había probado de día con nosotros que no les aprovechaba nada, y que querían probar de noche, porque los suyos no temiesen los caballos, ni los tiros ni las espadas. Y que los habían enviado a ellos para que viesen nuestro real, y las partes por donde nos podrían entrar y cómo nos podrían quemar aquellas chozas de paja. Y luego quise tomar otro de los dichos indios, y le pregunté asimismo, y confesó lo que el otro por las mismas palabras, y destos tomé cinco o seis que todos confirmaron en sus dichos, y dicho esto, les mandé tomar a todos cincuenta y CORTARLES LAS MANOS, y los envié que dijeran a su señor que de noche y de día, y a cada cuando él viniese verían quienes éramos". Aquí en este pasaje, Cortés escribe diciendo que fueron cincuenta los mutilados, mientras Bernal Díaz afirma que fueron diez y siete. Más adelante en la misma carta Cortés dice:

"Y antes que amaneciese di sobre dos pueblos, en que maté mucha gente".

Hernán Cortés, después de haber alcanzado en tres jornadas campales, sendas victorias sobre tlaxcaltecas escribe el Emperador:

"Aquella noche me fice fuerte en una torrecilla de sus ídolos que está en un cerrito, y luego siendo de día dejé en el real a doscientos hombres y toda la artillería. E por ser yo el que acometía salí a ellos con los de caballo y cien peones, y cuatrocientos indios de los que traje de Cempoala,... E antes de que hubiesen lugar de se juntar les quemé cinco o seis lugares pequeños de hasta cien vecinos, e traje cerca de cuatrocientas personas, entre hombres y mujeres presos, y me recogí al real peleando con ellos, sin que daño alguno me hicieran".

Después de los sucesos que se acaban de narrar, Hernán Cortés insistía en ofrecer la paz, pero tenaz, seguía hostilizando a los nativos, aunque débil por su inferioridad numérica, quería dar la impresión de que era fuerte, y en verdad se sentía fuerte, por la superioridad que le daban sus armas y la disciplina de sus soldados y la ventaja de sus caballos; había vencido en tres formidables batallas y era dueño del campo y llegado el momento, podrían dictar la paz en los términos que quisiera. Con esas ventajas ya podría considerarse vencedor absoluto, pero adolecía de una desventaja que lo haría vulnerable si la paz no llegaba, sus huestes eran numerosas, necesitaban suficientes bastimentos. Por lo tanto, volvió a enviar dos mensajeros ante los caciques de Tlaxcala, para que acudieran al real del Capitán castellano a concertar la paz. Mexicatzin, Xicotencatl el viejo y otros caciques principales de Huaxozingo y demás pueblos de la confederación, se hallaban deliberando sobre la crítica situación que la guerra había creado; se hacían reflexiones acerca de los resultados desastrosos de las tres batallas que habían perdido y de los muchos muertos, hijos de caciques principales que habían caído, y los extranjeros por lo visto estaban intactos; y en cambio, los de Cempoala y totonacas habían sido liberados del dominio de Moctezuma. De esta reunión salió el acuerdo de que aceptarían la paz y ya no les harían la guerra a los extranjeros. Se le ordenó en el acto a Xicotencatl el joven de lo que no estuvo muy de acuerdo, aunque era su propio padre el que también le ordenaba, que con todos sus guerreros depusiera las armas. Xicontecatl inconforme con la disposición, intentó seguir la guerra hasta vencer o morir, para entonces Mexicatzin y su padre, Xicotencatl el viejo, ordenaron a todos los jefes guerreros de la confederación, que ya no prestasen obediencia a su jefe el Capitán general. A continuación el senado de Tlaxcala dispuso que una comisión de cuatro caciques principales, que ya habían tenido contacto con Cortés, fuera al campamento hispano, llevara suficientes bastimentos y trataran el problema de la paz. Hernán Cortés había triunfado. Otra batalla quien sabe si no la hubiera resistido, algunos de sus soldados cansados ya, murmuraban descontentos del Capitán por la aventura en que según ellos los había metido, que no había que tentar tanto a Dios, y que si en las anteriores batallas habían sido victoriosos, en la que siguiera de paso, cansados serían deshechos.

## SE ABRE UNA GRIETA

Mientras tanto Cortés, activo y tenaz, efectuó una salida a un pueblo cercano llamado Zumpancingo, distante como una legua del campamento español. Los naturales al notar la presencia de los extranjeros, presurosos huyeron de sus casas abandonando todo, mas, en seguida fueron alcanzados y muertos algunos y hechos prisioneros; muchas indias que los hispanos llevaron al real con buena cantidad de bastimentos.

Cortés entre los suyos de retorno de esa incursión, un grupo de soldados formaban un carrillo, deliberaban descontentos por la guerra de conquista emprendida por su Capitán, y que a juicio de ellos, se prolongaba y no le veía su fin. Los opositores eran siete, todos deudos de Diego Velázquez; entre ellos estaban los que al salir de Cuba habían dejado sus familias, sus casas, su hacienda y sus repartimientos de indios, sin que acá tuvieran ningún beneficio y sólo en constante batallar la muerte los acechaba.

Se reunieron los siete y se dirigieron al real de Cortés para que uno de ellos, el que tenía mejor "expresiva", le hablara al Capitán en nombre de todos, y que según Bernal Díaz, se expresó en los términos siguientes:

"Y, dijo como a manera de aconsejarle a Cortés, que mirase cual andábamos malamente heridos y flacos, y corridos, y los grandes trabajos que teníamos, así de noche, con velas y con espías y rondas y corredores de campo, como de día y de noche peleando, y que por la cuenta que han hecho, que desde que salimos de Cuba faltan ya sobre cincuenta y cinco compañeros, y que no sabemos de los de la Villa Rica que dejamos poblados; y que, pues Dios nos había dado victoria en las batallas y reencuentros desde que vinimos de Cuba y en aquella provincia habíamos habido, y en su gran misericordia nos sostenía y que no le debíamos tentar tantas veces, y que no quiera ser por Pedro Carbonero, que nos había metido en parte que no se esperaba sino que un día u otro habíamos de ser sacrificados a los ídolos, lo cual plego a Dios tal no permita; y que sería muy bien volver a nuestra villa y que en la fortaleza que hicimos y entre los pueblos de los totonaques, nuestros amigos, nos estaríamos hasta que hiciéramos un navío que fuese a dar mandado a Diego Velázquez y a otras partes e islas para que nos enviasen socorro y ayudas, y que ahora fueran buenos los navíos que dimos con todos al través, y que se quedaran siquiera dos para necesidad, si se ocurriese, y que sin darles parte de ello ni de cosa ninguna por consejo de quien no saben considerar las cosas de fortuna, mandó dar con todo al través, que plega a Dios que él ni los que tal consejo le dieron no se arrepientan dello; y que ya no podíamos sufrir la carga, cuanto muchas sobrecargas; y que andamos peores que bestias, porque las bestias después de que han hecho sus jornadas les quitan las albardas y les dan de comer y reposar, y que nosotros de día y de noche siempre andamos cargados de armas y calzados".

Estas y otras muchas razones expuso el soldado que había tomado la palabra y cuyo nombre Bernal Díaz calla para no lesionar su honro. Y viendo que Cortés lo escuchaba con suma atención, agregó:

"Que mirase en las historias, así de romanos como las de Alejandro, ni de otros capitanes de los muy nombrados que en el mundo ha habido, no se atrevió a dar con los navíos al través, y con tan poca gente meterse en tan grandes poblaciones y muchos guerreros como él ha hecho, y que quiera conservar su vida y las nuestras; y que luego nos volviésemos a la Villa Rica, pues estaba de paz la tierra; y que no se lo habían dicho hasta entonces porque no han visto tiempo para ello por los muchos guerreros que teníamos cada día por delante y en los lados, y pues ya no tornaban de nuevo, lo cual creían que sí volverían. Xicotenga, con su gran poder, no nos ha venido a buscar aquellos tres días pasados, que debe estar allegando gente, y que no deberíamos aguardar otra como las pasadas; y le dijeron otras cosas sobre el caso".

Hernán Cortés, violento en muchos de sus actos, hacía uso de sus armas para reprimir o para acallar, en esta ocasión, escuchó atento a sus compañeros, que con soberbia se le enfrentaban y aunque en forma de consejo le hablaban, había en ellos algo de insubordinación, y sin perder la calma les habló mansamente, y dijo que "bien conocido tenía muchas cosas de las que le habían dicho, y que a lo que había visto tenía creído, que en el universos hubiese otros españoles más fuertes ni con tanto ánimo hayan peleado y pasado tan excesivos trabajos como eran ellos, y que andar con las armas en la cantina a cuestas, y velas y rondas, y fríos que si así no lo hubieran hecho, ya fueran perdidos, y por salvar sus vidas que aquellos trabajos y otros mayores habían de tomar. Y dijo: '¿Para qué es señores, contar con estas cosas de valentía, que verdaderamente Nuestro Señor es servido ayudarnos? Que cuando se me acuerda vernos cercados de tantas capitanías de contrarios, y verlos esgrimir sus montantes y andar tan juntos de nosotros, ahora me pone grima, especial cuando nos mataron la yegua de una cuchillada, cuán perdidos y desbaratados andábamos, y entonces conocí vuestro muy grandísimo ánimo más que nunca. Y después Dios nos libró de tan gran peligro, que esperanza tenía que ser de allí adelante'. Y más dijo: 'Pues en todos estos peligros no me conocería tener pereza, que en ellos me hallaba con vosotros'. Y tuvo razón de decirlo, porque ciertamente en todas las batallas se hallaba de los primeros. He querido, señores, traer esto a la memoria, que pues nuestro Señor fue servido guardarnos, tuviésemos esperanza que así había de ser adelante; pues desde que entramos en la tierra en todos los pueblos les predicamos la santa doctrina lo mejor que podemos, y le procuramos deshacer sus ídolos, y pues ya veíamos que el Capitán Xicotenga ni sus capitanes no parecen y que de miedo no deben de osar verle, y que no podría ya juntar sus gentes, habiendo ya sido desbaratado tres veces, y por esta causa tenía confianza en Dios y en su abogado señor San Pedro, que ruega por nosotros, que era fenecida la guerra en aquella provincia, y ahora como habéis visto traer de comer los de Cimpancingo y quedan de paz". Hernán Cortés sin mostrar enfado les siguió haciendo razonamientos de lo que le habían expuesto; lo del través de loa navíos dijo: "que estuvo 'bien aconsejado', que el consejo que ahora le dan de volverse a la Villa Rica, tal vez habrá otros caballeros que no sean del mismo parecer; y que encaminar las cosas a Dios en su santo servicio sería mejor, y luego recalcó: 'Y a lo que señores decía, que jamás Capitán romano de los muy nombrados han acometido tan grandes hechos como nosotros, dicen verdad, y ahora y adelante, mediante Dios dirán en las historias que de esto harán memoria mucho más que de los antepasados pues como he dicho, todas nuestras cosas son en servicio de Dios y de nuestro gran emperador Don Carlos'". El Capitán les siguió hablando con la vehemencia que sabía hacerlo, y poniendo énfasis en sus palabras les dijo: "Así que señores, no es cosa bien acertada volver un paso atrás, que si nos viesen volver estas gentes y los que dejamos de paz, las piedras se levantarían contra nosotros, y como ahora nos tienen por dioses o ídolos, que así nos llaman nos juzgarían por muy cobardes y de pocas fuerzas. Y a lo que decís de estar entre los amigos totonaques, nuestros aliados, si nos viesen que damos vuelta sin ir a México, se levantarían contra nosotros, y la causa sería que como les quitamos que no diesen tributo a Moctezuma, enviaría sus poderes contra ellos para que les tornasen a tributar, y sobre ellos darles guerra y aún les mandara que nos la den a nosotros, y ellos por no ser destruidos, porque les temen en gran manera, lo pondrían por la obra". Y con la tranquilidad del que impone sus razones, Cortés siguió hablando: "Así que donde pensábamos tener amigos, serían enemigos. Pues desde que lo supiese el gran Moctezuma que nos habíamos vuelto, ¡Qué diría!, ¡en qué tendría nuestras palabras ni lo que le enviamos a decir! ¡Que todo era cosa de burla o cosa de niños! Así que señores, mal allá y peor acullá, más vale que estemos aquí donde estamos, que es bien llano todo bien poblado, y este nuestro real bien abastecido; unas veces gallinas y otras veces perros, gracias a Dios no nos falta de comer, si tuviésemos sal que es la mayor falta que al presente tenemos, y ropa para guarecernos del frío". Y el Capitán castellano, al ir avanzando la plática, se sentía más tranquilo, y ya seguro de sí mismo, siguió diciendo: "Y a lo que decía señores, que se han muerto desde que salimos de la isla de Cuba cincuenta y cinco soldados de heridas y hambres, y fríos y dolencias y trabajos, que somos pocos y todos los más heridos y dolientes. Dios nos da esfuerzo por mucho porque vista cosa es que en las guerras se gastan hombres y caballos, y que unas veces comemos bien, y no venimos al presente para descansar, sino para pelear cuando se ofreciese; por tanto, os pido, señores, por merced, que pues sois caballeros y personas que antes habías de esforzar a quien vieseis mostrar flaqueza, que de aquí adelante se os quita del pensamiento la isla de Cuba y lo que allá dejáis y procuremos hacer lo que siempre habéis hecho como buenos soldados, que después de Dios que es nuestro socorro y ayuda, han de ser nuestros valerosos brazos."

Cuando Cortés terminó de hablar a sus soldados, creyó haberles convencido, más estos volvieron a la carga con nuevos argumentos, insistiendo de que cuando salieron de la Villa Rica, "era con el fin de ir a México, donde hay fama de que hay multitud de guerreros, y que los de Tlaxcala, pacíficos como se los habían afirmado los de Cempoala, ya les dieron tres batallas y que si les dieran una cuarta, los desbaratarían por no poder defenderse de cansados y que la ida a México les parecía muy terrible cosa, y que mirase lo que decía y ordenaba". Cortés les respondió casi enfadado y con visible enojo: "Que valía más morir por buenos, como dicen los cantares, que vivir deshonrados". Además les recordó a todos los que le alzaron por Capitán y le dieron consejo de dar al través con las naves que le dijeron en alta voz 'Que no curase de corrillos ni de oír semejantes pláticas sino que con la ayuda de Dios, con buen concierto estemos apercibidos para hacer lo que convenga".

Con las anteriores palabras, Cortés dio por terminado el diálogo que sostuvo con sus compañeros y que aunque aparentemente quedaron convencidos, se retiraron murmurando de su Capitán y culpando de todo lo que les acontecía, a sus compañeros que en todo apoyaban al Capitán. Hernán Cortés, acababa de obtener una gran victoria sobre la facción de sus soldados, victoria que se refrendaría en el momento ya cercano en que los tlaxcaltecas irían a su real a ofrecerle la paz.

La audacia del Capitán castellano, radicaba en la confianza que se tenía a sí mismo; en la fe inquebrantable que siempre tuvo en la protección divina, en el valor y pericia que poseía el soldado español; tal vez se imaginaba que sus soldados eran la reencarnación de personajes iluminados por las leyendas de actos heroicos realizados en todo lo largo de la lucha hispánica por la liberación. Con la caída de Granada en 1492, se consuma la epopeya de España y se gesta otra con el descubrimiento de un nuevo Mundo. Hernán Cortés, fiel a su grandeza, tal vez se imagina que él es el predestinado para llevar a cabo la empresa de conquista que los últimos siglos no conocieron. La conquista de un imperio, cuya sociedad bien organizada, difería de las hordas tribeñas del Darién y del Caribe.

Por esos días Teuch, cempoalteca y "hombre inteligente de bien pensar", escribe Andrés de Tapia que dijo a Cortés: "Señor, no te fatigues en pensar delante de aquí, porque yo siendo mancebo fui a México, y sois experimentado en guerras, e conozco, de vos e de vuestros compañeros que son hombres e no dioses, e que habéis hambre y sed y os cansáis como hombres; e hágote saber que pasado esta provincia hay tanta gente que pelearán contigo cien mil hombres agora, y muertos e vencidos estos vendrán luego, otros tantos, e así podrán remudarse e morir por mucho tiempo de cien mil en cien mil hombres, e tú e los tuyos, ya que seáis invencibles, moriréis de pelear, porque como te he dicho, conozco que son hombres, e yo no tenga más que decir de que miréis en estos que he dicho, e si determinare de morir, yo iré con vos". Hernán Cortés agradeció al cempoaltés el consejo o aviso, pero le dijo: "Que con todo aquello quería pasar adelante, porque sabía que Dios que hizo el cielo y la tierra les ayudaría, e que así él lo creyese".

Hay que reconocer, que Cortés, poseía una muy grande fuerza moral, que era la resultante de su energía espiritual aún después de las más fatigosas jornadas; se mantenía en pie, siempre estaba activo; por eso sus soldados adictos a él, se agrupaban en torno suyo, y su autoridad iba creciendo más y más, a medida que salen avantes de prueba en prueba y ganan batallas tras batalla, que de no ser el Cortés que era, otro jefe hubiera sido quebrantado, rechazado y hasta deshecho, mas el coraje de este guerrero le mantuvo en pie, con el pensamiento vivo y el propósito firme en la meta que se había propuesto alcanzar.

Mientras tanto en México, Moctezuma seguía indeciso y vacilante sobre el rumbo que su política debía seguir, el Uei Tlatoani y sus consejeros pensaban que mientras los extranjeros estuvieran luchando para vencer a los tlaxcaltecas todo iría bien pero si estos eran vencidos y en la paz concertaban una alianza en contra del imperio. ¿Qué sería de ellos? ¿Qué sería de México? Esta era la verdadera preocupación que Moctezuma planteó a sus parientes, Cuitláhuac rey de Iztapalapa y a Cacama rey de Texcoco. El primero propuso que se enviara a los hispanos una embajada con regalos y que se les instara a que se regresaran como ya antes se había hecho; el segundo, Carcama, opinó que se debía recibir a los españoles en México en son de paz y se debía escuchar el mensaje que decían traer de su emperador para Moctezuma, sin que por ello se les permitiera propasarse en el trato debido a su majestad, el Uei Tlatoani, pero que si así sucediera, ellos, los vasallos de Moctezuma, eran suficientemente hombres y guerreros para castigarlos o combatirlos si era necesario. Moctezuma optó por la opinión de Cuitláhuac, no tanto porque fuera su hermano, sino porque ese proceder aunque sin éxito, ya se venía llevando a cabo y desechó la opinión de Cacama su sobrino, porque lo creía expuesto y peligroso, por ser una táctica temporizadora.

Por tanto se preparó la embajada que iría al encuentro de Cortés allí, donde aún guerreaba con la tlaxcaltecas. La comitiva era integrada por seis principales y unos doscientos servidores, prestaban, además de muchos regalos un mensaje en el cual el Uei Tlatoani, prometía someterse al Emperador español, a pagar todos los tributos que le impusieran, en oro, plata, perlas y otros valores, con tal de que se regresaran y no llegaran hasta la gran Tenochtitlán. Moctezuma hacía este ofrecimiento, no porque fuera un cobarde o le faltara sabiduría, no, era un personaje que había alcanzado el alto rango del poder por sus propios méritos, y si ahora en ese momento supremo le faltaba energía, se debía a que estaba vacío, era ya un hombre sin fe.

Cortés recibió a los embajadores mexicanos con la cordialidad que en tales casos acostumbraba, agradeció los regalos y los hizo esperar en su campamento por algunos días, mientras proseguían con los tlaxcaltecas los últimos combates, por medio de los cuales, el Capitán hispano, quiso darles a los embajadores aztecas, una demostración de cómo hacía la guerra y la forma de vencer a sus enemigos.

Cortés había dado instrucciones terminantes de que los embajadores fueran respetados, por lo que permanecieron tranquilos en el real, mas, a poco, Xicotencatl, el aguerrido tlaxcalteca al frente de numeroso contingente, efectuó un enconado ataque al campamento español. En ese día Cortés había tomado un cocimiento de una hierba de Cuba llamada "manzanilla" que le haría el efecto de una purga, para curarse de las "cuartanas" que con frecuencia padecía, mas, al sobrevenir el asedio del Capitán tlaxcalteca, el Capitán hispano montó su caballo y presto al frente de sus soldados, se empeñó en la lucha en que muy pronto fue vencedor. Los mensajeros de Moctezuma quedaron impresionados del poder guerrero de los extranjeros y se mostraron mucho más sumisos y suplicantes. Dicen los cronistas que se día la purga que Cortés había ingerido, no hizo su efecto, sino hasta el día siguiente. Fray Juan Torquemada de la Orden de San Agustín, pero que Madariaga escribe que fue ministro principal de la orden de San Francisco en México, autoridad en asuntos teológicos, afirma que la suspensión de la purga en el momento en que Cortés tenía que hacer uso de la espada para hacerle frente a Xicotencatl, "fue obra de milagro" y que dijo el médico "que la Naturaleza se había detenido con la nueva alteración; y que yo digo que era obra de Dios para la salvación de tantas almas." Mas, Cervantes de Salazar, bachiller en derecho canónico y doctor en teología, dice tajante sobre el mismo asunto: "No fue milagro, sino retenerse la naturaleza con la nueva alteración".

Queda a los técnicos averiguar por qué la purga no obró en la naturaleza de Cortés. Lo cierto es que el guerrero hispano se lució derrotando a los tlaxcaltecas, en presencia de sus rivales, los emisarios de Moctezuma que observaban desde los altos de adoratorios el curso del combate.

De hecho, estas escaramuzas ya no eran tan formales como las batallas anteriores, pero de todos modos acabaron de influir en el parecer de la junta de los principales caciques de Tlaxcala, quienes nombraron sus emisarios que antes ya se dijo y que llegaron al campamento de los hispanos, cuando los aztecas se encontraban allí.

Presidía la comisión de embajadores de paz, la primera que Tlaxcala mandaba a Cortés, un personaje principal llamado Tolinpanacatl Tlacatecuhtli. Los embajadores fueron recibidos por Cortés con muestras de callado enojo, y colocados, frente a los mexicanos, de tal manera que el Capitán hispano pudiera ser árbitro en caso de que hubiera un enfrentamiento entre las dos embajadas, como en seguida lo hubo. Y antes de que los de Tlaxcala tuvieran tiempo de hablar, el enviado mexicano Atempanecatl le profirió una catarata de reproches y cargos de los lugares donde había tenido numerosas contiendas, y por último le dijo "Veamos lo que vas a tratar con Cortés, quiero verlo y oírlo".

El tlaxcalteca recibió la filípica sin inmutarse, y cuando el azteca terminó, se volvió a doña Marina para decirle: "Quiero en presencia de nuestro padre y señor Capitán Cortés, responder a mi deudo el embajador mexicano". Y dirigiéndose a éste le preguntó: "¿No tenéis más que decir?" "Harto he dicho" respondió el azteca. Entonces el tlaxcalteca tomando la palabra, colmó de improperios y reproches a su interlocutor, haciendo referencia de todos los males que los mexicanos les habían causado a los de Tlaxcala. Tributos, dominio, sacrificios, privaciones, hasta tocar el punto de la sal.

Hernán Cortés en el papel de árbitro, entre dos enemigos irreconciliables, que hasta ese momento lo habían sido de él, no podía sentirse más satisfecho; de aquí para adelante, de él sería la palabra y la acción. Las bases del plan de la conquista se estaban cimentando. En lo sucesivo, aunque con algunos quebrantos, Cortés sería el nuevo amo.

Después de que el jefe de la misión tlaxcalteca terminó de hablar con el enviado azteca, se dirigió a Cortés manifestando su pena por la resistencia que habían presentado los guerreros tlaxcaltecas, culpando de ello a los belicosos otomíes y a la creencia de los de Tlaxcala, de que los españoles llegaban como aliados de Moctezuma.

A continuación volvió a hablar el enviado de Moctezuma, asegurarle a Cortés, de que los tlaxcaltecas no eran hombres de fiar, que a menudo no cumplían su palabra y cometían traiciones.

Mas, los de Tlaxcala, aceptaban todos su yerros, se sometían a todas las condiciones que Cortés les impusiera, a suministrar todos los víveres que les requirieran, y concertarían la paz tal como la había solicitado el Capitán español.

Cortés, árbitro y testigo de las anteriores escenas, hábil como era, dentro de la alegría que le causaban los hechos, se fingió enojado y ofendido, reprochó a su vez a los de Tlaxcala, que en reiteradas ocasiones había ofrecido la paz y que le habían contestado con la guerra, y que para hablar formalmente de ella, era necesario que una comisión de caciques principales, de Tlaxcala, se presentaran al real, para hablar de paz. El cacique Tlacatecuhtli, retornó a Tlaxcala para llevar la noticia de las exigencias de Cortés, dejando en el campamento español, buen acopio de víveres y numerosas personas para que sirvieran a los hispanos.

Los caciques tlaxcaltecas tan pronto fueron informados de las pretensiones de Cortés, y temerosos de que los embajadores de Moctezuma les ganaran la delantera, en la paz y en la amistad con los castellanos, se apresuraron a nombrar una nueva comitiva de embajadores en la que figuraba el mismísimo Xicotencatl, como una garantía de que ya no habría guerra. De los cuatro tlatoanis de la república, la personalidad de Xicotencatl, como soldado y como político, sobresalía entre todos los guerreros de su país. Dice Bernal Díaz del Castillo que lo conoció y lo combatió que: "Era este

Xicotencatl alto de cuerpo y de grandes espaldas y bien hecho y la cara tenía larga, e como hoyosa y robusta, y era de hasta treinta y cinco años y en el parecer mostraba en su persona gravedad".

Xicontencatl, secundado por su séquito de distinguidos varones de los más selectos políticos de la república, se presentó en el real ante Cortés para concertar la paz. Explicó el Capitán hispano, la situación tiránica que pesaba sobre Tlaxcala por parte del emperador Moctezuma y que si Tlaxcala era pobre, se debía a las limitaciones a que la había sometido el tirano monarca azteca. Que no tenían algodón y sal y que padecían otras carencias, que eran pobres, pero que lo que le ofrecían, lo hacían de buena voluntad. Y a continuación, Xicotencatl, a nombre del senado de la república, le hizo a Cortés una cordial invitación, para que con toda su gente, pasara a aposentarse en la ciudad, pero Cortés, como siempre, buen político y Capitán precavido, recibió con agrado al que fuese su enemigo pero no aceptó de inmediato, se dio su importancia, se hizo desear y esperar, para acrecentar su persona y su autoridad. Mientras tanto, el Capitán hispano, permanece en el real, espera el desenlace de los acontecimientos. Escribe al emperador para informarle de todo lo acaecido, sobre todo de la paz que ya le han ofrecido: "Que todos los señores me vinieron a rogar que me fuese a la ciudad". Por su parte los embajadores de Moctezuma, le volvieron a recordar a Cortés, lo que ya antes le habían asegurado de los de Tlaxcala. Dice Bernal Díaz: "Desde que se hubo despedido Xicotenga, dijeron los embajadores de Moctezuma medio riñendo que si creía de aquellos ofrecimientos que habían hecho de parte de toda Tlaxcala, que todo era burla, y que no les creyesen, que eran palabras muy de traidores y engañosas".

Cortés contestó a lo anterior con indiferencia y supo atender la intriga, pero en caso de que fueran leales a su palabra, él sabría castigarlos, aunque de todos modos la información de los mexicanos pesó sobre el ánimo del castellano, para permanecer por más tiempo en el real.

Después de que se retiraron los embajadores, tlaxcaltecas y mexicanos, Cortés tuvo más de una semana de relativa calma, tiempo suficiente para reflexionar sobre su situación civil y militar. No sabía nada de su procuradores que fueron a España, donde estaba seguro que la Corte le sería hostil, por los valedores de Diego Velázquez, y acá estaba frente a un emperador poderoso a todas luces, por los informes que había recibido de todos los pueblos libres y sometidos que rodeaban el imperio Azteca. El capitán hispano no sabía del poder militar de Moctezuma, pero lo suponía poderoso. Como pocas veces en el espíritu de Cortés se había enseñoreado una incertidumbre, consecuencia de la oposición y consejo de algunos de sus compañeros y de sus propios aliados. Se le presentaba la disyuntiva de regresar o seguir adelante; atrás estaba la deshonra, la prisión o quizás la muerte, adelante se ofrecía la perspectiva de un porvenir que aunque incierto, podría ser tentador y halagüeño y hasta brillante.

Hernán Cortés en esos días nunca fue más reflexivo y prudente, sopesaba las posibilidades del triunfo y la derrota, pero sólo al destruir las naves fue tan decisivo y tan audaz como debía serlo ahora.

Mas, la confianza y la fe del Capitán hispano, renace y su energía moral se acrecienta, cuando van pasando los días y observa que su real, se va convirtiendo en un centro político donde acuden casi en romería los emisarios de dos pueblos rivales que se disputan su amistad, y por qué no decirlo, su protección. Cortés es dueño de sí mismo, está al frente de sus cuatrocientos adalides que lo eligieron Capitán General y de unos cuantos miles de aliados que ven en él, a un soldado invencible casi, casi como un dios. Todos esperan del Capitán General, no sólo la fama y la gloria, sino un provenir colmado de ventura y provecho.

Por esos días, Hernán Cortés debió sentirse profundamente satisfecho, pues los mil y un detalles resueltos en su real por su sabia política en el trato diario con sus soldados y sus aliados, le estaban rindiendo óptimos frutos, y su diplomacia de hábil negociador con los pueblos que trataba de someter era aún mejor, y si a esto se tenía que agregar el haber conseguido mantener abierta con máxima seguridad su ruta hacia Veracruz, no se podía pedir un triunfo mayor, su base de aprovisionamiento y su prestigio de soldado con un ejército disciplinado, le daban la categoría de un verdadero señor.

Por esos días desde su real, Cortés escribió a su lugarteniente en Veracruz, Juan de Escalante para informarle de las batallas que había empeñado y de las victorias que había alcanzado. Bernal Díaz el fiel narrador dice:

"En la cuales cartas le hizo saber las grandes mercedes que Nuestro Señor Jesucristo nos había hecho en las victorias que tuvimos en las batallas y reencuentros desque entramos en la provincia de Tlaxcala, donde ahora han venido de paz, y que todos diesen gracias a Dios por ello, y que mirasen que siempre favoreciese a los pueblos totonaques nuestros amigos y que le enviase luego en posta dos botijas de viña que había dejado enterradas en cierta parte señalada de su aposento". Dice en este pasaje don Salvador de Madariaga, que Cortés manifiesta su agradecimiento a sus amigos los totonacas y su devoción al Señor a "Quien atribuye la gloria de sus victorias". Además de las botijas Bernal Díaz, dice: "y así mismo trujesen hostias de las que habíamos traído de la isla de Cuba porque las que trujimos de aquella entrada ya se habían acabado". Deberá entenderse que el vino no se emplearía en banquetes, sino en el sacrificio de la misa.

Había pasado ya más de una semana, desde que Cortés, fue vencedor en la última batalla en contra de los tlaxcaltecas, los embajadores de Moctezuma aún seguían en el real y los caciques de Tlaxcala, deseosos de ganar la amistad y obtener la protección de los extranjeros insistían con sus reiteradas invitaciones para que Cortés y su ejército, pasaran a la ciudad como huéspedes de honor. Mas, el Capitán hispano, hábil calculador y astuto negociador, esperó hasta que el mismo gobierno de Tlaxcala se trasladó en masa, para suplicarle, a su vencedor, que se dignase pasar a su ciudad para tratar el asunto de la paz. Cuando Cortés se percató de que llegaban a su real, personajes de los más importantes de Tlaxcala: "rogó a los embajadores mexicanos que aguardasen tres días por los despachos para su señor, porque tenía que hablar u despachar sobre la guerra pasada o paces que agora tratan".

Bernal Díaz del Castillo sobre este personaje escribe: "Desde que los caciques viejos de toda Tlaxcala vieron que no íbamos a su ciudad, acordaron de venir en andas y otros en hamacas y a cuestas, y otros a pie; los cuales eran los por mí ya nombrados que se decían Maseescaci (Majixcatzin), Xicotenga el viejo (Xicotencatl), y Guaxolocingo, Chicimeca Tecle, Tepaneca de Tepeyenco, los cuales llegaron a nuestro real con gran compañía de principales, y con gran acato hicieron a Cortés y a todos nosotros tres reverencias y quemaron copal y tocaron las manos en el suelo y besaron la tierra. Y Xicotenga el viejo, comenzó a hablar a Cortés de esta manera, y dijo: "Malinchi, Malinchi; muchas veces te hemos enviado a rogar que nos perdones porque salimos de guerra, y ya te enviamos nuestro descargo, que fue por defendernos del malo de Moctezuma y de sus grandes poderes, porque creíamos que erais de su bando y confederados, y si supiéramos lo que ahora sabemos, no digo yo salimos a recibir a los caminos con muchos bastimentos, sino tenerlos barridos y aún fuéramos por nosotros a la mar donde tenías vuestros acales (que son navíos), y pues ya nos habéis perdonado, lo que ahora os venimos a rogar yo y todos estos caciques es que vayáis luego con nosotros a nuestra ciudad, y allí os daremos de lo que tuviéramos, y os serviremos con nuestras personas y haciendas. Y mira Malinche, no hagas otras cosa, sino luego nos vamos, y porque tenemos que por ventura de te habrán dicho esos mexicanos algunas cosa de falsedades y mentiras de las que suelen decir de nosotros; no les creas ni los oigas, que en todo son falsos; y tenemos entendido que por causa de ellos no han querido ir a nuestra ciudad".

Cortés les respondió agradecido con semblante risueño: "Que ya se hubiera ido si tuviera quién nos llevase tepuzquez, que son las lombardas". Enterados los tlaxcaltecas de esa necesidad, en menos de una hora presentaron al Capitán hispano más de quinientos indios de carga para que transportaran toda la impedimenta. Resuelto ese problema, el día siguiente muy de mañana: "Comenzamos a marchar camino de la cabecera de Tlaxcala, con mucho concierto, así de artillería como de caballos y escopetas y ballestas y todo lo demás, según lo teníamos de costumbre".

Por otra parte, Cortés rogó a los embajadores de Moctezuma, que lo acompañaran a la cabecera de Tlaxcala y que para que nos les cometieran ninguna falta, los alojaría en el aposento que a él le destinaran, mientras los despachaba a con un mensaje a su Señor.

Así la formación del ejército y los aliados de Cortés, entraron a Tlaxcala, en calles y azoteas había una inmensa expectación. Era el 23 de septiembre de 1519.

## HERNÁN CORTÉS ENTRE LOS TLAXCALTECAS

Desde el momento en que el Capitán hispano aceptó pasar a la capital de Tlaxcala, los principales que lo habían ido a invitar, se adelantaron para preparar la recepción y los aposentos donde tenían que alojar a los extranjeros.

Ese 23 de septiembre, fue un verdadero día de fiesta para ambos bandos, sobre todo para los nativos; que ven desfilar por su ciudad hombres blancos barbados y de cabellos rubios con sus armas y su indumentaria, pero, la sorpresa o la novedad cumbre son los caballos con sus jinetes portando ramos de flores que los indios les habían ofrecido desde la entrada a la ciudad. Los señores caciques o Tlatoanis condujeron a sus huéspedes hasta el gran templo mayor, donde se les había preparado su alojamiento con enramadas frescas y flores. Cortés y los suyos, son los protagonistas de una película que pasará por los ojos del mundo, propiciando tiempos nuevos para la historia humana, de sumisión para los pueblos aborígenes y de poder y dominio para los que llegan. Cortés nos da una imagen de la República de Tlaxcala y su ciudad, cuando en la segunda Carta de Relación escribe a Carlos V: "Y por su ruego me vine a la ciudad que está a seis leguas del aposento y real que yo tenía. La ciudad es tan grande y de tanta admiración, que aunque mucho de lo que de ella podría decir mayor que Granada y muy más fuerte, y de tan buenos edificios y de muy mucha más gente que Granada tenía al tiempo que se ganó, y muy mejor abastecida de las cosas de la tierra, que es de pan y de aves y caza y pescados de los ríos y de otras legumbres y cosas que ellos comen muy buenas. Hay en esta ciudad un mercado en que cotidianamente, todos los días, hay en él de treinta mil almas arriba vendiendo y comprando y comprando, sin otros muchos mercadillos que hay por la ciudad en parte". En este mercado dice Cortés en su Carta, hay de todo y para todos, hasta carbón y leña. Habla de que la justicia y la policía están bien organizados, que un español fue víctima de un robo, y que puesta la queja ante los jueces, hicieron prontas pesquisas, dieron con el culpable, el que fue entregado al Capitán, para que lo castigara, pero Cortés se desistió de ello, y vuelto el preso a los jueces, fue sentenciado a morir con pregón en la plaza pública.

Bernal Díaz por su parte afirma que Tlaxcala tenía una división política de cuatro Parcialidades, más la de Topeyanco, que era la quinta, completaban cinco, por lo que ese veintitrés de septiembre, los señores de esas Parcialidades, con sus familias, hijos y mujeres, se encontraban en lo que hoy podríamos llamar la recepción y escribe el cronista soldado: "Y también vinieron de todos los lugares sus sujetos y traían sus libreas diferenciadas, que, aunque eran de henequén, eran muy primas y de buenas labores y pinturas, porque algodón no lo alcanzaban". También estuvieron presentes los sacerdotes que con sus sahumerios encendidos trataban de zahumar a todos los soldados, los sacerdotes con si indumentaria sucia, los cabellos revueltos y enmarañados, y las orejas sangrantes, daban la expresión de una imagen cómico trágica, repugnante a todas luces.

Cortés acompañado de sus capitanes, jefes aliados, embajadores de Moctezuma y los principales caciques de Tlaxcala, se instaló en los aposentos que le destinaron; a continuación, instruyó a sus soldados de que observaran la rigurosa disciplina a que estaban acostumbrados y que por ningún motivo cometieran desacato a nadie y que no tomaran lo que no les dieran. Y dice Bernal Díaz, "que nunca Capitán fue obedecido con tanto acato y puntualidad en el mundo".

Instalado el Capitán hispano con los suyos, todo parecía estar en paz; y estando todos los soldados muy apercibidos como para entrar en combate, uno de los capitanes a quien le correspondía prevenir las guardias y las velas, se acercó a Cortés diciendo: "Parece Señor, que están muy de paz; no habemos menester tanta guardia, ni estar tan recatados como solemos". Y Cortés hablando en general dijo: "Mirad señores, bien veo lo que decía, mas, por la buena costumbre hemos de estar apercibidos, que aunque sean muy buenos, no hemos de creer en su paz, sino como el nos quisieran dar guerra y los viéramos venir a encontrar con nosotros, que muchos capitanes por confiarse y descuido fueron desbaratados; especialmente nosotros, como somos tan pocos y habiéndonos enviado avisar el gran Moctezuma, puesto que sea fingido y no verdad, hemos de estar muy alerta".

Al observar los caciques de Tlaxcala las precauciones de Cortés, y su desconfianza, mostraron suma preocupación, por lo que manifestaron al Capitán hispano lo siguiente:

"Malinche (nombre que le había adjudicado ya a Cortés), o tú nos tienen por enemigos, o no muestras obras en lo que tenemos hacer, que no tienen confianza de nuestras personas y en las paces que nos has dado a nosotros y a ti, y esto te decimos porque vemos que os veláis y venís por los caminos apercibidos como cuando venías a encontrar con nuestros escuadrones; y esto Malinche, creemos que lo hacen por las traiciones y maldades que los mexicanos te han dicho en secreto, para que estés mal con nosotros; mira, no les creas, que ya estás aquí y te daremos todo lo que quisieres, hasta nuestras personas e hijos, y moriremos por vosotros, por eso demanda en rehenes, lo que fuere tu voluntad". Y Cortés les respondió que no necesitaban henequén, sino sus muy buenas voluntades. Pasadas las pláticas que se han referido, llegaron otros muchos principales, acompañados de muchos servidores, portando chiquihuites, colmados de comestibles, pan de maíz, gallinas, tunas y otras legumbres propias, para que los extranjeros se alimentaran conforme sus necesidades. Y dice Bernal Díaz: "Que en veinte días que allí estuvimos siempre lo hubo muy sobrado".

Al día siguiente, el clérigo Juan Díaz, en presencia de españoles caciques y numerosos nativos, con el aparato ritual, ofició una misa, el mercedario Fray Bartolomé de Olmedo, no asistió por encontrarse enfermo. Terminada la ceremonia, siguió la presentación a los iberos, del cortejo de regalos, unos de oro de poca ley, otros de telas de henequén baja calidad. Xicotencatl y Mejixcatzin, se disculpaban ante Cortés de su pobreza y su carencia de algodón y sal, por la maldad de Moctezuma de privarlos de esos efectos; pero lo más llamativo y tal vez lo más valioso, fue el presente de hermosas doncellas, hijas de caciques principales, entre las que iban, una hija de Xicotencatl el viejo destinada a Cortés y otra de Mejixcatzin y de otros tlatoanis. Al día siguiente, todavía siguieron los regalos de hermosas mozas mujeres, que iban acompañadas de una doncella para su servicio. Todas destinadas a Cortés y sus capitanes. Parecía que los señores de Tlaxcala querían entregarles todas sus hijas y todas sus mujeres. Además, la gente de condición humilde, pasada la novedad de la presencia de los extranjeros, se sentía atraída y hasta quisieron vivir entre ellos. De tal manera que sea probable que las mujeres sin ser entregadas, ellas solas se entregarían a los soldados españoles, práctica que según, los mandatos de las prevenciones, no eran bien vistas por los iberos, pero una vez convertidas las indias a la fe, podían pasar a ser propiedad de cada español y en un plan de igualdad o trato social se comenzó a instituir la "barraganía" y a imponerse el "don" a algunas mujeres indias que posteriormente dieron pie a señoríos de los hijos de mestizos de los conquistadores; como el caso concreto de la hija de Xicotencatl, destinada a Cortés, y que éste como siempre, regalos de esa índole, los pasaba a sus amigos capitanes. La hija de Xicoténcatl al ser bautizada se llamó Luisa, que pasó a ser mujer de Pedro de Alvarado y que le dio hijos e hijas y a su tiempo, fueron grandes de España. Una hija de Mejixcatzin se llamó doña Elvira, hermosa mujer que al ser recibida por Cortés, se la pasó a Juan Velázquez de León, que la hizo su concubina; otra hermosa doncella, pasó a ser mujer de Gonzalo de Sandoval, uno de los capitanes más brillantes del ejército de Cortés, y dos doncellas más, tan hermosas como las anteriores, fueron mujeres, una de Alonso Dávila y la otra de Cristóbal de Olid. De estas y otras muchas relaciones, sin romance, sin amor y sin ese coqueteo natural que propicia los grandes amores, llámense legales o ilegales, antójanse puramente sexuales; en que los españoles empujados por el deseo, se lanzaban sobre las indias que no oponían ninguna resistencia, así nació un nuevo linaje, es mestizaje, que andando el tiempo, formaría el grueso de la población mexicana.

Hernán Cortés, vencedor; sentía en lo más hondo de su espíritu que había realizado el primer gran paso para dar cima a su empresa; Tlaxcala no solamente estaba conquistada, sino que en lo sucesivo, sería una firme base y aliada para realizar la conquista del poderoso reino azteca.

En los días que siguieron, Hernán Cortés, diligente como era, recabó toda la información que necesitaba, para seguir adelante en su empeño por llegar hasta la presencia de Moctezuma. Mejixcatzin y Xicoténcatl el viejo, le dieron un informe detallado de la situación y organización de reino de los aztecas. La ciudad dentro de un lago, sus calzadas y sus puentes levadizos, lo peligrosos que era entrar en ella y quedarse aislado en algún tramo en cualquier calzada por levantar un puente y quedar cortada la retirada; le hablaron al Capitán hispano de los numerosos escuadrones de guerreros que había desde Cholula hasta la capital del reino, le informaron del acopio de armas y piedras que había en las azoteas de las casas y templos, para usarlas en defensa de algún ataque enemigo. Agregaron que los mexicanos eran traidores de muy poco fiar. Que no se creyeran de las reverencias de Moctezuma. Cortés tomó nota de esta información y convocó a sus capitanes para discutir en consejo, las decisiones que debían tomarse.

## EXCURSIONES DE DIEGO DE ORDAZ

Mientras tanto, el capitán Diego de Ordaz, solicitó permiso de Cortés, para ir acompañado de dos de sus camaradas y algunos indígenas, para realizar una excursión de reconocimiento a la cumbre del volcán Popocatépetl, en plena erupción. Excursión que le dio a los iberos óptimos frutos, por haber descubierto el capitán hispano, en las faldas del volcán un yacimiento de azufre, que muy pronto, fue utilizado en la fabricación de pólvora para seguir la guerra de conquista en contra de los mexicanos.

Y sobre la marcha a México, Bernal Díaz dice lo siguiente:

"...acordó tomar consejo con todos nuestros capitanes y soldados, en quién sentía que le tenía buena voluntad, para ir adelante, y fue acordado que con brevedad fuese nuestra partida. Y sobre este camino hubo en el real muchas pláticas de conformidad, porque decían unos soldados que era cosa muy temerosa irnos a meter a tan fuerte ciudad siendo nosotros tan pocos, y decían de los grandes poderes de Moctezuma. Y el capitán Cortés respondía que ya no podíamos hacer otra cosa, porque siempre nuestra demanda y apellido fue ver a Moctezuma, y que por demás eran ya otros consejos. Y viendo que tan determinadamente lo decía y sintieron los del contrario parecer que muchos de los soldados le ayudaron a Cortés de buena voluntad con decir '¡adelante en buena hora!' no hubo más contradicción. Y los que andaban en estas pláticas contrarias eran de los que tenían en Cuba, haciendas; que yo y otros peores soldados ofrecido teníamos siempre nuestros ánimos a Dios, que las crió, y los cuerpos a heridas y trabajos hasta morir en servicio de Nuestro Señor Dios y de su Majestad."

Y respecto de los tlaxcaltecas, Bernal Díaz dice: "Pues viendo Xicotenga y Maseescaci (Majixcatzin), señores de Tlaxcala, que de hecho queríamos ir a México, pesábales en el alma, y siempre estaban con Cortés avisándole que no curase de ir a aquel camino, y que no se confiase poco ni mucho de Moctezuma, ni de ningún mexicano, y que no se creyese de sus grandes reverencias, ni de sus palabras tan humildes y llenas de cortesía, ni aún de cuantos presentes le ha enviado, ni de otros ningunos ofrecimientos, que todos eran de atraidores, que en una hora se lo tornaría a tomar cuanto le había dado, y que de noche y de día se guardara de ellos, porque tienen bien entendido que cuando más descuidados estuviésemos nos darían guerra". Estas y otras muchas advertencias le siguieron haciendo al capitán hispano, éste agradeció de buen modo los consejos que los caciques le daban, y les hizo algunos regalos de las finas mantas que Moctezuma le había mandado. Y sugirió a Xicoténcatl y a Majixcatzin que hicieran las paces con los mexicanos, para que obtuvieran algodón y sal, pero los tlaxcaltecas se negaron arguyendo que los mexicanos no eran de fiar, que prometían y no cumplían.

En el real de Cortés, se encontraban mensajeros de Moctezuma que formaban parte de la última embajada que llevaba como objetivo, persuadir a los españoles para sacarlos del señorío de los tlaxcaltecas y prescindieron de su amistad; al preguntarles Cortés cuál sería el mejor camino para llegar a México, contestaron sin vacilar, que el camino más seguro sería el de Cholula por ser vasallos del gran Moctezuma" y que allí estarían mejor asistidos, por lo que se aprobó que el camino a seguir sería el de Cholula.

Los tlaxcaltecas al notar la resolución de que los castellanos partirían a la capital azteca por ese camino, mostraron honda preocupación, pues presumían que de Cholula no saldrían vivos los hispanos, por lo que los caciques le propusieron a Cortés, que tomara el camino de Cuaxocingo donde los moradores eran familiares y amigos de los tlaxcaltecas; pero Cortés y sus capitanes, tenían ya resuelto ir a México por el camino de Cholula.

Cortés, previsor como siempre, envió a Cholula unos mensajeros para instar a los caciques y sacerdotes de la ciudad, que por qué estando tan cerca de ellos, "no nos envían a visitar y hacer el acato que son obligados a mensajeros que somos de tan gran rey señor como es el que nos envió a notificar su salvación,..." En estas prevenciones se encontraba Cortés, con sus amigos, cuando le avisaron que habían llegado al real, otros cuatro embajadores de Moctezuma, portando ricos presentes, solicitaban hablarle en nombre de su señor. El Capitán hispano los recibió con la atención que le era peculiar, mostrando mucha alegría y agradecía los presentes que el gran Moctezuma le enviaba.

Los embajadores mostraron a Cortés los valiosos presentes de oro y ricas telas de manta para justificar a sus mensajeros, pues tenía por afrenta "enviar mensajes si no enviaba con ellos dádivas". A continuación los embajadores hablaron por parte de su señor, que éste, "… se maravillaba mucho de nosotros de estar tantos días entre aquellas gentes pobres y sin policía, que aún para esclavos no son buenos, por ser tan malos y traidores que cuando más descuidados estuviésemos de día o de noche nos matarían por robarnos, que nos rogaba que fuésemos luego a su ciudad y que nos daría de lo que tuviese, y aunque no tan cumplido como nosotros merecíamos y él deseaba, y puesto que todas las vituallas le entran en la ciudad de acarreo, que mandaría proveernos lo mejor que pudiese. Esto hacía Moctezuma por sacarnos de Tlaxcala porque supo que habíamos hecho las amistades." "porque bien tuvieron entendido que no les podía venir bien ninguna de nuestras consideraciones".

Cortés volvió a agradecer a los embajadores, que se dice eran caciques y señores, de importancia de los pueblos de Moctezuma y les aseguró que él iría muy presto a ver al señor Moctezuma, y les rogó que estuviesen algunos días allí con nosotros tres".

En ese mismo día, Cortés dispuso que dos de sus capitanes, Pedro de Alvarado y Bernaldino Vázquez de Tapia, fueran a como embajadores ante Moctezuma, acompañados de varios principales del rey azteca, que antes llegaron con regalos y mensajes para el capitán castellano, quedando como rehenes cuatro de los últimos embajadores del Tlatoani azteca, que el fin era conocer la ciudad, sus calzadas, sus fortalezas, sus ejércitos y todos los aprestos militares que tuviera la gran ciudad en su defensa. Mas al darse cuenta algunos otros capitanes del peligro a que estaban expuestos los dos enviados de Cortés, protestaron y de inmediato se enviaron "propios" para hacerlos regresar. Bernal Díaz del Castillo sobre este pasaje dice:

"Bernaldino Vázquez de Tapia yendo por el camino tuvo grandes calenturas y se quedó en un pueblo …y que Pedro de Alvarado iba a México y se volvió del camino, y entonces aquellos cuatro principales que llevaba le pusieron por nombre Tonatiuh, que en lengua mexicana quiere decir sol, y ansí lo llamaban de ahí en adelante, y pusiéronle aquel nombre porque era de muy buen cuerpo y ligero y facciones ansí en el rostro como en el hablar, en todo era agraciado, que parecía que se estaba riendo; y Bernaldino Vázquez de Tapia era algo robusto, puesto que tenía buena presencia. Y de que volvieron a nuestro real nos holgamos con ellos."

Mientras tanto, los caciques de Cholula, respondieron a los requerimiento de Cortes, con cuatro nativos "... de poco valía a disculparse y a decir que por estar malos no venían..." No mandaron presentes ni bastimentos y secamente manifestaron su cometido. Cortés los recibió acremente y tornóles a decirles con cuatro cempoaltecas, que si dentro de tres días no se presentaban hombres principales, "...los tendría por rebeldes..."Enterados los de Cholula de las demás demandas del Capitán hispano: "... respondieron que no habían de venir a Tlaxcala, porque son sus enemigos, porque saben qué han dicho de ellos y de su señor Moctezuma muchos males..." E invitaban a los españoles a que salieran de los términos de Tlaxcala y que fueran a su ciudad.

Al advertir los tlaxcaltecas a poca calidad de los embajadores que no eran más que "maceguales", y advirtieron a Cortés, que los de Cholula se estaban burlando de él.

## CAMINO DE CHOLULA

Tomadas todas las providencias, previsiones y preparativos, Hernán Cortés y sus huestes salieron camino de Cholula, la mañana del 13 de octubre de 1519. El ejército en marcha estaba compuesto de los cuatrocientos españoles, quinientos cempoaltecas y unos mil tlaxcaltecas. Bernal Díaz afirma que los caciques de Tlaxcala, le ofrecieron a Cortés un ejército de diez mil guerreros, pero que el Capitán hispano, en consejo con sus soldados, sólo aceptó un contingente de mil guerreros. Cortés en su segunda carta de Relación, sobre el mismo pasaje histórico escribe al Emperador:

"Y como los de Tascatecatl (Tlaxcala) vieron mi determinación, (de ir a Cholula) pesóles mucho y dijéronme muchas veces que lo erraba. Pero que pues ellos se habían dado por vasallos de vuestra sacra majestad y amigos, que querían ir conmigo y ayudarme en todo lo que se ofreciese. E puesto que yo se los defendiese y rogué que no fuesen, porque no había necesidad, todavía me siguieron hasta cien mil hombres y muy bien aderezados de guerra, y llegaron conmigo hasta dos leguas de la ciudad; y desde allí, por mucha importancia mía, se volvieron, aunque todavía quedaron en mi compañía hasta cinco o seis mil de ellos".

Ese día los hispanos acamparon a unas doce leguas de Cholula, y otro día por la mañana, sacerdotes y caciques principales con mucho boato salieron al camino a recibir a los extranjeros, al llegar frente a Cortés se disculparon por no haberlo ido a saludar, por estar en territorio de Tlaxcala, que eran sus enemigos y en seguida al son de chirimías y "atambores" les dieron la bienvenida, no sin antes pedirle a Cortés, que los de Tlaxcala no entraran a su ciudad, por ser enemigos. Los cholultecas condujeron a los hispanos como en una procesión, su entrada a la ciudad provocó una enorme expectación, los caballos, las armas y la indumentaria, todo era novedad para los habitantes de Cholula. Los españoles fueron llevados hasta el lugar donde les tenían preparados sus aposentos en el centro de la ciudad, allí se les sirvió de comer, "aunque no cumplidamente". Y sigue diciendo el capitán hispano:

"Y en el camino topamos muchas señales de las que los naturales desta provincia nos habían dicho, porque hallamos el camino real cerrado y hecho otro y algunos hoyos, aunque no muchos y algunas calles de la ciudad tapiada, y muchas piedras en las azoteas. Y con esto nos hicieron estar más sobre aviso y a mayor recaudo".

Estando Cortés en su aposento con algunos principales de la ciudad, llegaron unos mensajeros de Moctezuma y dirigiéndose a los caciques que allí estaban, los llamaron y se apartaron de ellos, decían querer saber qué era lo que los cholultecas habían concertado con los españoles para irlo a comunicar a su señor.

En los tres días que siguieron, deben haber sido del 15 al 17 de octubre, los hispanos ya no recibieron los suministros necesarios para el ejército y sus aliados, por lo que se infiere que la llegada de los mensajeros del Tlatoani azteca, llevaron a los caciques de Cholula alguna orden del monarca, y que los cholultecas tuvieron que cumplir.

Para Cortés no pasaba desapercibida la actitud pasiva y callada de los moradores de la ciudad, intuyó el peligro y ordenó que todo el ejército estuviera "apercibido"; pues, Bernal Díaz del Castillo dice: "...un escuadrón de veinte hombres que envió Moctezuma, que tenía apercibido para que entrando en aquella ciudad todos nos diesen guerra, de noche o de día nos encapillasen, y los que pudieran llevar atados de nosotros a México, que los llevasen..." Se aseguraba que los guerreros enviados por Moctezuma, estaban acampados a una media legua de Cholula, que muchos ya estaban en la ciudad, dentro de las casas y sobre las azoteas, todo listo para entrar en combate y que las calles estaban obstruidas, que había hecho mamparas, hoyos y albarradas para que no pudieran correr los caballos. Bernal Díaz agrega en éste pasaje escribiendo:

"...y aún tenían unas casas llenas de varas largas y cordeles con que nos habían de atar y llevarnos a México. Mejor lo hizo nuestro señor Dios, que todo se los volvió al revés..."

Por el mismo tiempo Bernal Díaz, refiriéndose al mismo pasaje, dice: "Y en el mismo instante vinieron ocho indios tlaxcaltecas y dijeron a Cortés: 'Mira malinche, que esta ciudad está de mala manera, porque sabemos que esta noche han sacrificado a su ídolo, que es el de la guerra, siete personas, los cinco dellos son niños, porque les dé victoria contra nosotros, y también hemos visto que sacan todo el fardaje y mujeres y niños'. Desde que aquello oyó Cortés, luego los despachó para que fuesen a sus capitanes los tlaxcaltecas y que estuviesen muy aparejados si los enviásemos a llamar..." A continuación Cortés mandó llamar a los sacerdotes y caciques para hablar con ellos, acerca de la situación, y los conminó a que "...no tuviesen miedo, ni anduviesen alterados, que mirasen la obediencia que dieron que no la quebrantasen, que les castigaría por ello, que ya les ha dicho que nos queremos ir por la mañana, que he de menester dos mil hombres de guerra de aquella ciudad que vayan con nosotros, como nos han dado los de Tlaxcala, porque en el camino los habrá menester".

Antes de ésta plática, el cacique principal se había fingido enfermo y no acudía al llamado del capitán castellano, después obligado por otros caciques y sacerdotes, se presentó ante Cortés, allí en la conversación que tuvieron, los convenció de que partiría al día siguiente con la seguridad de que en ésa noche los guerreros aztecas acabarían con los hispanos.

Mas, los suministros siguieron escaseando, pues los españoles sólo recibían leña y agua, alegando los de Cholula, que no tenían más que darles.

Cortés compenetrado de la situación, llamó a doña Marina para que llevase más "chalchiuia" a dos "papas" (sacerdotes) de los principales, y que con palabras amorosas los convenciera de que la acompañaran a la presencia del Capitán, y una vez ante Cortés, éste los conminó de que como sacerdotes debían decir la verdad y no mentir, por lo que les exigió que dijeran la verdad de lo que tramaban en contra de los españoles y que no los delataría y que al fin al día siguiente, tendrían que partir, que les daría mucha ropa y otros regalos.

Los sacerdotes dijeron al Capitán la verdad de lo que sabían y que "su señor Moctezuma supo que íbamos (a) aquella ciudad y que cada día estaba en muchos acuerdos y que no determinaba bien la cosa..." que una vez decía que fueran los españoles y otra decía que no fueran a su ciudad, "...que ahora nuevamente le han aconsejado Tezcatepuca y su Ichilobos, en quien ellos tienen gran devoción, que allí en Cholula no matasen o nos llevasen atados a México, y que habían enviado un día antes, veinte mil hombres de guerra y que la mitad están ya aquí dentro de esta ciudad y la otra mitad está cerca de aquí en unas quebradas y que ya tienen aviso cómo habréis de ir mañana..." Obtenida la información, Cortés les mandó dar muchos regalos de manta bien labrada y les encargó que no divulgaran lo concertado, y que si los descubrían, a la vuelta de México los mataría.

Cortés, sin perder tiempo, convocó a sus capitanes para tomar consejo de los planes que se debían seguir; de ello resultó que algunos opinaran que se cambiara la ruta, que se tomara el camino de Cuaxocingo, otros que tornáramos a Tlaxcala y otros más, que hiciéramos lo posible por concertar la paz. Pero hubo la opinión de que si dejaban esas traiciones sin castigo, que en otras partes les sucederían otras peores, que mirasen que estaban dentro de la ciudad y que si allí les daban guerra, que lo sentirían más que si la guerra fuese en el campo; que se apercibiese a los tlaxcaltecas para que tuvieran conocimiento de ello; a todos les pareció bien este último acuerdo. Se ordenó que todos "liasen su ato", como si deveras fueran a partir el día siguiente, que se disimulara todo movimiento para que los embajadores de Moctezuma no conocieran que estaba descubierto su plan; Cortés ordenó que se les custodiara y que no se les dejara partir, que se les dijera que la traición descubierta, era de los de Cholula, pero no del emperador.

La noche a que este pasaje se refiere, Cortés y sus hombres la pasaron en "vela" todos apercibidos, los caballos ensillados y enfrenados, y los soldados con sus armas listas para el combate. Esa misma noche, llegó al cuartel de los castellanos, una anciana, mujer de un cacique principal, para buscar a Doña Marina que hablaba su lengua y luego que la "vio moza de buen parecer y rica, le dijo y aconsejó que se fuese con ella (a) su casa si quería escapar la vida, porque ciertamente esa noche y otro día nos habían de matar a todos, porque ya estaba así mandado y concertado por el gran Moctezuma, para que dentro de los de aquella ciudad y los mexicanos se juntasen y no quedase ninguno de nosotros a vida, y nos llevasen atados a México, y que porque sabe esto y por mancilla que tenía de la doña Marina, se lo venía a decir, y que tomase todo su ato y se fuese con ella a su casa, y que allí la casaría con su hijo, hermano de otro mozo que traía la vieja que la acompañaba".

Doña Marina, mujer inteligente, intérprete y dama del Capitán hispano, leal a su dueño, según Bernal Díaz del Castillo le contestó:

"¡Oh, madre, que mucho tengo que agradeceros eso que me decís! Yo me fuera ahora con vos, sino que no tengo aquí de quién me fiar para llevar mis mantas y joyas de oro, que es mucho, por vuestra vida, madre que aguardéis un poco vos y vuestro hijo, y esta noche nos iremos, que ahora veis que estos 'teules' están velando y sentirnos han". La anciana creyó lo que le dijo doña Marina y quedó contenta, luego le reveló la forma en que los guerreros del Uei Tlatoani, tenían que dar muerte a los hispanos, contestando cuando doña Marina le dijo: "¿Y cómo siendo tan secreto ese negocio lo alcanzaste vos a saber?" La vieja traidora a su raza y a los suyos dijo que su marido era capitán de una parcialidad de los escuadrones de guerreros aztecas y que él fue quien le comunicó el ataque que habían fraguado los mexicas para acabar con los extranjeros, y que hacía tres días que lo sabía, que de México le mandaron un atambor, ricas mantas y joyas junto con otros tres capitanes y agregó el mismo cuento que "nos llevasen atados a México".

En este pasaje que suponemos histórico, porque otros cronistas soldados lo escribieron, doña Marina revela un sentido político de alta diplomacia y prudencia cuando le dijo a la vieja del cacique-guerrero:

"Oh, cuánto me huelgo en saber que vuestro hijo con quien me queréis casar, es persona principal; mucho hemos estado hablando, no querría que nos sintiesen; por eso, madre, aguardad aquí; comenzaré a traer mi hacienda, porque no la podré sacar toda junta, y vos y vuestro hijo, mi hermano, la guardaréis, y luego nos podremos ir".

La vieja creyó todo lo que le propuso la india Marina, y en seguida se sentó. Mas, presto la doña Marina entró a donde se encontraba el Capitán y le dijo todo lo que la india le había comunicado, que era una repetición de lo que antes al Capitán castellano ya le habían informado los dos "papas". Cortés entonces mandó llamar a su presencia a la india que llevó el informe a la intérprete de los castellanos, y la interrogó de todo lo que sabía, confirmando con ello, las informaciones que antes ya había tenido. Respecto de la vieja que delató a sus compatriotas, el Capitán ordenó que tuviera guardas para que no se fuera.

Y cuando la luz del nuevo día asomó por el horizonte, debe haber sido el 18 de octubre, los caciques, sacerdotes y principales capitanes de los escuadrones de guerreros, circulaban por las calles, festivos y contentos, con sonrisas maliciosas, no disimulaban en nada su alegría, porque creían que los hispanos ya habían caído en el garlito, así lo asegura Bernal Díaz: "Y trajeron los demás indios de guerra que les demandamos que, no cupieran en el patio por muy grandes que son que aún todavía están sin deshacer por memoria de lo pasado".

## LA MATANZA DE CHOLULA

Esa mañana llegaron los cholultecas con gente de guerra, tantos que llenaron los patios. Mientras tanto los españoles estaban vigilantes y prevenidos para lo que deberían hacer, cada cual ocupaba ya su punto señalado y no dejaban salir a ningún indígena de los que entraban o seguían entrando. Las salidas fuertemente guardadas y el Capitán hispano ya se encontraba a caballo, rodeado de su guardia y desde el momento que vio que muchos caciques y sacerdotes acompañados de mucha gente de guerra se acercaban dijo: "¡Qué voluntad tienen estos traidores de vernos entre las barrancas para hartarse de nuestras carnes; mejor lo hará nuestro Señor!".

En seguida preguntó por los "papas" que habían descubierto el secreto de la traición, para ordenarlos por la voz de Jerónimo de Aguilar, que se retiraran a sus casas para que no recibieran ningún daño. "A continuación, comunicó a doña Marina que se encontraba junto a él (Cortés), que como ya se dijo estaba a caballo, y que sin 'enojo alguno' les hablara a los caciques, por lo que comenzó diciendo: "... a qué causa nos querían matar la noche pasada, y que si les hemos hecho o dicho para que nos tratasen con aquellas traiciones, más de amonestarles las cosas que a todos los más pueblos por donde hemos venido, les decimos que no sean malos, ni sacrifiquen hombres, no adoren sus ídolos, ni coman carne de sus prójimos, que no sean sométicos y que tengan buena manera de vivir, y decirles las cosas tocante a nuestra santa fe, y esto sin apremiarles en cosa ninguna..." Y les siguió hablando de los preparativos de guerra que tenían encubiertos, de las emboscadas que les esperaban por las barrancas, de llevarlos atados a México o matarlos a todos, que por qué les había llevado solamente leña y agua y que ya no tenían maíz para su alimento. Y agregaba doña Marina con palabras de Cortés: "Que pues como en pago de que venimos a tenerlos por hermanos y decirles lo que Dios Nuestro señor y el rey mandan, nos querían matar y comer nuestras carnes, que ya tenían aparejadas las ollas con sal y "ají" y tomates, que si esto querían hacer, que fuera mejor que nos dieran guerra como esforzados y buenos guerreros, en los campos como lo hicieron sus vecinos las tlaxcaltecas..." Estos y otros razonamientos les hizo a los sacerdotes y caciques doña Marina, agregando los siete sacrificios que le hicieron a su ídolo, para invocarlo y pedirle victoria pero que vieran que era falso porque no tenía poder sobre los iberos y que además Cortés los había descubierto en sus traiciones.

Los sacerdotes y caciques entendieron bien a doña Marina, y contestaron que era verdad todo lo que les decía, pero culpaban a los embajadores de Moctezuma, de todo lo que se fraguaba, pero además, entendieron que el Capitán hispano y sus hombres, adivinaban todo lo que contra ellos se tramaba. Bernal Díaz dice:

"...entonces les dijo Cortés, que las traiciones como aquellas, que mandan las leyes reales que no quedan sin castigo y que por su delito han de morir. Y luego mandó soltar una escopeta, que era la señal que teníamos apercibida para aquel efecto, que se les dio una mano que se les acordará para siempre, porque matamos muchos dellos, que no les aprovechó las promesas de sus falsos ídolos..."

Y comenzó la matanza, allí en el encierro donde se encontraban los cholultecas indefensos, fueron sacrificados por cientos, tal vez por millares. Luego el degüello se prolongó por las calles con la participación de los tlaxcaltecas, que además de matar, se dedicaron a robar e incendiar casas. Al día siguiente, otros escuadrones tlaxcaltecas henchidos de odio llegaron a la ciudad a proseguir la destrucción. Bernal Díaz escribe: "Y desde que aquello vimos así Cortés y los demás Capitanes y soldados, por mancilla que hubimos de ellos, detuvimos a los tlaxcaltecas que no hicieron más mal".

Hernán Cortés, poseedor de un espíritu de crueldad, en esta ocasión se detuvo en los excesos; según narra Bernal Díaz: "Y Cortés mandó a Cristóbal de Olid que le trajese a todos los capitanes tlaxcaltecas para hablarles y no tardaron en venir, y les mandó que recogieran toda su gente y se estuvieran en el campo, y así lo hicieron, que no quedaron con nosotros sino los de Cempoal".

La matanza no había tenido límites, se llevó a cabo de manera despiadada y cobarde, sobre gente casi indefensa. Ese acto de crueldad carece de calificativo, los cholultecas que escaparon de la muerte huyeron a esconderse en la lejanía del horizonte. El obispo de Chiapas, Fray Bartolomé de las Casas, la condena airadamente. Bernal Díaz asegura que no tiene razón, que porque la vida los castellanos estaba en peligro. Fuera o no fuera necesaria la matanza a sangre fría, en la guerra que Cortés llevaba a cabo para su empresa de conquista, en Cholula se le pasó la mano en el degüello. Troya, Cartago, Jerusalén, Numancia y otros pueblos, y la misma España, aunque de diferente manera, sufrieron la misma suerte. La guerra se ha dicho, siempre ha sido así. Antes, después y ahora; el hombre ha sido y sigue siendo el enemigo más fiero del hombre, cuando se ha tratado de despojarlo de lo suyo, de su libertad y su derecho. De ese derecho inalienable que por su naturaleza y por ser hombre, fue investido desde su creación.

Al tercer día de los hechos sangrientos, sacerdotes y caciques de otras partes de la ciudad, que según la organización que tenían en Cholula, pertenecían a otra parcialidad, se presentaron ante Cortés para implorar su perdón, asegurando que ellos no habían tomado parte en la "traición". ¿Cuál traición? En el supuesto de que en verdad los cholultecas y los aztecas, hubieran tenido la intención de atacar a los hispanos, estaban en su derecho, los españoles eran unos invasores, que por medio del engaño y las armas, llegaban a apoderarse de una nación que no era la suya. De todos modos Cortés les perdonó de la matanza que había cometido con ellos. Les permitió que los fugitivos sobrevivientes, regresaran a sus casas saqueadas y quemadas y que sin demora les llevaran bastimentos.

Cholula había sido una ciudad sagrada, tenía muchos templos y buenos edificios con una población numerosa. Era además una especie de empalme de caminos, era el paso obligado de todos los pueblos del este, tributarios del gran Moctezuma. Tenía suma importancia agrícola, comercial y militar.

Andrés de Tapia, otro cronista soldado de las huestes de Cortés, escribe sobre la matanza de Cholula lo siguiente:

"...Llegados a esta ciudad de Chitrula (Cholula), un día por la mañana, salieron escuadrones de diez o doce mil hombres, e traían pan de maíz e algunas gallinas, a cada escuadrón llegaba el marqués (Cortés) a le dar la horabuena de su llegada, e se apartaba a una parte, e rogaron con mucha insistencia al marqués que no consintiese que los de Tascala (Tlaxcala) entrasen a su tierra.

El marqués les mandó que se volviesen y ellos siempre dijeron: 'Mira que estos de esta ciudad son mercaderes, e no gente de guerra, hombres que tiene un corazón y muestran otro, e siempre hacen sus cosas con mañas o con mentiras, e no te querremos dejar, pues nos dimos por tus amigos.' Con todo esto el marqués les mandó que volviesen a enviar toda su gente, e si algunas personas principales se quisiesen quedar, se apostasen fuera de la ciudad, con algunos que los sirviesen, e así se hizo. E entrando por la ciudad salió la demás gente que en ella había por sus escuadrones, saludando a los españoles que topaban, los cuales íbamos en nuestro orden; e luego tras esta gente salió toda la gente, ministros, de los que servía a los ídolos, vestidos con ciertas vestimentas, algunas cerradas por delante como capuzas e los brazos fuera de las vestiduras, e muchas madejas de algodón hilado por la orla de las dichas vestiduras, e otros vestidos de otras maneras; muchos de ellos llevaban cornetas e flautas tañendo, e ciertos ídolos cubiertos, muchos incensarios, e así llegaron al marqués e después a los demás echando de aquella resina en los incensarios o encensarios, e en esta ciudad tienen por su principal dios a un hombre que fue en los tiempos pasados, e le llamaban Quetzalqueate (Quetzalcóatl) que según se dice fundó éste aquella ciudad, les mandaba que no matasen hombres, sino que al creador del sol y del cielo le hiciesen casas, ofreciesen codornices e otras cosas de caza, e no se hiciesen mal unos a otros ni se quisiesen mal; e dizque éste traía una vestidura blanca como túnica de fraile e encima una manta cubierta con cruces coloradas; e aquí tienen ciertas piedras verdes, e la una de ellas era una cabeza de mono e decían que aquella había sido de este hombre, e las tenían por reliquias. En este pueblo el marqués e su gente estuvieron ciertos días, e de aquí envió a ciertos que de su voluntad quisieran ir a ver un volcán que se parece a una sierra alta cinco leguas de ahí, de do salía mucho humo; que para que de allí mirasen a una e a otra parte e trajesen nuevas de la disposición de la Tierra". Sobre esta incursión al volcán, Bernal Díaz dice: "...y un capitán de los nuestros que se decía Diego de Ordaz tomóle codicia de ir a ver qué cosa era y demandó licencia de nuestro general para subir a él, la cual licencia le dio y aún de hecho se lo mandó. Y llevó consigo dos de nuestros soldados y ciertos indios principales e Guaxocingo;..." Y Cortés por el mismo hecho dice: "... y envié a diez de mis compañeros, tales cuales para semejante negocio era necesarios y con algunos naturales de la tierra que los guiasen". Prosigue Andrés de Tapia: "A esta ciudad vinieron ciertas personas principales por mensajeros de Moctezuma, e hicieron su plática una e muchas veces; e unas veces decían que a qué íbamos e a dónde, porque ellos no tenían a donde vivían, bastimentos que pudiésemos comer; e otras veces dicen que decía Moctezuma que no lo viésemos, porque se moriría de miedo; otras decían que no había camino para ir. E visto que todo esto al marqués le satisfacía, hicieron a los mismos pueblos que dijesen que do Moctezuma estaba había mucho número de leones e tigres e otras fieras, e que cada que Moctezuma quiere las hacía soltar, e bastaba para comernos e despedazarnos. E visto que no aprovechaba nada de todo lo que decían para estorbar el camino, se concertaron los mensajeros de Moctezuma con los de aquella ciudad para nos matar; e a la manera que para ello daban era llevarnos por un camino sobre la mano izquierda del camino de México, donde había mucho número de malos pasos que se hacían de las aguas que bajaban de la tierra do el volcán está; e como la tierra es arenisca e tierra liviana, poco agua hace gran quebrada, e hay algunas de más de cien estados de hondo e son angostas, e tanto que hay madera tan larga que hacer puentes en las dichas quebradas, e así las había porque después las vimos. Estando para nos partir, una india de esa ciudad de Cherula, mujer de un principal de allí dijo a la india que llevamos por intérprete con el cristiano que se quedase allí, porque ella la quiere mucho e le pesaría se la matasen, e le descubrió lo que estaba acordado; e así el marqués lo supo e dilató dos días de su partida, e siempre les dice que de pelear los hombres no se maravillaba ni recibe enojo, aunque peleasen con él; pero que de decirle mentiras le pesaría mucho, e que les avisaba en cosa que con él tratasen no le mintiesen, ni trajesen maneras de traición. Ellos se le ofrecieron, que eran sus amigos e lo serían, e que no le mentirían ni le habían mentido, e le preguntaron que cuando se quiere ir; él les dijo que otro día, e le dijeron que querían allegar mucha gente para se ir con él, e les dijo que no quería más de algunos esclavos para que le llevasen el hato de los españoles; ellos porfiaron que todavía sería bien que fuese gente e el marqués no quiso, antes les dijo que no quería más que los que le bastasen para llevar las cargas; y otro día, de mañana si se le rogar, vino mucha gente con armas de las que ellos usan, e según pareció eran los más valientes que entre ellos había, e dicen que eran esclavos e hombres de carga. El marqués dijo que se quería despedir de todos los señores de la ciudad; por tanto que los llamasen; en esta ciudad no había ningún señor principal, salvo capitanes de la república, porque eran manera de su señoría, e así regían, e luego vinieron todos los más principales e a los que pareció señores, hasta treinta de ellos metió el marqués en un patio pequeño de su aposento, e les dijo: 'Dicho os he verdad en todo lo que con vosotros he hablado, y mandado he a todos los cristianos de mi compañía que no os hagan mal, ni se os ha hecho, e con la sola intención que me dijisteis que los de Tlaxcala no entrasen en vuestra tierra; y no me habéis dado de comer como fuera razón, no he consentido que se os tome una gallina, y héos avisado que no me mintáis; y en pago de estas buenas obras tenéis concertado matarme, y a mis compañeros e habéis traído gente para que peleen conmigo, desque esté en el mal camino por do se pensáis llevar, e por esta maldad que teníades concertada moriréis todos, en señal de que sois traidores, destruiré vuestra ciudad, sin que más quede memoria de ella; e no hay para qué negarme esto pues lo sé como os lo digo'. Ellos se maravillaron e se miraron unos a otros, e había guardas porque no pudiesen huir, e también guarda en la otra gente que estaba fuera en los patios grandes de los ídolos para nos llevar las cargas. El marqués les dijo a estos señores: 'Yo quiero que vosotros me digáis puesto que yo ya lo sé, para que estos mensajeros y todos los demás la oigan de vuestra boca, e no digan que os la levanté'; e apartados cinco o seis de ellos, cada uno a su parte, confesaron cada uno por sí, sin tormento alguno, que así era verdad como el marqués lo había dicho; y viendo que conformaban unos con otros, los mandó volver a juntar, e todos lo confesaron así; e decían unos a otros: 'Este es como nuestros dioses, que todo lo saben; no hay para qué negarlo'. El marqués hizo llamar allí a los mensajeros de Moctezuma, e les dijo: 'Estos me quieren matar, y dicen que Muteczuma era en ello, y yo no lo creo, porque lo tengo por amigo, y sé que es un gran señor, y que los señores no sienten; y creo que estos me querían hacer este daño a traición, e como bellacos e gente sin señor que son e por eso morirán, e vosotros no hayáis miedo, que además de ser mensajeros, soilo de ese señor a quien tengo por amigo, e tengo creído que es muy bueno, e no bastará cosa que en contrario me diga.'"

En este pasaje que relata Andrés de Tapia, se ve claramente el alcance político y maquiavélico y la penetración psicológica de Hernán Cortés, guerrero-político y además diplomático, para salir avante en todos los problemas que se le presentaron en el camino de la conquista. Y prosigue Andrés de Tapia:

"E luego mandó matar los más de aquellos señores, dejando ciertos de ellos aprisionados, y mandó hacer señal que los españoles diesen en los que estaban en los patios, e moriesen todos, e así se hizo, e ellos se defendían lo mejor que podían e trabajan de ofender; pero como estaban en los patios cercados e tomadas las puertas, todavía murieron los más de ellos. E hecho esto, que con nosotros estaban, salimos en nuestras escuadras por muchas partes de la ciudad, matando gente de guerra, quemando las casas". En este pasaje, Tapia confiesa que fueron los españoles los que incendiaron la ciudad y no los de Tlaxcala como dice Bernal Díaz. Prosigue Tapia: "...e en poco rato vino número de gente de Tlaxcala, e robaron la ciudad, e destruyeron todo lo posible, e quedaron con asaz despojo, ciertos sacerdotes del diablo se subieron en lo alto de la torre del ídolo mayor e no quisieron darse, antes se dejaron allí quemar, lamentándose e diciendo a su ídolo cuán mal lo hizo en no los favorecer. Así es que se hizo todo lo posible por destruir aquella ciudad, y el marqués andaba que se guardasen de matar mujer y niños; e duró dos días el trabajar por destruir la ciudad, e muchos de ella se fueron a esconder por los montes y campos, e otros se iban a la tierra de sus enemigos comarcanos. Luego pasados dos días, mandó el marqués los perdonase e les diese licencia para venir a la ciudad, e para esto tomaron de valedores a los de Tascala. El marqués los perdonó, y les dijo que por la traición que tenían pensada había hecho en ellos aquel castigo e tenía voluntad de asolar la ciudad, sin dejar cosa en ella enhiesta, e que así lo haría donde en adelante en todas las partes donde viese que le mostraban buena voluntad o le procuraban de hacer malas obras, porque este tiene por muy malo, e no tiene en tanto que peleasen con él desde luego que alguna parte llegase; e así se tornó la ciudad a poblar e le prometieron de ser amigos leales dende en adelante."

Este fragmento de la relación de Andrés de Tapia de la que vio y vivió en el camino de Cortés hacia las cimas de su empresa, nos da un vívido relato de lo que aconteció en Cholula, del sacrificio de un pueblo muerto a sangre fría, reunido para matarlo, destruir su ciudad y luego otorgar un perdón, ese pueblo que ha muerto, robado y destruido. En el largo devenir de los siglos no se ha registrado otra tan magna ironía.

Hernán Cortés en su Segunda Carta de Relación al emperador Carlos V, dice sobre la matanza de Cholula: "...En los tres días que allí estuve proveyeron muy mal, y cada día peor, y muy pocas veces me venían a ver ni hablar los señores principales de la ciudad. Y estando algo perplejo en esto, a la lengua que yo tengo que es una india de esta tierra que hobe en Putunchan, que es el río grande que ya en la primera relación a vuestra majestad hice memoria, le dijo otra, natural desta ciudad, cómo muy cerquita de allí estaban mucha gente de Muteczuma junta, y que los de la ciudad tenían fuera sus mujeres e hijos y toda su ropa, y que habían de dar sobre nosotros para nos matar a todos; e si ella se quería salvar, que se fuese con ella, que ella la guarecería; lo cual dijo a aquel Jerónimo de Aguilar, lengua que yo hobe en Yucatán de que así mismo a vuestra alteza hobe escrito y me lo hizo saber; e yo tuve uno de los naturales de la dicha ciudad, que por allí andaba, y lo aparté secretamente, que nadie lo vio, y le interrogué, y confirmó con lo que la india y los naturales de Tascaltecatl me habían dicho, e así por esto como por las señales que para ello había, acordé prevenir antes de ser prevenido, e hice llamar a algunos de los señores de la ciudad, diciendo que los quería hablar, y metílos en una sala; en tanto fice que la gente de los nuestros estuviese apercibida y que en soltando una escopeta diesen en mucha cantidad de indios que había justo al aposento y muchos dentro de él. E así se hizo, que después que tuve a los señores dentro en aquello sala, déjolos atando y cabalgué, e hice soltar la escopeta, y dímoles tal mano, que en dos horas murieron más de tres mil hombres. Y porque vuestra majestad vea cuán apercibidos estaban, antes de que yo saliese de mi aposento tenían todas las calles tomadas y toda la gente a punto, aunque como los tomamos de sobresalto, fueron buenos de desbaratar, y mayormente que les faltaban los caudillos, porque los tenía ya presos, e hice poner fuego a algunas torres y casas fuertes, donde se defendían nos ofendían. E así anduve por la ciudad peleando, dejando a buen recaudo el aposento, que era muy fuerte, bien cinco horas hasta que eché toda la gente fuera de la ciudad por muchas partes de ella, porque me ayudaban bien cinco mil indios de Tascaltecatl y otros cuatrocientos de Cempoal".

Cortés en Cholula, sembrando muerte y desolación, repite las hazañas de un nuevo Atila; y dice que de regreso a su aposento, habló a los caciques que tenía presos: "...y les pregunté qué era la causa que me querían matar a traición. E respondieron que ellos no tenían la culpa, porque los de Culúa, que son los vasallos de Muteczuma, los habían puesto en ellos, y que el dicho Muteczuma tenía allí, en tal parte, que según pareció, sería legua y media, cincuenta mil hombres de guarnición para la hacer."

Hernán Cortés afirma que los caciques cholultecas vencidos le pidieron perdón por haber sido engañados, que soltase a alguno de ellos y que irían por las mujeres y los niños y los fugitivos y los harían regresar a la ciudad que los perdonó, y que en los dos días siguientes la ciudad se volvió a poblar, que prometieron sumisión al emperador y ser amigos de su conquistador. En los días que pasaron, Cholula quedó atrás y el Capitán hispano y sus hombres, prepararon su marcha para seguir en su empeño y llegar a la gran Tenochtitlán.

Don Antonio de Solís, cronista de Indias, mal informado, queriendo hacerse disimulado de la matanza de Cholula dice en su Historia de la Conquista de la Nueva España:

"Mientras tanto, Cortés, a quien favorecía el éxito hacía su entrada en Tlaxcala donde se le consideraba como divinidad, y pactaba alianzas con los pueblos vecinos, Moctezuma pensó entonces desembarazarse de los españoles mediante una traición, y poniendo en conocimiento de Cortés que consentía en recibirle preparó varias emboscadas en el camino. Cortés se puso en marcha acompañado por seis mil aliados y gracias a Marina (no se le da el Don) consiguió deshacer el complot de los habitantes de Cholula fingiendo no ver en él la mano de Moctezuma con el fin de no verse obligado de tenerlo por enemigo; todavía evitó otra emboscada que habían preparado en las montañas de Chalco, y cómo ya se adelantaba francamente hacía México, recibió la visita del sobrino de Moctezuma, Cacumatzin, Príncipe de Texcoco. El joven príncipe venía a saludar a Cortés de parte de su Tío, y advertiría que como el país se hallaba desolado a causa de una gran esterilidad, Moctezuma no podía recibirle como hubieran sido sus deseos.

Cortés le contestó que los españoles estaban habituados a conformarse con muy poco y que no concedían ninguna importancia a las cosas que solían espantar a hombres de naturaleza inferior a la suya. Como Cacumatzin no halló nada que replicar, acompañó a Cortés hasta Texcoco, su capital y tomó la delantera para poder dar cuenta en México de su misión." De dónde tomó don Antonio de Solís que Cortés en su primera expedición hacia México, pasó por Texcoco, los demás autores no lo dicen, y en el mapa de la obra de Bernal Díaz del Castillo, Texcoco se encuentra muy distante de la ruta del Conquistador.

Don Salvador de Madariaga, devoto ferviente de Hernán Cortés, repite sobre la matanza de Cholula, lo dicho por Bernal Díaz, Andrés de Tapia y Hernán Cortés, pero, calla las censuras y condenas, que sobre los mismos hechos escribieron los prelados y santos varones: Las Casas, Sahagún, Motolinía y otros; y nos presenta a un Hernán Cortés, como un personaje predestinado por la providencia, para llevar a cabo una empresa en la que merced a ella, se salvarían muchas almas de caer en los abismos del infierno. Pero si los venían a salvar del infierno del más allá, al dominar a los nativos, con sus doctrinas, la fe y la cruz, de lo que se decía ser portavoz el conquistador, los hundía en el más acá, con el infierno más inhumano que conoció la Historia. Que los pueblos de todos los confines del Anáhuac eran idólatras; que verificaban sacrificios humanos, que eran antropófagos, para qué negarlo. ¿Pero qué pueblo de tal Historia antigua a nivel de estadios culturales en que se encontraban los nativos del mundo descubierto no lo fueron?

Escribe don Salvador, apoyándose en "una autoridad norteamericana contemporánea", que la acción de Cholula; "fue una necesidad militar para un hombre que guerreaba como Cortés".

Por lo que respecta a la traición que invocan los cronistas y el mismo Cortés de que atacó a los cholultecas por que lo querían sorprender con una traición. No hubo tal traición, pero en caso de que los indios de Cholula coluditos con los aztecas de Moctezuma hubieran emprendido un ataque sobre los hispanos y los hubieran aniquilado, estaban en su derecho, defendían su patria, y los extranjeros eran unos invasores. Pero si se le quiere dar el nombre de traición al hecho de que los nativos recibían a los castellanos con halagos, les daban de comer, los llevaban a sus casas y hasta les regalaban a sus mujeres, y luego les harían la guerra; era una táctica que el mismísimo Cortés aplicaba; ofrecía la paz, halagaba y luego atacaba; su inteligencia, su astucia diplomática y su audacia de guerrero y sus armas, siempre le dieron ventaja, no había por qué regar el camino con la sangre de innumerables víctimas que le recibieron en sus casas en son de paz. A la distancia de más de cuatro siglo, ha quedado demostrado que Cortés no fue cobarde, pero en Cholula, se dejó dominar por el miedo de ser "desbaratado" y luego llevado ante los ídolos de los aztecas para ser sacrificado, y ese miedo o temor lo empujó a ordenar el encierro de los indios y luego verificar la matanza.

De los hechos anteriores, el Capitán hispano obtuvo el mayor provecho, aumentó su prestigio y creció el temor del Tlatoani azteca. Ya se dijo en notas anteriores, cómo acudieron varios principales a demandar perdón a su vencedor y verdugo. De los pueblos comarcanos también acudieron varias comitivas a ofrecer su sumisión y a presentar sus quejas en contra de la tiranía del Tlatoani azteca. Cortés duró en Cholula hasta fines del mes de octubre; en esos días, fiel a su propósito de hacer cambiar a los nativos en sus creencias, mandó derribar la mayoría de los templos y en el teocali mayor dispuso que se erigiera allí una iglesia; hizo hincapié en que se evitaran los sacrificios humanos y no se comiera carne humana, derribó las jaulas donde se encerraban a los cautivos que tenían que cebar para los sacrificios a los dioses y luego comérselos. El capitán castellano quiso implantar los símbolos de la fe cristiana, pero Fray Bartolomé de Olmedo se opuso, argumentando que aún no era tiempo, y agregó: "...que era por demás a los principios quitarles sus ídolos hasta que vayan entendiendo más las cosas."

Don Salvador de Madariaga escribe para el tiempo en que vivimos, que: "Desde tiempo inmemorial, cuando el Señor se propone comunicar a los hombres algo importante, suele recurrir a una columna de humo. Este es precisamente el medio que empleó para señalar el camino de su salvación a Cortés en peligro, cuando se hallaba ocupado en su servicio y en el de su principal ministro en la tierra, Carlos V..." Que Bernal Díaz del Castillo, Andrés de Tapia, Gómara, Oviedo y otros cronistas de su tiempo hablen de prodigios y milagros, está bien, eran la voz de las consejas y prejuicios del tiempo, pero que un escritor sabio, de la talla de Madariaga en pleno siglo XX nos hable como lo hace en el párrafo que antes se ha transcrito ya no queda. Más, siendo respetuosos con el criterio y concepciones ajenas, transcribimos otro párrafo de son Salvador, que escribe en su "Hernán Cortés": "Durante su estancia en Tlaxcala, los españoles habían observado salir de la cumbre de la montaña que los naturales llamaban Popocatépetl 'tan grande bulto de humo como una gran casa y sube encima de la sierra hasta las nubes tan derecho como una vira (palabras de Cortés) que según parece es tanta la fuerza con que sale que aunque arriba en la sierra, ande muy recio el viento no lo puede torcer." Y prosigue Madariaga: "No dejaron los españoles de observar estos hechos naturales con la curiosidad de hombres de su tiempo y de preguntar a los indígenas su opinión sobre ellos..." Para los nativos Popocatépetl, significaba, la Montaña que Fuma, que acompañado de su mujer Iztaccihuatl, o Mujer Blanca, encerraban un conjunto de prejuicios, hechos sobrenaturales y lugar donde rondaban los espíritus de los muertos. Para los españoles la fumarola del volcán, significaba que "el señor preparaba alguna cosa que redundaría en su gloria para Él así como para sus servidores blancos."

Para don Salvador de Madariaga, Hernán Cortés, es el elegido, el escogido para llevar a cabo una empresa que bien pudo ser otro; más, Cortés astuto y audaz, supo abrirse paso en su camino, con la ayuda de Andrés de Duero, secretario de Diego Velázquez y su contador Amador de Lares; y por qué no repetirlo, la influencia de la hermana de doña Catalina, que según se decía, tenía relaciones con el gobernador Diego Velázquez, para que Cortés recibiera el mando de la armada y allanado ese problema, ya hecho a la vela, y formado su propio plan, sin declararlo, mostró su defección a su padrino y compadre, que lo puso en el camino y le dio los elementos para que alcanzara su grandeza y siendo como era Cortés legalista (?) para sacudirse la autoridad del Gobernador de Cuba, luego que le fue oportuno, de acuerdo con sus parciales, creó un ayuntamiento que lo elegiría Capitán General y Justicia Mayor del Ejército y la tierra que él iría a poblar; y luego con su audacia y ambición, como buen jugador apostó todo y se autodeterminó. Jamás se podrá afirmar que Cortés careciera de valor para acometer su empresa en medio de tantos peligros, y que tanto poder y fama le reportó, pero de allí a que estuviera protegido por la mano del Señor, hay una distancia inconmensurable; pero aceptando sin conceder la presencia del Señor, en los designios del Capitán Castellano, ¿a caso las criaturas que Cortés vino a destruir y a despojar, no eran obra del Señor? Se ha apuntado este razonamiento debido a que don Salvador sigue diciendo:

"Pero los designios del Señor son inescrutables y en este caso decidió que Cortés viniese en conocimiento de su importante mensaje por el rodeo de la curiosidad científica." Y don Salvador transcribe el siguiente párrafo de Cortés: "... y porque yo siempre he deseado de todas las cosas desta tierra poder hacer a vuestra alteza muy particular relación, quise desta, que me pareció algo maravilloso, saber el secreto." Y Cortés agrega que desde Churutecal, no desde Tlaxcala como dice Bernal Díaz: "... y envié diez de mis compañeros, tales cuales para semejante negocio eran necesarios..."

Cortés en su Segunda Carta de Relación habla con más claridad, diciendo que ordenó a Diego de Ordaz y a nueve de sus compañeros, que con algunos guías nativos fueran a la montaña que humea para averiguar el secreto. Bernal Díaz dice que desde Tlaxcala solamente acompañaron a Ordaz dos de sus soldados.

El capitán Diego de Ordaz y sus compañeros se aprestaron a cumplir con la orden de su jefe, en su ascensión a la montaña, tuvieron que abrirse camino a través de espesos bosques y ya en las alturas, en la zona de las nieves eternas, los guías se negaron a seguir adelante, los hispanos tuvieron que seguir adelante sin sus guías, el frío y la ventisca eran intensos, llegaron a las cenizas y las llamas y el humo eran cegadores de tal manera, que les impidieron llegar al cráter que tal era la meta.

Hernán Cortés dice sobre esa excursión:

"... Los cuáles fueron y trabajaron lo que fue posible por la subir y jamás pudieron, a causa de la mucha nieve que en la sierra hay, y de muchos torbellinos que de la ceniza allí se andan por la tierra, y también porque no pudieron sufrir la gran frialdad que arriba hacía; pero llegaron muy cerca de lo alto; y tanto, que estando arriba comenzó a salir aquel humo, y dicen que salía con tanto ímpetu y ruido, que parecía que la sierra se caía abajo, y así, se bajaron, y trujeron mucha nieve y carámbanos para que los viésemos, porque nos parecía cosa muy nueva en estas partes, a causa de estar en parte tan cálida, según hasta agora ha sido opinión de los pilotos."

Bernal Díaz afirma que Ordaz y sus compañeros, estando ya cerca del cráter, soportaron agazapados por allí, como dos horas una huracanada erupción y que pasada ésta, llegaron hasta el cráter y hasta da las dimensiones.

Sea de ello lo que fuere, la Historia consigna que de esa expedición, Ordaz y los suyos, obtuvieron dos valiosísimos hallazgos, azufre que se utilizaría para la fabricación de la pólvora y el hermosa panorama de la cuenca cerrada del Anáhuac, con sus brillantes lagos y las ciudades ribereñas que daban la impresión de un nuevo paraíso de ensueño donde reinaba el gran Moctezuma. Además los excursionistas hispanos descubrieron en el puerto que se forma entre uno y otro volcán, y que posteriormente se llamaría "Puerto Cortés" un camino, que al preguntar a los nativos, "para do iba", les contestaron que para "Culúa" y que "aquel era buen camino", y añadieron, que el encomendado por los mexicanos "no era bueno".

El hallazgo de este camino por Ordaz, en el "designio inescrutable del señor", el camino ya existía, no se abrió como las aguas del Mar Rojo para que pasaran los israelitas, ni ahora se abrió el camino para que pasara Cortés con sus huestes, era un camino que ya existía para llegar a la gran Tenochtitlán.

Mientras tanto, en la capital azteca, el Uei Tlatoani y sus consejeros, al saber lo de la matanza de Cholula; aún piensan en los prodigios de la magia. Moctezuma se ha retirado al templo mayor para hacer ayuno y penitencia y otros sacrificios, se ha hecho sangrar las orejas, los brazos y las piernas, implorando la protección de sus dioses y según Fray Juan de Torquemada, refiere en su "Moctezuma Indiana", que Moctezuma en los días de su sacrificio y ayuno, al invocar a su dios supremo, se "le apareció el demonio, con el cual solía comunicar sus cosas; y que le dijo no temiese, que los cristianos eran pocos y el señor de muchos y valientes hombres y hacía de ellos lo que quisiese, que no cesase en los sacrificios de los hombres porque no le sucediese desastre alguno; y que procurase tener propicios a sus ídolos Huitzilopuchtli y Texcatlypuca." Esta versión inverosímil de Torquemada a nivel de su tiempo, tal vez encaje, porque su antecesor, el gran inquisidor, se enfrentó a muchos satanes en persona. Era el tiempo en que se vendían las almas y las indulgencias para alcanzar el cielo y se verificaban pactos con el diablo para ganar dinero y amores. Pero aún siendo así, de dónde sacaría fray Juan de Torquemada su versión de la plática de Moctezuma con el diablo, si fue cronista del siglo XVII y su obra "Indiana" fue publicada en Sevilla en el año de 1651.

De todos modos, después de los hechos de Cholula, Moctezuma y sus consejeros y sacerdotes, estaban espantados, podría asegurarse sin apoyarse en ninguna fuente que los dominaba un verdadero pánico, por tal motivo se volvió a recurrir a la magia, y a las embajadas que unas tras otras, portaban regalos e instaban al Capitán castellano para que se regresara y le prometían, que le darían y le enviarían todo lo que les exigiera, pero nada consiguieron de Cortés que firme en sus propósitos, argumentaba que tenía que llevar el mensaje de su emperador y señor Carlos V.

Refiere fray Juan de Torquemada, que un gobernador de Moctezuma, señor de Coyohuacán, llamada Cuahpopoca, con residencia militar en un lugar llamado Nahutla y Almería por los españoles, verificaron un ataque a Juan Escalante, alcalde mayor de Veracruz, en el cual los mexicanos, se apoderaron de dos españoles, uno vivo y otro herido, el herido se llamaba Argüello, natural de León, de cabeza grande, cabello crespo y "prieto", murió en el camino y le cortaron la cabeza, lo mismo que al vivo y presurosos se las entregaron al emperador azteca, este quedó admirado del tipo de imágenes de los extranjeros, coligió que eran mortales, pero preguntó a sus guerreros, por qué estos siendo tantos y los españoles tan pocos, no los habían vencido. Bernal Díaz del Castillo, testigo y actor en esos sucesos históricos, apunta que solamente fue Argüello, el herido, prisionero y decapitado, cuya cabeza, le fue presentada a Moctezuma.

Convencido el Uei Tlatoani azteca, de su importancia para detener a los hispanos, dio su anuencia para que los extranjeros avanzaran sobre México, que de todos modos, Cortés, sin ella, habría seguido en su empeño hasta llegar a su meta.

# SEGUNDA PARTE

## LA MARCHA SOBRE MÉXICO

Sometida Cholula, y todos los pueblos circunvecinos, destruidos los templos y las jaulas donde cebaban los prisioneros para los sacrificios y los banquetes de antropofagia; organizado el ejército y recabados todos los informes, que todo gran capitán necesita para acometer una empresa rodeada de peligros; el primero de Noviembre de 1519, día de todos los Santos; el capitán general dio la orden de marcha para ir a México a saludar al gran Moctezuma. Y escribe Bernal Díaz del Castillo:

"Así como salimos de Cholula con un gran concierto, como lo teníamos de costumbre, los corredores de campo y de a caballo descubriendo la tierra,..." El ejército iba formado por cuatrocientos cincuenta españoles y cuatro mil aliados indígenas. La primera jornada se cubrió hasta un pueblecillo llamado Jalpa en los dominios de Guaxocingo, parciales de Tlaxcala, en ese lugar los expedicionarios fueron recibidos cordialmente, pero como el poblado era pobre, solamente se les ofrecieron modestos regalos. Allí fue informado Cortés de los caminos que los guerreros de Moctezuma habían preparado, uno obstruido y el otro abierto, en este los españoles serían atacados. La marcha del dos de noviembre, fue penosa, el ejército subió la cuesta de los volcanes hasta llegar a la cumbre donde se forma el puerto por el Popocatépetl y el Ixtaccíhuatl, lugar que desde entonces tomó el nombre de Puerto Cortés. Desde esas cumbres heladas, los castellanos pudieron contemplar la altiplanicie de Anáhuac, cuenca cerrada de brillantes lagos tranquilos, con sus pequeñas y grandes ciudades en sus riberas, que daban la imagen de un país de ensueños y encantos y allí en el centro de los lagos, tenía su morada rodeado de sus sacerdotes y caciques principales el gran Uei Tlatoani, a quien el capitán extremeño, se empeñaba en ir a saludar.

En el mismo lugar, Cortés y sus capitanes, comprobaron lo de los dos caminos, el uno obstruido con toda clase de obstáculos, árboles tirados y otros estorbos, y el otro escombrado y "barrido", para que por ahí se fueran los castellanos, la explicación que dieron los enviados de Moctezuma era que el camino obstruido era más largo y que iba a dar a Talmanalco (Tlalmanalco) y el barrido los llevaría por Chalco, población más importante y más cercana, pero si Cortés hubiera tomado el camino libre, hubiera sido atacado por millares de guerreros aztecas, pero Cortés como era desconfiado y buen psicólogo, infirió que por el camino "barrido" le tendrían alguna sorpresa y optó por seguir el camino lleno de escombros. El ejército de Cortés con sus aliados y auxiliares, sumaba ya a unos treinta mil efectivos. Dio orden a los tlaxcaltecas de que escombraran el camino y comenzó el descenso el 3 de noviembre de 1519.

Aquí comienzan las discrepancias, Bernal Díaz dice que en el descenso llegaron a un pueblo que no le pone nombre, pero que tenía un gran caserío, que era a manera de mesones para mercaderes y que allí pasaron la noche y que fueron bien alimentados. Que el día siguiente, llegaron a Tlalmanalco, y que hasta allí, llegaron comisiones de Chimalhuacán, Amecameca y Acacingo donde están las canoas. El capitán castellano recibió muchas quejas de que los recaudadores de Moctezuma cometían muchos abusos, les tomaban sus mujeres y sus hijas y que si eran bonitas, allí en presencia de ellos las forzaban, que los tenían como esclavos, que además de los tributos tenían que trabajar las tierras de los señores y de los dioses. Cortés diplomático e inteligente negociador, les prometió a través de doña Marina, que los venía a defender y que ya no les harían ningún mal.

El camino natural del descenso de los volcanes, era Amecameca, Tlalmanalco, Chalco y Acacingo ya en la ribera del lago de Texcoco, pero hay otra versión en el sentido de que Cortés y sus huestes, llegaron a Amecameca, poblado de más de veinte mil vecinos, cuyo señor era Cacamatzin o Cacama, según escriben los autores de Salvat, que dicho señor les hizo un cordial recibimiento y les dio buenos alojamientos. Mas Bernal Díaz del Castillo, escribe que Cacamatzin era sobrino de Moctezuma y rey de Texcoco y que en una de tantas embajadas se presentó ante Cortés en Ixtapalatengo[9] con gran boato y ricos presentes de oro y mantas bien labradas para instarle a Cortés

---

[9] Pueblo no identificado que pudo ser Acazingo, Atozingo o Ayotzingo.

a que se regresara, ofreciéndole todo lo que necesitara en oro, bastimentos y otros regalos.

De todos los conquistadores de la Historia del mundo, Cortés es el más afortunado, todos sus antecesores, mataban, destruían y tomaban a la fuerza todo lo que les gustaba, a las mujeres las hacían suyas y luego sus esclavas, Cortés, por el contrario, era recibido en triunfo por sus vencidos, luego le ofrecían muchos presentes, bastimentos, alojamiento y lo más valioso y codiciado por el hombre, el regalo de doncellas, aunque el extremeño aparentaba no tomarlas, él y sus soldados, hasta que fueran bautizadas. Cortés aparentemente las rechazaba diciendo que era casado pero tuvo varios hijos naturales, entre ellos uno con una princesa, hija de su víctima Moctezuma. Aquí se repite el caso de Alejandro Magno con las mujeres de su vencido, el rey Darío II.

El cuatro y el cinco de noviembre de 1519, Cortés debió haberlos pasado en Amecameca, recibiendo embajadas, regalos y quejas del despotismo y tiranía de Moctezuma; él por su parte hacía hincapié en que los mexicanos se apartaran de hacer sacrificios humanos y de la antropofagia, y que creyeran en el Dios único de su fe cristiana.

El seis de noviembre de 1519, dispuso la salida de su ejército rumbo a la gran Tenochtitlán, pasando por varios pueblos donde era la admiración de los nativos, por su extraña indumentaria, uniformes, armaduras, caballos y armas y el color blanco y la barba abundante en su rostro, los creían invencibles, teúles o dioses.

Hernán Cortés había llegado a Ayotzingo, poblado situado en las orillas del lago de Chalco, probablemente en ese lugar se le presentó Cacama, sobrino de Moctezuma y señor de Texcoco, con distinguido séquito y él vestido con gran lujo, sandalias de oro y otros ricos adornos, conducido en unas lujosas andas que portaban señores principales y cuando puso sus plantas de los pies en el suelo, le iban barriendo el camino. Este Cacama era portador de ricos presentes de oro y otros artificios, con un mensaje de su señor, para que se regresara y no entrara en su ciudad, argumentando

"...que le perdonase que porque él mismo no viene a lo que nosotros venimos, porque está mal dispuesto lo deja, y no por falta de muy buena voluntad que os tiene. Pero ya la ciudad está cerca y pues estás resuelto a ir a ella, allá te verás con él y conocerás de él la voluntad. Pero todavía te ruego que si fuese posible no vayas allá, porque padecerás mucho trabajo y necesidad, y Moctezuma tiene mucha vergüenza de no poder preverte como él desea". Cacama y sus compañeros insistieron, rogaron y prometieron dar todo lo que los hispanos necesitaran, con tal de que se regresaran, pero nada consiguieron: Cortés dio un abrazo a Cacamatzin y también a los demás principales que le acompañaban. Les hizo algunos regalos de vidrio labrado a colores: "...Y les dijo que se los tenía en merced y que cuando pagaría al señor Moctezuma las mercedes que cada día nos hace". Terminada la plática Cacama y los suyos se regresaron y Cortés ordenó la marcha que debe haber sido el 7 de noviembre de 1519, para tomar la Calzada de Iztapalapa; que Bernal Díaz describe de la siguiente manera:

"Y otro día por la mañana, llegamos a la Calzada ancha y vamos camino de Estapalapa, y desde que vimos tantas ciudades y villas pobladas en el agua y en la tierra firme e otras grandes poblaciones, aquella Calzada tan derecha y por nivel iba a México, nos quedamos admirados, y decíamos que parecía de las cosas de encantamiento que cuentan en el libro de Amadía por las grandes torres y 'cúes' y edificios que tenían dentro del agua, y todos de calicanto, y algunos de nuestros soldados decían que si aquello que veían si era entre sueños, y no es de maravillar que yo escriba aquí de esta manera, porque hay mucho que ponderar en ello que no sé cómo lo cuento; ver cosas nunca oídas ni soñadas como veíamos".

Bernal Díaz se admira de la pompa y grandeza de los caciques que al llegar a Iztapalapa les salieron a dar la bienvenida, con ricos presentes de oro, mantas y otras especies, sin faltar el regalo de las doncellas. Entre los señores principales estaba Cuitláhuac, señor de "Estapalapa", y hermano de Moctezuma. La admiración de los castellanos crece al observar la suntuosidad de los aposentos donde los alojaron; eran cuatrocientos españoles y más de veinte mil aliados (aunque algunos cronistas suponen que al salir de Amecameca eran más de treinta mil). Los españoles fueron alojados en lo mejor de las instalaciones, observaron la magnificencia de jardines y huertos, que daban agradable aroma al aire, el buen gusto de los palacios bien labrados. Habla Bernal Díaz de las maderas olorosas con que estaban fabricados, entre otras el cedro y en otra referencia, se admira de las trabazones de las vigas sin usar clavos, como ya lo dirá después.

Desde la salida de Hernán Cortés de Cholula el primero de noviembre, hasta su llegada a Iztapalapa el siete del mismo mes, no tuvo ninguna escaramuza, todo fue una marcha triunfal. Está en las puertas de la gran Tenochtitlán, su destino se va cumpliendo, se encuentra a un paso de su codiciada meta.

## LA ENTRADA A LA CIUDAD DE MÉXICO

Los hispanos no muy tranquilos pasaron la noche del siete de noviembre, como era su costumbre, con sus velas y rondas; todos bien apercibidos, y en la mañana siguiente, martes ocho de noviembre de 1519, el Capitán General ordenó que todo su ejército se pusiera en formación de marcha, pero si a ellos, los hispanos, les había causado admiración el mundo social nuevo al que llegaban, los sorprendidos eran los nativos que se aglomeraban por todas partes, acudían a pie o en sus canoas por la laguna y luego a lo largo de la Calzada de Iztapalapa a México; les causó verdadera conmoción ver pasar y llegar a su ciudad a esos extranjeros, blancos y barbados, con sus caballos, sus perros, sus armas, sus armaduras y toda su indumentaria. Se confirmaba entre ellos que eran verdaderos dioses.

Cortés dio la orden de avanzar, por la gran Calzada en compañía de los grandes señores que los recibieron el día anterior, excepto Cuitláhuac, que muy de mañana debió partir para estar al lado de Moctezuma, en el momento crucial del encuentro.

Según don Salvador de Madariaga: "Avanzaban los españoles tensos el ánimo, suspendido el aire de sus almas, entre el asombro y el temor, envuelto el espíritu en fe y esperanza, inmerso el cuerpo en el aliento de extrañas multitudes, punzado el ser por el impacto de millares de miradas que como flechas agudas les disparaban la indiada".

Avanzaban los hispanos sin dar muestras de temor alguno aparentemente, enhiestos con la pisada firme y el paso de un vencedor, al encuentro de dos culturas, dos fuerzas, dos mundos de los cuales surgiría uno nuevo con sus propios valores, pero que se tendría que conquistar, después de pasados tres siglos.

La calzada de Iztapalapa a México, tendría unas cuatro leguas, poco más de diez kilómetros y unos doce metros de ancho, era recta; en el avance de los hispanos, por ambas riberas, se agolpaban multitud de nativos, unos a pie y otros en sus canoas, la marcha seguía sin interrupción, atravesando puentes de madera que de tramo en tramo había para dar paso a las corrientes del lago. Precedía el avance un pregonero que en lengua nativa gritaba que la persona que se atravesara sería muerta.

Sobre la Calzada de Iztapalapa, se dice que fue hecha posteriormente a la primitiva calzada que debió llamarse de Coyoacán a Xochimilco, construida por los tepanecas y xochiltecas vencidos por el rey Itzcoatl y que posteriormente, se hizo un ramal a Iztapalapa y que por eso se le llamó así, que convergía como a media legua de la ciudad. Allí se encontraba un fuerte llamado Xolotl. Hasta ese lugar llegaron decenas de señores principales a rendirle acato a Hernán Cortés, vestían sus mejores galas, adornos de oro, ricas mantas y plumas; el desfile de señores principales frente a Cortés duró como una hora, le hacían reverencias y tocaban el suelo en señal de amistad y acatamiento.

Hernán Cortés y sus huestes precedidos de los señores principales, pasaron el fuerte de Xolotl y siguieron avanzando, cuando vieron que Cacama, el señor de Texcoco, Cuitláhuac, señor de Iztapalapa, el señor de Coyoacán y el señor de Tacaba, les daban la bienvenida y tocaban tierra en son de paz, y poco después, se apartaron para encontrarse con su señor Moctezuma que en riquísimas andas venía al encuentro del Capitán hispano. Bernal Díaz con su peculiar estilo refiere la escena histórica del gran encuentro que debe haber sido en lo que ahora es la calle Pino Suárez y el Hospital de Jesús.

"Ya que llegamos cerca de México, donde estaban otras torrecillas, se apeó el Gran Moctezuma de las andas y traíanlo del brazo aquellos grandes caciques, debajo de un palio muy riquísimo a maravilla y el color de plumas verdes con grandes labores de oro, con mucha argentería y perlas y piedras 'chalchiuia', que colgaban de una como bordaduras que hubo mucho que mirar en ello. Y el gran Moctezuma venía muy ricamente ataviado, según su usanza, y traía calzados unos como 'cotaras' que así se dice lo que se calzan; las suelas de oro y muy preciada pedrería por encima de ellas (los demás señores caminaban descalzos) y los cuatro señores que lo traían del brazo, venían con rica manera de vestidos a su usanza, que parece ser que los tenían aparejados en el camino para entrar con su señor que no traían los vestidos con que nos fueron a recibir y venían con aquellos cuatro señores, otros cuatro grandes caciques que traían el palio sobre sus cabezas, y otros muchos grandes señores que venían adelante del gran Moctezuma barriendo el suelo por donde había de pisar, y le ponían mantas porque no pisara la tierra, todos estos señores ni por pensamiento le miraban a la cara, sino con los ojos bajos, excepto aquellos cuatro deudos y sobrinos suyos que le llevaban del brazo". Bernal Díaz dice de su Capitán: "Y como Cortés vio y entendió y le dijeron que venía el gran Moctezuma, se apeó del caballo, y desde que llegó cerca de Moctezuma, a una se hicieron grandes acatos. El Moctezuma le dio el bienvenido, y nuestro Cortés le respondió con doña Marina que él fuese muy bien estado". Escribe el mismo cronista soldado que Cortés llevaba un collar de piedras de vidrio llamadas margaritas, de colores diversos y ensartadas en hilos de oro y perfumadas con almizque, que con el debido acato se lo puso al cuello a Moctezuma, y al mismo tiempo trató de abrazarlo, pero los dos grandes señores que acompañaban al emperador se lo impidieron, le detuvieron los brazos, porque el Uei Tlatoani era demasiado sagrado para permitir que alguien lo tocara.

Cortés con la lengua de doña Marina, agradeció al emperador azteca, la merced que se le concedía de estar frente a su persona. Entonces Moctezuma ordenó a su hermano Cuitláhuac y a su sobrino Cacama o Cacamatzin, que condujeran a los extranjeros a los aposentos que les tenían preparados, en el viejo pero magnífico palacio que fuera de Axayacatl (En la manzana que ahora ocupa el Monte de Piedad). El palacio había sido muy bien barrido y adornado con ramas frescas y camas llamadas esteras, para que descansaran en ellas todos los extranjeros. Escribe Bernal Díaz que tan luego como fueron conducidos los españoles a sus aposentos: "... y Moctezuma con los otros dos sus parientes Cuadlavaca y el señor de Tacaba que los acompañaban, se volvió a la ciudad, y también se volvieron con él todas aquellas grandes compañías de caciques principales que le habían venido a acompañar". Agrega Bernal Díaz, que nadie osaba levantar los ojos para mirarlo, que todos estaban arrinconados a la pared con la vista puesta en la tierra. Y escribe el soldado cronista: "...y así tuvimos nosotros de entrar por las calles de México, sin tener tanto embarazo". Y sigue escribiendo:

"Quiero agora decir la multitud de hombres y mujeres y muchachos que estaban en las calles y azoteas y canoas en aquellas acequias que nos salían a mirar".

Dicen los autores de Salvat, que la capital azteca, tendría en esos tiempos cerca de trescientos mil habitantes; que Texcoco unos ochenta mil, y que Iztapalapa llegaba a veinte mil habitantes. Para el área de la ciudad, capital, sin vecindades ni multifamiliares, se nos hace muy exagerada la cifra de los habitantes, sin embargo allí se queda escrito.

Escribe Bernal Díaz en el capítulo LXXXVIII de su Historia, que Moctezuma, tan pronto como ordenó el alojamiento de los españoles en el palacio de Axayacatl, se retiró a la ciudad con todo su séquito, como ha quedado anotado ya en este pasaje; y luego en el mismo capítulo escribe el ameno soldado:

"Y como llegamos y entramos en un gran patio, luego tomó por la mano el gran Moctezuma a nuestro capitán, que allí le estuvo esperando y le metió en el aposento y sala donde había de posar, que la tenía muy ricamente aderezada según la usanza, y tenía aparejado un muy rico collar de oro de hechura de camarones, obra muy maravillosa y el mismo Moctezuma se los echó al cuello a nuestro Capitán Cortés, que tuvieron bien que mirar sus capitanes del gran favor que le dio". El Capitán hispano le dio las gracias por conducto de doña Marina. Sobre este collar, Cortés en las Cartas de Relación lo refiere de otro modo diciendo:

"...Y después de haberse él fablado, vinieron asimismo a me fablar todos los otros señores que iban en las dos procesiones, en orden uno en pos de otro, e luego se formaban en su procesión. E al tiempo que yo llegué a fablar el dicho Moctezuma, quitéme un collar que llevaba de margaritas y diamantes de vidrio, y se las eché al cuello; e después de haber andado la calle adelante, vino un servidor suyo con dos collares de camarones envueltos en un paño, que eran hechos de hueso de caracoles colorados, que ellos tienen en mucho; y de cada collar colgaban ocho camarones de oro, de mucha perfección, tan largos casi como una gema, e como se los trajeron, se volvió a mí y se los echó al cuello, y tornó a seguir por la calle en la forma ya dicha, faste llegar a una muy grande hermosa cama, que él tenía para nos aposentar, bien aderezada". Era el palacio de Axayácatl.

Según Cortés, allí lo hizo sentar en un rico estrado y le dijo que le esperase allí, y el emperador se fue. Mientras tanto el Capitán hispano, hizo distribuir su gente en posición de defensa como era su costumbre, todos "apercibidos" como si temieran un ataque. Por su parte, Bernal Díaz dice que después de que Cortés le dio las gracias al emperador por el regalo del collar, Moctezuma se expresó en los siguientes términos: "Malinche, en vuestra casa estáis vos y vuestros hermanos; descansa". Y que luego se fue.

Hernán Cortés, sigue haciendo referencia del mismo día de su llegada, que después que lo sentó en el estrado el emperador se fue, y luego escribe: "...y donde a poco rato, ya que toda la gente de mi compañía estaba aposentada, volvió con muchas y diversas joyas de oro y plata, y plumajes, y fasta cinco o seis mil piezas de ropa de algodón, muy ricas y de diversas maneras tegida y labrada. E después de me la haber dado, se sentó en otro estrado, que luego lo ficieron allí junto con el otro donde yo estaba, y sentado propuso en esta manera:" Y Moctezuma le hace al capitán español, una muy larga disertación, comenzando por sus escrituras, sus antepasados, las profecías de Quetzalcóatl, las noticias de las primeras expediciones de los españoles, las batallas de Chapetón y Tabasco. Le habla de los cempoaltecas y luego de los de Tlaxcala que son sus amigos, y que mucho le habrán hablado mal de él. Que ves que son mentiras, que él es de carne y hueso, y por lo tanto es mortal. Que sus palacios son de calicanto y no de oro como se lo habían ponderado. Y enseguida, de ese relato, viene lo más grave, la rendición por convencimiento, por impotencia o por miedo. Aunque es inverosímil que haya sucedido como algunos cronistas lo refieren.

## LA ENTREGA

Fray Bernardino de Sahagún, según él, en su obra Historia de las Cosas de la Nueva España, afirma que recogió una versión indígena de la tragedia que envolvió al Uei Tlatoani, en los dramáticos días de la Conquista y que cierta o no, hace referencia de la forma patética, de cómo el poderoso emperador Moctezuma hace entrega de su reino, el mismo día de su encuentro; hablando a Cortés con tono dramático, comienza Sahagún su relato de la siguiente manera:

"Yo soy Moctezuma, y entonces enhiestóse delante del Capitán, haciéndose gran reverencia, y enhiestóse luego de cara a cara al Capitán cerca de él y comenzó a hablar de esta manera: '¡Oh señor nuestro! Seáis muy bien venido; habéis llegado a vuestra tierra y a vuestro pueblo y a vuestra casa, México; habéis venido a sentaros a vuestro trono y en vuestra silla, el cual yo en vuestro nombre he poseído algunos días. Otros señores que son muertos, y lo tuvieron antes que yo; el uno se llamó Itzcoatl, y el otro Moctezuma el viejo, el otro Axayacatl, el otro Tizoc y el otro Ahuizotl. Yo el prostrero de todos he venido a tener cargo y regir éste vuestro pueblo de México; todos hemos traído a cuestas vuestra república y vuestros vasallos; los difuntos ya no pueden ver lo que ahora pasa ¡Pluguiera a aquél por quien vivimos que alguno de ellos fuera vivo y en su presencia aconteciera lo que acontece en la mía! Ellos están ausentes, señor nuestro; ni soy dormido, soñado, con mis ojos veo vuestra cara y vuestra persona; días ha que yo esperaba esto; días que mi corazón está mirando aquellas partes por donde habéis venido, habéis salido de entre las nubes y de entre las tinieblas, lugar a todos desconocido. Esto por cierto es lo que nos dejaron dicho, los reyes que pasaron, que habías de volver a reinar en este reino, que habías de sentaros en vuestro trono y en vuestra silla; que ahora que es verdad lo que nos dejaron dicho. Seáis muy bien venido; trabajo habréis pasado viniendo desde tan largos caminos, descansad ahora aquí, esta es vuestra casa y vuestros palacios, tomadlos y descansad en ellos con vuestros capitanes y compañeros que han venido con vos'".

Según Sahagún, doña Marina transmitió al Capitán castellano toda la anterior exposición que le hizo el Uei Tlatoani. En seguida Cortés dijo a su intérprete: "Decidle a Moctezuma que se consuele y huelgue y que no haya temor, que yo lo quiero mucho y todos los que conmigo vienen, y de nadie recibirá daño; hemos recibido gran contento en verle y conocerle, cual hemos deseado muchos días ya y se ha cumplido vuestro deseo, hemos venido a su casa a México; despacio nos veremos y hablaremos".

La anterior declaración de Moctezuma a Cortés, que escribe Fray Bernardino de Sahagún antójase apócrifa, ya que el minucioso Bernal Díaz y el propio Cortés en sus respectivos relatos, testigos y actores en el inmenso drama de la conquista, nada dicen de la narración de Sahagún, presentan al encuentro con otras palabras, el sentido, la pompa y acato que ambos personajes centrales de la tragedia, pero sin drama ni alguna otra tensión.

Cierta o hilvanada la versión de Sahagún, debe haberse utilizado para justificar al conquistador y hacer creer al pueblo vencido, que debía aceptar sumisión decretada por sus dioses y afirmada por el Dios de los cristianos. De todos modos, concediendo sin aceptar, la narración de Sahagún, resume la enorme tragedia del pueblo mexicano, gobernado por un personaje vencido antes de combatir (aunque nunca combatió), por las consejas, tradiciones y prejuicios, que pesaban sobre él, y que siendo de espíritu pusilánime, que jamás pudo superar. Y sumiso entrega su trono y luego su persona, para después morir sin gloria.

Don Salvador de Madariaga, admirador ferviente del conquistador, refiriéndose al mismo día ocho de noviembre, día del encuentro de dos mundos como él lo dice, que: "aquel hombre que se inclinaba con ademán afable y ojos sonrientes, era la encarnación de la fe cristiana". Qué hermosa y qué dulce aseveración, pero que Cortés en muchos, pero en muchos actos de la conquista desmintió. Poseía ciertamente una vestidura de cristiano, pero estaba lejos de poseer un verdadero espíritu cristiano. Y sigue diciendo don Salvador:

"Dio el español unos pasos hacia delante y abrió los brazos. Era el gesto que aquel momento tenso dictaba a su cuerpo, encarnación de un espíritu humano que frente a otro espíritu humano reaccionaba en armonía con su propio sentido íntimo, que era universal. El mundo cristiano abría sus brazos a lo desconocido en ademán a la vez de fraternidad y de absorción, pero el abrazo no pudo consumarse porque los dos príncipes que custodiaban a Moctezuma extendieron el brazo forzando barrera entre el cristiano y el azteca. El Uei Tlatoani era demasiado sagrado pero que nadie lo tocase. Pero aunque trabado por la etiqueta y la ceremonia, aquel mundo está dispuesto a la cortesía y aun a la reverencia para con los misteriosos extranjeros. Los príncipes primero, el mismo emperador después, tocaron la tierra con la mano, llevándose después los dedos a la boca. Y en seguida exclamó el emperador: '¡Oh señor nuestro seáis muy bien venido...!'" Y Don Salvador de Madariaga reproduce el relato de la exposición verbal que hizo Moctezuma al Capitán castellano, según Sahagún lo escribió, en su Historia de la Cosas de la Nueva España.

Nunca podrá negarse que Hernán Cortés fuera un personaje singular, de muy particular talento político y guerrero, con un valor a toda prueba, que conquistó un imperio que se dejó conquistar, con un pequeño ejército que ningún guerrero de la antigüedad se hubiera atrevido ni siquiera a ollar su suelo. ¿Qué es grande Cortés? Tal vez lo sea, por su audacia, por su empeño y su porfía en consumar su empresa de conquista, pero nunca a la altura de los Alejandro de Macedonia, o de los Aníbales o los escisiones, que fueron vencidos y vencedores; que se midieron por iguales, guerreros y legiones con idénticas armas. Pero acá, nuestro Hernán Cortés, dando una mano y combatiendo con la otra a pueblos desnudos con armas de palo, con alguna obsidiana o piedras del camino, y cuyos escuadrones en sus ataques, no empleaban ninguna estrategia y luego cometer dos grandes genocidios. ¿Cómo va a ser así un individuo, representante y encarnación de la fe y del espíritu cristiano?

Hágase memoria y eso sí, ríndase pleitesía y todo honor sacrosanto, a la pléyade de santos varones que en seguida de la conquista llegaron a los confines del Anáhuac. Ellos sí eran la encarnación del espíritu cristiano; que llegaban a curar las heridas del vencido, y darle un poco de consuelo a su alma adolorida, de huérfano tiranizado y desposeído. Crease o no, estos evangelizadores que presentaron a la corte de España innumerables querellas en defensa de los desamparados, fueron los verdaderos consumadores de la conquista. Se dirá que Cortés les abrió el camino. No, el camino quedó abierto el 12 de octubre de 1492, cuando el gran Almirante del mar Océano, don Cristóbal Colombo, llegó a las tierras vírgenes de un mundo nuevo que provocó un renacimiento en la vieja Europa decadente, empobrecida por tantas guerras entre señores feudales y reyes pobres. Y de lo cual España no fue ajena, por su guerra de reconquista y unificación.

Queremos repetir la versión de Bernal Díaz del Castillo, que escribe en el capítulo LXXXIX, respecto a los acontecimientos del mismo día de la entrada de los españoles a la gran Tenochtitlán, en donde se hace referencia de que Moctezuma no le habló a Cortés en los términos que afirma Sahagún en su Historia de la Conquista de México. Dice Bernal Díaz:

"Como el gran Moctezuma hubo comido y supo que nuestro Capitán y todos nosotros asimismo hacía buen rato que habíamos hecho lo mismo, vino a nuestro aposento con una gran copla de principales y todos deudos suyos y con gran pompa. Y a Cortés le dijeron que venía, le salió a mitad de la sala a recibir, y Moctezuma le tomó por la mano; y trajeron unos como asentadores hechos a su usanza y muy ricos y labrados de mucha manera con oro. Y Moctezuma dijo a nuestro Capitán que se sentase y se sentaron entrambos cada uno en el suyo y luego comenzó Moctezuma en un muy buen parlamento y dijo que en gran manera se holgaba de tener en su casa y reino unos caballeros tan esforzados como era el Capitán Cortés y todos nosotros;..." Y habla el Uei Tlatoani de que ya tenía conocimiento desde varios años antes de las dos primeras expediciones a quién quería conocer, luego le habla de los acontecimientos de Champotón y Tabasco, los cempoaltecas y las batallas con los tlaxcaltecas, que ya conoció porque se las habían llevado pintadas. La plática se alarga con múltiples detalles y termina con la entrega al Capitán castellano de un número de ricos presentes de oro, ricas mantas labradas y adornos primorosos hechos de plumas de diversos colores.

Con doña Marina, Cortés le dio las gracias a Moctezuma diciendo entre otras cosas: "...que no sabe con qué pagar él ni todos nosotros las grandes mercedes recibidas de cada día, y que ciertamente veníamos de donde sale el sol, y somos vasallos y criados de un gran señor que se dice el emperador Carlos, que tiene sujetos a sí muchos y grandes príncipes, y teniendo noticia de él y de cuan grande señor es, nos envió a estas tierras a verle y rogarle que sean cristianos como es nuestro emperador, y todos nosotros, y que salvaran sus ánimas él y todos sus vasallos;..." Y Cortés le siguió hablando de la existencia de un solo Dios, como ya se lo había dicho a sus primeros embajadores allá en los arenales. La plática siguió entre buenos comedimientos y por fin Moctezuma dio orden a uno de sus mayordomos de que nada les faltara a los extranjeros. Se despidió de esta primera visita y Cortés y sus capitanes salieron a despedirlo hasta la calle. En esta primera visita amplia y cordial, que Moctezuma hizo a Cortés en el palacio donde lo había mandado alojar, aquella tarde del ocho de noviembre de 1519. De propósito se han repetido algunas notas de Cortés y de Bernal Díaz, respecto de ese gran encuentro y se habrá notado que ninguno de los personajes relatores, hacen mención de que el Uei Tlatoani se haya rendido y entregado su trono como dramáticamente lo refiere Fray Bernardino de Sahagún en su Historia de la Conquista de México. Que Moctezuma no haya tenido el temple y el coraje de un Cuitláhuac o un Cuauhtémoc, para combatir a los extranjeros a su verdadero tiempo, cuando el imperio estaba intacto; que fue el gran error que originó su gran tragedia; pero que los dioses, las consejas y las tradiciones y el mismo Dios de los cristianos lo hayan dispuesto así, está muy lejos del principio más elemental de la lógica. Fue más bien el empuje de la civilización y del tiempo en búsqueda de la verdad, una verdad que había sido sofisticada y supeditada a un destino inmutable, cuyas barreras, la ciencia incipiente trataba de romper. Y fue don Cristóbal Colombo y primer y gran científico que lo logró. El camino quedó abierto para todo tipo de corrientes, de ambiciones políticas, económicas y doctrinales de la fe cristiana que mucho bien derramaron en un mundo atormentado por la maldad y la codicia. Pero lo que más abundó en esas corrientes fueron los inmigrantes aventureros pobres que abandonaban su país, para ir a las tierras nuevas descubiertas por el gran Almirante don Cristóbal Colombo, y entre tanto aventurero que iba en busca de fortuna, figuraba Fernando, Hernando o Hernán Cortés.

## HERNÁN CORTÉS VISITA A MOCTEZUMA EN SU PALACIO

Escribe Bernal Díaz del Castillo en el capítulo XC de su Historia Verdadera, que al día siguiente de la entrada de los españoles a la Gran Tenochtitlán, miércoles nueve de noviembre, Cortés determinó hacer una visita a los palacios de Moctezuma, acompañado de los capitanes Pedro de Alvarado, Juan Velázquez de León, Diego de Ordaz y Gonzalo Sandoval, y cinco soldados, entre los que iba el propio Bernal. Tan luego como el Uei Tlatoani supo de la llegada de los españoles, salió a recibirlos a mitad de la sala, muy acompañado de sus sobrinos, porque en la estancia de Moctezuma, ningún otro señor entraba mas que sus deudos. Y en el nuevo encuentro, el emperador y el capitán hispano se hicieron acato, Moctezuma tomó de la mano a Cortés y lo hizo sentar a su derecha y ordenó que trajeran más asientos para que todos quedaran sentados.

"...Y Cortés le comenzó a hacer un razonamiento con nuestras lenguas de doña Marina y Aguilar, y dijo que ahora que había venido a ver y hablar a un tan gran señor como era, estaba descansado y todos nosotros, pues ha cumplido el viaje y mandado lo que nuestro gran rey y señor le mandó..." y a continuación le habló de la fe cristiana, de nuestro señor Dios, del que ya le habrán dado noticias sus embajadores, Tendile, Pitalpitoque, y Quintalvor, cuando les hizo merced de enviarlos a allá en los arenales (Veracruz), le siguió hablando de Jesucristo como Dios verdadero, que sufrió pasión por salvar al género humano, que "ese Dios Nuestro Señor resucitó al tercer día y que ahora se encontraba en los cielos y que fue el que hizo la tierra y todo lo que en ella se encuentra", y "...que ninguna cosa se hace en el mundo sin su santa voluntad,..." y le siguió hablando del mismo tema y que "ahora le pido por merced que esté atento a las palabras que ahora le quiere decir". Y Cortés continuó:

"Y luego dijo muy bien dado a entender, de la creación del mundo y como todos somos hermanos, hijos de un padre y de una madre que se decían Adán y Eva, y como tal hermano, nuestro gran emperador, doliéndose de la perdición de las ánimas que son muchas las que aquellos sus ídolos llevan al infierno, cómo arden en vivas llamas, nos envió para que esto que haya oído lo remedie,..." Y le siguió hablando de que ya no adoren ídolos, ni hagan sacrificios humanos, ni sodomías ni robos y que todos somos hermanos. A continuación agregó que en poco tiempo vendrían unos hombres que "vivían santamente, que vendrían a les dar a entender, porque el presente, ellos los españoles, sólo han llegado a notificarlos." Y concluyó: "Con esto cumplimos para ser el primer toque".

"Y Moctezuma respondió: 'Señor Malinche; muy bien tengo entendido de vuestra plática y razonamiento antes de ahora que a mis criados les dijisteis en el arenal eso de tres dioses y de la cruz y de todas las cosas que en los pueblos por donde habéis venido, habéis predicado; no os hemos respondido a cosa ninguna de ellas porque desde 'AB INITIO' (nos preguntamos si Moctezuma sabría algo de latín, ¿o es un adorno del cronista?) acá adoramos nuestros dioses y los tenemos por buenos; así deben ser los vuestros, y no curéis más el presente de hablar más de ellos; y eso de la creación del mundo, así lo tenemos nosotros creído, mucho tiempo ha pasado; y ha esta causa tenemos por cierto que sois los que nuestros antecesores nos dijeron que vendrían de donde sale el sol;..." Moctezuma siguió hablando de que daría a ese gran rey todo lo que tuviera y repitió a Cortés que ya tenía conocimiento de todas las pasadas expediciones y quería saber "si todos eran hermanos". Cortés le contestó que sí, que todos eran hermanos. Moctezuma siguió hablando como para disculparse de que no quería que entraran a sus ciudades, que porque sus mensajeros le habían informado que echaban rayos y truenos y que con sus caballos mataban muchos indios, y agregó, que sabía que los españoles eran muy esforzados y que por eso los tenían en gran estima.

Cortés respondió y todos sus acompañantes: "...que se lo teníamos en gran merced, tan sobrada voluntad".

La plática seguía entre risas de Moctezuma y de Cortés, ambos parecían contentos. El Uei Tlatoani seguía dando explicaciones, aunque ya lo había dicho antes, que era de carne y hueso, que sus palacios no eran de oro, sino de calicanto, que los de Tlaxcala lo habrán mal informado, que no es 'teúl' y agregó: "...de señor, yo gran rey sí soy y tener riquezas de mis antecesores sí tengo, mas no las locuras y mentiras que de sí os han dicho; así que lo tendréis por burla, como yo la tengo de vuestros truenos y relámpagos." La conversación siguió otro rato, sin que se salieran del tema, pero en ningún momento se habló de la versión de Bernardino de Sahagún de la entrega de Moctezuma y su reino a Hernán Cortés.

Mientras tanto, el emperador de manera disimulada, ordenó a uno de sus sobrinos que estaba presente, que ordenara que trajeran: "ciertas piezas de oro, que parece ser debieran estar apartadas para dar a Cortés, diez cargas de ropa fina, lo cual repartió; el oro y mantas entre Cortés y los cuatro capitanes, y a nosotros los soldados nos dio a cada uno dos collares de oro,...". Todos los presentes los regaló el Uei Tlatoani con "una grande alegría":

Era ya más de medio día, los españoles se despidieron con el acato debido a un emperador, mientras este agradecía la merced que le dieron al irlo a visitar.

Acerca de la grandeza de Moctezuma Bernal Díaz dice: Moctezuma tendría unos cuarenta años, de buena estatura y bien proporcionado, cenceño y pocas carnes, el color ni muy moreno, sino propio color y matiz de indio,..." El pelo no muy largo, poca barba, bien puestas, el rostro algo largo y alegre, ojos negros que al mirar mostraba buena manera y amor, y cuando era menester gravedad. Era muy limpio, se bañaba todos los días y se cambiaba de ropa y que "era muy pulido y limpio". Tenía muchas mujeres por amigas, hijas de caciques y dos esposas que al estar con ellas nadie se enteraba, más que alguno de sus sirvientes. Que la ropa que se ponía apenas la usaba tres o cuatro días. Tenía un sinnúmero de principales repartidos por todo su palacio, pero no tenían acceso a su estancia más que sus deudos de confianza. Para verla, así fueran caciques, tenían que quitarse sus ropas de lujo y ponerse otras de menor calidad, que nadie osaba verle a la cara sino con la mirada puesta en tierra y al retirarse, se alejaban de su presencia de espaldas hasta pasar la puerta de salida; el trato que le daban era de: "Señor", "Mi señor", "Mi gran señor", que los señores o caciques que llegaban de lejos, al entrar a la presencia del Uei Tlatoani; tenían que entrar descalzos y vestidos con pobres ropas. En el comedor tenía más de treinta cocineros para cocinar más de treinta manjares, algunos cronistas dicen que 200 de todo tipo de aves y animales y hasta guisados de carne de niño, pero que desde que Cortés le habló del abominable sacrificio de los hombres, ya no volvió a comer carne humana. Se dice que los alimentos siempre debían estar calientes, que cuando hacía frío se encendía fuego en braceros de barro, quemando maderas olorosas que no hacían humo. Que en el momento de comer, unas cuatro mujeres hermosas le llevaban agua para que se lavase las manos y otras cuatro le daban toallas, que unas le daban tortillas y otras los manjares, que ponían frente a él un como tablero (biombo) para que nadie le viera comer, que a su lado le acompañaban cuatro viejos que eran sus deudos, hombre de confianza, consejeros o jueces, que de vez en cuando se dignaba darles un platillo de lo que más le había gustado. Cuando comía todo debía estar en silencio, nadie tenía libertad de hablar, su bebida se la hacían de cacao, tomaba fruta de la que había en la temporada; la loza en la cual le servían era de barro rojo o negro de la que hacían en Cholula, y que una vez usada, ya no se volvía a usar para el servicio de emperador, se repartía entre todos los del servicio. Terminada la comida, los viejos y la demás servidumbre se retiraban y él se quedaba reposando.

Y después que comía Moctezuma, comían todos; guardas y gente de servicio que eran en gran número, consumían muchísimos platillos y frutas que representaban un gasto verdaderamente costoso.

Escribe Bernal Díaz, que Moctezuma tenía su mayordomo mayor, que era quien le llevaba sus cuentas, tal como un director de hacienda de la actualidad, al que los españoles llamaban Tapia, que acumulaba sus libros hechos de papel llamado "amal" y que ocupaba una casa especial para ello.

En el capítulo XCI, el cronista soldado habla de que Moctezuma tenía dos casas de armas, donde abundaban toda clase de instrumentos de guerra a su usanza, algunos con adornos muy finos de oro y que había una como navaja de obsidiana con que se rapaban la cabeza. El relato sigue sobre dónde había toda clase de pajarracos, patos, guajolotes (a los que Bernal llama gallinas de papada) y toda clase de aves pájaros de todos colores. Narra con minuciosidad de las casas de los ídolos, dónde había fieras y todo tipo de alimañas desde leones, tigres, venados, conejos y hasta un serpentario, en el cual abundaban las víboras de cascabel, con nidos especiales hechos con plumas para que allí depositaran sus huevecillos para su reproducción. Que en la casa de ídolos, se hacían sacrificios humanos, se extraía el corazón de las víctimas y se le ofrecía a los ídolos y la carne destazada se ponía a hervir y los sacerdotes y servidores de los ídolos, se daban un suculento banquete, pero que también se alimentaba al serpentario con carne humana. Dice Bernal Díaz: "Digamos ahora las cosas infernales, cuando bramaban los tigres y leones y aullaban los adives y zorros y silbaban las sierpes, era grima, parecía infierno..."

Al hablar Bernal Díaz de las artesanías, hace una descripción de orden en que estaban organizados los oficiales de cada actividad y es admirable el adelanto que en la gran Tenochtitlán se había alcanzado, en una platería ubicada en Azcapotzalco donde hacían filigranas los carpinteros, los y las tejedoras de mantas y otras telas bien acabadas y demás oficios que se desarrollaban, según las necesidades de la comunidad. Había además del Calmecac y escuelas del pueblo, otra de danza y una especie de casa para monjas o retiro para doncellas casaderas, allí muy cerca de la casa de los ídolos. Dice el cronista soldado: "...que no se debe olvidar las huertas de flores y árboles olorosos y de los muchos géneros que en ellos tenían, sin faltar las yerbas medicinales y de provecho cultivadas por hortelanos competentes." Y "...había baños, retretes, apartamientos como cenaderos y lugares donde bailar y cantar, todo bien hecho y encalado, y había tanto que mirar en esto de las huertas como en todo lo demás que no nos hartábamos de ver su gran poder..."

## HERNÁN CORTÉS HACE UN RECORRIDO POR LA CIUDAD

Escribe Bernal Díaz que pasados cuatro días de estar en la ciudad de México, debe haber sido por el 13 de noviembre, Hernán Cortés envió a Jerónimo de Aguilar y a doña Marina, a pedir permiso a Moctezuma, para visitar la ciudad, a lo que el Uei

Tlatoani accedió, pero con el temor de que le hicieran daño a sus dioses, por lo que acordó él mismo ir en persona, acompañado de muchos principales, llegó al templo mayor en andas como era su real costumbre, pero al llegar puso sus plantas en la tierra y subió los ciento catorce escalones y al llegar frente a su dioses, los comenzó a sahumar y hacer otras ceremonias, entre tanto Cortés y sus capitanes iban a caballo y llegaron a la gran plaza de "Tlatelulco" (Tlatelolco), donde quedaron admirados del gran concierto y organización del gran mercado, todo dispuesto en orden por mercaderías y con un inmenso intercambio comercial; había de todo lo necesario y lo supérfluo, hasta la venta de esclavos y esclavas. De la gran plaza, los castellanos se dirigieron al Cue o Teocalli, rodeado de unos grandes patios enlozados y limpios y desde que los vio, el Uei Tlatoani ordenó a seis sacerdotes y principales para que bajaran a ayudar a Cortés para que subiera los ciento catorce escalones, pero el capitán no los aceptó y a paso breve subió con sus compañeros, al llegar a la cima del templo que dominaba los cuatro puntos de la ciudad, Moctezuma le dijo: "Cansado estaréis señor Malinche, de subir este nuestro gran Templo." Y Cortés le contestó con la lengua de Aguilar y doña Marina, "...que él ni sus compañeros se cansaban en cosa ninguna." En seguida Moctezuma tomó por la mano a Cortés y le dijo que mirase su gran ciudad y otras ciudades que se encontraban en el agua y en las riberas del lago, que viera el gran mercado y desde allí se dominaban las tres calzadas, la de Iztapalapa por donde entraron, la de Tacaba y la de Tepesquilla (Tepeyac), y también se veían todos los demás templos o Cues, con sus torrecillas que algunos parecían fortalezas. Y dice Bernal Díaz:

"Y después de bien mirado y considerado todo lo que habíamos visto, tornamos a ver la gran plaza y la multitud de gente que en ella había, unos comprando y otros vendiendo, que solamente el rumor y el zumbido de las voces y palabras que allí había sonaba más que de una legua, y entre nosotros hubo soldados que habían estado en muchas partes del mundo, y en Constantinopla, y en toda Italia y en Roma, y dijeron que plaza tan bien compasada y con tanto concierto y tamaño y llena de tanta gente no la habían visto."

Cortés consultó con el padre Olmedo si sería conveniente hacer allí una iglesia, pero el sacerdote cristiano no fue de la misma opinión porque aún no era oportuno. A continuación por las lenguas de Aguilar y de doña Marina, pidió a Moctezuma que le permitiera ver sus dioses, el emperador consultó con algunos de sus "papas" los que dieron su aprobación; entonces Cortés y sus compañeros entraron a una sala donde al parecer se hallaban dos como altares y en cada altar estaba un ídolo con su paje con adornos propios de los nativos, el que estaba a la derecha decían que era su "Uichilobos" y el de la izquierda "Tezcatopuca", el primero dios de la guerra y el segundo, dios de los infiernos, que había unos como diablillos chicos con colas como de sierpes, con un olor fétido como en los mataderos o rastros, con las paredes llenas de costras de sangre y los sacerdotes o papas, con vestiduras negras y el cabello enmarañado todo con manchas de sangre, de los hombres sacrificados en el momento de la visita los hispanos observaron que los dioses o ídolos ostentaban cinco corazones humanos de personas recientemente sacrificadas. Tenían también un ídolo que presentaba una imagen de mitad hombre y mitad lagarto, que era el dios de todas las sementeras. Había allí en el templo un "atambor", que se decía estaba hecho de cuero de sierpes, que cuando lo tañían se oía más allá de dos leguas, con un sonido triste y lúgubre.

De ser cierto y verídico lo que nos cuenta Bernal Díaz, esos templos eran macabros, tétricos o sanguinarios que por razón del tiempo y la fuerza espiritual de otra religión llena de amor y humanidad, tendrían que desaparecer. Añade Bernal Díaz: "… y como todo hedor a carnicería, no veíamos la hora de quitarnos de tal hedor". Entonces Cortés por voz de sus intérpretes dijo al Uei Tlatoani: "Señor Moctezuma; no sé cómo tan gran señor y sabio varón como vuestra merced es, no haya colegido en su pensamiento cómo no son estos vuestros ídolos dioses, sino cosas malas que se llaman diablos,…" Y luego Cortés pidió al emperador que le hiciera la merced de colocar en lo alto del templo una cruz y entre los dos grandes ídolos, una imagen de "Nuestra Señora", imagen que Moctezuma ya conocía; "y veréis el temor que de ello tienen esos ídolos que os tienen engañados." El emperador y dos de sus papas que estaban con él contestaron airados: "...Señor Malinche; si tal deshonor como has dicho creyera que habías de decir no te mostrara mis dioses. Estos tenemos por buenos, y ellos nos dan salud y aguas y buena sementera y victorias cuantas queremos; y tenémoslos que adorar y sacrificar; lo que os ruego no se diga otras palabras en su deshonor." Oído lo anterior, Cortés y sus compañeros dijeron que se retiraban. Moctezuma dijo que estaba bien, que él se quedaba a orar a sus dioses, por el gran "tatacul" (pecado) y deshonor que había cometido por dejarlos ver a sus dioses.

Cuenta Bernal Díaz, que terminada la guerra de conquista, y vino el repartimiento del área del gran templo, al escarbar para hacer los cimientos de la iglesia de Santiago Tlatelolco, y otras edificaciones, encontraron en los cimientos del gran Teocalli azteca muchas joyas y piezas de oro, que los vecinos fundadores que lo edificaron habían colocado. Este templo azteca fue el más suntuoso y más grande de México, se le conoció por el Templo Mayor. El templo de Cholula también era grande y alcanzó fama entre los aztecas, tenía ciento veinte gradas y el de Texcoco un poco menor, con ciento diez escalones. Lo que era de admirarse, es la construcción técnica de los arquitectos que los edificaron.

El día del recorrido de Cortés y sus compañeros, por la ciudad de México, que debe haber sido el 12 o 13 de noviembre, conocieron la ciudad los muchos templos que había y el infinito número de ídolos que el pueblo tenía. Cansados de andar y conocer y ver tantos adoratorios con sus ídolos y sacrificios, acompañado de sus principales, regresaron a su aposento donde los esperaba un suculento refrigerio.

Se vuelve a insistir, que ni Bernal Díaz ni Cortés, han hecho referencia de lo escrito por Sahagún, respecto de la rendición y entrega del Uei Tlatoani al Capitán Hispano.

Cortés y sus compañeros al conocer el Teocalli Mayor, la piedra de los sacrificios, la sangre fresca y demás adoratorios, habían recibido una muy buena impresión, tanto que el Capitán hispano propuso al padre Olmedo: "Paréceme señor Padre, que sería bien demos un tiempo a Moctezuma sobre que nos deje aquí hacer nuestra iglesia." Eso de convertir era la bandera constante y presente de Cortés, para alcanzar su empresa de conquista, pero el sacerdote más prudente y más sabio que el guerrero, dio su opinión de que aún no era tiempo, que Moctezuma no daba señales, "… de arte que tal cosa conceda."

## LOS ESPAÑOLES HACEN UNA CAPILLA EN SU APOSENTO

Como los españoles hacían sus oraciones en improvisados altares, que después quitaban, Cortés acordó con sus capitanes pedir permiso a Moctezuma para hacer una iglesia dentro del palacio de Axayacatl, es decir, dentro del cuartel donde se aposentaban los iberos, Moctezuma dio su anuencia. Entonces los hispanos pidieron a los mayordomos que les daban asistencia, materiales y albañiles para la construcción, que debe haberse hecho con suma rapidez en unos cuantos días, pues muy pronto entró en servicio; y ya allí se oficiaban misas, a las que asistían algunos señores principales del servicio del emperador, y veían con los ojos muy abiertos, cómo los iberos se arrodillaban y oraban frente al altar cristiano.

En la construcción de la capilla y la erección de un altar, los españoles descubrieron un riquísimo y fabuloso tesoro que se encontraba oculto en una estancia del palacio de Axayacatl, cuya puerta había sido tapiada. Sobre ese singular hallazgo, Bernal Díaz escribe:

"Pues cuando estábamos en aquellos aposentos, como somos de tal calidad y todo lo trascendemos y queremos saber, cuando mirábamos dónde mejor y más conveniente parte habíamos de hacer el altar, dos de nuestros soldados, que uno de ellos era carpintero de lo blanco, que se decía Alonso Yañez, vio en una pared una como señal que había sido puerta, y estaba cerrada y muy bien encalada y bruñida, y como había fama y teníamos relación que en aquel aposento tenía Moctezuma el tesoro de su padre Axayacatl, sospechóse que estaría en aquella sala que estaba de pocos días cerrada y encalada, y Yáñez le dijo a Juan Velázquez de León y a Francisco de Lugo que eran capitanes sus deudos míos y Alonso Yáñez se allegaba a su compañía como criado, y aquellos capitanes se lo dijeron a Cortés, y secretamente se abrió la puerta. Y desde que fue abierta y Cortés con ciertos capitanes entraron primero dentro y vieron tanto número de joyas de oro y en planchas, y tejuelos muchos, y piedras de chalchiuis y otras muy grandes riquezas, quedaron elevados, y no supieron qué decir de tanta riqueza. Y luego lo supimos entre todos los demás capitanes y soldados y luego lo entramos a ver muy secretamente; y desde que yo lo vi, digo que admiré y como en aquel tiempo era mancebo y no había visto en mi vida riquezas como aquellas, tuve por cierto que en el mundo no se debieran haber otras tantas. Y acordose por todos nuestros capitanes y soldados que ni por pensamiento se tocase en cosa ninguna dellas, sino que la misma puerta se tornase luego a poner sus piedras y se cerrase, y encalase de la manera en que la hallamos, y que no se hablase de ello porque no lo alcanzase a saber Moctezuma, hasta ver otro tiempo."

El anterior relato de Bernal Díaz, nos da una idea del fabuloso tesoro, que los hispanos, no alcanzaron a llevarse la noche del 30 de junio de 1520 y los que se cargaron con parte de él, su peso les propició su muerte, perdiéndose en las aguas de "las puentes" cortadas; y que pasado poco más de un año, a la caída de la gran Tenochtitlán, y con la prisión del joven Uei Tlatoani; la codicia de los capitanes y el recuerdo puesto en ese gran tesoro, obligarían al ya conquistador, a darle tormento al "Águila que cae", para que revelara el sitio donde tenía oculto el tan singular tesoro. Vano intento, el tesoro se había esfumado, los mismos españoles lo hicieron desaparecer, la noche de su huída.

Las horas eran lentas, pero los días pasaban, y Cortés y los suyos no se sentían seguros, encerrados en una ciudad llena de peligros, y pensaban con razón que la conquista no se consumaría, si no se lograba convertir al rey azteca a la fe cristiana. Los abastos disminuían como pasó en Cholula, y una serie de razonamientos se hacía el Capitán hispano, que colmó su temor al recordar las advertencias de los señores de Cempoala y Tlaxcala, de que el Uei Tlatoani, mudaba siempre de pensamiento, y que no cumplía lo que decía. Cortés en esa desazón, formó consejo con sus principales capitanes y llegaron a la conclusión de que para asegurar su existencia en medio de una ciudad tan grande y tan llena de acechanzas lo mejor era apoderarse de Moctezuma.

## PRISIÓN DEL EMPERADOR

La prisión de Moctezuma, tuvo apariencia de lo que hoy llamaríamos un secuestro, debía hacerse sin llamar la atención de los señores y vasallos del Uei Tlatoani, para no provocar alarma y este apelara a sus guerreros y les ordenara que acabaran con los extranjeros. La prisión se llevó a cabo calladamente; fue un golpe militar maestro, de hábil política de guerra en medio de un peligro que los acechaba. Sobre este hecho Bernal Díaz dice lo siguiente:

"... nuestros capitanes que fueron Juan Velázquez de León, Diego de Ordaz, Gonzalo de Sandoval y Pedro de Alvarado, que con buenas palabras sacarlo de su sala y traerlo a nuestros aposentos, y decirle que ha de estar preso, que si se altera o diere voces lo pagará su persona, y que si Cortés no lo quiere hacer luego, que les de licencia, que ellos lo pondrán por la obra y que de dos grandes peligros es que estamos, que el mejor y más a propósito es prenderle y no aguardar a que nos diese guerra, que si la comenzaba, ¿qué remedio podíamos tener? También le dijeron ciertos soldados que nos parecía que los mayordomos que servían en darnos bastimentos se desvergonzaban y nos los traían cumplidamente como los primeros días..." Aunados a esos razonamientos, los españoles recibían otros avisos de sus aliados los cempoaltecas y tlaxcaltecas, que los tenían en constante alarma. La noche del 19 de noviembre los hispanos la pasaron casi sin dormir, a la mañana siguiente, 20 del mismo mes, Hernán Cortés recibió de dos indios tlaxcaltecas una carta que le enviaban desde Veracruz, con la noticia de la muerte de Juan Escalante y seis españoles y un caballo, por un encuentro que tuvo con el cacique Cuauhpopoca, recaudador de Nauhtla o Almería, que el cacique de Almería le echaba la culpa a Moctezuma de los sucesos que porque había recibido órdenes del emperador. Y que como era necesario que Moctezuma respondiera ante Carlos V su señor, y atentos se aclarara el suceso, de los españoles muertos por Cuauhpopoca, era necesario que pasara a morar con él, asegurándole que no recibiese pena porque no estaría preso sino que tendría toda su libertad. Moctezuma trató de oponer resistencia alegando que aunque él accediera, al saberlo su pueblo no lo toleraría. Siguieron hablando y ninguna de los dos cedía. El Uei Tlatoani, recurrió al recurso de ofrecer como rehenes a dos de sus hijos pero Cortés no aceptó, siguieron las palabras, la discusión, y el Uei Tlatoani se seguía resistiendo; más de media hora había hablado y el capitán castellano no lo podía convencer; cuando de pronto, Juan Velázquez de León tomó la palabra y en voz alta y tonante, sumamente alterado dijo: "¿Qué hace vuestra merced ya con tantas palabras? O lo llevamos preso, o darle hemos de estocadas. Por eso tornóle a decir que si da voces o hace alboroto que le mataremos, porque más vale que en esta vez aseguremos nuestras vidas o las perdamos."

Moctezuma espantado de la voz alterada de Velázquez de León, preguntó a Doña Marina el contenido de esas palabras; entonces doña Marina resumiendo en pocas palabras, le dijo que era mejor que se fuera con los españoles a su aposento y que allí estaría seguro sin perder su autoridad mientras se aclaraban los hechos, que de lo contrario allí quedaría muerto.

Moctezuma vuelve a argumentar que no le hagan esa afrenta que qué dirán sus principales. Cortés volvió a insistir, que debía irse con ellos en ese momento. Moctezuma no teniendo otra alternativa, y después de argumentar otras razones, Bernal Díaz escribe: "... y dijo que iría de buena voluntad." En el acto Cortés y sus capitanes "le hicieron muchas caricias y le dijeron que le pedían por merced que no hubiera enojo y que le dijese a sus capitanes y a los de su guardia que iba de su voluntad, porque había tenido plática con su ídolo Uichilobos y de los papas que le servían, que convenía para su salud y guardar su vida con nosotros." A continuación le llevaron al Uei Tlatoani, sus ricas andas en las que solía andar y llevado por sus capitanes fue trasladado al palacio de Axayacatl, donde fue instalado como emperador que era, pero rodeado de "velas y guardias" puestos por los hispanos. Debe haber sido el 20 de noviembre de 1519.

En los días que siguieron, Moctezuma aparentaba no estar prisionero, llegaron sus mayores capitanes, sus sobrinos y otros principales, para saber la causa de su prisión y a pedirle órdenes para darles guerra a los extranjeros. Pero el Uei Tlatoani, les aseguró que se "holgaba de estar allí algunos días con nosotros, de buena voluntad y no por fuerza, y que cuando él algo quisiese, se los diría y que no se alborotasen ellos ni la ciudad, ni tomasen pesar de ello, porque esto que ha pasado allí que su Uichilobos lo tiene por bien, y se lo han dicho ciertos papas que lo saben, que hablaron con su ídolo sobre ello." Ordenó la presencia de Cuauhpopoca.

Aparentemente Moctezuma seguía siendo el rey, andaba y despachaba siendo prisionero, los españoles le siguieron permitiendo su lujo, la visita de sus deudos y sus mujeres. Recibía a los caciques y daba órdenes, pero siempre vigilado por los guardias hispanos. Y poco después, mientras se hacía justicia por el ataque y muerte de Juan Escalante y demás compañeros, en Veracruz. Cuando llegó Cuauhpopoca y sus asistentes a presencia de Moctezuma, y después de hablar con ellos, se los mandó al capitán hispano, este los interrogó y tan luego como supo de los motivos de la refriega y las órdenes de Moctezuma para someter a los rebeldes y dar muerte a los españoles si osaba defenderlos. Obtenida la confesión, Cortés regresó los presos a Moctezuma y le dijo que le condenaban "en aquella cosa", él (Moctezuma) se disculpó cuanto pudo pero dice Bernal Díaz: "Nuestro capitán le mandó decir que así lo creía que puesto merecía castigo, conforme a lo que nuestro rey manda, que la persona que manda matar a otros, sin culpa o con culpa, que muera por ellos; ya que aquella culpa tuviese, antes la pagaría él, Cortés por su persona que vérselas pasar a Moctezuma."

Lejos de estar tranquilo el Capitán hispano, sentía temor, por lo que para hacer valer su poder y hacerse temer por los mexicanos, condenó a muerte y ser quemados vivos frente a los palacios de Moctezuma a Cuauhpopoca, su hijo y sus 15 compañeros, el 5 o 6 de diciembre de 1519, y en el mismo momento echaban grillos a los pies del emperador. La ejecución de Cuauhpopoca sobre la hoguera formada con el inmenso arsenal sacado de la casa de armas del rey, verdaderamente fue ejemplar, pues contuvo la rebeldía de los caciques adictos a Moctezuma.

Consumada la sentencia, Cortés y otros capitanes fueron al aposento donde se encontraba Moctezuma y con palabras cariñosas y con mucho acato, le quitaron los grillos, que al Uei Tlatoani se le pasó el enojo porque además Cortés le dijo que lo quería como hermano y señor que era y que pasando el tiempo lo haría más poderoso, porque acrecentaría su reino con pueblos que él no había podido conquistar, y agregó, que si quería ir a su palacio que tenía libertad para hacerlo, pero que después regresara, esta salida y otras le concedieron a Moctezuma, pero a la vez era vigilado para saber qué era lo que pretendía.

Terminado el asunto de Cuauhpopoca, Cortés nombró para alcalde a un tal Alonso de Grado que no le era adicto y estuvo a punto de rebelarse y entregar la villa a algún enviado de Diego Velázquez, conocida la trama de Alonso de Grado, el capitán hispano envió a Gonzalo de Sandoval como teniente general y Alguacil Mayor de la Villa Rica de la Veracruz, con órdenes de mandar para México todo el herraje y el aparejo de las naves que se habían dado al través con el fin de construir dos bergantines, cuya licencia de hacerlos por fórmula, había solicitado a Moctezuma. De hecho, ya era Cortés el que mandaba.

Cuenta Bernal Díaz que él era mancebo, y que le pidió a Moctezuma como merced, que le diera una india bonita para tomarla como mujer, que el Uei Tlatoani con sumo agrado, le dio una mujer de las que tenía como amigas y lo colmó de regalos, que la esposa de Bernal Díaz al ser bautizada se le puso por nombre doña Francisca.

## SE CONSTRUYEN DOS BERGANTINES

Tan luego como llegaron los aparejos para las pequeñas naves, el capitán hispano, que ya había solicitado el permiso a Moctezuma para construirlos, pidió madera de roble que no estaba más allá de cuatro leguas, y carpinteros que se pondrían a construir los navíos bajo la dirección técnica (diríamos ahora) de Martín López y Andrés Núñez. Como había abundancia de carpinteros, la obra fue terminada en poco tiempo, los pequeños barcos estuvieron listos, breados y se les puso sus cables y velas y una tolda a cada uno y fueron tan bien acabados, que puestos en servicio parecían navíos de mayor tamaño, que al verlos Moctezuma, solicitó abordar a uno de ellos para ir a cazar venados a un coto donde solamente él podía entrar.

Por esos días muchos caciques principales y algunos parientes de Moctezuma, no conformes con la prisión de su rey, entre ellos, Cuitláhuac, Cacamatzin, intentaban darles guerra a los españoles, pero al saberlo Cortés, con su hábil política de paz o amagos, los contenía, pero al fin le pidió a Moctezuma que los convocara a su presencia y los prendiera, lo que verificó, comenzando por Cacamatzin, y luego los demás parientes y señores y reyezuelos de toda la comarca o ciudades que circundaban las riberas del lago. Hernán Cortés satisfecho de tener presos y encadenados a los principales jefes aztecas, aún pidió a Moctezuma que convocara a sus vasallos de todo su reino para tener pláticas con ellos, lo que el Uei Tlatoani obedeció sin reparos y en menos de diez días, llegaron a la gran Tenochtitlán todos los caciques y señores principales para atender el llamado de su rey preso, que ya llevaba más de un mes bajo la custodia de los extranjeros.

Debe haber sido a fines de enero de 1520, cuando los convocados se reunieron con su emperador, sin que estuviera presente Cortés ni ninguno de sus soldados, y que según el dicho del intérprete llamado Orteguilla, el Uei Tlatoani, les habló y convenció a sus vasallos de que según sus profecías y el mandato de sus dioses y papas, el reino había llegado a su fin y que él, Moctezuma y todos los mexicanos, debían reconocer, "... y dar obediencia al rey de Castilla, cuyos vasallos dicen estos 'teules' que son, y porque al presente no va nada en ello, y el tiempo andando, veremos si tenemos otra respuesta de nuestros dioses y como viéremos el tiempo así haremos." Siguió hablando para explicar su situación y después dijo: "... yo os he dicho que mi gran Uichilopostli me lo ha mandado." Agrega Bernal Díaz sobre este pasaje, que: "Después Moctezuma volvió a hablar a su caciques sobre el caso, estando Cortés delante y vuestros capitanes y muchos soldados y Pero (Pedro) Hernández, secretario de Cortés, dieron la obediencia a su Majestad, y con mucha tristeza que mostraron y Moctezuma no pudo contener las lágrimas. "Lloraba como Boabdil el Moro, que lloró como mujer el reino que no supo defender como hombre."

En los días que pasaron, Cortés le pidió a Moctezuma que le diera informes sobre las minas donde obtenía el oro. El Uei Tlatoani, lo mandó mostrar un lienzo hecho de henequén con el contenido de muchos datos geográficos y en él, se denotaban los lugares de las minas. Dice Bernal Díaz: "Cortés dio las gracias por ello, y luego despachó a un piloto que se decía Gonzalo de Umbría con otros dos soldados mineros de Zacatula. Este Gonzalo de Umbría era el que Cortés mandó cortar los pies, cuando ahorcó a Pedro Escudero y a Juan Cermeño y azotó a los Peñates..." cuando trataban de regresar a Cuba en un barco de la flota de la expedición. Por lo que en este pasaje dice Bernal Díaz, Cortés no le cortó los pies a Umbría, si a caso de hizo algunas heridas, porque de otro modo hubiera quedado inválido para poder andar. Umbría regresó de su comisión con alguna buena cantidad de oro recogido por mineros naturales en unos recipientes como bateas, recogían el rico metal de los ríos. Llegaron con él, dos principales portadores de regalos para el Capitán castellano.

Activo Hernán Cortés enviaba a otros capitanes en busca de tesoros y exploración, entre ellos a Diego de Ordaz que se aventuró hasta la cuenca del río Cuazaqualco

(Coatzacoalcos) donde había guarniciones de Moctezuma que cometían las mismas tropelías que los recaudadores de otras regiones. Ordaz recibió quejas de los abusos que cometían los mexicanos, entre los más, la violación de sus mujeres. Ordaz les dio seguridades de que ya nada tenían que temer; le dieron una hermosa india y algunas joyas y los indujo a abjurar de sus ídolos y a reconocer como ser servidores de su Majestad Carlos V, les hizo algunos regalos de cuentas de vidrio y regresó a informar al Capitán castellano.

Por otra parte, en el mismo pasaje, nos cuenta Bernal Díaz que por esos días y en esos lugares, ya andaba entre ellos el capitán Francisco Pizarro que nada sabía del Imperio del Perú, pero más tarde sería su conquistador. Este Pizarro se decía pariente de Hernán Cortés y este lo trataba como tal. Era analfabeta pero de un gran valor como el Capitán castellano, se adentró en el país, hasta un lugar distante unas ochenta leguas en un lugar que Bernal Díaz dice que se llamaba Tustepec y que llegaron a otro llamado Malinaltepeque. Pizarro tuvo que afrontar algunos peligros, porque aunque en los lugares tan lejanos ya sabían de la presencia de los españoles en el imperio, pero no querían saber nada de los mexicanos; pero Pizarro tan hábil como Cortés en el trato para convencer, logró hacer amistad con los nativos, tal que lo condujeron a sus minerales y cuarenta días después, regresaba ante su pariente, trayendo como compañía a un solo soldado, cargados del rico metal, con un valor de más de mil pesos. Cortés al parecer recibió contento a Pizarro, pero dice Bernal Díaz que le riñó en secreto, por haber dejado a sus compañeros, que seducidos por la riqueza de la tierra que producía maíz, cacahuate, algodón y se podía poner granjerías de aves y lo de los minerales. Que de los compañeros de Pizarro se quedaron: Barrientos, y Heredia el Viejo y Escalona el Mozo, y Cervantes el Chocarrero.

Cortés envió a otro soldado llamado Alonso Luis, que fuera a llamar a aquellos que se habían quedado y opinó: "... que era de poca calidad querer entender en cosas de criar aves y cañahuatales." Así pasaban los días y los meses, avanzaba el tiempo.

## HERNÁN CORTÉS IMPONE TRIBUTO A TODOS LOS MEXICANOS

Hernán Cortés era insaciable para eso del oro, ya al principiar el año de 1520, era el nuevo amo, había mandado explorar los minerales y recogido gran cantidad del rico metal, pero aún quería más. Se acercó un día al emperador prisionero y le dijo que ordenara que todos los caciques y personas de todo el reino y el mismo Moctezuma, tributasen su oro a su Majestad. El emperador cautivo obediente a todo cuanto pedía su vencedor se lo concedía en el acto, solamente aclaró, que los pueblos que no tuvieran pagaran el tributo con algunas joyas. De esa manera el Capitán General, obtuvo un riquísimo botín llamado tributo, consistente en una gran cantidad de oro y otras joyas, que al fundirse el oro y hacer el reparto entre capitanes y soldados, no todos quedaron conformes, porque el Capitán General, comenzó por sacar el quinto de su Majestad, luego el quinto de él (Cortés), luego pagar los gastos de la armada, pagarle a Diego Velázquez su inversión en la armada, pagar los caballos muertos y darles a los capitanes y soldados según su calidad y armas, y además darles su parte a los soldados que guarnecían Veracruz, de tal manera que a los soldados les fue tocando de un gran tesoro, poco más o menos como cien pesos, que algunos nos los recibieron. Cuenta Bernal Díaz de un Fulano Cárdenas, se puso muy triste y que hasta se enfermó de la decepción que llevó en el reparto. Parece que este Cárdenas era piloto y hombre de mar, que abandonó en Castilla a su mujer y a sus hijos para buscar fortuna en el nuevo mundo, y que ahora veía que muchos tenían alhajas y joyas tejuelos y vajillas de oro y él, pobre no tenía nada y que su mujer y sus hijos allá en Castilla estarían pasando hambre; eras y otras muchas razones argumentaba Cárdenas, cuando estos lamentos llegaron a oídos de Cortés, lo llamó y lo consoló, le dio trescientos pesos y le dijo que poco después todos serían ricos por la explotación de las minas que eran muchas. Cortés era muy hábil para apaciguar a los descontentos, los llamaba en secreto y les daba algo más, pero Cárdenas ya que llegó a Castilla se quejó ante su majestad en contra del Capitán hispano, por lo que al conquistador no le fue muy bien en los asuntos que planteó. Y aconteció que Gonzalo Mexía descubrió que muchas piezas de oro faltaban y que fueron tomadas del montón del reparto y como Juan Velázquez de León, hombre presuntuoso y amigo de Cortés, mandó hacer alhajas y joyas y vajillas de oro, el Tesorero Mexía en privado trató de convencer alamito de Cortés que regresara lo tomado, pero Velázquez de León, creyéndose uña y carne del Capitán General se negó a regresar lo que demandaba Mexía, se hicieron palabras, y luego recurrieron a sus espadas y como ambos eran hombres de valer, se batieron en feroz duelo, que dice Bernal Díaz: "... que si presto no los sometiéramos en paz, entre ambos a dos acabaran allí sus vidas."

Cuando Cortés se enteró de ese incidente, de inmediato los mandó prender y les puso una cadena; a Mexía lo puso en libertad luego que le aclaró el asunto y a Velázquez de León, lo convenció en secreto que quedara preso unos días más, para que vieran todos los soldados que sabía hacer justicia. Se dice que la prisión de Velázquez de León estaba contigua al aposento y prisión de Moctezuma y que el soldado español a propósito arrastraba su cadena y se levantaba de su estado. Moctezuma le pidió a su paje Orteguilla, que se enterara de la causa de la prisión del Capitán y cuando supo el motivo, presto mandó llamar a Cortés y después de los acatos de costumbre y preguntar los motivos de la prisión de tan esforzado capitán, pidió por merced que lo pusiera en libertad y que él, el emperador, mandaría buscar el oro que faltaba para que quedara resuelto ese asunto. Hernán Cortés siguiendo su política, se hizo del rogar pero al fin accedió, pero con la condición de que el preso cumpliera seis días de destierro, pena que cumplió yendo a Cholula y después regresar. Moctezuma cumplió lo prometido e hizo otra vez amigos a Gonzalo María y a Juan Velázquez de León.

Tal vez el emperador cautivo, queriendo aliviar un poco su situación que ya le pesaba, un día cuando Cortés entró a saludarlo y después de rendirse mutuo acato, Moctezuma dijo: "Mira Malinche, que tanto os amo, que os quiero dar una hija mía muy hermosa para que os caséis con ella y que la tengáis por vuestra legítima mujer." Cortés se excusó diciendo que era casado y que entre los caballeros no se podía tener más de una esposa, y que además primero tenía que ser cristiana. Cortés en ese momento no le aceptó el regalo al emperador, pero después de la muerte de este la hizo su barragana y le dio un hijo llamado Luis Cortés.

Cortés no desaprovechaba la oportunidad de hablarle a Moctezuma cada vez que estaba con él, de que no siguiera haciendo sacrificios humanos y que abjurara de sus falsos ídolos que no le hacían más que traerle muchos males, pero como el Uei Tlatoani se resistía a abrazar la fe cristiana, un día el Capitán General tomó consejo con sus capitanes para ir en conjunto y pedirle que derrocasen sus ídolos del Templo Mayor, donde estaba Uichilobos y plantar allí un altar cristiano, "con un crucifijo y una imagen de Nuestra Señora." Y escribe Bernal Díaz:

"Y como eso se acordó fue Cortés a los palacios donde estaba preso Moctezuma, y llevó consigo siete capitanes, y dijo a Moctezuma: 'Señor: ya muchas veces he dicho a vuestra merced, que no sacrifique más ánimas a esos vuestros dioses que os traen engañados...' Cortés siguió hablando, dijo que le hacía saber que él y sus compañeros irían y si se oponían los sacerdotes, que allí los matarían. Los españoles hicieron como que se retiraban y entonces Moctezuma los detuvo y les dijo: 'Oh, Malinche y cómo nos queréis echar a perder a toda esta ciudad. Porque estaban muy enojados nuestros dioses contra nosotros y aún de nuestras vidas no sé en qué pararán. Lo que os ruego es que ahora al presente os sabráis y yo enviaré a llamar a todos los papas y veré su respuesta.'"

Cortés escuchó a Moctezuma y luego manifestó su deseo de hablarle a solas, por lo que ordenó a todos sus capitanes y demás soldados que los dejaran solos y cuando ello sucedió, Cortés convenció al emperador cautivo de que para que no hubiera alboroto y los "papas" no se alarmaran, él, Cortés, convencería a más capitanes de que no se derrocaran los ídolos del Gran Cu, pero que permitiera que en ese Teocalli Mayor, se colocara un altar y en él se pusiera una imagen de nuestra Señora y una cruz, y que andando el tiempo se vería la bondad de la fe cristiana para las ánimas, darles salud, buenas cementeras y prosperidad.

Moctezuma aunque con suma tristeza, accedió a la petición de los castellanos, aun en contra de los sacerdotes, y cuando el altar estuvo concluido, el padre Olmedo ofició en el gran Teocalli la primera misa cantada auxiliado por el padre Juan Díaz y con la asistencia de muchos capitanes y soldados.

Cuenta Andrés de Tapia, repetido por don Salvador de Madariaga, que después de que Cortés derrocó los ídolos aztecas y que con una varilla le arrancó la máscara a Uitchilopochtli, acudieron ante el Capitán castellano, unos indios mostrando unas matas de maíz casi secas por una larga sequía, pero Cortés con calma les aseguró que muy pronto llovería. Entonces el Capitán rogó a su gente, que fuera en procesión al Templo Mayor a hacer rogativas al Dios de los cristianos y que haciendo un sol esplendoroso, en la tarde de ese día se desencadenó un copioso aguacero. El tiempo avanzaba, la conquista comenzaba a tomar forma.

Después de la misa celebrada por el padre Olmedo en el Templo Mayor, los sacerdotes o papas dijeron al Uei Tlatoani, que sus dioses están muy enojados, que se querían ir de allí porque los Teúles los tratan mal, que mirase que los extranjeros se habían señoreado de todo el país, que al oro lo habían convertido en ladrillos, y que donde estaban la imagen y la cruz, que ellos no querían estar, o que mataban a todos los extranjeros o que se irían a otras provincias, que comunicaran a todos los capitanes y guerreros para que comenzara la guerra con el fin de acabar con los Teúles, que mirase que traían preso al emperador y a cinco señores principales.

Moctezuma ciertamente preocupado mandó llamar al Capitán General por intermedio del paje Orteguilla, quien se adelantó en comunicar que muchos papas y capitanes guerreros principales habían estado en pláticas con el emperador, que hablaban en secreto y que no lo pudo entender. Cortés apresuradamente concurrió al palacio donde se encontraba el cautivo, se hizo acompañar de Cristóbal de Olid, a la sazón capitán de la guardia y de otros capitanes, de los intérpretes doña Marina y Jerónimo de Aguilar, y después de saludarlo con las reverencias y acatos acostumbrados, Moctezuma comenzó a hablar.

"Oh, señor Malinche, señores capitanes; cuánto me pesa de la respuesta que nuestros 'teúles' han dado a nuestros papas y a mí y a todos mis capitanes y es que os demos guerra, que luego salgáis de esta ciudad y no quede de vosotros ninguno aquí, y esto señor Malinche, os digo que hagáis de todas maneras, que os conviene; si no mataros ha, y mirad que os van las vidas."

Hernán Cortés, perspicaz y buen psicólogo, comprendió junto con sus compañeros la hondura de la situación, agradeció al Uei Tlatoani el aviso, y como siempre, hábil y presuroso buscó la respuesta adecuada y al punto contestó diciendo: "... y que al presente, dos cosas le pesaban; no tener navíos en qué irse, que los mandó quemar los que trajo y la otra, que por fuerza había de ir Moctezuma con nosotros, para que lo vea nuestro gran emperador, y que le pide por merced que tenga por bien que, hasta que se hagan tres navíos en el Arenal, que detenga los papas y los capitanes, porque para ellos es el mejor partido si comienzan ellos la guerra, porque todos morirán en la guerra sin la quisiesen dar..." Y Cortés siguió hablando y para que viera que le decía la verdad y que quiere hacer lo que dice, que les ordene a sus carpinteros para que vayan con dos soldados, que son buenos maestros en hacer navíos."

Moctezuma escuchó las razones que le daba el Capitán General pero sintió un gran pesar cuando se percató de que tenía que irse con los españoles; luego prometió los carpinteros y que hablaría con sus papas, para que no alborotaran la ciudad y que ofrecería sacrificios a sus dioses para aplacarlos, pero que ya no serían víctimas humanas.

Hernán Cortés y sus compañeros no dejaban de estar muy apesadumbrados, por la situación que se había vuelto muy crítica, se retiraron de la presencia de Moctezuma y en seguida, mandó llamar a sus dos soldados que sabían de navíos, Martín López y Andrés Núñez, que debían partir para Veracruz con la misión de hacer las tres naves, pero se infiere por lo que dice Bernal Díaz, que habló en secreto con los carpinteros y les recomendó que se tardaran en la construcción. Pero el mismo Bernal dice que

Martín López le dijo en secreto, que labró los tres navíos rápidamente y que los dejó listos en astillero.

Mas, en la gran Tenochtitlán, la gente de Cortés casi no dormía, siempre estaba armada, con los caballos ensillados y enfrenados de día y de noche, los soldados si es que descansaban, tenían puestos sus aprestos de guerra.

Dice el soldado cronista, que él quedó tan acostumbrado a andar vestido y armado, que cuando terminó la conquista, ya no se desvestía y dormía mejor en el suelo que en una cama con colchón. Y que cuando salía a asistir a su encomienda, no llevaba cama, y que si la llevaba era para que los caballeros que los acompañaban vieran que la tenía.

## DIEGO VELÁZQUEZ, GOBERNADOR DE CUBA, EQUIPA UNA ARMADA PARA COMBATIR Y PRENDER A CORTÉS

Cuando Diego Velázquez tuvo noticias de que Hernán Cortés, había mandado a su majestad unos procuradores, con una relación de los hechos por Cortés y sus compañeros, acompañada dicha relación con un gran tesoro en joyas y buena cantidad de oro, y a él, a el Gobernador se le había ignorado, y teniendo como su gran valedor a don Juan Rodríguez de Fonseca, obispo de Burgos y Arzobispo de Rosano, que ostentaba el poder real por encontrarse en Flandes el joven emperador Carlos V. El obispo Fonseca al tener en su presencia a los procuradores de Cortés, los trató mal, y casi no les quería escuchar los informes de Cortés, como ya antes se ha relatado, y ordenó que Diego Velázquez presto mandara prender a Cortés y a sus compañeros, y que él le daría todo el apoyo desde Castilla en todo lo que se ofreciera.

Animado el Gobernador de Cuba, por el favor y apoyo del obispo, con la premura que le permitían sus medios y el medio, desde el momento en que se dio cuenta que su Capitán General, Hernán Cortés se había "alzado" en su contra, debe haber sido por abril de 1519, mandó construir una flota de diez y nueve navíos, de buen calado, y alistó mil cuatrocientos soldados, equipados con veinte tiros, mucha pólvora y todo género de aparejos, piedras, dos artilleros con 18 cañones. Irían en la armada ochenta de caballo, noventa ballesteros y setenta escopeteros, y además, muchos indios de Cuba de servicio. El mismo Diego Velázquez en persona, no obstante ser muy obeso, andaba de pueblo en pueblo, entrevistando a su amigos y atrayendo gente para que se alistaran como soldados en la gran armada, que pensaba enviar en contra de Hernán Cortés y sus capitanes.

Diego Velázquez puso mucho empeño en armar una flota, capaz de enfrentar y vencer a Cortés. Gastó cuanto pudo para equiparla y armarla bien; la acompañó en su salida hasta Guaniguanico, punto más delante de la La Habana. Mas al enterarse las autoridades de la Real Audiencia de Santo Domingo, y sabedores de las hazañas del Capitán General Hernán Cortés, y de todos los tesoros que había enviado a la Corona, hicieron todo lo posible por detener la expedición del gobernador de Cuba, pero este que había invertido toda su hacienda en equipar la flota, no oyó razones de autoridad alguna y despachó sus naves; con la seguridad de que sus huestes vencerían a Hernán Cortés; de quien pensaba vengarse por haberlo traicionado, tan pronto lo hizo Capitán General, olvidándose que lo había protegido y perdonado. Era su ahijado y compadre y socio en la empresa de rescate y eso de poblar. Pero lo que más le lastimaba y no perdonaba el Gobernador, fue que lo hubiera pasado por alto, salvó el conducto y lo ninguneó, en eso de que Cortés, más hábil, más inteligente y más audaz que Diego Velázquez, se dirigió a la Corona, para adquirir autoridad y rango. Volvemos a repetir que Cortés, era Cortés.

La Real Audiencia queriendo evitar la salida de la flota del Gobernador, dio despacho al Oidor Licenciado Lucas Vázquez de Ayllón, para hacer los posible por convencer a Diego Velázquez de que detuviera su flota, pero al no conseguirlo, se embarcó juntamente con Pánfilo de Narváez, con el fin de que cuando los capitanes se encontrasen llegaran a un acuerdo y no llegasen a las armas. Algunos soldados decían que iban de parte de Cortés y que lo iban a ayudar.

Pánfilo de Narváez que se había hecho a la vela desde Cuba a principios de marzo, tomó tierra en San Juan de Ulúa el 23 de abril de 1520, mas o menos un año después de la llegada de Cortés a dicho lugar. Pero como hasta allí lo seguía el Licenciado Oidor Lucas Vázquez de Ayllón y sus secretarios, Narváez optó por la manía de fundar como era costumbre en los españoles. Creó un ayuntamiento que no creyó con plenos poderes y la autoridad suficiente para prender y reembarcar al Oidor con su secretario rumbo a Santo Domingo porque le estorbaban. Ocho leguas antes de Ulúa, abordaban las naves de Narváez tres soldados desertores de la autoridad de Cortés llamados Cervantes, Chocarrero y Alonso Hernández Carretero; que dieron al jefe de la flota una información totalmente injuriosa en contra de Cortés, acusándolo de toda clase de robos y atropellos en todos los pueblos que había dominado. En seguida Narváez, trató de notificar su misión y autoridad legal al alcalde mayor de la Villa Rica de la Veracruz, que a la sazón era Gonzalo de Sandoval. Éste, dándose más autoridad que los que llegaban y dudando de su legitimidad, puso presos a los delegados de Narváez, entre los que se encontraba un sacerdote llamado Guevara y otras cuatro personas más entre ellas un escribano del que Sandoval dudó si sería o no, y no admitió que le leyera ninguna prevención; que con guardias nativos envió presto a México para que con Cortés trataran sus asuntos.

Hernán Cortés nada sabía de la llegada de la flota de Pánfilo de Narváez y fue el mismo Moctezuma quien le informó, cuando éste al notar que en un solo día lo había visitado dos veces, el monarca cautivo creyó que alguna novedad sobre los recién llegados le querría comunicar, pero adelantándose Moctezuma para que no le tuviera por sospechoso dice Bernal Díaz que le dijo: "Señor Malinche; ahora en este punto me han llegado mensajeros de cómo en el puerto donde desembarcasteis han venido diez y ocho y más navíos y mucha gente y más caballos y todo nos lo traen pintado en unas mantas, y como me visitasteis hoy dos veces, creí que me veníais a dar cuenta de ello, así que no habrás menester hacer navíos, y porque no me lo decíais por una parte tenía enojo de vos tenérmelo encubierto, y por otra me holgaba, porque vienen vuestros hermanos para que todos os vayáis a Castilla y no haya más palabras."

Cuando Cortés estuvo enterado de las novedades que le comunicaba el Uei Tlatoani, aparentó una muy viva alegría, y lo mismo hicieron sus compañeros que estaban presentes, porque veían que por fin salían del peligro que Cortés los tenía metidos pera al retirarse, el Capitán castellano meditó profundamente en el

Contenido de la noticia, porque sabía que esa armada, era enviada por Diego Velázquez en contra de él y sus compañeros, a los que sin rodeos comunicó sus temores e hizo ofrecimientos de oro de su propia hacienda, dando más de lo que cada cual mereciera, para tenerlos de su parte.

Cortés sabía ya de la expedición que le había puesto a pensar muy seriamente, pero ignoraba quién era su Capitán General, pero lo supo cuando llegaron los presos enviados por Sandoval; al ser avisado Cortés de su proximidad, les envió caballos, para que llegaran más cómodamente, y cuando estuvieron en su presencia, político talentoso como era, se dolió del trato que les dio el alcalde mayor de Veracruz, los colmó de regalos de oro y de otras joyas y con halagos, los tornó a su Capitán General, de tal modo que los dos días que estuvieron entre sus paisanos, los españoles los pasaron muy contentos y admirados de tan grande y bella ciudad, en la que sin combatir, había llegado Cortés a hacerse el amo. Cuando la comisión de Narváez regresó a su presencia dando loas a Cortés y su gente, provocando ello el enojo del Capitán General lugarteniente de Velázquez.

Por su parte, Cortés despachó como delegado suyo a entrevistar a Narváez, al padre Olmedo con cartas y regalos de oro y otros presentes para el oidor Lucas Vázquez Ayllón y al secretario Andrés de Duero; a quienes además de los regalos mandaba en secreto sendas cartas. A continuación el Padre Olmedo se encaminaría al real de Pánfilo de Narváez con otros ricos regalos elaborados en oro y una segunda carta, porque la primera ya se la había mandado con unos nativos, carta que al ser leída por Narváez, se la enseñaba a sus capitanes y se burlaba de su contenido, y era tanta la burla que mostraba, hasta que un capitán llamado Salvatierra reprochó a su Capitán

General que "para qué leía la carta de un traidor como Cortés y los que con él estaban…"

En los días que pasaron del 23 de abril al 2 de mayo de ese año de 1520, a nada se avinieron los dos capitanes; se cruzaron mensajes y hasta Narváez se permitió insultar a Hernán Cortés.

Ante los hechos Moctezuma le dijo a Cortés que "vos tenéis muy pocos 'teúles' y esos que vienen son cinco veces más…" y le siguió hablando del mismo tema, que son cristianos, que son súbditos del mismo emperador que dicen misa y que "dicen y publican que sois gente que vinisteis huyendo de vuestro rey, y que os vienen a prender y matar, yo no entiendo, por eso mirad lo que hacéis."

A todo lo anterior, Cortés, con doña Marina respondió con un semblante de alegría, que si no le había avisado era para no darle ningún pesar en su partida, porque está entendido que Moctezuma les tiene buena voluntad. Cortés supo disimular de que el Uei Tlatoani, estaba en comunicación con Narváez y que le enviaba regalos de oro y joyas y bastimentos. Explicó Cortés al cautivo, que no venían huyendo, que eran vasallos del mismo rey que tiene muchos señoríos, que ellos (Cortés) eran de Castilla y se les decía castellanos, que Pánfilo de Narváez era de Vizcaya y que se les decía viscaínos. Esas y otras explicaciones dio Cortés al Monarca preso; le encargó a su hermano Tonatiu que se quedaba con ochenta soldados y que él partía con el resto de sus compañeros, se dieron un abrazo, se volvieron a abrazar y salió de la sala con sus compañeros.

Hernán Cortés, previsor como siempre, dio sus instrucciones a Pedro de Alvarado, habló a sus soldados y encargó que no descuidaran a Moctezuma. Se quedó con ellos el padre Juan Díaz.

# HERNÁN CORTÉS PARTIÓ DE MÉXICO HACIA VERACRUZ EL DOS DE MAYO DE 1520

El dos de mayo todos se despidieron con abrazos y salieron de la ciudad de México al encuentro de una contienda, cuyo resultado era incierto pero que dependía del más capaz, del más hábil y audaz, llevaba 70 soldados. En esa marcha, dice Bernal Díaz, no llevaron a mujer alguna para que no hubiese estorbo en el camino y suponemos que en la maniobra y sobre todo en la sorpresa. Cortés escribió a Gonzalo de Sandoval, que se reuniera con él en determinado lugar, pero le advierte que procure no encontrarse con soldado alguno de Narváez. La hueste de Cortés pasó por Cholula y allí se le incorporó Juan Velázquez de León con ciento cincuenta soldados españoles y Rodrigo Rangel con cierto diez. Su ejército sumó trescientos treinta y más tarde Gonzalo de Sandoval lo aumentaría con sesenta más y al acercarse por el camino de Tlaxcala, les demandó un auxilio de cinco mil guerreros, pero los tlaxcaltecas los negaron por no combatir contra las armas de los extranjeros, pero los proveyeron de diez cargas de gallinas y otros auxilios.

La marcha seguía sin contratiempos, las jornadas no deben haber sido muy pesadas pues el tiempo que hicieron en llegar al encuentro de las huestes de Narváez fue casi de un mes, del dos de mayo al veintinueve del mismo mes. Dice Bernal Díaz que marchaban "con mucho concierto para pelear si encontrábamos gente de guerra de Narváez o al mismo Narváez." Llevaban corredores que cubrían una jornada adelante, grandes peones y gente de mucha confianza, que no iban por los caminos derechos, sino por senderos por donde no podían pasar los caballos, con esas precauciones Cortés adquiría alguna ventaja. Camino adelante, los corredores se encontraron con Alonso de Mata, que se decía escribano de su majestad, pero al ser presentado ante Cortés quiso leerle las previsiones que portaba de parte de Narváez y que éste a su vez las había recibido de Diego Velázquez; quiso leerlas pero Cortés lo interrumpió diciéndole que primero se acreditara como escribano, exhibiendo sus títulos y los originales de las provisiones y como este Alonso se turbara porque nada legal sobre su escribanía poseía, no pasó de ahí la diligencia. Cortés lo invitó a comer en unión de sus compañeros. El Capitán le había advertido que si los mandatos que traía eran legales, él (Cortés) se avendría a lo que su majestad mandase; luego los tomó de la mano, les dio regalos de oro y se volvieron al real de Narváez; dieron alabanzas de Cortés hasta la exageración. Los delegados de Narváez, habían observado los adornos de oro que cada soldado de Cortés llevaba y se quedaron maravillados de esa riqueza. Hubo entonces muchas personas principales que pretendieron abandonar el real de Narváez, para incorporarse a las filas de Cortés.

Pasados unos dos días, Cortés se encontró con el Capitán Gonzalo de Sandoval que traía unos sesenta soldados, porque los que no estaban aptos para la guerra, los había dejado encargados en unos pueblos para que les dieran asistencia, iban con él los deudos del Oidor preso. Allí en el lugar del encuentro, que Bernal Díaz llama Panganequita, que por ahora ya no ha de existir con ese nombre, Sandoval contó en detalle la prisión del Oidor y sus secretarios y alguna otra persona más, que por no ir de acuerdo con Narváez los puso presos y los regresó en una nave porque creía que le estorbarían en la acción que llevaría a cabo en contra de Cortés.

Examinada la situación y conjugando todos los factores que pusieran fiel a la balanza en ese juego de la lucha entre los menos y los más; antójasenos a Aníbal en Canas con cuarenta y cinco mil mercenarios frente a más de ochenta mil legionarios; ahora Cortés con menos de la mitad de un ejército bien equipado con suficiente artillería y caballería capaz de rechazar a otro ejército mayor que él, si hubiera tenido las previsiones y velas que un Cortés acostumbraba tener siempre en pie. Pero Narváez, poco soldado y nada previsor, pensaría que con su sola presencia, su ejército y su nombre, Cortés y sus hombres que según lo que le informaron los tres soldados desertores, andaban robando y matando, corriendo se presentarían ante su persona a rendirse y pedir clemencia.

Ya se ha dicho que Cortés era Cortés; hombre singular que cometió muchos excesos y muchos condenables por sus mismos contemporáneos pero al fin hombre de guerra, hábil calculador, no cometió los errores de Aníbal ni los posteriores del gran Napoleón. Comenzó su bien meditado plan, comisionando al mercedario fray Bartolomé de Olmedo, para que fuera al real de Narváez, hablara con él y le propusiera paces y repartirse el gran territorio de Anáhuac que era muy extenso y con muchos pueblos; pero el verdadero fin del padre Olmedo era hacer una labor secreta de atracción de los soldados y capitanes de Narváez repartiendo oro a manos llenas, labor que rindió magníficos resultados. Supo Narváez de la labor del padre, por el recalcitrante Salvatierra y Diego Velázquez el mozo, y trató de prender al sacerdote, pero salió en su defensa, aquel Andrés de Duero, socio de Cortés allá en Cuba cuando el nombramiento del Capitán General para la armada y reforzado ahora, por Agustín Bermúdez, Capitán y alguacil mayor del real de Narváez. Convencido Narváez por las dos personas anteriores de que era maña política y un desacato prender a un religioso, éste fue invitado a comer a la mesa de Narváez, donde platicaron de largo, de Cortés y sus hazañas y que el padre sostenía que el castellano capitán, no era traidor y que por el contrario era un buen servidor de Dios y su Majestad.

Por otra parte, Duero y otras personas le hicieron visitas a Cortés en su real y todos fueron recibidos con gran afecto y tratados con suma consideración, colmados de regalos y elogios para Narváez, prometiendo paces y arreglos con el Capitán de la Armada, pero nunca una mala palabra en contra de él. De la parte de Duero del convenio, en Cuba, pronto se entendieron y Cortés le prometió que lo haría muy rico.

Acudió al real de Narváez, Juan Velázquez de León, pariente del gobernador de Cuba, a saludar al jefe de la armada, consumado capitán de Cortés, dice Bernal Díaz: "... antes de que Juan Velázquez de León llegase a la posada de Narváez, y como de repente supo Narváez su venida, le salió a recibir a la calle, acompañado de ciertos soldados, donde se encontraron Juan Velázquez y Narváez y se hicieron grandes acatos. Y Narváez abrazó a Juan Velázquez y luego le mandó sentar en una silla, que luego trajeron sillas y asentaderos, cerca de sí,..." La plática siguió cordial y amena, y Narváez le dijo que debió haber ido a su casa para que fuese atendido y darle a su caballo fardaje y a él darle posada. Mas, Velázquez de León le respondió que luego se regresaría al real de Cortés, que sólo había ido a saludarlo y besarle la mano a él y a todos los caballeros de su real, "... y para ver si podía dar concierto que su merced y Cortés, tuvieran paz y amistad." Al oír la propuesta de Velázquez de León, Narváez airado apartó al Capitán y contestó: "... cómo que tales palabras le había de decir: ¡tener amistad y paz con un traidor, y que se alzó a su primo Diego Velázquez con la armada!..." Juan Velázquez contestó al punto: "... que Cortés no era traidor, sino un buen servidor de su Majestad, y que ocurrir a nuestro rey y señor, como envió no se le ha de atribuir a traición, y que le suplica que delante de él no se diga tal palabra." Entonces Narváez trató de suavizar sus palabras y procuró atraer al capitán a su partido, con halagos y promesas, pero Velázquez de León era firme y leal a Cortés. Para entonces formaban grupo todos los caballeros y capitanes de la armada de Narváez, lo saludaban y lo abrazaban con muestras de afecto, pues sabían que era un gran capitán, con buena presencia, el rostro y la barba bien presentados, le gustaba lucir sus joyas, y vestir bien, llevaba una larga cadena de oro que le rodeaba en dos vueltas a uno de sus brazos. Juan Velázquez de León era un hombre fiel y de palabra y una vez que la empeñaba, la cumplía con lealtad. Narváez le ofreció que si abrazaba su partido, sería el segundo en el mando de su armada. Dice Bernal Díaz que Velázquez le contestó: "... que mayor traición sería el dejar al Capitán que tiene jurado en la guerra y desampararlo, conociendo que en todo lo que ha hecho en la Nueva España es en servicio de Dios Nuestro Señor y de su Majestad."

Otra vez los enemigos jurados de Cortés, le sugirieron a Narváez que prendiera a Velázquez de León, acto que se disponía a ordenar, cuando nuevamente al saberlo, Andrés de Duero, Bermudes, padre Olmedo, el clérigo Juan de León y otras personas que en secreto simpatizaban con Cortés, dijeron a Narváez: "Que se maravillan de su merced, querer mandar prender a Juan Velázquez de León que, qué puede hacer contra él, aunque tenga en su compañía a otros cien Juan Velázquez, que mire la honra y acatos que hace Cortés a todos los que a su real han ido, que les sale a recibir y a todos les da oro y joyas y vienen cargados con abejas de colmenas y de otras cosas, de mantas y mosqueadores, y que Andrés de Duero y el clérigo Guevara y Anaya y a Vergara el escribano, y a Alonso de Mata y otros que han ido a su real, bien los pudiera prender y no lo hizo; antes como dicho tienen les hace mucha honra, que será mejor que la torne a hablar a Juan Velázquez con mucha cortesía y le convide a comer.

Narváez, de criterio variable, escuchó a los defensores de Velázquez, lo invitó a comer y le habló de manera amable, le trató el mismo tema de Cortés. Velázquez le afirmó que Cortés era muy porfiado y que lo que mejor convenía para ambos, era partir en dos el territorio conquistado y que él, Narváez, "escogiera la provincia que más a su merced gustara."

En la anterior plática estaban, el padre Olmedo que ya se había convertido en privado de Narváez le sugirió que mandase hacer alarde de todo el equipo de armamento que el real poseía, para que lo viera el capitán y fuera y se lo contara a Cortés y con ese temor Cortés viniera a rendirse "al real de Narváez, aunque le pesara."

En las conferencias de idas y venidas y vueltas de delegados y embajadores, que se despachaban de uno a otro real; Cortés obtuvo de Velázquez de León y del padre Olmedo, todo lo que necesitaba para emprender un próximo asalto, con el máximo de ventaja para vencer a un ejército doblemente superior al suyo; mientras Narváez se concretaba a intimidar y a seguir plácidamente en su real, como un señor que lo tiene todo asegurado y con ello perdió toda su ventaja.

Hernán Cortés, como siempre sin olvidar detalle, preparó a su gente, señaló a cada Capitán su objetivo, a Pizarro le encomendó apoderarse de la artillería y a Sandoval la captura de Narváez; a los demás capitanes, el ataque general donde más apremiera, y él, Cortés, con su guardia acudiría presto (como ellos decían) a los puntos críticos en la defensa y el ataque.

Antes de partir, escribe el soldado cronista, que Cortés les habló en un "lindo parlamento" lo siguiente:

"Bien saben vuestras mercedes que Diego Velázquez, gobernador de Cuba, me eligió por Capitán General, no porque en vuestras mercedes no habían muchos caballeros que eran merecedores de ello, ya saben y tuvieron creído que veníamos a poblar, y así se publicaba y pregón, y según han visto enviaba a rescatar. Ya saben lo que pasamos sobre que se quería volver a la isla de Cuba a dar cuenta a Diego Velázquez del cargo que me dio, conforme a sus instrucciones, pues vuestras mercedes me mandaron y requirieron que poblásemos esta tierra a nombre de su majestad, como gracias a Nuestro Señor la hemos poblado, y fue cosa muy acertada. Y además de esto, me hicisteis vuestro Capitán General y Justicia Mayor de ella, hasta que su majestad otra cosa servido mandar sea..." Les siguió hablando largo de todo lo acontecido desde que llegaron a Veracruz, los informes que le dio el emperador en sus cartas de relación, enviadas con sus procuradores y el trato que les dio el Obispo Fonseca, y demás novedades acaecidas en el imperio Azteca, y les habló de los presentes y tesoros de oro y ricas joyas enviadas a su Majestad. Y dijo otras cosas más refiriéndose a Pánfilo de Narváez, que ahora venía en contra de ellos y que si caían en sus manos, los someterían a procesos y todos los servicios prestados a Dios y a su Majestad, se volverían en deservicios, Cortés legalista como siempre, manda a Gonzalo de Sandoval, en esa sazón alguacil mayor de la Villa Rica de la Veracruz que expida el siguiente mandamiento:

"Gonzalo de Sandoval, alguacil mayor de esta Nueva España por su Majestad yo os mando que prendáis el cuerpo de Pánfilo de Narváez, y si se os defendiese, matadle, que así conviene al servicio de Dios y del Rey Nuestro Señor, por cuanto ha hecho muchas cosas en deservicio de Dios y su Majestad, y le prendió un Oidor. Dado en este real, y lo firma: Hernando Cortés y refrendado de su secretario Pedro Hernández."

Y dado el mandamiento, Cortés prometió que para la primera persona que se apoderara o diera muerte a Narváez, habría un premio de tres mil pesos, para el segundo, un premio de dos mil y para el tercero, otro premio de mil pesos.

Tomadas las providencias y organizado todo el ejército, para el ataque nocturno, y dado el santo y seña, para reconocerse durante la batalla, dice Bernal Díaz: "… sin comer porque no teníamos cosa ninguna." Aunque habían cazado unos venados, Cortés no les permitió hacer fuego para no denotar su presencia. Llevaban su santo y seña: "Espíritu Santo."

En la noche oscura y lluviosa del 29 de mayo de 1520, todos los soldados mojados, se pusieron en marcha hacia Cempoala que estaba como a una legua de distancia y ya en la marcha, apareció por allí un tal Galletillo, que se dice era espía de Narváez, que más adelante desapareció y lo volvieron a encontrar echado bajo unas mantas para guarecerse de la lluvia porque no estaba acostumbrado al frío; más adelante al cruzar un río que estaba crecido por la corriente y que pasaron con dificultad, dieron con dos espías, uno era Gonzalo Carrasco y el otro Urtado, que estaban tan descuidados que capturaron a uno y el otro se echó a correr. Carrasco quedó preso, pero el que huyó, fue dando las voces de: "¡Al arma, al arma, que viene Cortés!" (Más tarde los filólogos han de haber juntado las dos palabras y de allí resultó la voz de "alarma", cuando se anuncia algún peligro). El prisionero Carrasco decía a grandes voces: "Mirad, señor Cortés, no vayáis allá, que juro a tal que está Narváez esperándoos en el campo con todo su ejército." Urtado seguía gritando: "¡Al arma, al arma!" y los soldados de Cortés apresuraron más el paso, de tal manera que llegaron al real de Narváez como aluvión, sin hallar resistencia en el exterior, cada capitán cumplió denodadamente su misión. Pizarro en el mínimo tiempo se apoderó de los cañones, Sandoval se precipitó a las gradas en donde después de breve lucha, llegó a la plataforma, seguido de Bernal Díaz a quien antes de la batalla se lo había pedido y auxiliado por Cristóbal de Olid, arremetió con más denuedo. En lo recio del combate apareció Pánfilo de Narváez que había despertado con el ruido de la lucha, y tardó un poco de tiempo en vestirse y armarse, y cuando se presentó en el punto que atacaba Sandoval, trató de tomar parte reciamente en la lucha, cuando un soldado de Sandoval, llamado Pedro Sánchez Farfán, le dio con su pica un golpe en un ojo, tal que se lo hizo saltar. Al sentirse herido, Pánfilo de Narváez dio la voz de su santo y seña, de "¡Santa María, Valeme que muerto me han y quebrado un ojo!" Y dice Bernal Díaz: "Y desde que aquello oímos luego dimos voces: ¡Victoria, victoria por los del nombre del Espíritu Santo, que muerto es Narváez! ¡Victoria, victoria por Cortés que muerto es Narváez." La lucha seguía aún muy reñida, algunos capitanes de Narváez se había hecho fuertes en los altos de las torres parapetados en los Cues, mas los atacantes dueños de la artillería dirigieron sus tiros a esos puntos y muy luego comenzaron a ceder. Mas aunque fueron disparados cuatro, en las torres del gran CU, donde se encontraba Diego Velázquez el joven y Salvatierra, el recalcitrante enemigo jurado de Cortés, seguían haciendo una tenaz resistencia. Bernal Díaz escribe sobre este pasaje, siendo el momento crítico y apremiante, que exigía acabar con la defensa, con la presteza que el tiempo urgía, para ver finiquitado antes del amanecer: "... y como Cortés era muy avisado, mandó presto que todos los de Narváez se vengan luego a someter bajo la bandera de su Majestad y de Cortés, en su real nombre so pena de muerte." Como la lucha no cesaba en los Cues más altos, Sandoval atacó con denuedo y tomó parte muy relevante un soldado de estatura gigante llamado Martín López, que sin temor alcanzó el techo y como era de paja, le prendió fuego, los defensores entonces para no verse envueltos en llamas, se desbordaron hacia abajo, donde cayeron frente a las armas de Sandoval y sus compañeros; en ese mismo instante fue hecho prisionero Velázquez hijo. Cortés por su parte secundado por Velázquez de León y Diego de Ordaz, atacaron el reducto de Salvatierra, al que en poca lucha vencieron y lo hicieron prisionero. A continuación, Cortés acudió al lugar donde estaba yacente Narváez, apenas cruzaron palabras, el Capitán vencedor recomendó a su soldados que lo tuvieran bien vigilado, mientras él seguía recorriendo todo el real acompañado de algunos capitanes y su guardia, con el fin de seguir con el pregón, para que antes de que asomara la aurora, todo el real estuviera controlado; de momento vieron que un soldado de la compañía de Cortés, un poco apartado de todos, topó con ocho barriles de pólvora y como creía que la artillería aún estaba en poder del enemigo, con una antorcha en la mano, destapó un barril con su espada y tirándose al suelo, le prendió fuego, pero el barril no estalló, estaba lleno de alpargatas. Los otros siete barriles, sí estaban llenos de pólvora. Sobran los comentarios, y Hernán Cortés ni le hacen falta los elogios, porque como ya se ha dicho antes, Cortés era Cortés.

Al enterarse Cortés de que parte de los caballos de Narváez no se encontraban en el real, porque habían recibido la orden de Narváez, en la víspera del ataque, que estorbaran el avance de los soldados de Cortés, entonces éste, ordenó a Cristóbal de Olid y a Diego de Ordaz, para que tomaran caballos del real de Narváez y salieran en busca de los caballos ausentes; que a no mucho andar, los encontraron en el lugar donde los soldados de Cortés, habían dejado amarrados sus caballos la noche del ataque y que no llevaron para no ser sentidos e hicieron la marcha a pie y bajo una lluvia intermitente, que les calaba hasta los huesos, pero que los refrescaba del intenso calor que hace en esos lugares y el que producía el ejercicio de la caminata. Los capitanes una vez localizados los soldados de a caballo de Narváez, los convencieron para que reconocieran la capitanía de Cortés por autoridad. De manera que cuando el sol despuntó en el horizonte, ya habían cambiado de capitán y estaban alineados en las filas de Cortés.

Volviendo a la noche del ataque, escribe Bernal Díaz, que en la ciudad de Cempoala, había en los jardines ciertos gusanos que posando en las flores, irradiaban luz, de modo que los soldados de Narváez, veían en las lucecillas multitud de enemigos con la mecha del fusil encendida y con el dedo en el gatillo pronto a disparar. Ese fenómeno siempre se ha presentado a los hombres, que en momentos de peligro cuando los domina el miedo, la figura o fuerza de su enemigo se agiganta de tal manera que su resistencia se empequeñece o desaparece y se presenta la entrega; eso mismo había pasado al Uei Tlatoani azteca de México.

Pánfilo de Narváez, dolido pidió a su custodio que le permitiera a su cirujano de la armada Maestro Juan, lo curara de la herida de su ojo que mucho le estaría lastimando. Como en ese momento llegó Cortés y Narváez lo notó, según Bernal Díaz le dijo: "Señor Capitán Cortés; tened en mucho esta victoria que de mí habéis habido, y en tener presa a mi persona." Y Cortés le respondió que daba muchas gracias a Dios que se la dio y por los esforzados caballeros y compañeros que tiene, que fueron parte de ello, y que una de las menores cosas que ha hecho en la Nueva España, es prenderle y desbaratarle; que si le ha parecido bien tener atrevimiento de prender a un Oidor de su Majestad." Cortés ya no siguió hablando, recomendó a Sandoval que procurara tener seguro al vencido, al que ya le habían puesto grillos.

## EL AMANECER DEL 30 DE MAYO DE 1520

Al despuntar la luz del nuevo día, Hernán Cortés vencedor de un adversario pujante apenas veinticuatro horas antes, y ahora allí prisionero de un capitán al que había calificado de traidor, era para el vencido y sus capitanes prisioneros, algo que no podían creer, prisioneros de un capitán con una hueste tan reducida, pero que veteranos en la lucha, se duplicaban o se triplicaban y eran tan aguerridos y tan esforzados, que habían aprendido a ser invencibles. El que más pestes echaba y no se podía conformar era el hijo de Diego Velázquez, gobernador de Cuba, que también llevaba el nombre de su padre, culpaba a Pánfilo de Narváez, de la derrota, por su desidia, su falta de previsión y sobre todo su carencia de iniciativa en el avance y ataque al traidor Cortés. Salvatierra el fanfarrón y que se las daba de muy valiente y aseguraba la víspera de la derrota, que él prendería a Cortés, en el momento que anunciaban que Narváez era muerto y que la victoria era de Cortés, se hizo el enfermo y ya no combatió y si en su reducto seguía la resistencia, se debía a que sus compañeros seguían combatiendo casi ya sin él.

Al hacerse el recuento de los muertos y heridos, resultó que de la gente de Narváez murieron: el alférez Fulano de Fuentes (como lo escribe Bernal Díaz) natural de Sevilla; un capitán Rojas, de Castilla la Vieja; murieron dos soldados que no se identifican, murió también uno de los desertores de Cortés, Alonso García Carretero, que tan mal habló de su Capitán, cuando sus compañeros subieron a los barcos de Narváez. Heridos de Narváez fueron muchos. De la gente de Cortés murieron cuatro soldados, y hubo también muchos heridos, incluso el cacique gordo de Cempoala, que creyendo estar más seguro entre la hueste de Narváez, se había refugiado en su real.

A todos los heridos, el capitán vencedor ordenó que se les curara, incluso a Diego Velázquez el moro, que al ser aprehendido por Velázquez de León, resultó herido, y su aprehensión le prodigó una muy suma de atenciones.

Hernán Cortés como buen organizador, tomó todas las medidas necesarias para asegurarse del control del ejército de Narváez que había ya abrazado su partido y sin pérdida de tiempo, dispuso que el Capitán Francisco de Lugo, acompañado de dos soldados (supónese que llevaría más gente) para traer a presencia de Cortés a todos los pilotos y gente de mar, que se encontrara en los diez y ocho navíos que formaban la flota de Pánfilo de Narváez, con la orden expresa de que si se oponían, fueran hechos presos y consignarlos al real de Cortés. También dispuso el Capitán Castellano que tan luego como se apoderara de las naves, que le enviasen a Sancho de Varahona y otros dos soldados que habían sido presos por Narváez, el tal Varahona cuando se presentó ante Cortés, parecía que en su prisión nunca le daban de comer, pues llegaba muy flaco y enfermo. Cortés le mandó hacer honores de Capitán. También había ordenado Cortés, a de Lugo, que quitara de todas las naves todo el velamen para dejarlas inutilizadas, de manera que no pudiera nadie hacer uso de alguna para correr con la noticia al Gobernador Diego Velázquez, de los sucesos de la derrota de su capitán general y de la pérdida de la flota, ya que en ella había invertido todo el caudal de su hacienda.

Francisco de Lugo cumplió su misión tal como se le había ordenado, sin mucho discutir los maestres, acudieron al real de Cortés en Cempoala, para ponerse a sus órdenes, le besaron la meno y le juraron que siempre estarían a su servicio y que nunca "saldrían de su mandato" y que le obedecieran en todo lo que él mandase. En ese mismo momento les nombró por Almirante al Capitán y maestre de navío de los de Narváez, llamado Pedro Caballero, en quien Cortés tuvo confianza sin saber si le traicionaría después, pero resultó que Caballero, era un verdadero caballero que no defraudó la confianza en él depositada. Cortés ordenó a este su Almirante, que por ningún motivo permitiera la partida de ningún navío y que si llegaba alguno nuevo del Gobernador de Cuba, que le avisara o lo prendiera.

Hernán Cortés fue sumamente generoso con los vencidos, los colmó de regalos y los convenció para que abrasaran su causa, aunque algunos, desde antes de la batalla, ya estaban de su parte. Por esta política llevada a cabo por el Capitán Hispano, que era contraria al pensamiento de los soldados que le dieron la victoria, el capitán Alonso Ávila de carácter violento que decía a Cortés lo que otros no se atrevían, y el padre Olmedo, llamaron en privado a Cortés y le dijeron: "... que parecía que quería remedar a Alejandro de Macedonia, que después que con sus soldados había hecho alguna gran hazaña, que más procuraba de honrar y hacer mercedes a los que vencía que no a sus capitanes y soldados, que eran los que lo vencían; y esto que lo decían lo que veían en aquellos días que allí estábamos, después de preso Narváez, que todas las joyas de oro que le presentaban los indios a Cortés, y bastimentos, daba a los capitanes de Narváez, y como si no nos conociera así nos olvidaba, y no era bien hecho sino muy gran ingratitud, habiéndolo puesto en el lugar en que estaba. A esto respondió Cortés que todo cuanto tenía, así su persona como bienes era para nosotros, y que él no podía más sino con dádivas y palabras y ofrecimientos a los de Narváez, porque como son muchos y nosotros pocos, se levanten contra él y contra nosotros y lo matasen. A esto respondió Alonso Ávila y le dijo ciertas palabras algo soberbias; de tal manera que Cortés le dijo: 'que quién no lo quisiese seguir, que las mujeres han parido y paren en Castilla soldados'. Y Alonso Ávila dijo con palabras muy soberbias y sin ningún acato, que así era verdad, que soldados y capitanes y gobernadores, aquello merecíamos que nos dijese." Cortés tan hombre pero también tan político tuvo que callar. Después se atrajo al tal Alonso de Dávila, a quien le confirió delicadas comisiones, que desempeñó con verdadera lealtad.

Por esos días, Cortés dividió sus tropas en comandos hacia diversos puntos para poblar, le encomendó a Juan Velázquez de León la conquista y poblar por el rumbo del Pánuco, y a Diego de Ordaz lo enviaba a poblar por el río Cuazacualco (Coatzacoalco). Le agregaba a la expedición otros dos navíos para que los enviara a la isla de Jamaica con el fin de comprar o conseguir pié de cría de yeguas, ovejas, cerdos, becerros y gallinas de Castilla.

Escribe Bernal Díaz, que con el ejército de Narváez venía un negro infectado de viruela, enfermedad contagiosa y mortal que al extenderse por la nueva España o tierra conquistada, y más allá de lo conquistado, causó a la población indígena una gran mortalidad. La enfermedad era nueva en las tierras vírgenes del Nuevo Mundo; de viruela murió después el gran guerrero Cuitláhuac, sucesor de Moctezuma.

## EL GENOCIDIO DEL GRAN TEOCALLI

El 20 de mayo del mismo año de 1520, los nobles aztecas libres, pidieron permiso al lugarteniente de Cortés, en su ausencia, Pedro de Alvarado, para celebrar una de sus festividades más importantes, la fiesta de Texcatl, para rendir sus oraciones y ruegos al dios de sus dioses, Tezcatlipoca. Cuenta Bernardino de Sahagún, que para esa ceremonia se tenía que sacrificar a un doncel de los más gallardos que hubiere, sin defectos físicos y que desde un año antes se tenía seleccionado, que el elegido tenía que pasar los doce últimos meses de su vida, entre goces y delicias, cantando, bailando y tocando música, con el pelo largo hasta la cintura, que se le tenía en compañía de ocho pajes que le asistían, iba y venía con flores en las manos, saludaba cortésmente y se le veneraba como al mismo Tezcatlipoca, y que veinte días antes de la fiesta, se le cortaba el cabello, a la usanza de los capitanes, y cuatro doncellas de las más hermosas, especialmente preparadas para hacerle compañía, colmándolo de todos los goces del amor carnal. Al llegar el día del sacrificio, las jóvenes abandonaban el elegido (pero es de creerse que ellas pensarían que habían sido poseídas por el mismo Tezcatlipoca, por lo que se sentirían felices), los sacerdotes lo llevaban al Teocalli, donde al subir las gradas, iba rompiendo una de las flautas que había usado en todo el año, al llegar a la última grada, rompía la última flauta, entonces se despedía de la multitud y de la vida, dando un suspiro; al mismo tiempo se apoderaban de él cuatro sacerdotes que lo tomaban del los brazos y lo conducían a la gran piedra de los sacrificios, donde con una navaja de pedernal le sacaban el corazón y aún caliente se lo ofrecían al gran ídolo, a continuación bajaban el cadáver hasta el atrio del templo y allí le cortaban la cabeza y la ponían en un poste del Tzonpantli, terminada la fiesta religiosa, seguían las danzas a las que acudían lo más granado de a nobleza mexicana.

El dio Uitchilopochtli, no se quedaba olvidado, le ofrecían la misma ceremonia con un doncel y su sacrificio semejante en todo al de Tetzcatlipoca. Los dos jóvenes sacrificados a esos ídolos, desde el momento que los seleccionaban, deben haber sentido que encarnaban a sus dioses, por lo que aceptaban con gusto el cruento sacrificio.

Pedro de Alvarado concedió el permiso para esa fiesta, pero con la condición de que ningún señor ni gente del pueblo llevaran armas.

La fiesta se encontraba en su apogeo, cuando de pronto, Pedro de Alvarado con sus soldados y sus armas impulsados por el temor o lo que es lo mismo, el miedo, irrumpieron sobre la multitud descuidada y verificaron otra matanza igual o más atroz y despiadada que la de Cholula, murieron muchos nobles y gente del pueblo, deben haber sido los muertos no por cientos sino por millares. A esta feroz matanza, reaccionó el pueblo y respondió con un vigor y (cabe justamente la palabra)

HEROÍSMO, de tal manera que los atacantes hispanos, en el momento de estar cometiendo su genocidio se sintieron rechazados y acometidos y perseguidos hasta confinarlos al Palacio de Axayacatl, que habían convertido en fortaleza, y allí Pedro de Alvarado pidió por correo posta, auxilio a Hernán Cortés diciendo que se encontraba en un gran peligro de perder la vida, sitiado por los mexicanos en la fortaleza.

Algunos cronistas aseguran que el móvil de Alvarado no fue el miedo sino la codicia, Bernal Díaz así lo asegura, que porque los nobles mexicanos iban adornados con sus más ricas vestimentas, joyas de oro y otros adornos, pero los más aseguran que Alvarado se adelantó a un ataque que los aztecas preparaban a los hispanos. Afirman que a la hora de los sacrificios de los mancebos, Alvarado con su gente se apoderó de las próximas víctimas y que en el interrogatorio declararon sentirse honrados y felices porque iban a ofrecer sus corazones a sus dioses; pero al someterlos al tormento, se dice que confesaron que pasados veinte días de la fiesta les darían guerra a los españoles; se sigue afirmando que cuando ello se supo, el procurador de los hispanos, Francisco Álvarez, apremió a Alvarado para que se adelantara en el ataque y que fue la recia la acometida, que murieron en ese día como tres mil mexicanos. Álvarez afirma que la matanza fue el miércoles 16 de mayo. En "Seis Siglos", de Casasola, se lee que la matanza fue el 20 de mayo de 1520.

Los cronistas de ese tiempo y algunos testigos presenciales del drama de la conquista, tratan de justificar a Alvarado, otros lo condenan y eso sin mencionar la opinión del padre Las Casas y otros venerables historiadores. Alvarado dijo según su procurador Álvarez: "De ruin a ruin, el que primero acomete vence." Esa expresión dicha por Alvarado pudo ser cierta. Pero Don Salvador de Madariaga, en su obra "Hernán Cortés", escribe: "... Cuando está muy asegurado que el número total de personas que había en el templo (muchos escaparon con vida) no pasaban de seiscientos a mil; y después por la confesión de su propia humillación que hace Alvarado al decir: "De ruin a ruin, el que primero acomete vence," con lo que sin quererlo da a entender que el hecho no era honorable a sus propios ojos.

Que los aztecas reaccionaron con verdadera furia a la matanza y que sacaron sus armas de donde las hayan tenido, que eso demuestra que preparaban un ataque a los españoles. De ser cierta esa versión, estaban en su justo y cabal derecho, había en su ciudad unos invasores que tenían preso a su rey. El día del genocidio el ataque azteca duró hasta el anochecer, Pedro de Alvarado debió pedirle a Moctezuma que saliera a la azotea a calmar a su pueblo, algo se detuvo, pero el Uei Tlatoani, aconsejó al Capitán que dejara en libertad a un principal, pero éste resultó más guerrero, que al día siguiente hizo redoblar el ataque con más furor, tanto que los hispanos creyeron que había llegado el fin de sus vidas. Entonces hicieron salir a Moctezuma por segunda vez para ordenarle a su pueblo que depusiera las armas, pero ellos manifestaron que lo harían si los españoles ponían en libertad a su emperador. Entonces Alvarado audaz como era, sacó su daga y manifestó que si no se calmaban allí mismo mataría a Moctezuma y a los demás principales si no retraían de los ataques. Moctezuma por fin les ordenó que se retiraran pero a partir de ese momento la guerra se convirtió en un sitio a la fortaleza.

Se dice que Moctezuma estaba al corriente de los acontecimientos en Cempoala y sabía ya de la victoria de Cortés sobre Narváez y que esa victoria del Capitán extremeño, debe haberlo llenado de pesar, por tal razón le envió unos mensajeros para darle la queja del proceder de su capitán Pedro de Alvarado, pero Cortés recibió a los mensajeros con sumo desaire.

Por su parte Cortés, tan luego como recibió la carta de Alvarado donde le comunicaba el sitio que afrontaba, y demandaba un pronto socorro Cortés de inmediato suspendió las expediciones que había ordenado y dispuso las medidas necesarias para asegurar el real en la Villa Rica de la Veracruz y ordenó la organización del ejército para marchar sin tardanza hacia México en socorro de Pedro de Alvarado a quien la mandó un correo para comunicarle que ya marchaba en su auxilio.

Bernal Díaz al referirse a éste pasaje dice: "Como llegó la nueva por mí memorada, como Pedro de Alvarado estaba cercado y México rebelado cesaron las capitanías que habían de ir a poblar a Pánuco y Cuazacualco, que había dado a Juan Velázquez de León y a Diego de Ordaz, que no fue ninguno de ellos, que todos fueron con nosotros. Y Cortés habló a los de Narváez: 'que sintió que no irían con nosotros de buena voluntad a hacer aquel socorro, y les rogó que dejasen atrás enemistades pasadas por lo de Narváez, ofreciéndoles de hacerlos ricos y darles cargos, y pues venían a buscar la vida y estaban en tierra donde podían hacer servicio a Dios y a su Majestad y enriquecer, y que pues ahora venía el lance.' Y tantas palabras les dijo que todos a una ofrecieron que irían con nosotros y si supieran las fuerzas de México, cierto está que no iría ninguno. Y luego caminamos grandes jornadas hasta llegar a Tlaxcala, donde supimos que hasta Moctezuma y sus capitanes habían sabido cómo habíamos desbaratado a Narváez, no dejaron de dar guerra a Pedro de Alvarado, y le habían muerto ya siete soldados y le quemaron los aposentos, y que después que supieron nuestra victoria cesaron de darle guerra; mas dijeron que estaban muy fatigados por falta de agua y bastimentos..." Aunque el problema del agua lo había resuelto abriendo un pozo en un patio del palacio de Axayácatl, pero los bastimentos que Moctezuma parecía que no ordenaba que los llevasen al cuartel español o ya no le obedecían.

Desde su triunfo sobre Narváez, Cortés se sentía fuerte y seguro, en Tlaxcala pasó revista a sus huestes que sumaban en conjunto 1,556 efectivos de todas las armas, incluyendo los cañones que le quitó a Narváez, y los de Tlaxcala lo auxiliaron con dos mil indios de guerra, más todos los peones que se necesitaran para realizar algún trabajo de transporte o lo que se ofreciera en la campaña.

Cortés ya no se detuvo, prosiguió su avance, con soldados nuevos en el largo camino desde Cempoala a la altiplanicie, con cambios notables de clima, frecuentes lluvias y vientos fríos, que deben haber resentido pero nadie se quejó; al llegar a Texcoco, la ciudad estaba desierta, nadie salió a recibirlo ni a rendirle el acato acostumbrado, pero allí le esperaban dos mensajeros de Alvarado; para comunicarle el estado de guerra en la ciudad de México, le informaron que los ataques, desde hacía unas dos semanas que había cesado, pero que no había bastimentos en el campamento, porque el Uei Tlatoani no lo había ordenado. Animado por esas noticias, Cortés se sintió seguro, subestimó el poder guerrero de los aztecas y escribió a Cempoala de la situación en México, y pensó que con su sola presencia se arreglaría todo. Allí en Texcoco, le llegaron también dos representaciones de Moctezuma, a los que recibió de una manera airada, pues consideraba que era el emperador el culpable del estado de guerra de la gran ciudad. Con sus mensajeros el Uei Tlatoani, trataba de calmar el enojo de Cortés por la rebeldía de sus vasallos, con lo que Cortés infirió que el emperador se sentía culpable de la situación.

De Texcoco, Cortés siguió avanzando, tomando un sendero que le daba vuelta a la laguna, para entrar por la Calzada del Tepeyac, pero al cruzar un puente, cuenta Cervantes de Salazar que el caballo de Solís, metió una pata en la junta de dos vigas y el jinete cayó al agua y el caballo se rompió la pata, que allí entre la tropa iba un tal Botello que se las daba de astrólogo: "al parecer muy hombre de bien y latino y había estado en Roma y decían que era nigromántico, otros decían que tenía familiar, algunos le llamaban astrólogo." Lo juzgó de mal agüero pues entraba con mal pie. El anterior pasaje lo repite don Salvador de Madariaga en su obra "Hernán Cortés". A los hispanos en marcha, debe haberles llamado la atención el accidente del caballo de Solís, y hasta lo han de haber sentido como suyo, porque en esas circunstancias todos eran uno. Al reanudarse la marcha el día siguiente, sigue escribiendo Cervantes de Salazar: "Ojeda y Márquez en busca de indígenas para transportar el fardaje, no hallaron más ser humano que un naboría ahorcado muerto colgando de una viga de una casa desierta; más adelante, los españoles toparon con un gran montón de pan y hasta quinientas gallinas, sin duda destinadas a ellos, en mitad de la plaza, pero seguía todo desierto de gente humana. Todos sintieron ante estos signos honda preocupación, que Cortés no dejó de observar. '¡Ea, señores y amigos míos! —exclamó con tranquilidad quizá forzada, quizá sentida— que ya se habían acabado nuestros trabajos, y si los indios no han aparecido, es de temor y vergüenza de haber se atrevido contra los nuestros; con enmienda los reconciliaremos y nos serán más amigos, y todos seréis de buena ventura.' Palabras del General animoso, pero quizá también de hombre convencido por excesiva confianza al volver cargado con los laureles de la victoria."

El 24 de junio de 1520, Cortés y sus huestes, entraron a la Ciudad de México, por la calzada de Tepeyac, dicen los cronistas que los indios los miraban pasar en cuclillas, inmóviles en las puertas de sus casas, "con una sonrisa enigmática." Cortés al observar en su avance por la calzada, las prevenciones de los aztecas, escribe al emperador: "... y día de San Juan, después de haber oído misa me partí y entré en ella casi a mediodía y ví poca gente por la ciudad, y algunas puertas de las encrucijadas y traviesas de las calles quitadas y no me pareció bien, aunque pensé que lo hacían por temor de lo que habían hecho, y que entrando yo los aseguraría." En la misma segunda carta de Relación, Cortés refiere que estando ya en la fortaleza, envió un mensajero a la Villa Rica de la Veracruz: "... por les dar buenas nuevas de cómo los cristianos eran vivos y yo había entrado en la ciudad y estaba segura. El cual mensajero volvió donde media hora todo descalabrado y herido, dando voces que todos los indios de la ciudad venían de guerra y que tenían todas las puentes alzadas..."

En el momento en que Cortés entró en la fortaleza donde estaban sitiados Alvarado y sus compañeros, estos sintieron que la vida y el alma les volvió a su cuerpo, pues ya se creían perdidos; y tan luego como Moctezuma supo la llegada de Malinche, salió al patio para darle "el bienvenido", pero Cortés no le hizo caso, se pasó de largo y el Uei Tlatoani, se volvió al aposento muy apesadumbrado y el Capitán hispano, ya en su aposento sumamente enojado, le preguntó a Alvarado, que cuál era la causa por lo que la ciudad estaba en guerra. Pedro de Alvarado le dio un sinnúmero de explicaciones, mas Cortés le replicó: "Pues habéis hecho muy mal y ha sido un desatino." Alvarado desde luego que merecía esa censura, y no sólo eso sino hasta haberlo sometido a juicio, porque con su loca y cruentísima matanza, no sólo puso en peligro la empresa de la conquista anhelada por Hernán Cortés, sino también la vida de todos sus compañeros. Mas Cortés cauto y reflexivo, como era, consideró que en esos momentos de crisis, todos sus capitanes le hacían falta. Nadie ha querido o sabido explicar por que para una responsabilidad tan grande, como la de dejar como jefe de la ciudad y custodio del rey a un Alvarado que todos conocían por su carácter arrebatado y audaz. ¿Que por qué no dejó responsable a Gonzalo de Sandoval? O que ¿por qué no se llevó consigo al rey para regresar después del encuentro con Narváez con más seguridad? Y ¿qué otros hubieran sido los resultados? Mas, ya todo estaba hecho, y ahora sólo se tenían que tomar todas las providencias, para resolver el cruento que se presentaba. Como una de sus medidas para atenuar los ataques y lograr la paz, puso en libertad a uno de los señores que se encontraban presos, a Cuitláhuac, con el encargo de que apaciguara a los guerreros de la ciudad, mas este personaje que nunca fue acorde con los procedimientos de su hermano el emperador, hizo lo contrario, reclamó la presencia de todos los mexicanos para redoblar los ataques a la fortaleza de los españoles y acabar con ellos.

Dice Bernal Díaz que cuando venían en camino, Cortés decía a los capitanes de Narváez muchas cosas de alabanza "así mismo, el gran acato y mando que tenía, que por los caminos les saldrían a recibir y hacer fiestas, y que darían oro, y que en México mandaba tan absolutamente así el gran Moctezuma como a todos sus capitanes y que le darían presentes como solían; y viendo que todo estaba muy al contrario de sus pensamientos que aún de comer no nos daban, estaba muy airado y soberbio con la mucha gente de españoles que traía y muy triste y mohíno". El estado de ánimo del Capitán hispano se manifestaba en sus palabras, el tono de su voz y en las respuestas que daba a algo que tenía que contestar, Moctezuma le mandó llamar con dos de sus principales y les contestó de mala manera y con malas palabras, y cuando sus capitanes Velázquez de León, Cristóbal de Olid, Francisco de Lugo y Alonso de Ávila, le oyeron hablar de tan mal humor, se dirigieron a Cortés –según Bernal Díaz del Castillo- diciendo: "Señor, temple su ira, y mire cuánto bien y honra nos ha hecho este rey de estas tierras, que es tan bueno que si por él no fuese ya fuéramos muertos y nos habrían comido, y mira que hasta las hijas le ha dado".

Cuando Cortés oyó las anteriores palabras, montó más en cólera porque las tomó como un reproche y contestó: "¿Qué cumplimientos yo he de tener con un perro que se hacía con Narváez secretamente, ya hora veis que ni de comer nos dan?".

Allí en esos momentos de tan inminente peligro, el Capitán tan intuitivo, tan sagaz, tan psicólogo, con su insolencia en presencia de los enviados del Uei Tlatoani y de los capitanes de Narváez, no midió las consecuencias que su actitud le acarrearía en pocas horas, se había colocado entre tres fuegos, los guerreros aztecas que atacaban su cuartel, la dignidad real de Moctezuma ofendida, y que a partir de ese momento ya no quiso tratar con él, de tal manera, que cuando lo mandó llamar, antes tan dócil y obediente, ahora se negaba a oírle y recibirle, manifestando que prefería morir a estar tratando con Cortés, Bernal Díaz dice que dijo con gran dolor: "¿qué quiere de mí Malinche, que yo no deseo vivir ni oírle, pues en tal estado por su cuenta mi ventura me ha traído?" y se negó a ir donde Cortés estaba, y dice que agregó: "que ya no lo quería ver ni oír a él ni a sus falsas palabras, ni promesas ni mentiras." A todo lo anterior se agregaba el descontento de los soldados y capitanes de Narváez, que ahora renegaban y se arrepentían por haberlo seguido.

La guerra estaba declarada, no habría cuartel ni paz, y si los mexicanos dejaron entrar a Cortés a la ciudad con todo su ejército, sin hacerle daño ni oponerle resistencia, era porque los aztecas querían acabar con todos juntos. El primer descalabro, fue el rechazo que sufrió Diego de Ordaz cuando recibió la orden de averiguar sobre las indias que dejaron en Tacaba, cuando fueron a lo de Narváez, entre ellas una hija de Moctezuma que pertenecía a Cortés, Ordaz fue atacado con verdadera furia, lo mataron 13 soldados y le hicieron muchos heridos, y lo obligaron a retraerse sin que hubiera escapado el capitán a ser herido. El ataque siguió hasta el cuartel español al que le pusieron fuego para acabar de una vez con los llamados "teúles", les gritaban que parecían mujeres, que eran unos cobardes que no salían a pelear; ese día el ataque duró hasta el oscurecer. Por la noche, los hispanos fatigados del tremendo batallar, se dedicaron a curar sus heridas y a rellenar las horadaciones que en el día habían hecho los mexicanos en los muros de la fortaleza, para penetrar y atacar e incendiar los aposentos de los españoles.

Al día siguiente que debe haber sido el veintiséis de junio, los hispanos hicieron otra salida, bien apercibidos con todo su armamento, pero nuevamente fueron casi envueltos y rechazados a sus cuarteles. Los mexicanos ahora hacían alarde de una excelente estrategia, hacían que se retiraban para atraer a sus enemigos y luego volvían tratando de envolverlos, esta táctica les dio excelentes resultados, pues los españoles se sentían casi insuficientes para responder a la masa de atacantes, que acometían por todos lados. Dice Bernal Díaz: "Pues desde que amaneció acordó nuestro Capitán, que con todos los nuestros y los de Narváez, saliésemos a pelear con ellos, y que llevásemos tiros y escopetas y ballestas y procurásemos de vencerlos, al menos que sintiesen nuestras fuerzas y esfuerzo mejor que el del día pasado. Y digo que si nosotros teníamos aquel concierto, que los mexicanos tenían concertado lo mismo, y peleaban muy bien, mas ellos estaban tan fuertes y tenían tantos escuadrones, que se remudaban de rato en rato, que aunque estuvieran allí diez mil Héctores troyanos y tantos Roldanes, no le pudieran entrar; porque saberlo ahora yo aquí decir cómo pasó, y vimos el tesón en el pelear, digo que no lo sé escribir, porque ni aprovechaban tiros, ni escopetas ni ballestas, ni apechugar con ellos, ni matarles ni treinta ni cuarenta cada vez que arremetíamos, que tan enteros y con más vigor peleaban que el principio; y si alguna vez les íbamos ganando alguna tierra, o parte de ella, hacían que se retiraban, era para que los siguiésemos por apartarnos de nuestra fuerza y aposento, para dar más a su salvo en nosotros, creyendo que no volveríamos con las vidas a los aposentos, porque al retraernos nos hacían mucho mal." Al regresar de esta salida los hispanos habían perdido doce soldados. Por la noche nuevamente se ocuparon en curar sus heridas, tapar otra vez los huecos que hacían los indios penetrar al cuartel y enterrar sus muertos. En el ataque al gran CU, Cortés se portó como lo que era, un gran guerrero, en esa jornada incendiaron el Gran Templo, pero murieron 16 hispanos.

Y así como el anterior combate, seguían todos los días, de modo que los hispanos no tenían reposo. Sus aliados los tlaxcaltecas sumisos ayudaban en lo que más podían, pero los capitanes y soldados de Narváez se renegaban de su suerte y murmuraban mal de Cortés. La situación se iba presentando insostenible, entonces la vanidad e insolencia del Capitán castellano había bajado de punto, fue cuando mandó llamar a Moctezuma y él se negó a acudir a su llamado, contestó como ya se ha narrado antes; entonces el Padre Olmedo y Cristóbal de Olid, acudieron a su aposento y con palabras de mucho acato y cariñosas, le suplicaron que fuera al llamado de Cortés. Y cuando el rey de los aztecas llegó a su presencia, Cortés tuvo que ceder a su orgullo y dar cabida a la diplomacia, que eso era lo que debió hacer en el acto mismo de su regreso. Convenció a Moctezuma que subiera a la azotea del Palacio y desde allí les hablara a sus vasallos; se negaba pero al fin convencido de que los españoles concertada una tregua se irían luego, subió a la azotea, al verlo sus capitanes y su pueblo, quedaron consternados; se ordenó silencio para que lo oyeran sin tirar ningún proyectil. Se aproximaron cuatro principales para estar cerca del monarca, de tal manera que se oyeran mutuamente lo que se iban a decir. Bernal Díaz refiere el diálogo de la siguiente manera: "¡Oh señor y nuestro gran señor –dijeron– y cómo nos pesa de todo vuestro mal y daño de vuestros hijos y parientes! Hacemos saber que ya hemos levantado un vuestro pariente por señor." Y allí mismo le comunicaron que su hermano el señor de Iztapalapa era el nuevo Uei Tlatoani, que llevaba el nombre de Cualdavaca (Cuitláhuac). Y siguieron hablando de no dejar la guerra porque lo tenían prometido a sus dioses, de acabar con los teúles. Y aún el diálogo no terminaba, cuando se soltó una lluvia de piedras y flechas de lo que se dice que un joven llamado Cuauhtémoc gobernador de Tlatelolco, disparó varios proyectiles, llenando a Moctezuma de improperios. Escribe Bernal Díaz sobre ese hecho: "… que los nuestros que le arrodeleaban desde que vieron que hablaba con ellos no daban guerra, se descuidaron un momento de rodearle de presto y le dieron tres pedradras, una en la cabeza, otra en un brazo y otra en una pierna; y puesto que le rogaban que se curase y comiese y le decían sobre ello buenas palabras y no quiso, antes cuando nos catamos vinieron a decir que era muerto. Y Cortés lloró por él, y todos nuestros capitanes y soldados, y hombres hubo entre nosotros, de los que lo conocimos y tratamos, de que fue tan llorado como si fuera nuestro padre y nos hemos de maravillar de ellos viendo que tan bueno era."

Sobre ese hecho histórico, hay otra versión de un casi ignorado conquistador Francisco de Aguilar que señala con suma precisión, que el miércoles 27 de junio de 1520 como a las nueve de la mañana, Moctezuma Noveno rey de México, fue obligado a subir a la azotea del cuartel donde se encontraban sitiados los españoles para que sólo con su presencia se calmaran los furiosos ataques de sus vasallos. Algunos soldados españoles cubrían al monarca con sus rodelas y otros caciques también presos lo sostenían, al verlo los mexicanos, se calmaron para escuchar. Y según escribe don Alfonso Teja Sabre, tomado del Códice Ramírez, el cacique Itzquatzin, también preso de los hispanos, a nombre de Moctezuma habló de la siguiente manera: "que miraran lo que hacían porque su señor, que estaba allí presente, les rogaba que no curasen de pelear..." Y agregó: "que no podían prevalecer contra los españoles, por ser estos tantos y tan valientes, que Moctezuma estaba preso con hierros y temía que los españoles lo mataran si los mexicanos seguían combatiendo."

"Entonces aparece Cuauhtémoc". Dice el Códice: "...apenas había acabado (Itzquatzin) cuando un animoso capitán llamado Cuauhtémoc de 18 años que ya le querían elegir como rey, dijo en alta voz: "que en lo que dice ese bellaco de Moctezuma, mujer de los españoles, que tal se le puede llamar, pues con ánimo mujeril se entregó a ellos de puro miedo..."

Y sigue escribiendo el maestro Teja Sabre: "Es posible que no solamente hablara Cuauhtémoc, porque otros historiadores dan versiones distintas de las palabras que fueron lanzadas hacia la azotea, todavía más crudas e insultantes. Entre el vocerío del blando idioma primitivo, que sonaba frenéticamente airado para los españoles, los testigos que más tarde habían de transmitir la escena para la historia, recogieron los gritos más altos y expresivos."

"De boca en boca y pasando por traducciones aventuradas, no es difícil que las palabras tengas ya autenticidad atacable, pero lo que importa es la posibilidad del instante dramático."

"Todavía siguió clamando Cuauhtémoc, al mismo tiempo que algunos jefes y sacerdotes, a la cabeza de la multitud, se acercaban más al cuartel de los españoles, y levantaban hacia el pretil de la azotea los brazos y las armas, con movimientos amenazadores difícilmente reprimidos. La voz juvenil y firme subía como una serie de flechas emplumadas: '¡No lo queremos obedecer, porque ya no es nuestro rey...! ¡Y como a vil hombre le hemos de dar el castigo y pago!'"

"Las rodelas de los españoles se juntaban para ocultar a Moctezuma. Y de pronto acompañando a sus últimas palabras, Cuauhtémoc alzó el brazo y marcando hacia él, comenzó a disparar muchas flechas, lo mismo hizo todo el ejército."

"Tal vez entonces con movimientos intencionales o causados por el ataque, los soldados españoles desampararon un poco a Moctezuma y lo dejaron descubierto breves instantes, suficientes para que algunas de las saetas de Cuauhtémoc o la piedra de una honda lo hirieran en la frente. O más probablemente, para que hirieran el cuerpo muerto de Moctezuma, porque lo habían llevado a la azotea y lo que habían tenido bajo los escudos, era el cadáver del Rey de México, muerto cinco horas antes."

Moctezuma había gobernado en Tenochtitlán y en todo el imperio azteca 17 años.

## CUITLÁHUAC, DÉCIMO REY AZTECA

Bernal Díaz afirma, como ya se ha escrito antes, que Moctezuma murió antes de la salida de los españoles en la famosa Noche Triste, y que Cortés por conducto de dos sacerdotes cautivos, comunicó a los mexicanos la muerte de su Rey y a continuación, les entregó el cadáver. Los mexicanos al ver a su rey muerto, lo lloraron y le hicieron ceremonias regias y enseguida lo incineraron. Otros autores escribieron que Moctezuma fue muerto por los españoles la noche del 30 de junio, cuando salieron huyendo de la ciudad.

Como ha quedado escrito antes, los aztecas antes de morir su legítimo Rey, ya habían elevado a ese rango a Cuitláhuac, hombre de verdadero temple y valor indomable; guerrero temerario y señor de decisiones firmes, ya lo había manifestado antes, cuando en un consejo de señores y caciques dijo a Moctezuma: "¡Oh gran señor, no dejéis entrar a vuestra casa a quien de ella te ha de echar! Palabras proféticas que nadie quiso escuchar, o que si escuchó, no se les dio la importancia que tenían; cuando Cortés demandaba licencia para llegar a la gran Tenochtitlán, a saludar al gran Moctezuma, todos los caciques y señores, atendiendo al contenido de las profecías, manifestaron que debían dejar llegar a Cortés en son de paz. Ahora Cuitláhuac tenía la oportunidad de vengar la gran afrenta de haber entregado el reino sin combatir. Con suma presteza organizó escuadrón sobre escuadrón de guerreros y fue el adalid de los ataques a los españoles en los días que precedieron a la Noche Triste. Consumada esa hazaña, sucumbió víctima de la epidemia de viruela, que se extendió por todo el Anáhuac, cuando un soldado negro de la hueste de Narváez, la trajo a tierra firme y pronto se propagó, hasta llegar a la ciudad de México, a donde a Cuitláhuac le llegó el contagio, pero no directamente del soldado de Narváez, a quien el insigne rey azteca ni siquiera conoció, porque en caso de que este soldado viviera, se habría ido en la noche Triste, y el contagio a Cuitláhuac lo recibió mucho después.

## NOCHE TRISTE

En los días que siguieron, los combates se sucedieron con verdadera furia hasta llegar el 28 de junio en que los españoles combatieron con singular denuedo, para quitarles a los mexicanos el templo que dominaba el cuartel, hicieron tres intentos y en los tres, los indios los rechazaron pero al fin lo lograron. También en ese día hicieron una incursión por la calzada de Tacaba, posible vía de escape por ser más corta. Cortés había conquistado cuatro puentes y dejó en ellos un pelotón para que los defendieran, pero tan pronto como eso sucedía, le llegó un mensajero a ofrecer la paz, paz que Cortés aceptó de inmediato, pero con la condición de que dejara libre a un sacerdote que tenía prisionero y que ostentaba el título de Teotecuhtli, cuya autoridad sacerdotal era indispensable para consagrar a Cuitláhuac como rey legítimo, Cortés liberó al sacerdote que le demandaban pero tan luego como el Teotecuhtli estuvo libre, Cortés que en un momento de descanso por la paz ofrecida se tomaba un refrigerio, le avisaron presto que la guerra se había reanudado y Cortés tuvo que salir para hacerle frente al problema de los ocho puentes de la calzada, que ya antes había sido rellenados, y que ahora los indios había vuelto a tomar y reabrir los fosos para cortar la calzada, Cortés volvió a batallar con el denuedo que siempre mostró en la lucha no sólo volvió a ganar los puentes, sino que salió a tierra firme hasta Tacaba, pero al volver —escribe Cortés en su Segunda Carta de Relación— se encontró con que los puentes nuevamente estaban en poder de los indios: "Como los peones estaban cansados, heridos y atemorizados y ví al presente el grandísimo peligro, ninguno me siguió, a cuya causa, después de pasados yo los puentes, ya que se quise volver, las halló tomadas muchas de las que habíamos segado." Sigue narrando Cortés que para volver al cuartel tuvo que batallar casi solo para dar lugar a que los caballos pasaran y él a caballo en uno de los puentes, tuvo mucha dificultad para pasarlo "... y yo hallé la puente desembarazada, y pasé aunque con harto trabajo, porque había de la una parte a la otra casi un estado de salvar con el caballo..."

Cortés sigue hablando de la victoria que obtuvieron ese día, y de las providencias que tomó para hacer un puente portátil de madera para utilizarlo en la salida al abandonar la ciudad o que de otro modo estaban condenados a morir todos; "... y porque, de todos los de mi compañía fue requerido muchas veces que me saliese, e porque todos los demás estaban heridos, e tan mal que no podía pelear..." A continuación relata el capitán castellano, que esa noche, debe haber sido el 30 de junio de 1520, tomó el acuerdo de abandonar la ciudad, por lo que sacó todo el oro y joyas incluyendo el que le pertenecía al emperador Carlos V, y en "líos" los puso en una sala para que cada quien tomase a discreción el que pudiese. Se cargó el oro de los aztecas y que ahora atribuían al rey de Castilla, en una yegua de Cortés, se ordenó cómo había de ser la marcha en la salida, los principales detenidos, un hijo e hijas de Moctezuma, formarían la vanguardia, Cortés en el centro de la formación y Velázquez de León con Pedro de Alvarado en la retaguardia, esta formación, no la dice Cortés, se ha tomado de Bernal Díaz del Castillo. Continúa Cortés que la salida por la calzada de Tacaba, con el puente levadizo que no funcionó; fue penosísima y sangrienta, que todo el tesoro se perdió, los caballos, los principales, muertos; el hijo de Moctezuma y muchos indios auxiliares. Que el ataque de los aztecas al sentirlos en su huída fue feroz. Que cuando lograron salir por la calzada y llegar a tierra firme en Tacaba, aún seguían siendo hostilizados por los indios de ese pueblo. Y escribe el Capitán hispano: "… e yo pasé presto con cinco caballos y cien peones, con los cuales pasé a nado todas las puentes y les gané hasta tierra firme, e dejando aquella gente en la delantera, torné a la rezaga, donde hallé que peleaban reciamente, y que era sin comparación el daño que los nuestros recibían, así españoles y como los indios de Tascaltecal que con nosotros estaban; y así a todos los mataron, y a muchos naturales, los españoles; e así mismo habían muerto muchos españoles y caballos y perdido todo el oro y las joyas y ropa y otras muchas cosas que sacamos, y toda la artillería. Y recogidos los que estaban vivos, échélos delante y yo, con tres o cuatro de a caballo y hasta veinte peones, que osaron quedar conmigo, me fui en la rezaga peleando con los indios, hasta llegar a una ciudad que se dice Tacaba, que está fuera de toda la calzada…"

Habla Cortés, que procuró sacar la gente de Tacaba, quedando él en la rezaga, hasta llegar a un cerrillo, donde estaba una torre que tomaron sin resistencia (en dicho lugar posteriormente se edificaría el Santuario de los Remedios). "En este desbarato se halló por copia que murieron ciento cincuenta españoles y cuarenta y cinco yeguas y caballos, más de dos mil indios que servían a los españoles, entre los cuales mataron al hijo e hijas de Moctezuma y a todos los señores que traíamos presos."

Se notará que en esta retraída trágica de la llamada "Noche Triste" noche lluviosa y sangrienta que todos los cronistas coinciden que fue el 30 de junio de 1520, y que Cortés no menciona la fecha, no menciona la muerte de su muy querido capitán Juan Velázquez de León, que no logró salir de la ciudad de Tenochtitlán con sus cuatrocientos soldados que mandaba, ni habla que se detuvo en el viejo ahuehuete, y que en la posteridad llevaría el nombre de "Árbol de la Noche Triste" para ver pasar los restos de su derrotada hueste. Cortés sigue hablando de la hostilidad de los pueblos por donde en su huída-retirada se dirigía a Tlaxcala; hace alusión a la batalla de Otumba, que sin precisar lugar ni fecha, se infiere que debe haber sido el sábado 7 de julio, porque dice Cortés que el día siguiente domingo 8 de julio, llegaron a la República de Tlaxcala. Y dice el Capitán sobre la batalla de Otumba, que llevaban sus caballos cansados, sus soldados enfermos, heridos y hambrientos: "...Y cierto creímos ser aquel el último de nuestros días, según el mucho poder de los indios y la poca resistencia que en nosotros hallaban, por ir como íbamos muy cansados, y casi todos heridos y desmallados de hambre. Pero quiso Nuestro Señor mostrar su gran poder y misericordia con nosotros, que con toda nuestra flaqueza quebrantamos su gran orgullo y soberbia en que murieron mucho dellos y muchas personas muy principales y señaladas porque eran tantos, que los unos a los otros se estorbaban, que no podían pelear ni huir. E en este trabajo fuimos mucha parte del día, hasta que quiso Dios que murió una persona dellos que debía ser tan principal, que con su muerte cesó toda guerra. Así fuimos más descansados aunque todavía mordiéndonos, hasta una casa pequeña que estaba en el llano, adonde aquella noche nos aposentamos, y en el campo. E ya desde ahí se percibían sierras de la provincia de Tescaltecatl de que no poca alegría llegó a nuestro corazón, porque ya conocíamos la tierra y sabíamos por dónde habíamos de ir;..." Cortés no hace mención de que iba herido.

Se habrá notado que en pasaje anterior, escrito por Hernán Cortés, no hace mención del estandarte o pendón de los escuadrones de guerreros aztecas que al verlo en poder de Cortés, se echaron a correr.

La versión de Bernal Díaz y de otros cronistas, difiere en muchos puntos de lo informado por Cortés a Carlos V, sobre la retirada de la Ciudad de México, en ese 30 de junio de 1520.

Bernal Díaz escribe sobre el mismo episodio de la Noche Triste: "Como veíamos que menguaban nuestras fuerzas y las de los mexicanos crecían, veíamos muchos de los nuestros y todos los más heridos y que aún que peleábamos como varones, no podíamos hacer retirar ni que se apartasen los muchos escuadrones que de día y de noche nos daban guerra, y la pólvora opacada y la comida y el agua por lo consiguiente y el gran Moctezuma muerto,..." Los españoles solicitaban paz sirviéndose de alguno de los señores principales de los que tenían presos, pero los nuevos jefes o mejor dicho el nuevo rey, la rechazaba. Ofrecieron los hispanos poner en libertad a todos los prisioneros y devolver todo el oro y joyas habidas en su poder y que dentro de ocho días se irían, pero nada, nada aceptaban." Y sigue escribiendo Bernal Díaz: "... en fin, veíamos nuestras muertes a los ojos y a las puentes que estaban alzadas, y fue acordado por Cortés y por todos nuestros capitanes y soldados, que de noche nos fuésemos, cuando viésemos que los escuadrones guerreros estaban más descuidados." Botello el latino y nigromántico, vaticinó que si no salíamos de México esa misma noche, que allí perderían la vida todos los castellanos. Botello no logró salir, esa misma noche murió.

La primera providencia tomada por los hispanos, fue construir un puente de madera portátil, que llevarían indios de Tlaxcala, para ponerlo cuando pasara el fardaje, la artillería y el ejército, para lo primero señalaron cuatrocientos indios, para la artillería doscientos e irían en la vanguardia como comandantes, Gonzalo de Sandoval, Diego de Ordaz, Francisco de Lugo y Francisco Saucedo. En la parte media de la hueste, iría Hernán Cortés, Alonso de Ávila y Cristóbal de Olid, y en la retaguardia irían Juan

Ponce de León y Pedro de Alvarado, los dos capitanes más esforzados y valientes. Era el 30 de junio de 1520, noche nublada y lluviosa, que hacía el camino resbaladizo y difícil de apresurar la marcha. Aquí diríamos que hasta los elementos estaban en contra de los hispanos, llevaban muchos enfermos, heridos y todos a medio comer. Se inició el avance y en el primer foso el puente se atascó; estaban los fugitivos en eso, cuando fueron sentidos por los guerreros aztecas que dieron voces y en el acto, comenzó a tocar el ronco y lúgubre tambor del Teocalli Mayor, entonces miles y miles de guerreros aparecieron por ambas riberas de la calzada, para impedir que los Teúles se les escaparan. Iban en medio del ejército los principales prisioneros, doña Marina, doña Elvira y doña Luisa acompañadas por trescientos tlaxcaltecas y treinta soldados como guardas. La batalla fue cruentísima, la artillería, los caballos y el tesoro y joyas que Cortés repartió entre el ejército a discreción y una yegua de Cortés, cargada con el tesoro real y el suyo logró pasar; todo se perdió, pero se perdieron más los soldados que por su codicia se habían cargado del rico metal y que ya en el movimiento para su defensa sólo era un estorbo. En algunos fosos, los caballos, la artillería, los muchos muertos sirvieron de puente para que salieran los que aún lo podían hacer. Hernán Cortés con algunos soldados y sus capitanes, lograron pasar a nado los fosos y con alguna fuerza llegó a tierra firme y allí esperó la llegada de sus compañeros.

Dice Bernal Díaz del Castillo, magnífico narrador, testigo y actor en ese trágico episodio de la conquista: "Y estando en esto, suenan las voces y cornetas y gritos y silvos de los mexicanos, y decían en sus lenguas los de Tatelulco: Salid presto con vuestras canoas que se van los Teúles y tajadlos que no quede con vida ninguno." Entonces fue cuando se desencadenó el primer ataque, aunque ya muchos de los soldados hispanos ya habían pasado. Y sigue diciendo el ameno cronista soldado: "Y estando en esta manera cargan tanta multitud de mexicanos a quitar el puente y a herir y matar en los nuestros, que no se daban manos; y como la desdicha es mala en tales tiempos, ocurre un mal sobre otro; como llovía resbalaron dos caballos y caen en el agua y como aquello vimos yo y otros dos de los de Cortés, nos pusimos a salvo en esa parte de la puente, y cargaron tanto guerrero, que por bien que peleábamos no se pudo aprovechar más de la puente. De manera que aquel paso y abertura del agua de presto se hinchó de caballos muertos y de indios e indias y naborías y fardaje y petacas; y temiendo nos acabasen de matar, tiramos por nuestra calzada adelante y hallamos muchos escuadrones que estaban aguardándonos con lanzas grandes, y nos decían: 'Oh, 'cuilones' y aún vivos quedáis'".

En la calzada Bernal Díaz y sus compañeros se abrieron paso a cuchilladas porque ni las escopetas ni las ballestas en esos momentos les eran útiles, siguieron adelante y ya en tierra firme, se encontraron con que Cortés ya estaba allí, se salvaron porque fueron de los que pasaron primero, juntamente con los caballos que cargaron el tesoro y los capitanes Gonzalo de Sandoval y Cristóbal de Olid, y otros de caballo que pasaron delante decían a voces: "Señor capitán aguárdenos que dicen que vamos huyendo y los dejamos morir en las puentes; tornémoslos a amparar, si algunos han quedado y no salen ni vienen ninguno." Cortés contestó que los que salimos era milagro, pero responsable y grande como era en los momentos de peligro, que en su azarosa empresa le tocó vivir, tonó a la rezaga con otros caballeros y sin caminar mucho, se encontró con Pedro de Alvarado que en compañía de otros cuatro españoles, caminaban todos mal heridos, a Alvarado le habían matado su yegua, portaba una lanza en la mano, que después eso dio lugar a que se dijera que Alvarado apoyado en su lanza para salvarse, "había saltado una puente". Pero Bernal Díaz dice: "...y en la triste puente, que dijeron después que fue el salto de Alvarado, digo que aquel tiempo ningún soldado se paraba a verlo si saltaba poco o mucho, porque harta teníamos que salvar nuestras vidas que estaban en gran peligro de muerte."

Del ahuehuete que se hizo famoso con el nombre del "árbol de la noche triste", nada dice Bernal Díaz, ni que a su sombra se paró Cortés a contemplar su hueste derrotada, pero sí dice: "Volvamos a Pedro de Alvarado que como Cortés y los demás capitanes le encontraron de aquella manera y vieron que no venían más soldados, se le saltaron las lágrimas de los ojos, y dijo Pedro de Alvarado que Juan Velázquez de

León quedó muerto con otros muchos caballeros, así de los nuestros como de los de Narváez, que fueron más de ochenta, que él y los cuatro soldado que consigo traía, que después que les mataron los caballos pasaron en la puente con mucho peligro sobre muertos y caballos y petacas que estaba aquel paso de la puente cuajado de ellos."

La tragedia de los muchos muertos, españoles en esa dramática jornada, se debió más que a los ataques de los guerreros aztecas, al cargamento de oro y joyas que los más codiciosos llevaban y que a la hora del combate o de la defensa, no pudieron tener agilidad, ni siquiera hacer correr.

Cuando todos los fugitivos se encontraron en la plaza de Tacaba, considerando Cortés que allí no estarían seguros, siguieron su marcha hacia un adoratorio que estaba a unas dos leguas al oeste de la ciudad allí se curaron las heridas, encendieron fuego, pero de comer dice Bernal Díaz, "ni por pensamiento".

Al día siguiente, hicieron una revista de las pérdidas y se encontraron con que faltaban unos seiscientos españoles, algunos que porque se regresaron al Cuartel General por la impedimenta del oro que no querían abandonar, otros fueron muertos y algunos prisioneros que serían llevados al sacrificio de sus dioses. De los presos murieron todos, entre ellos el nuevo rey de Texcoco que Cortés había nombrado, las hijas de Moctezuma y su hijo; escaparon de morir, doña Marina, doña Luisa y una mujer de Castilla, llamada María Estrada; murió dola Elvira, la hija del cacique tlaxcalteca, Maseescaci o Mazicatzin.

En los días que siguieron hasta el 7 de julio, los españoles era hostilizados por todo el camino, los insultaban, les lanzaban proyectiles de sus armas usuales, pero no se atrevieron a darles una batalla formal, iban heridos, hambrientos y algunos enfermos, la vanguardia la formaban los caballeros, en el centro iban los heridos y enfermos y en la retaguardia la cubrían también soldados que podían combatir.

En la mañana del siete de julio, en la llanura del lugar que se llamaba ya desde entonces Otumba, les salió a los españoles macilentos un formidable ejército, compuesto por la flor y nata de los guerreros de diferentes señoríos, que a toda costa trataban de acabar con los extranjeros. Los escuadrones iban comandado por capitanes cuyas libreas e insignias daban la categoría de su rango, sus penachos relucientes eran el signo de su autoridad; se hacían conducir al combate de esa mañana, en ricas andas.

Cortés al contemplar la multitud de guerreros y al capitán general de los mexicanos, -dice Bernal Díaz- "con su bandera tendida- con ricas armas de oro y grandes penachos de argentería. Y desde que lo vio Cortés, con otros muchos mexicanos que eran principales, que todos traían penachos, dijo a Gonzalo de Sandoval y Cristóbal de Olid y Gonzalo Domínguez y a los demás capitanes: "¡Ea, señores! Rompamos por ellos y no quede ninguno de ellos sin heridas." Y a un tiempo arremetieron todos según sus objetivos, Cortés dio tal contronazo con su caballo al capitán general que lo derribó y lo hizo abatir su bandera, y Juan de Salamanca que iba detrás de Cortés le dio una lanzada y le arrebató el penacho que entregó a Cortés; entonces el Capitán castellano levantó al aire los trofeos y al verlos en su poder y a su capitán general abatido, se declararon en abierta fuga. Hernán Cortés y su hueste se habían salvado. De allí en adelante, ya ningún peligro mayor los amenazaría, siguió avanzando, llegó a un pueblo de importancia, estaba desierto pero había víveres en abundancia, luego asomaron las sierras de Tlaxcala y el reencuentro con sus amigos y aliados, los tlaxcaltecas.

Bernal Díaz dice como epílogo de los cruentos combates, provocados por la imprudencia o sadismo de Pedro de Alvarado, con la matanza del Templo Mayor el 20 de mayo y que Cortés después de vencer a Pánfilo de Narváez corrió en socorro de su capitán sitiado en el Palacio de Axayacatl: "...y fue nuestra entrada en México día de Señor San Juan, de junio de mil quinientos veinte años y FUE NUESTRA SALIDA HUYENDO A DIEZ DE JULIO DE DICHO AÑO; Y FUE ESTA NOMBRADA BATALLA DE OTUMBA A CATORCE DEL MES DE JULIO." Y luego hace referencia de las pérdidas desde la llegada de los españoles el 24 de junio, los combates que siguieron, los muertos en la Noche Triste y los demás reencuentros hasta llegar a la batalla de Otumba; fueron dice: "...muertos y sacrificados sobre ochocientos sesenta soldados, con setenta y dos que mataron en un pueblo que se dice Tustepeque y cinco mujeres de Castilla; y éstos que mataron en Tustepeque eran de los de Narváez y mataron sobre mil doscientos tlaxcaltecas. Caro, muy caro habían pagado los españoles los genocidios que cometieron y estuvieron a punto de sucumbir todos.

Se habrá notado en este pasaje del drama de la conquista, que Bernal Díaz, escribe que la salida de la Ciudad de México fue el 10 de julio y no el 7 del mismo mes como lo escriben los historiadores. Bueno es cierto, difieren las fechas, pero no cambian los hechos y ni siquiera el pensamiento de los conquistadores, se aferraban a una idea, la conquista que sólo quedaba aplazada.

Pero pongámonos de acuerdo, la conquista la probemos o no, llevada a cabo por Cortés o en caso de que él hubiese sucumbido, otro capitán la hubiera consumado, porque era un avance del tiempo, una conquista de la civilización. Y si bien lo debemos entender, Cortés no llegaba como un representante de ella, sino como un producto de esa civilización, que no venía a difundirla, porque muy otros fueron sus fines, pero una vez abierto el camino, otros hombres más humanos la derramarían. Y el camino quedó abierto el memorable día, 12 de octubre de 1492.

En el retorno los odiseos, traspusieron los límites de Tlaxcala y llegaron a un pueblo que Bernal Díaz llama Guaolipar y que después tomó el nombre de Hueyotlipan, donde encontraron abundancia de víveres, pero a cambio de oro que llevaban o algún otro "chalchiuis", allí estuvieron en descanso un día curando sus dolientes heridas. Cortés llevaba unas descalabradas y otras heridas, que por el trajín de los combates había descuidado.

A Tlaxcala llegó la noticia de la proximidad de los españoles, y prestos acudieron Maseecaci, Xicotenga el Viejo y Chichimecatlecle, y otros caciques y señores y todos los más de sus vecinos de Guajocingo y los primeros dijeron a Cortés: "¡Oh, Malinche, como nos pesa de vuestro mal y de todos vuestros hermanos y de los muchos de los nuestros que con vosotros han muerto! Y os lo habíamos dicho muchas veces que no os fiases de gente mexicana, porque un día u otro os habían de dar guerra, no me quisisteis creer; ya hecho es; no se puede al presente hacer más de curaros y dar de comer. En vuestras casas estáis; descansa e iremos luego a nuestro pueblo y os aposentaremos. Y no pienses Malinche que has hecho poco en escapar con las vidas de aquella fuerte ciudad y sus puentes, y yo te digo que si de antes os teníamos por muy esforzados, ahora os tengo en mucho más."

"Bien sé que llorarán muchas mujeres e indias de estos nuestros pueblos las muertes de sus hijos y maridos y hermanos y parientes; no te acongojes de ello. Y mucho debes a tus dioses que te han aportado aquí y salido de entre tanta multitud de guerreros que os aguardaban en Otumba, que cuatro días había que lo supe, que os esperaban para mataros; yo quería ir a vuestra busca con treinta mil guerreros de los nuestros, y no pude salir a causa de que no estábamos juntos y los andaban juntando."

Hernán Cortés y todos sus compañeros agradecieron la bienvenida y luego se abrazaron con tierno regocijo, pero cuando Maxicaxin se dio cuenta de que su hija doña Elvira, que había dado por mujer a Juan Velázquez de León, y que ambos no regresaban, lloró por los dos. A continuación, las huestes de Cortés se dirigieron a la cabecera de Tlaxcala, donde Maxicaxin alojó al Capitán hispano en su casa y Xicoténcatl el joven llevó a la suya a Pedro de Alvarado y su hija doña Luisa, los demás capitanes y soldados tuvieron buenos aposentos y fueron bien servidos; parecía que habían regresado a su casa.

## HERNÁN CORTÉS EN TLAXCALA Y CAMPAÑA DE TEPEACA

Ya en Tlaxcala, Cortés y su maltrecho ejército, que se había reducido a cuatrocientos cuarenta soldados, veinte caballos, doce ballesteros, siete escopeteros sin pólvora; daban loores a Jesucristo que los hizo escapar con sus vidas. Pero allí el capitán hispano, recibió la ingrata noticia de que Juan Páez o Pérez, a quien Cortés había dejado en Tlaxcala al cuidado de los heridos y enfermos, cuando partió al auxilio de Pedro de Alvarado, se había negado a ir con cien mil tlaxcaltecas que Maxicaxin ponía a sus órdenes, para que fuera a socorrer a los españoles hostigados por los mexicanos; contestando Páez: "que tal general y tal ejército no necesitaban socorro." Esa noticia provocó en Cortés una muy grande cólera, que lo tuvo enfermo por varios días.

Pasado ese incidente, el Capitán General recobró su salud, y el primer socorro que recibió Cortés en Tlaxcala, fue la llegada de siete soldados enfermos, tres de la mar y cuatro de la Villa Rica, que llegaron tan flacos y muy barrigones, al mando de un tal Lencero que provocó risas y burlas de los soldados de Cortés.

En la segunda quincena del mes de julio, Cortés y su ejército habían tenido un merecido descanso, las heridas se habían restañado, repuesto la vestimenta y reparado las armas, comenzaron a sentirse otra vez fuertes. Pero Cortés y su hueste, aunque estaban entre amigos leales, los viejos caciques y señores principales, tenían clavada en su costado, una como espina, que sin dolerse mucho de ella, los inquietaba. Era Xicoténcatl el joven, algo así como el suegro de Alvarado, que andaba muy activo haciendo una muy viva política en contra de los españoles. Buscaba la solidaridad de jefes guerreros tlaxcaltecas y negociaba una alianza con el nuevo rey de los mexicanos, Cuitláhuac. Descubierto por los señores y por su mismo padre, Xicoténcatl el viejo, fue severamente reconvenido, pero el general tlaxcalteca siguió en su empeño sin conseguir convencer a sus paisanos.

Por esos días Cortés escribe al emperador Carlos V, que regresar a Veracruz: "a vuestra Magestad hacíamos una gran traición."

Como la noticia de la derrota de los teúles se extendió por todos los dominios del imperio azteca, los guerreros mexicanos quisieron señorear nuevamente lo que habían perdido o reforzar sus guarniciones donde aún las habían conservado, inclusive trataron de someter a pueblos que ya habían reconocido como rey al emperador de

Castilla, robaban y mataban a los españoles, que se encontraban de guarnición en algún lugar, por lo que Cortés y sus capitanes adictos, acordaron emprender una campaña por la provincia de Tepeaca, pero tan luego como los capitanes recibieron la orden de que se apercibieran los soldados de Narváez, para emprender la campaña, dice Bernal Díaz: "como no eran tan acostumbrados a guerras y habían escapado de la derrota de México, y puentes y lo de Otumba, y no veían la hora de volverse a Cuba a sus indios y minas de oro, renegaban de Cortés y de sus conquistas, especialmente Andrés de Duero, compañero de nuestro Cortés." Maldecía el oro que le había dado a él y a los demás capitanes, que todo se había perdido en las puentes, y como habían visto las grandes guerras que nos daban y con haber escapado con las vidas estaban muy contentos, y acordaron de decir a Cortés, que no querían ir a Tepeaca, ni a guerra ninguna, sino que se querían volver a sus casas, que bastante lo que habían perdido con haber venido de Cuba."

Cortés escuchó las razones de los soldados de Narváez, y les contestó como lo sabía hacer en esos casos, muy atento y muy amable, pero no los convenció; por lo que los soldados y capitanes que se oponían, volvieron a insistir con un requerimiento en forma, redactado por un escribano, al que Cortés volvió a contestar en la forma debida sin convencerlos. Entonces sus soldados adictos, dice Bernal Díaz: "los que habíamos pasado con Cortés, le dijimos que mirase que no diese la licencia a ninguno de los de Narváez ni a otras personas para volver a Cuba, sino que procurásemos todos de servir a Dios y al rey que esto era lo bueno y no volvernos a Cuba."

Hernán Cortés apoyándose en los soldados que le eran leales, dispuso los planes de la campaña que tendría que emprender por Tepeaca; debe haber comenzado en los primeros días de agosto de 1520.

## FUNDACIÓN DE SEGURA DE LA FRONTERA E INSTITUCIÓN DE LA ESCLAVITUD

En Tepeaca y sus alrededores, Hernán Cortés realizó algunos encuentros que nunca tuvieron el carácter de batallas formales, sometió con bastante facilidad a los pueblos y desalojó de la región a todas las guarniciones de guerreros mexicanos, nombrando nuevos caciques y reyezuelos, procedió a realizar una de sus caras ambiciones, al fundar la ciudad de Segura de la Frontera, con su Consejo Municipal, desde su Gobernador-Presidente, sus regidores, su alcalde mayor y todos los demás consejales, que formaban cuerpo del edificio municipal completo. La creación de Segura de la Frontera, llenó una necesidad vital. Era doble camino obligado desde la Villa Rica de la Veracruz, uno por Huexocingo y el otro por Coaulquechollan y para México, uno por los volcanes y el otro por Río Frío. Allí en esa Segura de la Frontera, Hernán Cortés instituyó el martirio más inhumano que impuso a los mexicanos; la oprobiosa marca de la esclavitud para lo prisioneros de guerra, con una "G" en la mejilla o en un hombro, que se imponía con un hierro candente...como para marcar a un animal.

Me supongo que aquellos admiradores de Cortés, también aplaudirán la anterior impía hazaña, que considerarán como un lauro más a la corona del Capitán. Acá hablando en primera persona, yo por mi parte, en mi modesta opinión de ser humano, me duele el dolor de lo que sufrieron; no de los que murieron, porque ellos en el momento de morir terminó su martirio, sino de los que vivieron marcados. Y a Cortés, ni le odio ni le admiro, era un hombre de su tiempo, con una categoría de conquistador, que se colocó más allá del bien y del mal como todos los hombres de su época y de la antigüedad, que se abrogaban el derecho de hacer el mal, sin detenerse a pensar en el bien que corresponde a los demás. ¿Más, en una guerra, quién se detiene a pensar en el bien del enemigo? Nadie; se procura causar el mayor daño para vencer, pero a nombre de un evangelio, que es todo piedad, amor y perdón, marcar y encadenar de por vida al vencido, por el sólo hecho de haber sido vencido...¿Qué argumento queda?

Estando Cortés en Tepeaca, después Segura de la Frontera, recibió la noticia de que habían llegado a Veracruz, un navío al mando de Pedro Barba, que traía instrucciones de conducir a Cortés preso a Cuba si es que aún vivía, para ser enviado luego a Castilla y ser juzgado junto con sus capitanes por órdenes del obispo Juan Rodríguez de Fonseca. El capitán del navío llegaba obedeciendo a Diego Velázquez para averiguar cómo se encontraba Pánfilo de Narváez, traía consigo trece soldados, una yegua y un caballo, ya que el barco era chico y no podía conducir más cargamento, al llegar al puerto, echó anclad, entonces al verlo el almirante Juan Caballero, en un esquife con soldados informara de los muchos esfuerzos que hizo para salvar el oro del quinto real, en la noche que evacuaron la ciudad de México. Estas y otras medidas tomó el Capitán hispano en Segura de la Frontera. Pero además, para qué dudarlo, valiéndose del ascendiente que tenía sobre sus soldados adictos, debe haber interpuesto veladamente o abiertamente, su influencia para que su ejército con el carácter de vecinos de la nueva ciudad, elevaron a la Corte una petición en una carta fechada el 30 de octubre de 1520, en la cual se abogaba por los derechos de Cortés, fundándose en los hechos. Firmaban: Pedro de Alvarado, Alcalde; y Diego de Ordaz, Regidor. Aquí en éste pasaje, se notará que hay una discordancia sobre el Alcalde de Segura de la Frontera, primero se dice que en esos días, es Pedro de Ircio, ante quien se levanta la información, y luego en la carta de los mismos días, firma Pedro de Alvarado como Alcalde.

La petición de que se habla era una carta dirigida al emperador en la cual se rogaba que se legalizara y afianzara la autoridad de Cortés, en el vasto territorio que había dominado; en virtud de que sus procuradores, Portocarrero y Montejo, no habían regresado ni se tenía la menor noticia de ellos.

Ahora a raíz de la fundación de Segura de la Frontera, nuevos procuradores fueron nombrados. Irían en esta ocasión para entregar las cartas a su Majestad: Diego de

Ordaz y Alonso de Mendoza, y en una de esas cartas que llevaba la misma fecha del 30 de octubre, se hace la petición al emperador de que el país conquistado se llame: "La Nueva España del Mar Océano." En la carta dice Cortés: "...por lo que yo he creído, visto y comprendido cerca de la similitud que toda esta tierra tiene con España, así en fertilidad como en la grandeza y fríos que en ella hace, y en otras muchas cosas que la equiparan a ella." Sobre esta información Cortés no se equivocaba, en verdad era y aún son tierras de fertilidad maravillosa donde además de los productos agrícolas se cultivaban ya muchos frutos, o los había naturales; pero después con los transplantes de los frutos del viejo mundo o de los asiáticos, resultaron ser unas tierras de incalculable valor. El emperador aceptó de buen grado el nombre de Nueva España para las tierras conquistadas, pero parece ser que lo de Mar Océano, no se aplicó, porque en los textos de los cronistas posteriores a la Colonia, no se le conoció con el nombre de "Nueva España del Mar Océano."

Desde la fundación de Santo Domingo, esa ciudad fue el centro jurídico de la colonización de las Indias. Allí tenía su residencia la autoridad suprema que nombraba el emperador. Por esos días regían la Audiencia como sub-virreyes o co-virreyes, tres sacerdotes en los cuales el emperador tenía confianza de que fueran incorruptibles y además eran muy favorables a la empresa de Cortés. Los oidores estaban malquistazos con Diego Velázquez por el trato que le dio al primero y por la última arbitrariedad cometida por su lugarteniente Pánfilo de Narváez, al prenderles a su colega el Oidor Ayllón. Cortés envió a la Audiencia de Santo Domingo, como sus representantes para hacer valer sus derechos, a Alonso Dávila y a Francisco Álvarez Chico que entendía de esos negocios; de paso aprovechó ese viaje para escribirles a su esposa y a su cuñado dándoles noticias de todas las actividades que había realizado, riesgos y peligros que había pasado él y sus compañeros a lo largo de sus campañas. Les mandó regalos de oro y joyas.

Como Cortés logró salvar bastante oro y joyas en la huida de la Noche Triste, tesoro que se vio aumentado con el oro que obligó a sus soldados a manifestar, dejándoles un tercio de lo que poseían; esta medida era una necesidad de guerra, que no gustó mucho a sus soldados pero que se tenía que lleva a cabo. Con parte de ese oro, comisionó a uno de sus capitanes para que fuera en un barco a la isla de Jamaica a comprar caballos que mucha falta les hacían. Además se habla, y eso es de lamentarse, Cortés tenía otra fuente de ingresos, LA VENTA DE ESCLAVOS. Posteriormente el comercio de la esclavitud se generalizó en todo el territorio mexicano y se dice que no había mercado donde no hubiera venta de esclavos, jóvenes, muchachas y niños. Dice Bernal Díaz: "…hombres de edad no curabamos dellos que eran malos de guardar, y no habíamos menester su servicio, teníamos nuestros amigos los tascaltecas." En este aspecto, los españoles no avanzaron socialmente nada, desprestigiaron la conquista y la fe cristiana y retrocedieron a la etapa más sombría de la humanidad, el esclavismo, que nada tenía de espíritu cristiano. Sobre la esclavitud y el ansia de Cortés de acaparar tesoros, hubo unas muy marcadas murmuraciones, porque además de que les había quitado a sus soldados las dos terceras partes de su oro, ahora les quitaba las mejores indias que habían ganado, para marcarlas y luego obtener de su venta, aparte del quinto real, el quinto de Cortés. Muchos soldados se le enfrentaron y lo amenazaron de que lo harían saber a la Corona de Castilla, que porque no debía haber dos reyes, uno en España y otro acá, para que hubiera dos cobros del quinto real. Pero Cortés sintiéndose fuerte, parece que no le preocupaban esas murmuraciones. Sucesivamente había recibido auxilios indirectos, que no eran para él, pero que sabiamente los iba aprovechando para engrosar sus filas y luego conducirlos al logro de su empresa, que como una obsesión o una pasión, no se le apartaba del pensamiento; la conquista de México.

Con la aceptación por el emperador del nombre para los pueblos conquistados de la "Nueva España" y cuando a su tiempo lo supo Cortés, se sentía un señor dueño de una nación, que aunque incorporada a la Corona de Castilla, acá él sería el amo y señor.

Se ha dicho que el Capitán hispano fue recibiendo varios socorros, que no venían para él. El primero fue el de Pedro Barba, con trece soldados, sus armas un caballo y una yegua; un segundo barco llegó en la misma semana con bastimentos, al mando de Rodrigo de Morejón de Lovera con ocho soldados, material de guerra y una yegua; todo destinado para Narváez porque en Cuba nada se sabía de su suerte. Poco después arribaron tres barcos procedentes de Jamaica, que el gobernador Garay enviaba en socorro de Pinedo, al que se suponía se encontraba señoreando la región del Pánuco, donde el tal Pinedo se había perdido, los navegantes de auxilio convencidos de que el Capitán de Jamaica no aparecía por ningún lado, regresaron a la Villa Rica de la Veracruz, donde fondearon y al notarlo el almirante Caballero, se comunicó con ellos y los convenció de que siguieran a Cortés, que en esos momentos, según Caballero, se encontraba próspero y estaba en camino de realizar una gran empresa.

Uno de los barcos llegaba al mando de un fulano Camargo, con sesenta hombres casi todos enfermos y con síntomas de hidropesía, que en ese tiempo tal vez no se conocía el nombre de esa enfermedad, por eso Bernal Díaz dice: "...y todos dolientes y muy amarillos e hinchadas las barrigas..." El segundo barco llegó al mando de Miguel Díaz de Auz con cincuenta soldados, todos sanos y fuertes y bien armados y siete caballos. El tercero de los navíos, llegó al mando de un tal Ramírez, al que le pusieron en el Real de Cortés, Ramírez el Viejo, por haber otro Ramírez joven; llegaba este Ramírez con cuarenta soldados y diez caballos entre los cuales llegaban algunas muy buenas yeguas, llevaban mucho material de guerra, incluyendo armas de algodón. De la condición de estos tres contingentes, surgieron tres pintorescos apodos: "los panciverdetes", "los lomos recios" y "los albardillas".

Cristóbal de Olid, esforzado batallador, había logrado pacificar y someter los pueblos de Guacachula y Ozucar; y Gonzálo de Sandoval, Cachula y Tecamachalco, haciendo ambos acopio de esclavos, que al regresar al real de Cortés se "holgó" en festejar sus retornos; ahora se sentía más fuerte; y según su costumbre, daba gracias al cielo por los refuerzos que provincialmente le habían llegado; los primeros enviados por Diego Velázquez, destinados a Narváez, sin saber que estaba preso y los segundos enviados por Garay, destinados a Pinedo, sin saber que había desaparecido.

Los refuerzos según las cifras dadas por Bernal Díaz del Castillo, entre los de Velázquez y Garay, sumaron: ciento setenta y un soldados sanos y enfermos y veinte caballos, entre los que había buenas yeguas de carrera.

Y como el Capitán hispano, tuvo noticias de que algunos pueblos se habían rebelado, entre ellos Xalacingo y Zacatami, y que además por esos lugares habían muerto a unos soldados de Narváez, que aguardaban algunos puntos esenciales de las comunicaciones y que además habían asaltado y muerto por los nativos a Juan Alcántara que conducía el oro para los soldados que acampaban en Veracruz, Cortés le dio la orden a Gonzalo de Sandoval que con doscientos hombres fuera a esos pueblos y los pacificara, el capitán español presto acudió y en una violenta campaña los "desbarató" e hizo huir a todos los guerreros de la comarca; por lo que los pueblos al sentir el peso de la represión de los soldados españoles, acudieron ante el capitán español para demandar perdón y solicitar la paz, pero entonces Sandoval les contestó que acudieran a Malinche, porque él era el único que les podía perdonar; hizo muchos prisioneros, niños, hombres y mujeres, que conducidos a presencia de Cortés, ordenó que se les impusiera el hierro de los esclavos.

## HERNÁN CORTÉS CONCEDE PERMISO PARA RETORNAR A CUBA

Cuando los capitanes descontentos que llegaron con Narváez, consideraron que Hernán Cortés ya había recibido suficientes refuerzos, solicitaron licencia del Capitán hispano para regresar a Cuba. Como ya antes se los había prometido, y además del permiso, les prometió que si volvía a ganar la ciudad de México, a su compañero Andrés de Duero y a Agustín Bemudes, les daría mucho más oro del que les dio la noche de la huída. Cortés concedió permiso de volver a la isla, a más de veinte personas, incluyendo a los dos ya citados y aprovechó la ocasión para volver a escribir a su esposa Catalina Juárez la Marcaida y a su cuñado que por entonces radicaban en Cuba, les mandó algunas barras de oro y las noticias de las novedades que hasta esos días había tenido que afrontar.

Cuando los soldados adictos a Cortés se dieron cuenta de que al fin había concedido el permiso para el retorno a Cuba, hicieron saber a su Capitán que eran pocos los que quedaban. Entonces el extremeño les contestó: "...que por excusar escándalos e importunaciones, y que ya veíamos que para la guerra algunos de los que volvían no lo eran, y que valía más estar solo que mal acompañado."

Y para despedirlos del puerto, mandó a Pedro de Alvarado para que les aparejara el mejor navío y les diera matalotaje, en algunas gallinas, maíz y perrillos salados. Entre los viajeros que iban se encontraban los nuevos procuradores, Diego de Ordaz y Alonso de Mendoza, nativo de Medellín, que irían a la Corte, con cartas y presentes para su Majestad. En otro navío partieron los delegados de Cortés ante la Audiencia de Santo Domingo, Alonso de Ávila y Francisco Álvarez Chico, personas que tenían conocimientos en asuntos de litigios, que darían una información cabal a los Oidores, de todas las luchas que Cortés había sostenido para la Conquista, hasta el desbarate de Narváez, lo de la Noche Triste y los demás asuntos que pudiera tratar en su favor y que por su conducto, la Real Audiencia informara al emperador de todo lo que Cortés y sus capitanes habían hecho, y que fuesen favorecidos con un acto de justicia, para contrarrestar la mala voluntad del Obispo de Burgos y Arzobispo de Rosano, don Juan Rodríguez de Fonseca.

Cuando Hernán Cortés, creyó que en toda la región comprendida en lo que era Tepeaca, la paz y tranquilidad estaban aseguradas, nombró como capitán responsable, en la Villa de Segura de la Frontera, a Francisco Orozco con una flamante "guarnición" de veinte soldados heridos y enfermos y con el grueso del ejército se dispuso a regresar a Tlaxcala. En su retorno se encontró con la triste noticia de que su leal amigo, el tlaxcalteca Maseescaci o Maxicatzin, había muerto de viruela, como muchos otros tlaxcaltecas. Al extenderse la epidemia por todo el territorio de Anáhuac, llegando a la Gran Tenochtitlán, en los dos último meses de 1520, causando en la población inmensos estragos. Y las víctimas de ese mal hasta entonces desconocido entre los mexicanos, fueron tantas o más que las causadas por la guerra pasada, Cuitláhuac, el nuevo Uei Tlatoani, apenas ungido el 7 de septiembre del mismo año, gobernó ochenta días, de manera que si se toman las fechas de su consagración como rey, debe haber muerto por los días de la navidad en diciembre de ese año de 1520.

Cortés en Tlaxcala, siempre con la idea de reconquistar la ciudad de México, controlando una bastísima extensión del territorio desde la sierra nevada, hasta el mar, se sentía ya señor del país, al que había solicitado se le diera el nombre de Nueva España del Mar Océano; pero consideraba que su conquista no sería completa ni real, si no dominaba la ciudad de México, capital del que había sido poderoso imperio azteca. Para llevar a cabo su empresa ahora, no sería por medios pacíficos sino mediante una guerra total, dispuso se cortara suficiente madera para fabricar trece bergantines de varios tamaños para hacerlos navegar en el lago y dominar por sitio a los aztecas.

Hizo llamar a Martín López, valiente soldado y buen carpintero, para eso de construir naves y esquifes, que según Bernal Díaz: "sirvió muy bien a su Majestad en eso de los bergantines, y trabajó en ellos como fuerte varón. Y me parece que si por desdicha no viniera en nuestra compañía de los primeros, como vino, que hasta enviar por otro maestro a Castilla se pasara por mucho tiempo o no viniera ninguno, según el gran estorbo que en todo nos ponía el Obispo de Burgos."

Hernán Cortés el legalista, que a todos sus actos les quería revestir un velo jurídico de la legalidad, hizo publicar sus ordenanzas para darle un fin concreto a su guerra de conquista, y sin agregar nada nuevo, habla y dice con énfasis que los objetivos primordiales, son la CONVERSIÓN de los indios y luego dice: "… porque si con otra intención se hiciese la dicha guerra, sería injusta, y todo lo que en ella se hobiese obnoxio e obligado a restitución." Desdichadamente, los nativos pagaron muy caro su conversión; perdieron todo, libertad, patria y ganaron como premio la esclavitud.

Don Salvador de Madariaga, admirable y respetable escritor, antepone algo de lo muy suyo, en un trozo de la ordenanza de Cortés diciendo: "Cortés inserta un toque de luz intelectual que brilla como un diamante de pensamiento en esta cadena de razones de metal: 'E porque la orden es tan loable que, no tan solamente en las cosas humanas, mas aún en las divinas, se ama y sigue, y sin ella, ninguna cosa puede haber cumplido efecto, como que ella sea un principio, medio y fin para el buen regimiento de todas las cosas.'" Efectivamente, este trozo encierra el contenido de un mandato admirable de Filosofía y de sentido común, el orden, pero el orden sin paz, sin libertad, sin justicia y sin respeto a la vida, ¿qué caso tiene?

Y sigue diciendo el señor Madariaga: "Así mientras estaba sumido en cuidados militares tan graves afilando la espada que iba a ser de él al fin el verdadero señor del Anáhuac, Hernán Cortés dejó echar a volar su espíritu por breve espacio sobre las aulas y plazas soleadas de Salamanca por donde había andado en su estudiosa juventud." Por lo que algunos cronistas de su tiempo escriben, Hernán Cortés no fue estudioso, no era su vocación el estudio, por eso dejó la universidad.

## CORTÉS APRESTA SUS ARMAS PARA SITIAR LA CIUDAD DE MÉXICO

Después de la noche del 30 de junio, en que la mayor parte de los españoles salieron con Cortés, huyendo del asedio de los guerreros aztecas, los que no pudieron salir por eso de los puentes cortados, se regresaron y se hicieron fuertes en el palacio de Axayacatl, y después de tres días de lucha feroz, fueron vencidos y los que quedaron vivos, fueron ofrendas de sus dioses Uichilopochtli y Tezcatlipoca. La defensa que opusieron los españoles rezagados, dice Torquemada dio lugar a una breve guerra civil entre los mexicanos por dos bandos que se formaron, uno que aún estaba por los extranjeros y el otro que estaba por exterminarlos, vencieron los segundos y sacrificaron a los españoles vivos y colocaron sus cabezas en postes, juntamente con las cabezas de los caballos, en el atrio del Templo Mayor, para espantar a jinetes y bestias, en caso de que regresaran los españoles.

Al morir Moctezuma dejó dos hijos legítimos, varón y hembra, menores de edad, por lo que se nombró al hermano del Monarca, Cuitláhuac como nuevo Uei Tlatoani, quien para legitimar el derecho al trono, se casó con su sobrina Tecuichpoch, que apenas tenía diez años de edad, por lo que dicen los cronistas que no se consumó el matrimonio.

Tecuichpoch tenía un hermano llamado Axopacatzin paralítico y anormal, que le imposibilitaba asumir el poder a la muerte de su Tío Cuitláhuac, por el mortífero mal de la viruela, circunstancia que dio motivo para que el sumo sacerdote del Gran Teocalli, el joven Cuauhtémoc, cuyo nombre significa el "Águila que cae", aunque otros cronistas afirman que el significado es: "El águila que se desplomó", con este joven de unos veintidós años elegido Uei Tlatoani a principios de diciembre de 1520 y consagrado a fines de enero de 1521, se prepara la resistencia que había de enfrentar Cortés en su ataque de reconquista.

Cuauhtémoc joven, apenas en la primavera de su vida, en el ocaso de su reino, tiene que hacerle frente a un destino implacable, que lo ha de condenar, como a un nuevo Vercingétorix a ofrendar su vida y su heroísmo en defensa de su pueblo y su ciudad. Dice Bernal Díaz de este singular personaje de leyenda: "mancebo de hasta veinte e cinco años, bien gentilhombre para ser indio, muy esforzado y se hizo temer de tal manera que todos los suyos temblaban dél y era casado con una hija de Moctezuma, bien hermosa para ser india." En "Hernán Cortés", don Salvador de Madariaga dice de Cuauhtémoc: "...y como no era hombre a quién le gustara perder el tiempo, se casó con Tecuichpoch," la princesa hija de Moctezuma que a la sazón tenía 10 años y que había sido mujer de Cuitláhuac, que se supone no sería la mujer de que habla Bernal Díaz al decir: "bien hermosa para ser india." El cronista soldado se ha de haber referido a una mujer ya adulta, pues Tecuichpoch, después doña Isabel era una niña, aunque por eso no dejaría de ser hermosa.

Dibujo de Cuauhtémoc por Luis Alberto García González

Al salir de la ciudad de México los españoles, los aztecas muy optimistas, creyeron que los extranjeros se embarcarían al llegar a Veracruz para ya no volver; más, ahora la situación presentaba otro aspecto, los teúles no se fueron. El joven Uei Tlatoani recibía las noticias de las actividades de Cortés y del inmenso territorio reconocido ya por su rey, al emperador de España. Y que en Tlaxcala hacían los Teúles sus preparativos de guerra para volver sobre la Gran Tenochtitlán. Jamás un rey tan joven sintió sobre sus hombros el peso de una responsabilidad tan grande, pero jamás desmayó un momento, ni lo espantó el porvenir incierto que estaba por llegar; alistó a sus guerreros y buscó aliados en los pueblos comarcanos, para hacerle frente al enemigo común, y en un consejo con sacerdotes y caciques, dice el maestro don Gregorio Torres Quintero en su "Historia Patria", que todos respondieron al joven Uei Tlatoani: "¡Pelearemos! ¡Hasta morir! ¡Hasta morir!" Y llegado el momento con solemne sacrificio, lo cumplieron.

Hernán Cortés en los preparativos que estaba haciendo para dar una guerra total a los mexicanos, hizo venir desde Veracruz, todos los aparejos, herrajes y velámenes de los navíos para habilitar los trece bergantines que el maestro Martín López construía y que en su oportunidad, serían conducidos en piezas sueltas que transportarían indios tamemes al Valle de México, donde se hubiera levantado una base a la orilla de la laguna, o fabricar un astillero y armarlos para ponerlos en servicio de manera que pudieran navegar de tres en tres.

Antes de partir a su campaña definitiva, Cortés hace reconstruir su archivo, perdido en la noche de la evacuación de la Ciudad de México; forma parte de su nueva documentación el acta de la fundación se Segura de la Frontera con su cabildo completo, incluyendo la institucionalidad de la esclavitud; sus ordenanzas militares publicadas el 26 de diciembre de 1520, las cartas enviadas al emperador con los nuevos procuradores, la carta de petición de sus vecinos soldados para solicitar el reconocimiento de Cortés como autoridad legal en el territorio conquistado, la carta en donde se pide se le ponga a la tierra conquistada, el nombre de Nueva España de la Mar Océano y las cartas enviadas a la Real Audiencia de Santo Domingo, solicitando su apoyo y reconocimiento de derechos para el conquistador.

El mismo día 26 de diciembre del mismo año, Cortés pasa revista a su hueste y encuentra que está formada por 550 infantes, incluyendo 80 escopeteros y ballesteros y 40 de caballo y nueve cañones de menor calibre con poca dotación de pólvora.

Como primera parte de los planes de Cortés, figuraba la ocupación de la ciudad de Texcoco, una de las más grandes de ese tiempo, después de la ciudad de México, para que le sirviera de base en el ataque y sitio que se proponía poner para rendir a la gran plaza. Antes de partir rumbo a la gran jornada, le llegó al Capitán hispano, una grata noticia al real de la Villa Rica de la Veracruz, había llegado un navío de buen calado procedente de Castilla y de las Islas Canarias con un valioso cargamento de armas, escopetas, ballestas, hilos y cordeles, pólvora, caballos y otras valiosas mercaderías; venía al mando del bajel, un tal Juan de Burgos y traía como su segundo de mando a Francisco de Medel, y con ellos llegaban trece soldados. El regocijo que embargó a todos al saber tan gratas nuevas fue muy grande, principalmente en Hernán Cortés, que inmediatamente despachó mensajeros para avisar a los mercaderes que compraba todo pagado con oro, y que los soldados y los demás gente que quisiera, se reunieran con él.

## CORTÉS AVANZA SOBRE TEXCOCO

Cortés al formular su plan de campaña para el ataque de la ciudad de México, anticipadamente había solicitado de los señores de Tlaxcala un ejército auxiliar de más de diez mil guerreros, que fueron entrenados por Ojeda y Márquez.

Terminados los preparativos de la organización del ejército, los bastimentos, la artillería y todo el "fardaje", Hernán Cortés salió de Tlaxcala a la cabeza de sus huestes, el 28 de diciembre del 1520, en la primera jornada, pernoctaron en Tesmeluca, al este de la sierra que divide el Valle de México con lo que hoy es el Valle de Puebla, al día siguiente, llegaron al pie de las montañas y como el invierno estaba en su apogeo, dice Bernal Díaz: "Y aquel día no hallamos estorbo ninguno y fuimos a dormir al pie de la sierra, que sería tres leguas, y aquella noche tuvimos buen frío y con nuestras rondas y espías y velas y corredores del campo la pasamos, y después que amaneció comenzamos a subir un portezuelo, y en unos malos pasos como barrancas estaba cortada la sierra, por donde no podíamos pasar y puesta mucha madera y pinos en el camino, y como llevábamos tantos amigos tlaxcaltecas de presto se desembarazó." Por lo que escribe Bernal Díaz en este pasaje, se infiere que Cortés en esta marcha, no siguió el camino de los volcanes, sino la ruta de Río Frío, que lo conducía más rectamente a su objetivo, la ciudad de Texcoco.

En "Hernán Cortés" de don Salvador de Madariaga se lee sobre este pasaje: "... y el treinta que era domingo, comenzaron el descenso tan difícil y peligroso que iba a exigir toda su paciencia y valor, así como el arte de sus jinetes, pues el camino era agro y fragoso como el que más por naturaleza, se hallaba además cortado y recortado por el enemigo con barricadas de troncos de árboles." Ya se ha dicho antes que en los días que Cortés cruzó la sierra, que ahora se conoce con el nombre de "Sierra Nevada" los hizo en pleno invierno; hace mucho frío, llueve o nieva, pero en ese 30 de diciembre en que las huestes de Cortés alcanzaron la cima y luego siguieron el descenso, Bernal Díaz, testigo andante de esa jornada, no habla ni de la lluvia ni de nieve, luego la bajada no debe haber sido difícil ni peligrosa, porque por la senda de Río Frío no existen pendientes peligrosas.

El 31 de diciembre de 1520, al filo del fin de año, ya en las colinas de la sierra, próximas a la llanura, apareció a los ojos de los hispanos, principalmente en los nuevos de la expedición, el panorama de ensueño, los hermosos lagos, las ciudades y el lejano horizonte del oeste del llamado valle de Anáhuac; que rememoró a los españoles, la noche de su huída y las "pérdidas de sus tesoros". Sobre este pasaje escribe Cortés al emperador, cuando ya bajaron:

"... y al cabo de media legua plugo a Dios que abajamos a lo raso y allí me reparé a esperar la gente y llegados díjeles a todos que diesen gracias a nuestro señor que diesen gracias a Nuestro Señor, pues nos había traído en salvo hasta allí, de donde comenzamos a ver todas las provincias de Méjico y Temistitan (Tenochtitlán) que están en las lagunas y en torno dellas. Y aunque hobimos mucho placer en las de ver, considerando el daño pasado que en ella habíamos recibido, representósenos alguna tristeza por ello, y prometimos todos de nunca della salir sin victoria, o dejar allí las vidas. Y con ésta determinación íbamos todos tan alegres como si fuéramos a cosa de mucho placer."

Cuauhtémoc y sus guerreros no esperaban que por ese lado irrumpieran los españoles, y aunque tenía magnífico servicio de espionaje, se dejó casi abierta esa puerta, salvo los pocos obstáculos que las huestes de Cortés encontraron en la sierra, el camino estaba libre; por eso sus gracias a Dios por haberles permitido bajar a lo "raso" sin haber sufrido ningún ataque.

Hernán Cortés como todos los grandes capitanes, conocedor de los límites de la resistencia humana, antes de seguir su avance sobre Texcoco, les dio a sus soldados un merecido descanso. Al día siguiente encontraron un pueblo llamado Coatepeque, próximo a unas tres leguas de Texcoco; el pueblo estaba desierto, no había ni "una ánima", era el 31 de diciembre de 1520, al filo del fin de año. Al proseguir su avance el ejército español se encontró con una comisión de principales sin armas, que portaban una como bandera de oro, que al estar frente a Cortés, le saludaron a nombre de su señor, le entregaron la bandera y le solicitaron la paz. Cortés y sus soldados se holgaron por ello, pero cuando los españoles siguieron su avance, al entrar en la ciudad de Texcoco, dice el Capitán Hispano en su tercera Carta a Carlos V: "Este día que entramos en ésta ciudad, que fue vísperas de año nuevo, después de haber entendido de nos aposentar, todavía algo espantados de ver poca gente y esa que víamos muy rebotados, teníamos pensamiento que de temor dejaban de aparecer y andar por su ciudad..." Entonces comprendió Cortés y sus capitanes que aquello de ofrecer la paz, era una maniobra que los caciques ofrecieron a los españoles, para ganar tiempo en evacuar su ciudad, ya que el rey, caciques y principales, con sus tesoros y muchos de sus habitantes se embarcaban en sus canoas para refugiarse en la gran Tenochtitlán. La táctica seguida por Cortés en todo el camino de la conquista fue siempre ofrecer la paz y si se la solicitaban, la concedía, pero si observaba cualquier simple sospecha para querer atacarlo, siempre se adelantaba; porque decía que tenía que "prevenir antes de ser prevenido".

Por esos días en Texcoco ya no reinaba Cuicuitzatzin, que había sido sustituido por Cacama o Cacamatzin, porque los mexicanos pusieron por rey a Coanochtzin, al grado de que mandó descuartizar a Huitzcacamatzin, porque se prestó para llevar un mensaje en el que Cortés ofrecía la paz, y la misma suerte corrió su hermano, Cuicuitzatzin, cuando Cortés sin saber nada del primer mensajero, lo envió con otra oferta de paz.

En los días que siguieron del 2 al 7 de enero, no hubo novedades de importancia, Cortés se ocupó en organizar mejor sus tropas y en observar las actividades desplegadas por los aztecas, que se aproximaban por la laguna hasta cerca de las avanzadas de los hispanos, pero también se ocupó en recibir a algunos caciques de menor rango que llegaban a presentarle su sumisión y sus leales disculpas por los ataques pasados, cargando toda la culpa a los de Culúa. Y cuando los mexicanos se dieron cuenta de la sumisión de los caciques y señores de Texcoco, enviaron emisarios a reconvenirlos, pero entonces los mensajeros de los aztecas fueron prendidos y atados y así los llevaron a Cortés, éste como siempre pacifista, aunque en el fondo guerrero, los mandó desatar y los regresó a México con un importante mensaje en el cuál les ofrecía la paz, que se olvidara todo los pasado y que no lo obligaran a sentir la pena de arrasar sus tierras y destruir su ciudad. Pero los mexicanos no se arredraron, se habían propuesto defender hasta morir, su suelo, su hogar y todo lo que era suyo; en suma, su patria. Aunque esa palabra y su contenido eran por entonces desconocidos entre los mexicanos.

El derecho que invocaba Cortés para atacar, era el derecho de conquista para propagar la fe cristiana, y él mismo lo decía que si la guerra que se hacía no era con ese fin, "era injusta". Pero el derecho de los defensores, se apoyaba en el derecho natural de ser dueños y señores del destino que habían creado y del suelo que los vio nacer. Desdichadamente el poderío del imperio azteca se fincaba en un despotismo sanguinario y violento, donde cabían todas las tiranías. Ésa fue su debilidad, en ello radicó su inevitable caída y propició su trágico fin.

Los pueblos sometidos y tiranizados desde el principio de la conquista, vencidos y convencidos, se agruparon en torno del conquistador, al que sin saberlo, deben haber creído que era su libertador, pero esa creencia y esa libertad, muy poco tiempo duró.

Debe haber sido entre el nueve y el diez de enero de 1521, cuando Hernán Cortés, queriendo hacer sentir a los mexicanos su presencia y su poderío, emprendió una incursión por la ciudad de Iztapalapa, a la que no le fue difícil llegar, pero allí los aztecas tenían una formidable celada, habían abierto una salida a un dique para que en el momento en que llegaran los hispanos, dejarían escapar el agua y en ella, morirían ahogados los extranjeros o cuando menos les cortaban la retirada. Mas dice Cortés al emperador que con la codicia de la victoria, los españoles siguieron atacando que en el alcance (de los aztecas): "...y murieron dellos mas de seis mil ánimas entre hombres, mujeres y niños, porque los indios nuestros amigos, vista la victoria que Dios nos daba, no entendían en otra cosa sino en matar a diestro y siniestro." Había llegado la noche, entonces Cortés recordó lo de la represa abierta en las lagunas, reunió su gente y ordenó la retirada, pero al llegar al corte de la Calzada, el agua llevaba mucha fuerza al cruzar el corte, dice Cortés que la pasaron a "volapié" pero que se ahogaron muchos indios de sus aliados y se perdió todo el botín que habían arrebatado en Iztapalapa de las casas saqueadas e incendiadas.

Esa noche Cortés y sus soldados con los tlaxcaltecas que lo auxiliaron, batallando por la calzada en contra de los mexicanos que lo asediaban regresó camino a su real en Texcoco, sus bajas fueron mínimas y los resultados fueron halagadores, había puesto a prueba la fuerza de su estrategia que muy pronto aplicaría en el cerco de la ciudad de Tenochtitlán.

En los días que siguieron, muchos señores comarcanos de Texcoco desfilaron por el real de Cortés, empeñados en hacer saber a Malinche, que estaban de su parte, pero lo más importante fue la llegada de una comisión del rumbo de Otumba, que iban a demandar perdón por la guerra que le dieron cuando pasaron por sus límites en su huída de la ciudad de México; ofrecieron su sumisión y obediencia.

Gonzálo de Sandoval acatando órdenes de su capitán, sometió a los pueblos de Chalco y Tlalmanalco, importantes por encontrarse en el camino de Texcoco y Tlaxcala. Al enterarse los mexicanos de la sumisión de Chalco a los teúles, le amenazaron con terribles represiones de venganzas y castigos, pero los de Chalco apelaron a la protección de Cortés, que siempre estuvo presto a proteger a sus amigos. Poco después llegaron al cuartel del Capitán hispano, mensajeros de Cholula, Cueuhquechollan, Guaxocingo y otras poblaciones que al no saber del resultado de la campaña de los españoles, venían a saber si necesitaban algún socorro; pues como sabían y habían visto muchas señales de guerra, temían que algo grave les hubiese pasado. En estas visitas de los caciques y personas principales de los pueblos antes mancionados, Cortés sacó el máximo provecho, pues los unificó y formó una alianza entre sí y de ello obtuvo un poderoso auxiliar a sus designios.

Por esos días, Cortés queriendo saber el resultado de la construcción de los bergantines, ordenó a Gonzálo de Sandoval para que fuera a Tlaxcala y averiguara el estado en que se encontraba la obra y que de paso, castigara al pueblo de Zultepec, por haber sacrificado a sus ídolos a unos soldados españoles. Pero cuando Gonzálo de Sandoval llegó a ese lugar, se encontró que sus moradores habían huido. El aguerrido capitán dio alcance a unos cuantos, dio muerte a cuatro e hizo prisioneros a los demás con sus mujeres y niños e hizo volver a los fugitivos y les perdonó. Sandoval se encontró en el CU del lugar a los españoles sacrificados, con que estos habían sido desollados y adobados, sus caras con todo y barbas y estaban como ofrendas a uno de sus dioses. Escribe Bernal Díaz: "Al ver todas aquellas trazas de sus desdichados compañeros, él, Sandoval y todos sus compañeros hobieron mancilla y les pesó; mas ¿qué remedio había ya que hacer sino usar la piedad con los de aquel pueblo?" Sandoval dejó libres a sus prisioneros sin castigar a nadie. (Cortés no hubiera procedido así). El Capitán y sus hombres, siguieron su camino hacia Tlaxcala, donde después de poco andar tuvo la fortuna de encontrarse con que ya Ojeda y Márquez, conducían una importante fuerza, con auxiliares tamemes que organizados en Tlaxcala, conducían en plazas sueltas toda la habilitación para los trece bergantines, cuando llegaron al lugar que se les había destinado en unos diques-astilleros que se abrieron a la orilla del lago de Texcoco.

Todas las piezas para las pequeñas naves, iban clasificadas y numeradas, conducidas a hombros por ocho mil tamemes. Diez mil guerreros presidían la marcha y otros diez mil cerraban la retaguardia. Escribe Cortés al emperador: "...que era cosa maravillosa de ver, y así me parece que es cosa de oír, llevar trece fustas, diez y ocho leguas por tierra y certifico a Vuestra Majestad que dende la vanguardia a la retroguardia había bien dos leguas de distancia." Y sigue diciendo que después de tres días de camino marcharon con mucho concierto y que al cuarto día, llegaron a Texcoco con mucho placer hicieron su entrada al son de atabales "...y yo los salí a recibir." "Y como yo arriba digo, extendíase tanto la gente, que desde que los primeros comenzaron a entrar hasta que los postreros hobieron acabado se pasaron más de seis horas, sin quebrar el hilo de la gente."

Dice Bernal Díaz: "Como habían venido allí a Texcoco sobre quince mil tascaltecas con la madera de los bergantines y había cinco días questaban en aquella ciudad sin hacer cosa que de contar sea y no tenían mantenimientos, antes les faltaba y como el capitán de los tascaltecas era muy esforzado y orgulloso, que ya he dicho otras veces que se decía Chichimecatecle, dijo a Cortés que quería hacer algún servicio a nuestro gran Emperador y batallar contra mexicanos."

Se nota en este pasaje que para los nativos la guerra era una necesidad económica, como lo han sido todas las guerras, inclusive la guerra que hacía Cortés, que llevando la fe como bandera, perseguía o buscaba el poder de la riqueza y de la fama.

Pasada una semana después de la llegada de los bergantines, Cortés alistó sus armas y emprendió una campaña por Xaltocan hasta llegar a Tacaba, en donde permaneció guerreando con espíritu destructor, en esa ocasión, tuvo la oportunidad de observar combate personales entre señores tlaxcaltecas y mexicanos, donde se vio cómo se prodigaban el odio mutua que ambos pueblos se tenían. Los tlaxcaltecas hacían una guerra feroz al amparo de los españoles, para alcanzar abundante botín en los despojos y saqueos que cometían, incluyendo un canibalismo que Cortés consentía con aparente disimulo. Bernal Díaz dice sobre este pasaje lo siguiente: "Ya he dicho otra vez que iba tanta multitud de ellos a causa de los despojos que habían de haber, y lo más cierto por hartarse de carne humana, si hobiese batallas, porque bien sabían que las había de haber, y son a manera de decir como cuando en Italia salía un ejército de una parte a otra y le siguen cuervos y milanos y otras aves de rapiña que se mantienen de los cuerpos muertos que quedan en el campo, después que se daba una muy sangrienta batalla, así he de juzgar que nos seguían tantos millares de indios."

Por esos días Gonzálo de Sandoval regresó a Texcoco, con un gran acopio de indios, los que fueron herrado con el hierro de esclavos, al que llamaban hierro de su majestad, que luego se vendían para obtener los dos quintos que ya se han mencionado antes, mas, algunos soldados apartaban algunas buenas indias que llevaban a sus aposentos diciendo que eran sus naborías o que habían llegado de sus amigos de Tlaxcala.

Otro acontecimiento fue la noticia que llegaba de la Villa Rica de la Veracruz, de la llegada de un navío procedente de Castilla, en el cual llegaba como tesorero de su Majestad un Julián de Alderete, originario de Tordecillas, otro Orduña el Viejo, natural de la misma población y que después de conquistado México, trajo cinco agraciadas hijas, que según afirma Bernal Díaz, las casó muy bien. También llegó en el navío, un sacerdote de la orden de San Francisco llamado Pedro Melgarejo de Urrea, era natural de Sevilla, traía consigo unas bulas de San Pedro, cuyo encargado de ellas era Jerónimo López que venía con funciones de comisario y más tarde en México fue nombrado secretario. Llegaron también Antonio Carvajal, Jerónimo Ruíz de Mota, un Briones, Alonso Díaz de la Reguera y otros más. El navío llegaba cargado de mercancías de toda índole, pero sobre todo de armas y pólvora y con él llegó a Cortés la noticia de que el Obispo de Burgos, ya no gozaba del favor del emperador, por haberle descubierto los embustes en contra de Cortés y a favor de Diego Velázquez, ya que su Majestad, había entendido claramente, que lo que decían los procuradores de Cortés, era la verdad.

Por ese tiempo los cuatrocientos efectivos españoles que formaban el ejército de Cortés, con sus mujeres, con las que cada soldado tenía un especie de harén privado, con sus naborías o sirvientes y sus numerosos esclavos, sumaban en conjunto más de tres mil unidades, por lo que el gasto diario en el consumo de bastimentos, debe haber sido cuantioso para los recursos del real donde acampaban, por lo que Cortés y su hueste, debió haberse obligado a hacer la guerra o invadir algunos pueblos para tomar de ellos lo que más necesitara. El despojo o el saqueo era la norma que imponía la guerra de conquista para que el conquistador y los suyos pudieran subsistir; por lo tanto las razones económicas impelían a las razones militares, a mantener una constante actividad bélica frente al enemigo que también respondía con gallarda bizarría.

Cuauhtémoc, el joven Uei Tlatoani, esforzado paladín y defensor egregio de una patria próxima a morir, desde el momento en que tuvo conocimiento de que Malinche armaba una flotilla, para atacar a la gran ciudad, hacía titánicos esfuerzos para tener alerta a sus guerreros y ordenaba frecuentes ataques a la base de Cortés, donde tenía los bergantines, tratando de destruirlos e incendiarlos. Además Cuauhtémoc, había ordenado se construyeron unas lanzas largas con puntas de espadas de hierro, de las que dejaron los españoles vencidos, la noche del 30 de junio de 1520. Ese nuevo tipo de arma, se utilizaría para defenderse del ataque de los de a caballo. Considerando el Uei Tlatoani, que era necesario mantener la lealtad y las relaciones de las ciudades circundantes, mantenía una activa comunicación con señores y guerreros para fortalecer las defensas de la causa mexicana.

Mas, el Capitán hispano fiel a su política de paz, ofrecía ésta a Cuauhtémoc, pero el joven rey la rechazaba con la firmeza heroica del hombre que se entrega en holocausto en aras de una causa, a sabiendas de que si no es vencedor, tendrá que morir.

Cortés y Sandoval, realizaron sucesivamente varias campañas, tendientes a conocer y debilitar el poderío azteca, en las cuales ofrecían la paz y aceptaban la sumisión de los vencidos, que por lo regular, hombres, mujeres y niños eran sometidos a esclavitud.

El miércoles 27 de marzo, Cortés siempre pacifista, envió a los mexicanos unos mensajeros con una propuesta de paz, pero el emperador azteca, respondió enviando a sus guerreros a combatir a los extranjeros y sus aliados. Los nativos de Chalco, fueron los primeros en sentir la amenaza de los escuadrones aztecas, por lo que sin demora, acudieron a solicitar la protección del Capitán hispano, al que le presentaron en un lienzo, las poblaciones y posibles concentraciones de combatientes mexicanos.

## CAMPAÑA DE HERNÁN CORTÉS POR EL SUR DE LA GRAN TENOCHTITLÁN

El viernes 5 de abril de 1521, dio principio una importante campaña por el sur de la meseta del Anáhuac, actividad bélica que hacía ya algunos días, venía preparando. La hueste de Cortés para esta campaña, se componía de 300 españoles de infantería y 20 de a caballo y los imprescindibles auxiliares de Tlaxcala, que no deben haber sido pocos, y agregados a estos una multitud de nativos que seguían al ejército para aprovechar los despojos después de las batallas. El ejército avanzó sobre Tlalmanalco, donde llegó sin encontrar resistencia, de allí se dirigió a Chalco; y el sábado 6, avanzó al sur para pernoctar en Chimalhuacán (en esta ruta hay un pequeño error de ubicación descrito por don Salvador de Madariaga, Chimalhuacán no se encuentra al sur de Chalco, sino más bien al oeste y a un paso de Texcoco, como a una legua y media). El domingo 7 de abril, avanzaron hacia el sur de lo que es el valle de Anáhuac, combatiendo contra escuadrones de mexicanos, Cortés y su hueste, se abrieron paso, padecieron hambre y sed, traspusieron la sierra y en el curso de esa semana, cayeron sobre Huastepec, Xiutepec y Yautepec, donde los caciques, vencidos, prestos acudieron a Cortés en demanda de perdón y a ofrecer la paz, que el Capitán para esto, no se hacía del rogar. El sábado 13 de abril, Cortés y su tropa, se dirigieron a Cuauhnahuac, que más tarde se llamó Cuernavaca, lugar de ensueño, por su vegetación y su clima, estaba allí acampada una fuerte guarnición de guerreros mexicanos, que después de reñidos combates, fueron desalojados y con ello, Cortés señoreó todo el rumbo, y los caciques y señores principales, sumisos se sometieron y reconocieron como a su señor, al emperador de España.

Los hispanos permanecieron poco tiempo en Cuernavaca, ya que al amanecer del lunes 15 de abril, después de haber cruzado la sierra, a las ocho de la mañana, se hallaban frente a Xochimilco, donde se encontraron con una guarnición de mexicanos que les presentó una tenaz resistencia, los nativos usaban nuevas lanzas, construidas con puntas de espadas, de aquellas que quitaron a los hispanos muertos la celebérrima noche del 30 de junio de 1520. En el batallar de esos encuentros, el caballo de Cortés fue abatido y el capitán estuvo a punto de ser hecho prisionero, y si no le quitaron la vida en ese momento, fue por la costumbre tan arraigada que tenían los mexicanos de procurarse prisioneros para halagar a sus dioses, ofreciéndoles en sacrificio a sus prisioneros. Cortés en este peligroso paso de su existencia salvó la vida, gracias a la oportuna intervención de un denodado soldado que llevaba por nombre Cristóbal de Olea, quien expuso su propia vida por salvar la de su Capitán, pues recibió tres heridas graves. Cortés a salvo, aunque herido en la cabeza, volvió a cabalgar haciendo frente a los ataques continuos que de día y de noche efectuaban los escuadrones de refresco, que sin descanso, enviaba a la lucha el emperador Guatemuz. Tres días seguidos se sucedieron los encarnados combates. Los aztecas no daban cuartel. Los españoles no tenían tiempo ni de curar sus heridas; y en ese batallar sin descanso, perdieron varios de sus compañeros, que los capitanes aztecas ufanos arrastraban para conducirlos vivos ante la piedra de los sacrificios del gran CU y ofrecer sus corazones a sus dioses. En Xochimilco, tres días duraron los combates, que por el lado de los mexicanos presentaron aspectos de singular fiereza y cuando los españoles y toda su hueste abandonaron ese lugar, la ciudad presentaba una imagen de verdadera desolación; todo lo que no había sido incendiado, había sido saqueado o destruido.

De Xochimilco, Cortés y sus tropas se dirigieron a Coyohuacán (Coyoacán). En la marcha el Capitán hispano observó que el fardaje del botín era tan pesado, que dijo a sus soldados que dejasen tanto "hato y fardaje, pues podría estorbarles para pelear." Y sobre ese pasaje Bernal Díaz escribe: "...y desde que aquello le oímos todos a una le respondimos que, mediante Dios que hombres éramos para defender nuestra hacienda y personas e la suya, e que sería gran poquedad si tal hiciésemos, y desque vio nuestra voluntad y respuesta, dijo que en la mano de Dios lo encomendaba."

La marcha siguió sin grandes problemas que afrontar, pero cuando los españoles llegaron a Coyoacán, se encontraron con que la ciudad estaba abandonada, los recién llegados, buscaron sus alojamientos, se instalaron, los mexicanos les dieron algún respiro, curaron sus heridas y prepararon sus armas, mientras tanto, Cortés ordenó las velas y las rondas y él se dedicó a observar todo el campamento que ocupaban, "para advertir, antes de ser advertido." Como él decía.

El sábado 20 de abril de 1521, Cortés, después de haberse formado un juicio, de lo que debía hacer en ese sector al establecer el sitio, ordenó la marcha rumbo a Tacaba, bordeando la laguna, pero tan luego que los mexicanos se dieron cuenta de que había salido de Coyoacán, los guerreros que habían evacuado esta ciudad, comenzaron a hostilizar al ejército español por la parte de la laguna que era por donde podían atacar en sus canoas. Habla Bernal Díaz en este pasaje, que Hernán Cortés con diez de a caballo y sus cuatro mozos de espuelas, se adelantó con el fin de ponerles una celada a los guerreros mexicanos que los atacaban, pero, el celador resultó celado, porque cayó en una trampa que los mexicanos le pusieron, escapando él y sus compañeros, por verdadero milagro, todos los caballos heridos y perdió dos de sus mozos de espuelas, a quienes llevaron a presencia del emperador Guatemuz y en seguida a la piedra de los sacrificios. Todo el ejército seguía su marcha y cuando arribaron a Tacaba con sus banderas desplegadas y todo su fardaje; llegaron los de a caballo, entre ellos, Pedro de Alvarado y Cristóbal de Olid, pero Cortés y sus compañeros no aparecían, por lo que dice Bernal Díaz: "...tuvimos mala sospecha no le hobiese acaecido algún desmán; entonces Pedro de Alvarado, Cristóbal de Olid y otros de a caballo fueron en su busca hasta los esteros donde Cortés se apartó, pero al poco andar se encontraron con los dos mozos de espuelas del Capitán y en seguida con Cortés y su compañía, todos maltrechos y los caballos heridos renqueando. Cuando la hueste española llegó a Tacaba, estaba lloviendo copiosamente, el ejército y el fardaje se acomodaron en unos grandes patios. Narra Bernal Díaz, cuando debió amainar la lluvia, después de dos horas de estancia, Cortés y otros capitanes, acompañados del tesorero Aldarete y el padre Melgarejo, que (según don Salvador de Madariaga) tenía la virtud de ser alquimista, por aquello de que podía "transmutar los pecados en oro puro", y algunos soldados más, subieron al CU de Tacaba, que por su altura, dominaba todo el extenso panorama del gran lago, y sus numerosas ciudades ribereñas. La admiración del padre Melgarejo y del tesorero Aldarete, lo mismo que en todos los observadores, creció de punto, cuando vieron lo imponente del paisaje, la gran Tenochtitlán, el Templo Mayor o Gran Teocalli, ciudades dentro y fuera del agua, y multitud de canoas, algunas portando bastimentos, otras pescando y muchas vacías. Dice Bernal Díaz que el padre y el tesorero se espantaron y que brotó de sus labios la siguiente expresión: "...que nuestra venida a esta Nueva España que no era de hombres humanos, sino que la gran misericordia de Dios es que nos tenía y amparaba, y que otras veces han dicho que no se acuerdan haber leído en ninguna escritura que hayan hecho ningunos vasallos tan grandes servicios a su rey como son los nuestros, y que ahora lo dicen muy mejor, y que de ellos harán relación a su Majestad."

Hernán Cortés que pocas veces se conmovía, en esta ocasión, trepado en el CU de Tacaba, se le vio triste, al sentir la ausencia de sus dos mozos de espuelas, pero también la grandeza y la hermosura del paisaje, trajeron a su memoria los muchos muertos que quedaron en la noche de su huída. Bernal Díaz escribe sobre este pasaje: "...y como consolaba el fraile a Cortés por la pérdida de sus mozos de espuelas, que estaba muy triste por ellos, y digamos cómo Cortés y todos nosotros estábamos mirando desde Tacaba el gran CU de Uichilobos y el de Tatelulco y los aposentos donde solíamos estar, y mirábamos toda la ciudad y las puentes y calzadas por donde solíamos huyendo; y en este instante suspiró Cortés con una muy gran tristeza, muy mayor que la que antes traía, por los hombres que le mataron antes que en el alto CU subiese y desde entonces dijeron un cantar o romance, que decía lo siguiente: 'En Tacaba está Cortés –con su escuadrón esforzado-, triste estaba y muy penoso, -triste y con gran cuidado, -una mano en la mejilla y la otra en un costado, etc.'

Acuérdome –dice Bernal Díaz- que entonces le dijo un soldado que se decía el bachiller Alonso Pérez, que después de ganada la Nueva España, fue fiscal y vecino de México: 'Señor capitán: no esté vuesa merced tan triste, que en las guerras estas cosas suelen suceder, y no se dirá por vuesa merced: Mira Nero de Tarpeyo a Roma cómo se ardía.'"

Y Bernal Díaz sigue diciendo: "Y Cortés le dijo que ya veía cuántas veces había enviado a México a rogarles con la paz; y que la tristeza no la tenía por sólo una cosa sino en pensar en los grandes trabajos en que nos habíamos de ver hasta tornearla a señorear, y que con la ayuda de Dios que presto la pondríamos por la obra."

Don Salvador de Madariaga, admirador admirable de Hernán Cortés, escribe sobre el anterior pasaje:

"Esta escena no sólo es una de las más vivas que nos han quedado de la vida de Cortés sino también una de las de más valor en esta o cualquiera otra vida para el estudio de la historia y de la leyenda como flores gemelas del espíritu humano. La confluencia de una emoción (tristeza de Cortés) con una forma (romance) da lugar a dos corrientes de la leyenda que ambas dejan traza en la historia de España: una es la distorsión de la figura de Cortés, operada por la pasión enemiga que transfiere la escena al día aciago de la matanza de Cholula, invirtiendo el sentido en que se trae a cuento el romance de Nerón. Esta leyenda negativa se debe a Las Casas, que, en su celo por la defensa de los indios, olvidaba con excesiva frecuencia todo sentido de justicia y no tuvo jamás ni por asomo idea de los deberes objetivos del historiador. En su libelo 'La Destrucción de las Indias' escribe: (Las Casas) 'Dícese que estando metiendo a espada los cinco o seis mil hombres en el patio, estaba cantando el Capitán de los españoles: Mira Nero de Tarpeya a Roma cómo se ardía: gritos dan niños y viejos, y él de nada se dolía'. Sólo la obsesión del apasionado fraile podía obcecar aún al más lerdo hasta admitir que escena tan absurda fuera posible. Afortunadamente la otra rama de la leyenda nacida en la escena del Teocalli de Tacaba es más generosa."

Aprovecha la oportunidad en este pasaje, el señor de Madariaga, para rebatir al padre Las Casas, santo defensor de los indios, no de los guerreros, sino de los sacrificios sin razón; de los sometidos y despojados, de aquellos que sintieron en su carne el martirio impuesto por un conquistador impío y en muchos de sus actos hasta feroz, que no apoyaba su acción en ningún derecho y menos en ningún principio de elemental justicia. Don Salvador llama "libelo" a la obra que Las Casas escribió, donde con índice de fuego, con suma razón, condena en algunos pasajes, la acción y conducta de los conquistadores, y como testigo cercano de ese inmenso y trágico drama; como buen cristiano y abogado humanista de los vencidos martirizados, le carga la mano y la pluma a Hernando Cortés. Que en la matanza de Cholula el Capitán conquistador no haya estado cantando el romance que se dice, se puede creer que no; pero no por eso, se logrará borrar de la historia ese genocidio y alguno otro más que con sangre fría se verificó.

Con romance y sin romance, quédese Hernán Cortés en lo que fue, que ninguna falta le hace para afirmar o negar lo que fue. La historia generosa ha recogido su nombre y ninguna falta le hace que lo defiendan o lo condenen; su nombre está ligado a México y quiérase o no, vivirá en la historia, no como un héroe sino como un conquistador; que causó los mayores males, pero que consigo llegaron los mayores bienes.

En su breve estancia en Tacaba, Cortés trató de explorar la calzada, pero sus capitanes en pocas palabras lo convencieron de que les faltaba pólvora, estaba lloviendo y muchos de a caballo heridos, por lo que se ordenó la marcha. Pasaron por Atzcapotzalco, que estaba desierta, siguieron a Tenayuca, que también la encontraron desierta y por fin ese 20 de abril, llegaron a Cuauhtitlán, sufriendo el azote de una lluvia pertinaz, allí pernoctaron, pero el poblado también estaba sin gente, debieron pasar la noche con la vestimenta bajo la lluvia que les calaba los huesos. Así llegaron a Citlaltepec, donde tuvieron que rechazar algunas escaramuzas y hallaron poco de comer. Por fin, el 22 de abril del mismo mes, los nuevos odiseos, como a mediodía, llegaron a Acolman como llegar a su casa, a un paso de Texcoco. Allí Gonzálo de Sandoval con sus soldados, el señor de Texcoco, que al bautizarse llevaba por nombre don Fernando, con su séquito, algunos españoles recién llegados de Castilla y con abundantes bastimentos, le hicieron a Cortés y a su ejército un cordial recibimiento. Después de la plática de mutua comunicación, Sandoval con su tropa, regresó a su real de Texcoco, para atender los últimos retoques de los bergantines. Cortés y su hueste, pasó esa noche en Acolmán y al día siguiente, emprendió la marcha a Texcoco, donde pensaba darse un descanso y restañar sus heridas y las de su ejército, y preparar el asalto a la gran Tenochtitlán, idea que no se le quitaba de la cabeza.

## CONJURACIÓN EN CONTRA DE CORTÉS

Hacía dos días que Hernán Cortés estaba en Texcoco, cuando un soldado le llevó al Capitán hispano, el aviso de que Antonio de Villafaña amigo y partidario de Diego Velázquez, con otros soldados del mismo partido, habían concertado una conspiración para matar a Hernán Cortés y a sus capitanes y soldados que siempre le acopañaban;

que consumado el atentado, le darían el mando a Francisco Verdugo, cuñado del gobernador de Cuba, que el pretexto para acercarse a Cortés, sería entregarle una carta de su padre Martín Cortés, que acababa de llegar en la nave que en esos días llegó a Veracruz procedente de España, que cuando el Capitán estuviera sentado a la mesa leyendo la carta, allí lo apuñalarían, lo mismo harían con Gonzálo de Sandoval, Cristóbal de Olid, Pedro de Alvarado y los más que le estuvieran acompañando; que en el acto nombrarían los miembros del gobierno entre los hombres de Pánfilo de Narváez.

Hecha la denuncia, el atentado se frustró; Cortés recompensó con largueza al denunciante, sin que se mencionasen nombres, porque Bernal Díaz dice que por no menoscabar el honor de los complicados, no los escribió. Pero Cortés en el acto, se dirigió al sitio donde se hallaba Villafaña; dice Bernal Díaz sobre ese hecho: "...y así como lo supimos nos apercibimos y sin más tardar fuimos con Cortés a la posada de Antonio de Villafaña, y estaban con él muchos de los que eran en la conjuración, y de presto le echamos mano a Villafaña con cuatro alguaciles que Cortés llevaba; y los capitanes y soldados que con él estaban comenzaron a huir y Cortés les mandó detener y prender. Y después que tuvimos preso a Villafaña, Cortés le sacó del seno el memorial que tenía con las firmas de los que fueron en el concierto y después que lo hobo leído y vio que eran muchas personas en ello y de calidad y por no infamarlos, echó fama que comió el memorial Villafaña y que no lo había visto ni leído."

Hernán Cortés en este caso, como en otros, procedió con suma habilidad, de haber sido más riguroso, y castigado a todos los de la lista, él mismo hubiera diezmado su ejército; mas, calculando que cualesquiera de sus soldados le era útil para llevar a cabo su empresa; solamente mandó juzgar y ajusticiar a Antonio de Villafaña, que pagó con su vida el atrevimiento de encabezar una conjuración. De allí para lo sucesivo, acordaron los amigos de Cortés, que éste tuviera guardia permanente, su capitán un hidalgo que se llamaba Antonio Quiñones con seis soldados. A los demás conjurados aunque se les vio con disimulo, ya no se les tuvo confianza.

Por esos días Cortés, ávido de su quinto, pregonó que todos los prisioneros de todas las edades, de ambos sexos, fueran herrados para venderlos "en la almoneda", -dice Bernal Díaz- "más de los que otras voces tengan dichas, en las dos veces que se herraron, si mal lo habían hecho antes, muy peor se hizo esta vez, que después de sacado el real quinto, sacaba Cortés el suyo y otras treinta trancalinas para los capitanes; y si eran hermosas y buenas indias las que metíamos a herrar, las hurtaban de noche del montón, que no parecían hasta de ahí a buenos días, y por esta causa se dejaban muchas piezas que después teníamos por naborías."

## COMIENZA EL SITIO DE MÉXICO

Terminados los bergantines con su timones, sus jarcias, sus velas y sus remos, todo listo para navegar, Cortés dispuso se hiciera un sondeo por la laguna; pidió a sus aliados de Tlaxcala, Guaxocingo y Cholula, que le construyeran saetas y casquillos de cobre, que según Bernal Díaz, los hicieron mejor que los que venían de Castilla, y en menos de dos semanas, el ejército español tenía más de cincuenta mil saetas y otros tantos miles de casquillos. Al mismo tiempo mandó mensajeros a sus aliados y pueblos amigos para que alistasen sus fuerzas y acudieran prestos a cualquier llamado; luego formó consejo con sus capitanes y "acordó Cortés que para el segundo día de Pascua del Espíritu Santo, que fue el año de mil quinientos veintiún años, se hiciese alarde, el cual alarde se hizo en los patios mayores de Tescuco, y halláronse ochenta y cuatro de a caballo, y seiscientos cincuenta soldados de espada y rodela, y muchos de lanzas, y ciento noventa y cuatro ballesteros y escopeteros." De los anteriores efectivos, se sacaron las dotaciones para la tripulación de los trece bergantines, que llevarían doce escopeteros y ballesteros, que serían combatientes y estarían exentos de remar. En total, la dotación de cada bergantín, sería de veinticinco combatientes incluyendo al capitán. Sumados estos totales con artilleros y remeros, alcanzaron las cifras de trescientos efectivos.

Además el cronista soldado nos habla del pregón que se hizo para dar a conocer las ordenanzas a que estarían sujetos todos los elementos de tropa que formaban el ejército español, y que tendrían que observar durante el asedio a la gran ciudad. Según Bernal Díaz, las ordenanzas prevenían lo siguiente:

"Lo primero, que ninguna persona fuese osada en blasfemar de Nuestro Señor Jesucristo, ni de Nuestra Señora su Bendita Madre, ni de los Santos Apóstoles, ni de otros Santos, so grave pena."

"Lo segundo, que ningún soldado tratase mal a nuestros amigos, pues iban para ayudarnos, ni les tomasen cosa ninguna, aunque fuesen de las cosas que ellos habían adquirido en la guerra; y aunque fuese indio ni indio, ni oro ni chalchiuis."

"Lo otro, que ningún soldado fuese osado de salir ni de día ni de noche de nuestro real para ir a ningún pueblo de nuestros amigos, ni a otra parte a traer de comer, ni otra cualquier cosa, so grave pena."

"Lo otro, que todos los soldados llevasen muy buenas armas y bien colchadas y gorjal y papahigo y antiparras y rodela; que como sabíamos que era tanta la multitud de vara y piedras y flecha y lanza, para todo era menester llevar las armas que decía el pregón."

"Lo otro, que ninguna persona jugase caballo ni armas por vía ninguna, con gran pena."

"Lo otro, que ningún soldado, ni hombre de caballo, ni caballero, ni escopetero, ni ballestero, duerma sin estar con todas sus armas vestidos y con alpargatas calzados, excepto si no fuese con gran necesidad de heridas o de estar dolientes, porque estuviésemos muy aparejados para cualquier tiempo que los mexicanos viniesen a darnos guerra."

"Y además de esto se pregonó las leyes que se mandan guardar en lo militar, que es que al que se duerme en vela o se va del puesto que le ponen, pena de muerte, y se pregonaron que ningún soldado vaya de un real a otro sin licencia de su capitán, so pena de muerte."

"Que el soldado que deja a su capitán en la guerra o batalla y huya pena de muerte."

Dadas a conocer las ordenanzas en el alarde, Cortés procedió a designarle a cada uno de sus capitanes, con su dotación de tropa y armas, el sector que debía atacar y tomar para que le sirviera de base en posteriores asedios, para hacer rendir a la ciudad.

El 28 de abril de 1521, después de que la tropa asistió a los servicios religiosos, con alegres salvas y con vistosos adornos, fueron botados al agua los trece bergantines, que sin duda la alegría de los españoles, se ha haber reflejado en el alma indígena de Anáhuac, como un presagio de su muy cercano fin. Del 28 de abril al 13 de agosto del mismo año, le quedaban al imperio azteca, justamente 107 días, que serían de heroica resistencia y de mortal fatiga. Cuauhtémic, el monarca joven, en poquísimo tiempo, ha envejecido en más de cien años y ha alcanzado la estatura de un coloso; en el seño de su reino ha vencido a la facción moderadora que deseaba aceptar la paz que Cortés les ofrecía, y celebra su triunfo con un acto religioso, en el cual ordena el sacrificio de cuatro prisioneros españoles y rechaza con singular energía las propuestas de paz que recibe de Malinche.

El tiempo va avanzando, Cortés recibe el auxilio de más de treinta mil tlaxcaltecas, cuya capitanía la ostenta el patriota y bravo Xicoténcatl, pero ya en Texcoco, el capitán tlaxcalteca siente repugnancia atacar a los mexicanos, sirviendo a los españoles, regresa a sus lares; pero al notar Hernán Cortés su ausencia, ordenó a Ojeda que con un mensaje fuese a Tlaxcala para que notificara a los señores y caciques, que una deserción como la de Xicoténcatl, es España se castigaba con la pena de muerte, a lo que los caciques contestaron, que en Tlaxcala se hacía lo mismo. Entonces Cortés ordenó a Ojeda que lo capturara y ahorcara, Pedro de Alvarado, como se recordará, vivía con una hija del guerrero condenado, trató de interceder a favor del padre de su barragana, pero no fue escuchado. Y Xicoténcatl fue sacrificado según Cortés, por traidor, las vísperas del asedio a la gran Tenochtitlán.

El plan de Cortés para el ataque a la ciudad de México, no podía ser más sencillo. Por agua, los bergantines señorearían el lago, y por tierra se tomarían las salidas o entradas de las calzadas, excepto la del Tepeyac, salida que Cortés pensó dejar libre, como una posible válvula de escape de los mexicanos y combatirlos por ese rumbo que ya señoreaba.

En su tercera Carta de Relación, Hernán Cortés escribe al emperador Carlos V, sobre el inicio de las operaciones del sitio de México, lo siguiente:

"Otro día siguiente, fice mensajeros a las provincias de Texcaltecal, Guajucingo y Churutecal a les facer saber como los bergantines eran acabados y que yo y toda la gente estábamos apercibidos y de camino para ir a cercar la gran ciudad de Temixtitán; y por tanto, que les rogaba, pues, que ya por mí estaban avisados y tenían su gente apercibida, que con toda la más bien armada que pudiesen se partiesen y viniesen allí a Tesaico, donde yo los esperaría diez días, y que en ninguna manera se excediesen desto, porque sería un gran desvío para lo que estaba concertado."

Pocos días después, los pueblos convocados por el Capitán hispano respondieron a su llamado. Sigue diciendo Cortés:

"Y según la cuenta que los capitanes nos dieron, pasaban de cincuenta mil hombres de guerra, los cuales fueron por nosotros muy bien recibidos y aposentados."

"El segundo día de Pascua mandó salir a toda la gente de pié y de caballo a la plaza desta ciudad de Tesaico (Texcoco) para ordenar y dar a los capitanes la que habían de llevar para tres guarniciones de gente que se había de poner en tres ciudades que están en torno de Temixtitán (Tenochtitlán) y de la una guarnición hice capitán a Pedro de Alvarado, y dile treinta de caballo, y diez y ocho ballesteros y escopeteros, y ciento cincuenta peones de espada y rodela, y más de veinticinco mil hombres de guerra de los Tascaltecatl (Tlaxcala) y estos habían de asentar su real en la ciudad de Tacaba."

"De la otra guarnición fice capitán a Cristóbal de Olid, al cual di treinta y tres de caballo, diez y ocho ballesteros y escopeteros, y ciento sesenta peones de espada y rodela, y más de veinte mil hombres de guerra de nuestros amigos, y estos habían de sentar su real en la ciudad de Cuyuacán (Coyoacán)."

"De la otra tercera guarnición, fice capitán a Gonzálo de Sandoval, alguacil mayor, y dile veinticinco de caballo y cuatro escopeteros y trece ballesteros y ciento cincuenta peones de espada y rodela; los cincuenta de los mancebos escogidos, que yo traía en mi compañía, y toda la gente de Guajocingo y Churutecal y Calco (Cholula y Chalco) que había más de treinta mil hombres, y estos habían de ir por la ciudad de Iztapalapa a destruirla, y pasar adelante por una calzada de la laguna, con favor y espaldas de los bergantines, y juntarse con la guarnición de Cuyuacán, para que después que yo entrase con los bergantines por la laguna el dicho alguacil mayor asentase su real donde pareciese que convenía."

"Para los trece bergantines con que yo había de entrar por la laguna dejé trescientos hombres, todos los más gente de la mar y bien diestra; de manera que en cada bergantín iban veinticinco españoles, y cada fusta llevaba su capitán y veedor y seis ballesteros y escopeteros." La armada iría al mando de Juan Jaramillo y Rodríguez de Villafuerte, pero bajo el mando supremo de Hernán Cortés.

Los anteriores contingentes que según Cortés se han descrito, formaban una fuerza de ataque formidable, a ella tenía que enfrentarse el joven Uei Tlatoani azteca, que con sus capitanes y guerreros formarían una muralla, digna paralela de las épicas jornadas en los asedios de Troya y Alesia.

Apoyándose en Torquemada, don Salvador de Madariaga en "Hernán Cortés" rinde un justo homenaje a Cuauhtémoc cuando escribe:

"En Guatemocín habían hallado los mexicanos a un adalid no sólo de indomable espíritu sino también de viva inteligencia militar, en suma, digno de erguirse en la historia frente a su rival español. Su defensa de Méjico contra los españoles fue una obra maestra de valor y de abnegación prodigiosos, de perseverancia tesonera, de una iniciativa y adaptabilidad siempre renaciente, de una pericia técnica, de una agilidad táctica y en general de un espíritu directivo que hacen de Guatemocín un gran caudillo militar. Su puesto de mando era la torre del Gran Teocalli, desde donde dirigía las operaciones por medio de un sistema de señales que parece haber funcionado con suma eficacia."

Dadas las órdenes e instrucciones a los capitanes que debían ir a tacaba y Coyoacán, partieron de Texcoco el 10 de mayo de 1521 (Bernal Díaz dice que la partida fue el 13 del mismo mes). El primero en ponerse en camino con su hueste, fue Cristóbal de Olid que en su primera jornada, llegó al pueblo de Acolmán, tomó los mejores locales para aposentar a sus tropas, de manera que cuando poco después llegó Pedro de Avarado con su gente, ya no encontró donde alojarla, por lo que entre capitanes y luego entre la tropa, comenzó una agria discusión que después de las palabras, poco faltó para que salieran a relucir las espadas y degenerara en un enfrentamiento, más prevaleció la cordura y no pasó de ahí. Cortés al saber ese incidente, reprendió severamente a sus capitanes, en la segunda jornada los hispanos llegaron a un pueblo llamado Gilotepeque, al que encontraron deshabitado, en el tercer día las huestes de los hispanos, a Guatitlán (Cuauhtitlán) que también estaba despoblada; siguieron adelante y por la tarde llegaron a Tacaba, que también había sido abandonada por sus moradores; ahí los dos capitanes aposentaron su gente en las casas de los caciques y señores, que dice Cortés, que "eran muy hermosas". Al día siguiente los dos capitanes, en cumplimiento con lo ordenado por Cortés, se apresuraron a cortar el acueducto que conducía el agua a la ciudad, donde encontraron tenaz resistencia por parte de los mexicanos que lo custodiaban. Sobre ese pasaje Cortés dice a Carlos V, lo siguiente:

"Otro día de mañana (según Cortés 15 de mayo, según otros cronistas, 26 del mismo mes) los dos capitanes acordaron como yo lo había mandado, de ir a quitar el agua dulce que por caños entraba a la ciudad de Temixtitlán, el uno dellos, con veinte caballos y ciertos ballesteros y escopeteros, fue el nacimiento de la fuente, que estaba a un cuarto de legua de allí, cortó y quebró los caños que eran de madera y cal y canto, y peleó reciamente con los de la ciudad, que se le defendían por mar y tierra; al fin los desbarató, y dio conclusión a lo que iba, que era quitarles el agua dulce, que fue muy grande ardid."

Consumada la anterior acción, Pedro de Alvarado sentó su real en Tacaba y Cristóbal de Olid siguió hacia Coyoacán para fijar allí su real, de acuerdo con las órdenes recibidas, se encontró con que la ciudad también había sido abandonada, aposentó sus tropas en los palacios que existían allí y esperó que siguieran su curso los acontecimientos. Debía haber sido el 16 de mayo del año ya citado. Por su parte Gonzálo de Sandoval que emprendió su marcha unos tres días después por distinto camino cruzando algunos pueblos, sostuvo escaramuzas y el 31 de mayo alcanzó su objetivo señalado; Iztapalapa, allí encontró poca resistencia, pues los moradores se habían ido para México, Sandoval incendió la ciudad y sobre las ruinas, sentó su real y esperó la llegada del Capitán General. Por otro lado Cortés se adentraba en la laguna con la flotilla de los bergantines para completar el cerco de la Gran Ciudad. El drama comenzaba a tomar su forma para dar lugar a la tragedia. Los actores de ambos bandos, se revistieron de sus mejores galas de esforzados guerreros, pero a los nativos se les debe dar el apelativo de esforzados paladines, porque ofrendaron sus vidas, en defensa de su nación, de su casa y de todo lo que era suyo. Ejemplo inmarcesible que cabe ubicar en las leyendas de las épicas de todos los tiempos.

Los capitanes se habían asentado ya en sus respectivos reales, el último en llegar al suyo, fue Gonzálo de Sandoval, era el 31 de mayo de 1521. Hernán Cortés había salido de Texcoco a la cabeza de su flotilla, para tener contacto con Sandoval en su real de Iztapalapa, más ya en el centro de la laguna, le llamó la atención un peñón que emergía del lago, llamado Tepopolco y sin pérdida de tiempo se dirigió a él, desembarcó sus combatientes y después de vencer los obstáculos naturales y la resistencia de la guarnición de mexicanos; escribe a Carlos V: "E entramoslos de tal manera, que ninguno dellos escapó, excepto las mujeres y niños; y en este combate me hirieron veinticinco españoles, pero fue muy hermosa victoria."

Desde el peñón conquistado, Cortés ufano observó el panorama que desde esa altura se dominaba, y vio cómo un enjambre de canoas a todo remo se dirigían hacia sus bergantines; en el acto abandonó su conquista, ordenó a sus hombres el reembarco, con la consigna de que no se movieran hasta que los mexicanos estuvieran a tiro de ballesta. Animados por esa inmovilidad, los aztecas siguieron avanzando, cuando de pronto un viento favorable ayudó a poner en movimiento los bergantines. Sobre este pasaje escribe Cortés: "...plugo a Nuestro Señor que estándonos mirando los unos a los otros, vino un viento de la tierra, muy favorable para embestir con ellos. Y luego mandé a los capitanes que rompiesen por la flota de las canoas y siguiesen tras ellos, fasta los encerrar en la ciudad de Temextitlán; y como el viento era muy bueno, aunque ellos huían cuanto podían, embestimos por medio de ellos, y quebramos infinitas canoas, y matamos y ahogamos muchos de los enemigos, que era la cosa del mundo más para ver."

Cortés ha alcanzado do éxitos bélicos en el mismo día, animado por ello y por la impresión que sus naves han causado a los mexicanos, sigue avanzando por la laguna haciendo frente con ventaja a las endebles canoas, que le siguen muy de cerca y llega al llamado fuerte de Xoloc, donde con treinta de sus hombres desembarca, y después de encarnizado combate, se apodera de él, baja a tierra tres cañones, los emplaza y con sus fuegos, barre de enemigos la calzada, Xoloc es el punto de confluencia de las calzadas de Iztapalapa y Coyoacán. El fuerte Xoloc se encontraba más cerca de la ciudad de México que de Iztapalapa, era un lugar poco seguro, expuesto a los constantes ataques de los mexicanos, la lucha por su dominio, le costó a los españoles una enconada contienda de seis días con numerosas bajas. Las fuerzas anfibias se empeñaban en una lucha sangrienta que parecía no tener fin, los mexicanos llevaban la pero parte pero no cedían, de día y de noche se teñían las aguas con la sangre de los caídos, pero la lucha seguía; los puestos de avance cambiaban de dueño y el fluir y refluir en las operaciones se repetía en esos dramáticos días.

Si Hernán Cortés había logrado asentar su real y base de operaciones en Xoloc, el real de Iztapalapa, de Gonzálo de Sandoval, ya no era necesario, porque además desde Coyoacán, Cristóbal de Olid lo podía defender, por lo que Cortés, le ordenó a Sandoval que presto se fuera con su tropa a cerrar la calzada del Tepeyac, y con ello quedaba cercado e perímetro y acceso a la ciudad de todo auxilio exterior. En lo sucesivo, el abasto de agua y víveres para los mexicanos, solamente entraría por medio de las canoas, pero los bergantines se encargarían de impedirlo.

La labor de zapa de los españoles, consistía en ir cegando los cortes de las calzadas a medida que iban tomando los puentes, de esa manera se aseguraban su ir y venir de su real a los puntos de ataque que efectuaban todos los días. Pero los mexicanos no se daban punto de reposo y en su defensa, los volvían a abrir. Era una lucha magna, de un atacante porfiado y un defensor heroico que con infinita abnegación se negaba a sucumbir.

Hacia el 9 de junio, Cortés y Alvarado realizaron un ataque combinado, exponiéndose a los ataques de flanco que los tripulantes de las canoas con denuedo realizaban, pero los bergantines lograron neutralizar, gracias a ellos, Cortés logró llegar al centro de la ciudad, hasta el Gran Teocalli, después de batirse con su hueste en combates cuerpo a cuerpo, con un enemigo que no cedía terreno sino después de muerto. En los momentos en que los españoles creían haber alcanzado una notable victoria, vinieron sobre ellos una avalancha de mexicanos, que aunque en el acto participaron los tlaxcaltecas, en el fluir y refluir de la lucha, los tlaxcaltecas fueron invadidos por un pánico que poco faltó para convertirse en desbandada y luego en desastre, que originó la pérdida de varias vidas y un cañón, y que si esa operación no tuvo consecuencias funestas, se debió a la presencia oportuna de tres soldados de a caballo, que pudieron llegar a la ciudad, porque Cortés había ordenado que los puentes de la calzada fueran cegados cada vez que se verificara un avance e iban quedando a la retaguardia. De todos modos, en esta batalla Cortés no logró ningún resultado positivo; excepto destruir y quemar algunas casas, para ir arrasando la ciudad, para evitar que se parapetaran los mexicanos en posteriores ataques.

En lo que siguió del mes de junio, continuaron los ataques de los españoles y los contraataques de los aztecas, los combates se sucedían sin tregua; las bajas de ambos contendientes eran numerosas, pero más numerosas eran las de los mexicanos, y sin embargo estos no cedían. En la batalla que parecía interminable los bergantines fueron un arma decisiva de los españoles; cuando todas las calzadas quedaron cerradas, los mexicanos establecieron un servicio de abastos, para conducir agua y víveres, utilizando multitud de canoas, pero entonces al advertirlo, Cortés ordenó a la flotilla de los bergantines, una constante vigilancia, para apresar, volcar o destruir las canoas. Dice Bernal Díaz sobre ese pasaje: "O había día que no traían los bergantines que andaban en su busca de presa de canoas y muchos indios colgados de sus antenas."

A mediados de junio, le llegaron a Cortés un importante contingente de auxilio de treinta mil guerreros bien armados, que le enviaba el señor de Texcoco, que bautizado llevaba el nombre de don Fernando, recibió también la sumisión de Xochimilco y de los pueblos otomíes, que constituían un importante factor en la debilitación del poder azteca. Mas, Cuauhtémoc, se mostraba con un valor indomable, pues cuantas propuestas de paz le enviaba Cortés, todas eran rechazadas.

En vista de que los bergantines estorbaban la navegación de las canoas en el abasto de los mexicanos, estos idearon poner un "ardid" para tomar las pequeñas naves de Cortés, acordaron armar más de treinta piraguas con buen número de remeros y valientes guerreros, que ocultaron y camuflaron con ramas en unos carrizales, de tal manera que los iberos no las pudieran ver, además los aztecas habían plantado unas estacadas con maderos gruesos para que una vez entrados los bergantines en el lugar de la celada, ya no pudieran escapar. Y para el efecto, destacaron como cebo a tres canoas que simulaban llevar bastimentos o agua de tal modo que se hicieron perseguir por los bergantines navegando hacia donde estaban en acecho las piraguas, que de pronto salieron juntas y siguieron a las naves españolas y de presto atacaron e hirieron a toda la tripulación, capitanes, soldados y remeros. Escribe Bernal Díaz sobre este pasaje: "…y no podían ir ni a una parte ni a otra, por las estacadas que les tenían puestas, por manera que mataron al un capitán, que se decía fulano de Portilla, gentil soldado que había sido en Italia, e hirieron a Pedro Barba, que fue muy buen capitán, y desde allí a tres días murió de las heridas, y tomaron el bergantín. Estos dos bergantines eran de los del real de Cortés, de lo cual recibió gran pena, mas desde a pocos días se lo pagaron muy bien con otras celadas que echaron, lo cual diré en su tiempo."

Cortés y Gonzálo de Sandoval, proseguían su tarea de derribar y quemar las casas, y cegar los puentes con el material obtenido de los derrumbes, por lo que se atraían los ataques masivos de los escuadrones aztecas, quienes ideaban variadas formas de ataque y contención de sus enemigos, por lo que hicieron hoyos, abrieron zanjas en las calzadas y pusieron estacadas para que zozobrasen los bergantines y levantaron las "albarradas" de que tanto habla Bernal Díaz; de tal manera que los castellanos encontrasen los mayores obstáculos en sus ataques, y los mexicanos obtuvieran la mayor defensa en su resistencia. Bien sabían los mexicanos, que los iberos en sus acometidas, lo primero que hacían, era desbaratar las albarradas y luego para llegar a la ciudad, tenían que pasar las aberturas de las calzadas, con el agua hasta el cuello y ganar la otra orilla, pero entonces aparecían las canoas que habían estado escondidas, manejadas por buenos remeros y tripulantes por valientes guerreros y se daba la batalla. Dice Bernal Díaz: "Y un domingo de mañana comenzaron a venir por tres partes, grandes escuadrones de guerreros y nos acometen de tal manera que tuvimos bien de sustentarnos no nos desbaratasen."

Habla el cronista soldado, de la forma en que se habían organizado las guardias en cada real, ya que la guerra era sin cuartel, de día y de noche, y para evitar sorpresas, se montaban servicios de "Velas". El primero: "Tomaba la vela desde que anochecía hasta medianoche, la primera capitanía, y que eran sobre cuarenta soldadazos; y desde medianoche hasta dos horas antes que amaneciese tomaba la vela otra capitanía de otros cuarenta hombres, y no se iban del puesto los primeros, que allí en el suelo dormían, y este cuarto es el de la modorra; y luego venían otros cuarenta soldados y velaban el alba, que eran aquellas dos horas que había hasta el día…".

Bernal Díaz, minucioso narrador cuenta con detalles las múltiples operaciones que se llevaron a cabo en los últimos días del imperio mexicano; amargos y trágicos para los aztecas, pero no tan placenteros para los españoles. Escribe que era el tiempo de aguas, que casi todos los días cuando podían descansar, dormían en el suelo y con sus armas para estar prestos para el combate; los caballos pasaban toda la noche ensillados y enfrenados; la alimentación cuando no faltaba eran tortillas de maíz y "quelites, nopales o tunas." No habla de vestimenta, ¿sería la misma desde que llegaron a Texcoco?

Nos cuenta el cronista soldado que en el curso de las operaciones Cortés en su real y en sus salidas sufrió varios "desbarates", en lo que fueron los largos días del prolongado sitio de la Gran Tenochtitlán. De los pueblos circunvecinos que llegaron a demandar perdón y paz, dice: "…y acordaron de venir de paz ante Cortés y con mucha humildad demandaron perdón si en algo nos habían enojado, y dijeron que eran mandados y que no podían hacer otra cosa…" Cuando en los otros reales se enteraron de esa sumisión de parte de los mexicanos, hubo mucho regocijo pues se imaginaban que muy pronto terminaría ese diario batallar. Y sigue diciendo Bernal Díaz: "Y todos los pueblos que vinieron fueron: Iztapalapa, Vichilobusco, Culiacán y Mezquique y todos los de la laguna y agua dulce." Y Cortés les recomendó que no debían alzarse en contra de ningún real, que ayudasen a los españoles con sus canoas y que tuviesen para combatir a México, "…y que viniesen a hacer sus ranchos de Cortés y que trajesen comida; lo cual dijeron que así lo harían, e hicieron los ranchos de Cortés, y no traían comida, sino muy poca y de mala gana. Nuestros ranchos donde estaba Pedro de Alvarado nunca se hicieron, que así nos estábamos en el agua, porque ya saben los que en estas tierras han estado que por junio, julio y agosto son en estas partes cotidianamente las aguas."

En el diario combatir, los españoles iban ganando casas, torres de ídolos, aberturas de zanjas y puentes que de una casa a otra tenían los mexicanos, destruían las casas y con el material cegaban los puentes y cortes de las calzadas, y así iban consolidando sus posesiones.

Mas, Cuauhtémoc, que veían cuán grande era ya el peligro que se cernía sobre su ciudad, la víspera de San Juan, y un año después de los sucesos de la Noche Triste, ordenó a todos los capitanes y guerreros, que en ataques combinados dieran un asalto general a los tres reales de los extranjeros, así por tierra como por agua. Los ataques se efectuaron diurnos y nocturnos o en la madrugada, tuvieron la furia de un huracán, que pusieron a los españoles en verdaderos aprietos; hubo muchos hispanos heridos y algunos muertos, pero de los mexicanos murieron muchos más.

Hernán Cortés comunica a los capitanes de los reales de Tacaba y Coyoacán, que formen consejo para estudiar un plan de ataque y que todos los soldados de los res reales tomen parte, para entrar a la ciudad y ver la forma de dar guerra a los mexicanos. Pero estudiada la propuesta, es rechazada por inconveniente y peligrosa; además tienen muchos heridos y de los encuentros anteriores habían muerto veinte soldados. De todos modos, el primer domingo de julio de 1531, Cortés dispuso un ataque simultáneo de todos los reales, por las calzadas. Alvarado, Ortiz, Sandoval y Cortés por su real, todos salieron con gran ímpetu, avanzando cada quién por su lado, tapando o cegando puentes con el fin de tener expedita retirada, el ataque era detenido con verdadero heroísmo, los españoles resintieron la muerte de varios de sus compañeros y muchos heridos, sin embargo seguían adelante. Dice Bernal Díaz: "...y nuestros amigos los tlaxcaltecas salieron más de mil de ellos malamente descalabrados, y todavía íbamos siguiendo la victoria muy ufanos."

Cortés por su parte, con su ejército seguía avanzando, ganó una calzadilla angosta con un corte algo profundo, en su avance, los aztecas como que iban huyendo, cuando de pronto, salieron a su encuentro poderosos escuadrones que acometieron con ímpetu por tierra y por agua con decenas de canoas y los bergantines no podían prestarle ningún auxilio porque no podían salvar unas estacadas que les impedían el paso; entonces Cortés con sus capitanes, trató de retirarse ordenadamente, pero el ataque de los aztecas, la calzadilla angosta hecha así de propósito y el corte que impedía el paso, causó en los auxiliares de Cortés un desconcierto tal que dieron la espalda y se pusieron en fuga. Escribe Bernal Díaz: "...y Cortés desde que así los vio que volvían y vio desbaratados les esforzaba y decía: 'Tened, tened, tened recio! ¿Qué es esto que así habéis de volver las espaldas?', no los pudo detener. Y en aquel paso que dejaron de cegar en la calzadilla, que era angosta y mala, y con las canoas le "desbarataron" e hirieron en una pierna y le llevaron vivos sobre sesenta soldados (españoles) y le mataron ocho caballos y a Cortés ya le tenían muy engarrafado seis o siete capitanes mexicanos..." que trataban de llevarlo vivo ante el joven Ueis Tlatoani. ¡Qué ofrenda más grata hubiera sido para los dioses aztecas, ofrecerles el corazón nada menos que de Malinche. Pero en este caso como en otros, sí estamos de acuerdo con don Salvador de Madariaga, el hado protector del Capitán hispano, estuvo muy oportuno mientras él se debatía en el agua y el lodo y herido en una pierna, entre los brazos de sus captores, Cristóbal de Olea, el esforzado capitán que ya en otra ocasión en Xochimilco le había salvado la vida, llegó repartiendo mandobles en compañía de un soldado llamado Lerma, matando a cuatro de los mexicanos, pero recibió fatídicos golpes que en ese lugar perdió la vida y Lerma salió mortalmente herido, luego llegaron otros soldados y Cristóbal de Olid y rescataron del agua y lodo a su Capitán General; en seguida Cristóbal de Guzmán, mayordomo presentó otro caballo, pero en ese momento echaron mano los aztecas y vivo se lo presentaron a Guatemuz, que poco después sería llevado a la piedra de los sacrificios. El acoso de los mexicanos sobre los españoles, no cesó hasta que éstos llegaron a su real. Aún allí los provocaban, los llenaban de vituperios y los llamaban cobardes.

Por otro lado Pedro de Alvarado, había sido atacado cuando ya se sentía victorioso, le acometieron fuertes escuadrones de guerreros y en la lucha, le arrojaron cinco cabezas de españoles que antes habían sacrificado y en sus gritos decían: "Así los mataremos como hemos muertos a Malinche y Sandoval y a todos los que consigo traían, y estas son sus cabezas, por eso conocedlas bien." Y en formación cerrada se volcaban sobre los españoles y sus aliados, entregándose con ello a una muerte segura sin conseguir hacer mucho daño a sus enemigos los extranjeros. Cuando arrojaron las cabezas de los españoles muertos, gritaban que habían matado a Malinche y a Sandoval, y que matarían a todos los "teúles que consigo traían". Los tlaxcaltecas que auxiliaban a los hispanos, al oír tal noticia, se espantaron y en pocos momentos quedó libre de ellos la calzada. De pronto, los combates amainaron y se dejó oír el sonido del ronco tambor del Teocalli Mayor; que según Bernal Díaz se oía más allá de dos leguas y cuyo ronco sonido causaba pavor; era que en esos instantes, se estaban sacrificando a diez españoles y ofreciendo sus corazones a Uichilopochtli y a Tezcaltipotla para desagraviarlos y que les dieran victoria. Pero pasada la ceremonia se volvió a oír el caracol de Cuauhtémoc ordenando a sus guerreros que siguieran la batalla; pues según escribe el cronista soldado, que los mexicanos: "...creyeron que en aquel día no quedase roso ni belloso de nosotros, según la guerra que nos daban, pues a nuestros bergantines ya habían en el uno y muerto tres soldados y herido el capitán y todos los más soldados que con él venían, y fue socorrido de otro bergantín donde andaba por Capitán Juan Jaramillo; y también tenían zozobrando otro bergantín en parte que no podía salir; de que era capitán Juan de Limpias Carvajal, que en aquella sazón ensordeció..." Este bergantín logró salvarse rompiendo las estacadas que los aztecas habían puesto para cazarlo.

Cortés preocupado por la suerte de los capitanes y soldados de los otros reales, envió a Tacuba a Andrés de Tapia, con tres jinetes para averiguar la suerte de los capitanes y soldados de ese real, y llevar las noticias de los resultados de los ataques a Cortés en su real y la suerte de los veinticinco infelices españoles que habían quedado prisioneros de los mexicanos y que ahora serían sacrificados en la piedra del gran Templo.

Después de la derrota que le infligieron a Cortés, los mexicanos andaban muy envalentonados y atacaron a Sandoval y a su ejército, le mataron seis soldados y le hirieron a todos los de su compañía, y él quedó con tres heridas, una en la cabeza, otra en una pierna y la tercera en el brazo izquierdo. Estando en ese batallar, le arrojaron seis cabezas de los españoles arrebatados a Cortés, y le decían que una era de Malinche y otra de Tonatio y de otros capitanes y que así habían de hacer con Sandoval y con los que le acompañaban. Sandoval comprendió el peligro en que se encontraba, arengó a sus capitanes, mandó salir a sus amigos para que en el retraimiento no estorbasen y con sus dos bergantines se retrajo a su estancia, no sin algunas dificultades, allí les encomendó a sus capitanes que todos juntos hicieran cuerpo tanto de día como de noche y no se dejaran desbaratar. Entonces Sandoval en compañía del Capitán Luis Marín y de otros dos de a caballo, se dirigió al real de Cortés, pues temía que fuera verdad lo que pregonaban los mexicanos de que había sido muerto y cuando llegó y vio a Cortés le dijo: "¡Oh, señor capitán! ¿Y qué es esto, éstos son los consejos y ardides de guerra que siempre nos daba? ¿Cómo ha sido este desmán?". Y dice Bernal Díaz: "Y Cortés le respondió saltándosele las lágrimas de los ojos: 'Oh, hijo, Sandoval que mis pecados lo han permitido y no soy tan culpable de ello como me ponen todos nuestros capitanes y soldados, sino el tesorero Julián Aldarete a quien encomendé que cegase aquel paso donde nos desbarataron, y no lo hizo, como es acostumbrado a otros oficios y a no guerrear, ni aún ser mandado de capitanes."

Aldarete se defendió arguyendo que Cortés era el responsable del desbarato y no él: "...y la causa que dio fue que como Cortés iba con victoria, por seguirla muy mejor, decía: 'Adelante, caballeros'. Y que no les mandó cegar puente ni paso malo y que si se los mandara, que con su capitanía y los amigos lo hiciera, y también culpaba a

Cortés en no mandar salir con tiempo de las calzadas a los muchos amigos que llevaba,..."

Considerando Cortés que el real de Tacaba habría sido atacado por los guerreros aztecas y aunque ha había mandado a Andrés de Tapia y tres capitanes llamados Guillén de Los, Valdelebro y Juan de Cuellar, para informar a Pedro de Alvarado de su derrota y recabar noticias del estado del capitán Tonatío y su gente, nuevamente encargó a Sandoval que se dirigiera a Tacaba, para cerciorarse si Andrés de Tapia y Lugo, habían podido cumplir con su misión. Y Cortés dijo a Sandoval: "Mira hijo: pues como yo no puedo ir a todas partes; ya veis que estoy herido a vos encomiendo estos trabajos para que pongáis cobro en todos tres reales; bien sé que Pedro de Alvarado, y todo sus capitanes y hermanos y soldados que le di, esforzados habrán batallado y hecho como caballeros; mas temo el gran poder destos perros no le hayan desbaratado, pues a mí y ejército veis de la manera que estoy."

Gonzálo de Sandoval se apresuró a cumplir la orden de su capitán se hizo acompañar de Francisco de Lugo y otros soldados. Mas al llegar avanzada la tarde al real de Alvarado, se encontró con que los mexicanos arremetían con verdadero denuedo sobre los españoles y sus auxiliares; habían herido a muchos, muerto a otros y tenían cautivo a un bergantín cuyos tripulantes habían sido muertos, según Bernal Díaz, lo tenían atado con muchas sogas para remolcarlo y meterlo a la ciudad, pero la defensa porfiada de los españoles y sus soldados entre ellos el propio historiador herido, lograron rescatar el bergantín y aunque la lucha fue tremenda, por el alud de mexicanos que en porfiada contienda querían acabar con los extranjeros, los hispanos lograron irse retrayendo sin dar la espalda y socorridos con éxito por los de caballo, lograron refugiarse en sus aposentos donde las flechas y las piedras lanzadas por las hondas, ya no los alcanzaban por estar de por medio el agua. Estando reunidos los enviados de Cortés con Alvarado para comunicarse mutuamente los acontecimientos, pero para hacer especial referencia de los sucedido a Cortés y su gente, se dejó oír el ronco sonido del tambor del Gran Teocalli, secundado por el sonido de caracoles y otros instrumentos que anunciaban los sacrificios humanos ante los ídolos aztecas, los capitanes hispanos volvieron la vista hacia el templo mayor, que por su altura se podía ver desde lejos, y observaron cómo a la fuerza subían por las gradas a los infelices prisioneros, hechos a Cortés en su derrota, para llevarlos ante Cuauhtémoc y en la piedra de los sacrificios, aún vivos, arrancarles el corazón y ofrecerlo a sus dioses. Así en ceremonias rituales, fueron sacrificados todos los prisioneros hispanos y aún sus aliados. Hecha la extracción del corazón de las víctimas, los cuerpos se lanzaban gradas abajo, donde otros indios recogían los despojos, se los repartían y era para ellos un manjar de fiesta; las cabezas las desollaban y las adobaban con las barbas de la cara para usarlas en sus ritos, como trofeos.

En semejantes fiestas macabras, sanguinarias y con un acendrado apetito hacia el canibalismo, se cifraba el poderío y la fuerza mítica del imperio azteca, poderío de una fortaleza con cimientos de arcilla, que la bandera de otro mito, tal vez más humano, tal vez menos cruel, empujado por una corriente civilizadora tendría que derribar.

Escribe Bernal Díaz sobre los sacrificados: "...y se comían las carnes con 'chilmole', y de esta manera a todos los demás, y les comieron las piernas y brazos, y los corazones y sangre ofrecían a sus ídolos, como dicho tengo, y los cuerpos que eran las barrigas y las tripas echaban a los tigres y leones y sierpes y culebras que tenían en la casa de las alimañas, como dicho tengo en el capítulo que atrás de ello he platicado."

El espectáculo de martirio aplicado por los aztecas a sus prisioneros, fue para los españoles un doloroso mensaje de lo que a ellos en un momento dado les podría suceder. Los hispanos se encontraban con el alma estrujada por lo que acababan de ver, cuando de improviso llegaron sobre ellos, como una avalancha, cerrados escuadrones de guerreros que atacaban por todos lados, lanzándoles proyectiles y gritos en los que según Bernal Díaz, después de lanzarles piernas y brazos humanos asados, les decían:

"Mira que de esta manera habéis de morir todos, que nuestros dioses nos lo han prometido muchas veces." Y eran tantas las palabras y amenazas que les dirigían a los tlaxcaltecas, que ellos atemorizados comenzaron a flaquear. Y cuando les lanzaron los despojos de los prisioneros sacrificados les decían: "Comed de la carne de esis 'teúles' y de vuestros hermanos, que bien hartos estamos de ellos, y eso que nos sobra podéis hartaros de ello, y mirad que las casas que habéis derrocado que os hemos de traer para que las tornéis a hacer muy mejores y con piedra blanca y calicanto labradas; por eso ayudad muy bien a esos 'teúles', todos los veréis sacrificados.

Cuauhtémoc victorioso, mandó por todos los pueblos comarcanos, los despojos de los extranjeros sacrificados y las cabezas de los caballos como un testimonio de convencimiento de que los 'teúles' en poco tiempo serían exterminados. Mas, el destino de los aztecas estaba sellado, el ímpetu con que habían atacado los reales de Cortés, de día y de noche se aflojó y dio a los españoles varios días de respiro; respiro que coincidió con la orden que dio el Capitán hispano a los capitanes de sus tres reales, de que en varios días estuvieran "quedos".

Como el peligro de los ataques de los mexicanos al real de Pedro de Alvarado había amainado, los capitanes Gonzálo de Sandoval, Francisco de Lugo, Juan de Cuellar, Andrés de Tapia y Valdenebro, regresaron al real de Cortés para darle cuenta del estado en que se encontraba Pedro de Alvarado y su gente.

En los días que pasaron, debe haber sido en la segunda mitad de julio, los mexicanos redoblaron sus ataques a los campamentos de los españoles y hubo momentos en que estuvieron a punto de ser envueltos.

Día con día, los mexicanos en sus ceremonias de sacrificios, en lo alto del gran CU, tañían el lúgubre tambor para anunciar a los cuatro vientos, el martirio de los prisioneros, y ya seguros de haber obtenido la gracia de sus dioses de acabar con los extranjeros y sus aliados, volvían con sus ataques y bravos y fieros, gritaban a los iberos y a sus auxiliares que en ocho días acabarían con todos porque así se los habían ordenado sus dioses. Entonces sucedió un hecho verdaderamente crítico para Cortés y sus capitanes, pues sus aliados de Tlaxcala, Cholula, Guaxocingo, Tlalmanalco y Chalco, y aún los de Texcoco, poseídos de miedo, por las amenazas que los mexicanos en sus gritos les lanzaban y como habían visto los desbarates padecidos por los soldados españoles, y como era notorio que Cortés y sus capitanes habían aflojado en sus ataques a la gran ciudad; dieron por ciertas las amenazas de los aztecas y acordaron en conjunto abandonar la lucha y retirarse a sus pueblos. De varias decenas de miles, apenas quedaron con Cortés unos cuarenta hombres con su cacique llamado don Carlos, con Sandoval quedó otro cacique de Guaxocingo con cincuenta auxiliares en el real de Pedro de Alvarado, quedó el cacique Chichimecatecle con unos ochenta hombres. En total se quedaron con los hispanos cerca de doscientos auxiliares, de los veinticinco mil que habían estado combatiendo con ellos. Dice Bernal Díaz sobre este pasaje: "Y desde que nos hallamos solos con tan pocos amigos, recibimos pena." Pero no sólo sería pena, sino también miedo.

Al preguntar Cortés a los caciques que se quedaron, el por qué se habían ido sus paisanos, contestaron: "...que como veían que los mexicanos hablaban de noche con sus ídolos y les prometían que nos habían de matar a nosotros y a ellos, que creían que era verdad y de miedo se iban, y lo que les daba más crédito era que nos veían a todos heridos, y nos habían muerto a muchos de los nuestros y que de ellos mismos faltaban más de mil y doscientos y que temieron nos matasen a todos,...".

Cortés por su parte, trató de convencer a los auxiliares que quedaron, asegurándoles que era mentira lo que decían los mexicanos, que no tuvieran miedo. Les mostró un semblante alegre, que denotaba seguridad, aunque en su fuero interno estaba lleno de pesar. Los demás capitanes hicieron lo mismo, convencieron a los pocos aliados que se habían quedado con ellos.

El Uei Tlatoani, no debió haber percibido la deserción de los aliados de los españoles, porque hubiera aprovechado tal situación para redoblar sus ataques y acabar con los extranjeros, que además de estar heridos habían resentido numerosas bajas que los hacían vulnerables, pero Cuauhtémoc y sus guerreros, tal vez no intuyeron esa gran oportunidad.

Por otra parte el cacique texcocano Estesuchel, que había tomado el nombre de don Carlos, se acercó a Cortés en su real y le dijo: "Señor Malinche, no recibas pena por no batallar cada día con los mexicanos; sana tu pierna, toma mi consejo, y es que estés algunos días en tu real, y otro tanto manda al Tonatío (que era Pedro de Alvarado que así le llamaban) que se esté en el suyo, y Sandoval en Tepeaquilla, y con los bergantines anden cada noche y de día, a quitar y defender que no les entren bastimentos ni agua, porque están dentro en esta gran ciudad, tantos mil "xiquipiles" de guerreros que por fuerza comerán el bastimento que tienen, y el agua que ahora beben es media salobre, de unas fuentes que tiene hechas, y como llueve cada día, y algunas noches recogen el agua, de ello se sustentan, mas qué pueden hacer si se les quita la comida y el agua, sino es más que guerra la que tendrían con el hambre y la sed."

Hernán Cortés entendió claramente la sugestión que el cacique de Texcoco le estaba dando, pero además, ya lo había pensado y trataba ya de ponerlo en práctica por sus capitanes se lo propusieron antes.

Por esos días los aztecas se sentían victoriosos, pero se disipaban y perdían tiempo en sus ceremonias religiosas, en los sacrificios de los prisioneros y en la fiesta dedicada en esos días, a la diosa de la sal. Si hubieran sido un poquito intuitivos y un poquito estrategos y hubieran aplazado sus ceremonias rituales y dedicado toda su energía a acabar con los españoles, estos no hubiesen prevalecido y no es remoto que hubieran sucumbido.

Mas, Cortés en muchos momentos de su vida, audaz y temerario y en otros cauteloso y reflexivo; ahora había ordenado que los bergantines navegaran por la laguna en parejas como mínimo, e interceptar todas las canoas que condujeran víveres, agua o guerreros y de esa manera privar la ciudad de todo auxilio posible y obligar a rendirla por hambre; mientras por tierra iría haciendo una labor de zapa, destruyendo casas y con esa material cegar los puentes de manera permanente e ir estableciendo puestos avanzados, pero los mexicanos no se daban por vencidos, seguían combatiendo con denuedo en los tres reales y ambos contendientes se mantenían a raya, pero cuando los españoles se retraían, los aztecas atacaban, pero ya no lograban desbaratarlos.

Casi cada noche, los españoles oían el lúgubre tañido del ronco tambor del templo mayor, para anunciar el sacrificio de algún prisionera, el último en ser llevado a la piedra de los sacrificios fue Cristóbal de Guzmán, dato que los hispanos conocieron, por unos prisioneros que en las últimas refriegas habían capturado.

En los días que habían pasado, Cortés tuvo un período de casi descanso, pero más notorio fue su recuperación, sanó de la pierna y como una verdadera fortuna, recibió un refuerzo de más de dos mil guerreros procedentes de Texcoco, que llegaban capitaneados por Pero (Pedro) Sánchez Farfán, y como segundo mando, Antonio Villarroel, Cortés se sintió verdaderamente animado por tan oportuno socorro; volvieron también muchos capitanes tlaxcaltecas con su gente de guerra y su general llamado Tepaneca, señor de Tepeyanco; también llegaron algunos escuadrones de Guaxocingo, pero de Cholula no regresó nadie. El Capitán hispano por la lengua de doña Marina, les agradeció su adhesión muy comedidamente como lo sabía hacer; les prometió darles tierras y hacerlos ricos. Mas, en un convincente 'parlamente', por la voz de la intérprete, les hizo saber que los guerreros cuando abandonan a sus capitanes que se encuentran batallando, se hacen acreedores a la pena de muerte; mas, él, Cortés les hace perdonar; abrazó a Chichimecatecle, por su lealtad al permanecer a su lado, a los dos hijos de Xicoténcatl (ya muerto) y Estecuchel, que también habían llegado.

Cortés siempre afortunado, le llegó a Veracruz un barco que buscaba refugio de aquellos de la desastrosa expedición de Juan Ponce de León a Florida, que traía un valioso cargamento de ballestas, pólvora y otros pertrechos de guerra. Por lo tanto el Capitán General se siente fuerte y reemprende los ataques a la ciudad, cegar puentes, tirar y quemar casas y retraerse a su real.

A la altura del 22 de julio, Cortés habla del estado de guerra en que se encontraban los mexicanos no combatientes: "Como ya conocimos que los indios de la ciudad estaban muy amedrentados, supimos de unos dos de ellos de poca manera, que de noche habían salido de la ciudad, y se habían venido a nuestro real, que se morían de hambre, que salían de noche a pescar por entre las casas de la ciudad y andaban por la parte de ella les teníamos ganado, buscando leña y hierbas y raíces que comer." El pavoroso espectro del hambre y la sed, se cernía ya sobre la ciudad sitiada, y que aún así, su Uei Tlatoani y sus guerreros no se rendían.

Debe haber sido el 23 de julio, Cortés escribe: "...acordé de entrar al cuarto del alba y hacer todo el daño que pudiésemos. E los bergantines salieron antes del día, y yo con doce o quince de caballo y ciertos peones y amigos nuestros entramos de golpe, y primero pusimos ciertas espías; las cuales siendo de día, estando nosotros en celada, nos hicieron señal que saliésemos, y dimos sobre infinita gente pero como eran de aquellos más miserables y que salían a buscar qué comer, y los más venían desarmados, y eran mujeres y muchachos; e hicimos tanto daño en ellos, por todo lo que se podía andar en la ciudad, y que presos y muertos, pasaron de más de ochocientos personas, e los bergantines tomaron también mucha gente y canoas que andaban pescando, y hicieron en ellas mucho estrago. E como los capitanes y principales quedaron tan espantados como de la celada pasada y ninguno osó salir a pelear con nosotros; y así nos volvimos a nuestro real con harta presa y manjar para nuestros amigos." El manjar a que Cortés hace referencia, eran los despojos de los muertos o los prisioneros vivos o heridos que los indios no mexicanos en suculento banquete de canibalismo frente a los ojos del mismísimo Cortés, tendrían que saborear.

Y sigue escribiendo Cortés: "Otro día de mañana (24 de julio) tornamos a entrar a la ciudad, y como ya nuestros amigos veían la buena orden que llevábamos para la destrucción della, era tanta la multitud que cada día venían, que no tenía cuento. E en aquel día acabamos de ganar toda la calle de Tacaba y de adobar los malos pasos della, en tal manera que los del real de Pedro de Alvarado se podían comunicar con nosotros por la ciudad, o por la calle principal, que iba al mercado, se ganaron otras dos puentes y se cegó bien el agua, y quemamos las casas del señor de la ciudad, que era mancebo de edad de diez y ocho años, que se decía Guatimucín, que era el segundo señor después de la muerte de Muteczuma; y estas casas tenían los indios mucha fortaleza, porque eran muy grandes y fuertes y cercadas de agua. También se ganaron otras dos puentes de otras calles que van cerca desta del mercado, y se cegaron muchos pasos, de manera que de cuatro partes de la ciudad las tres estaban ya por nosotros...".

"Otro día siguiente (25 de julio) que fue día del apóstol Santiago, entramos en la ciudad por la orden que antes, y seguimos por la calle grande, que iba a dar al mercado, y ganámosles una calle muy ancha de agua, en que ellos pensaban que tenían mucha seguridad; y aunque se tardó gran rato, y fue peligrosa de ganar, y en todo este día no se pudo, como era muy ancha, de acabar de cegar, por manera que los de caballo pudiesen pasar de la otra parte." Habla el Capitán de que ese día muchos indios de refresco trataron de cargar sobre ellos, pero que fueron asaeteados y que regresaron a sus albarradas. Ese mismo día, Cortés ordenó que por ambos lados de la calle que tapaba, se derrumbaran y allanaran las casas. Y sigue escribiendo Cortés: "Aquel día, por los lados de la una parte y de la otra de aquella calle principal no se entendió sino en quemar y allanar casas, que era lástima de ver; pero como no nos convenía hacer otra cosa, éramos forzados a seguir aquella orden. Los de la ciudad, como veían tanto estrago, por esforzarse decían a nuestros amigos que no hiciesen sino quemar y destruir, que ellos se las harían tornar a hacer de nuevo, porque si ellos eran vencedores, ya que ellos sabían que había de ser así, y si no, que las habían de hacer para nosotros; y desto postrero plugo a Dios que salieron verdaderos, aunque ellos son los que las tornan a hacer."

"Otro día, luego de mañana (26 de julio) entramos a la ciudad por la orden acostumbrada, llegados a la calle de agua que habíamos cegado el día antes, fallámosla de la manera que la habíamos dejado, y pasamos adelante dos tiros de ballesta, y ganamos dos acequias grandes que tenían rompidas en la misma calle, y llegamos a una torre pequeña de sus ídolos, y en ella hallamos ciertas cabezas de los cristianos que nos habían muerto; que nos pusieron hasta lástima." "...y aquel día no pasamos de allí, pero peleamos mucho con indios. E como Dios Nuestro Señor cada día nos daba victoria, ellos siempre llevaban lo peor; y aquel día ya que era tarde, nos volvimos al real."

Por esos días, Cuauhtémoc y sus huestes y el pueblo, sentían ya como un flagelo el acoso del hambre y si los guerreros no se rendían, y combatían, era para morir, pues la esperanza de salir vencederos ya había quedado atrás.

Y sigue escribiendo Hernán Cortés sobre los postreros y dramáticos días del en otrora floreciente y rico imperio azteca:

"Otro día siguiente 27 de julio, comprendiendo los días que siguieron hasta el 30 del mismo mes) estando aderezando para volver a entrar a la ciudad, a las nueve horas del día vimos de nuestro real salir humo de dos torres muy altas que estaban en el Catetulco (Tlaltelolco) o mercado de la ciudad, que no podíamos pensar que fuese, y como parecía que era más que sahumerios que acostumbran los indios hacer a sus ídolos, barruntamos que la gente de Pedro de Alvarado había llegado allí, y aún que así era la verdad, no lo podíamos creer. E cierto aquel día Pedro de Alvarado y su gente lo hicieron valientemente, porque teníamos muchas puentes y albarradas que ganar, y siempre acudían a las defender todas las más partes de la ciudad. Pero como él vio que por nuestra estancia íbamos estrechando a los enemigos trabajó todo lo posible por entrarles al mercado, porque allí tenían toda su fuerza..." En esta ocasión ni Alvarado ni Cortés tomaron el mercado, excepto algunas torres de adoratorios a las que el primero pudo llegar. Aun los aztecas luchaban con denuedo, pero su poder combativo había venido a menos, y sin embargo, en estos encuentros, los de a caballo se vieron en aprietos, y antes de retirarse, les hirieron tres de sus caballos y Cortés por su parte, no pudo salvar el último puente que le quedaba para llegar al mercado.

En su retirada a su campamento, fue acometido reciamente, pero los aztecas sacaron la peor parte.

En su tercera Carta, Cortés sigue diciendo: "Otro día entramos luego por la mañana en la ciudad, (debe haber sido el 31 de julio) y como no había por ganar fasta llegar al mercado sino una traviesa de agua con su albarrada, que estaba junto a la torrecilla que he dicho y comenzamosla a combatir y un alférez y otros dos o tres españoles echáronse al agua y los de la ciudad desampararon luego el paso y comenzamos a cegar y aderezar para que pudiésemos pasar con los caballos." Estaba en ese trabajo de rellenar la traviesa, cuando Alvarado con cuatro de sus soldado de a caballo, llegó por la misma calle al encuentro de Cortés. El júbilo que embargó a los presentes, fue muy grande, pues creían que con la toma del mercado y la plaza eran vencedores, en ese largo asedio, muchos de ellos habían caído y otros sucumbieron en la piedra de los sacrificios, pero el sufrimiento de los aztecas fue mayor, sin agua y sin pan supieron resistir en defensa de su suelo y todo lo que consideraban suyo.

Y sigue escribiendo Cortés: "Y Pedro de Alvarado dejaba recaudo de gente en las espaldas y lados así para conservar lo ganado como para su defensa; y como luego se aderezó el paso, yo con algunos de caballo me fui a ver el mercado, y mandé a la gente de nuestro real a que no pasasen adelante de aquel paso. E después de que anduvimos un rato paseándonos por la plaza, mirando los portales della, los cuales por las azoteas estaban llenos de enemigos, e como la plaza era muy grande y veían por ella andar los de caballo, no osaban llegar; y yo subí en aquella torre grande que está junto al mercado y en ella también y en otras hallamos ofrecidas ante sus ídolos las cabezas de los cristianos que nos habían muerto, y de los indios de tascaltecal, nuestros amigos, entre quien siempre ha habido muy antigua y cruel enemistad. E o miré dende aquella torre los que teníamos ganado de la ciudad, que sin duda de ocho partes, teníamos ganado las siete; e viendo que tanto número de gente de los enemigos no era posible sufriese en tanta angostura, mayormente que aquellas casas que les quedaban eran pequeñas y puestas cada una de ellas sobre sí en el agua, y sobre todo la grandísima hambre que entre ellos había, y que por las calles hallábamos roídas las raíces y cortezas de los árboles, acordé de los dejar de combatir por algún día y moverles algún partido por donde no pareciese tanta multitud de gente; que cierto me ponía a mucha lástima y dolor el daño que en ellos se hacía y continuamente les hacía acometer con la paz; y ellos decían que en ninguna manera se habían de dar, y que uno solo que quedase había de morir peleando, y que de todo lo que tenían no habíamos de haber ninguna cosa, y que lo habían de quemar y echar al agua, de donde nunca pareciese; y yo, por no dar mal por mal, disimulaba el no los dar combate."

La dramática situación del pueblo azteca tocaba su fin, todo un conglomerado hacinado en un sector de la ciudad, sin pan, sin agua, sin techo, con frecuentes lluvias y muchos moribundos por todas partes en qué drama tan horrendo le tocó a este desdichado imperio sucumbir, la historia recogió la imagen de los hechos de esas horas aciagas, plenas de lágrimas y dolor, sangre, hambre y muerte, destrucción y desolación, eso era el fin.

Mientras tanto, el Uei Tlatoani, el Gran Señor, ¿qué hacía? Debe haber sentido en carne propia, de manera escalofriante, el dolor y la agonía de su pueblo, pero no se rendía, porque debe haber intuido que su rendición era la entrega y el fin de su gran imperio.

En los días que siguieron del primero al cinco de agosto, las hostilidades habían amainado, en los campamentos españoles, la pólvora escaseaba y a los guerreros aztecas el hambre los debilitaba, pero la atención de Cortés estaba concentrada en la construcción de un trabuco que hacía dos semanas sus semicarpinteros trataban de hacer sin lograrlo, sino hasta después de muchos esfuerzos, una vez concluido, lo llevaron al centro de la plaza para emplazarlo y amenazar con su fuego a los indios que en el otro extremo de la plaza en masa se encontraban hacinados, dice Cortés: "…y los indios nuestros amigos amenazaban con él a los de la ciudad, diciéndoles que con aquel ingenio los habíamos de matar a todos."

Pero según la carta de Cortés, el trabuco no funcionó, "...porque ni los carpinteros con su intención, ni los de la ciudad, aunque tenían temor, movieron ningún partido para se dar, y la falta y defecto del trabuco disimulámosla con que movidos de compasión, no los queríamos acabar de matar."

Sigue escribiendo Cortés: "Otro día después de asentado el trabuco volvimos a la ciudad (debe haber sido el 5 de agosto) y como ya había tres o cuatro días que no los combatíamos, hallamos las calles por donde íbamos llenas de mujeres, y niños y otra gente miserable, que se morían de hambre, y salían traspasados y flacos, que era la mayor lástima del mundo ver; y yo mandé a nuestros amigos que no les hiciesen daño alguno; pero la gente de guerra no salía ninguno a donde podía recibir daño, aunque los veíamos estar encima de sus azoteas cubiertos con sus mantas que usan, y sin armas; y fice este día que se les requiriese la paz y su respuesta eran disimulaciones; y como lo más del día nos tenían en esto, enviéles a decir que los quería combatir, que hiciesen retraer toda su gente; si no que daría licencia que nuestros amigos los matasen. Y ellos dijeron que querían paz; y yo les repliqué que yo no veía al señor con quién se había de tratar; que venido, para lo cual le daría yo todo el seguro que quisiese, que hablaríamos en la paz. E como vimos que era burla y que todos estabab apercibidos para pelear con nosotros, después de se la haber muchas veces amonestado, por más los estrechar y poner en más extrema necesidad, ..." Entonces Cortés ordenó a Pedro de Alvarado, que atacara un barrio donde había más de mil casas y el Capitán castellano a pie desde su real, se dirigió a otra parte de la ciudad. El combate fue violento, otra vez los aztecas sacaron la peor parte. Sigue escribiendo Cortés: "...y fue tan grande la mortandad que se hizo a nuestros enemigos que muertos y presos pasaron de doce mil ánimas, con los cuales usaban de tanta crueldad nuestros amigos que por ninguna vía a ninguno daban la vida, aunque reprendidos y castigados de nosotros eran."

"Otro día siguiente tornaron a la ciudad (debe haber sido el 6 de agosto) y mandé que no peleasen ni hiciesen mal a los enemigos; y como ellos veían tanta multitud de gente sobre ellos y conocían que los venían a matar sus vasallos y los que ellos solían mandar, y como veían su extrema necesidad, y como no tenían a donde estar sino sobre los cuerpos muertos de los suyos, con deseo de verse fuera de tanta desventura, decían que por qué no los acabábamos ya de matar, y a mucha priesa dijeron que me llamasen, que me querían hablar."

Los soldados españoles al enterarse de este llamado de los indios se pusieron muy contentos, pues ya deseaban que esa guerra tocase a su fin, se apresuraron a comunicar a su Capitán, del deseo de los aztecas para que Cortés acudiera a una albarrada a escuchar las ofertas de paz de algunos caciques principales mexicanos. Mas, al estar en el lugar del parlamento, los caciques aztecas comenzaron a decir a Cortés que lo "tenían por ser hijo del Sol y el sol en tanta brevedad como era en un día y una noche, daba vuelta a todo el mundo que así él, Cortés, por qué brevemente no los acababa de matar, para quitarlos de penar tanto, porque ellos ya tenían deseos de morir e irse al cielo a unirse a su dios Huitchilopochtli, que los estaban esperando para descansar."

Por esos días, Cortés tenía un prisionero, tío del señor de Texcoco que había peleado del lado de los mexicanos, que aunque se encontraba herido, consultado por el Capitán General, de que si quería volver a la ciudad para llevarle propuestas de paz al Uei Tlatoani, contestó que iría pero al estar frente al joven emperador, después de oírle, lo mandó sacrificar. Aun ya en la agonía del imperio, Cuauhtémoc se negaba a hablar de paz. La respuesta a los españoles ese día, fue una acometida de los guerreros mexicanos, que con grandes alaridos atacaban y decían que querían morir, les mataron un caballo a los españoles, pero como siempre, los aztecas sacaron la peor parte.

"Otro día tornamos a entrar en la ciudad (debe haber sido el 7 de agosto). Y llegado a vista de los enemigos, no quisimos pelear con ellos, sino andarnos paseando por la ciudad, porque teníamos pensamiento que cada hora y cada rato se habían de salir a nosotros." Y Cortés dice que cabalgó hasta una albarrada y que desde allí les habló a unos principales que conocía y que estaban detrás del parapeto, y les comunicó que si él quisiera en una hora acabaría con todos, sin que quedase ninguno de ellos, que por qué no le venía a hablar al emperador Guatimucín, y que le prometía de no hacerle ningún mal. Y que si el Uei Tlatoani y ellos (los caciques) querían hablar de paz, que Cortés los recibiría y los trataría bien. Escribe en su carta el Capitán: "Y pasé con ellos otras razones, que le provoqué a muchas lágrimas; y llorando me respondieron que bien conocían su yerro y perdición, y que ellos querían ir hablar con su señor y me volverían presto con la respuesta y que no me fuese de allí. E con ellos se fueron, y volvieron dende un rato, y dijeron que porque ya era tarde su señor no había venido; pero que otro día a mediodía vendría en todo caso a me hablar; y así, nos fuimos a nuestro real." Cortés ordenó que para el día siguiente donde sería la entrevista con el emperador azteca, se pusiera un estrado y se preparara comida para agasajar al gran señor."

"Otro día de mañana fuimos a la ciudad (era el 8 de agosto) y yo avisé a la gente que estuviese apercibida, porque si los de la ciudad acometiesen alguna traición no nos tomasen descuidados." Cortés dio instrucciones a Pedro de Alvarado, en el mismo sentido y en seguida envió un aviso a Cuauhtémoc diciendo que lo estaba esperando, pero el Ueir Tlatoani no se presentó, y en su lugar envió a cinco señores principales que lo disculparon que no se podía presentar porque estaba malo, Cortés escribe que le dijeron los caciques que Guatimucín no se presentaba que porque "tenía mucho miedo" al Capitán español.

Agregaron los señores aztecas: "...y que ellos estaban allí; que viese lo que mandaba y que ellos lo harían,..." Y Cortés agrega: "...y aunque el señor no vino, holgamos mucho que aquellos principales viniesen, porque parecía que era camino de dar presto conclusión a todo el negocio."

Cortés, como siempre lo había hacer, con semblante risueño y palabras comedidas habló a los enviados de Cuauhtémoc, ordenó en seguida que se les sirviera de comer y de beber, de lo cual los caciques dieron muestra de suma necesidad, y cuando concluyeron de comer, el Capitán les rogó que hablasen a su señor "y que no tuviesen temor ninguno y que le prometía que aunque ante mi viniese, que no le sería hecho enojo alguno ni sería detenido, porque sin su presencia en ninguna cosa se podía dar acierto y concierto; y mandóles dar alguna cosa de refresco que le llevasen para comer, y prometiéronme hacer en el caso todo lo que pudiesen; y así se fueron. E dende a dos horas volvieron, y trajéronme unas mantas de algón buenas, de las que ellos usan y dijéronme que en ninguna manera Guatimución, se señor vendría ni quería venir, y que era excusado hablar de ello. Yo les torné a repetir que no sabía la causa por qué él se recelaba en venir ante mí, pues veía que a ellos, que yo sabía que habían sido los causadores principales de la guerra y que la habían sustentado, les hacía buen tratamiento, que los dejaba ir y venir seguramente sin recibir enojo alguno, que les rogaba que le tornasen a hablar, y mirasen mucho en esto de su venida pues a él le convenía y yo lo hacía por su provecho y ellos respondieron que así lo harían y que otro día me volverían con la respuesta; y así se fueron ellos, y también nosotros a nuestros reales."

Sigue Cortés escribiendo: "Otro día bien de mañana aquellos principales vinieron a nuestro real (debe haber sido el 10 de agosto) y dijéronme que me fuese a la plaza del mercado de la ciudad, porque su señor me quería ir hablar allí, y yo creyendo que fuera así cabalgué y tomamos nuestro camino, y estúvele esperando donde quedava concertado más de tres o cuatro horas y nunca quiso venir y parecer ante mí.

E como ví la burla, y que era ya tarde y que ni los otros mensajeros ni su señor venían, envié a llamar a los indios nuestros amigos, que habían quedado a la entrada de la ciudad, casi a una legua de donde estábamos; a los cuales yo había mandado no pasasen de allí porque los de la ciudad me habían pedido que para hablar en las paces no estuviese dellos dentro..."

El llamado que ese día hizo Cortés a sus aliados los tlaxcaltecas y otros pueblos, tenía como fin coordinar con sus soldados un ataque general que al llevarse a cabo, fue terriblemente espantoso, los gritos y lamentos de las víctimas, mujeres y niños, eran dantescos; la ferocidad con que atacaron los indios a los indios aztecas casi desarmados, pues estos en la larga guerra del sitio sus repuestos estaban agotados; el ataque fue por agua y tierra y las víctimas que perecieron, incluyendo los prisioneros, alcanzaron la cifra de "cuarenta mil ánimas" –escribe Cortés- "y era tanta la grita de niños y mujeres, que no había persona a quién no quebrantase el corazón, e ya nosotros teníamos más que hacer en estorbar a nuestros amigos que no matasen ni hiciesen tanta crueldad que no en pelear con los indios; la cual crueldad nunca en generación tan recia se vió ni tan fuera de toda órden de naturaleza como en los naturales de estas partes. Nuestros amigos hubieron este día muy gran despojo, el cual en ninguna manera les podíamos resistir, porque nosotros éramos obra de nuevecientos españoles y ellos más de ciento cincuenta mil hombres, y ningún recaudo ni inteligencia bastaba para los estorbar y que no robasen, aunque de nuestra parte se hacía todo lo posible.·

El banquete de canibalismo que los nativos contrarios a los aztecas, deben haber tenido esa tarde a la vista de los españoles, debe haber sido suculento, carne humana, asada o cruda, deben haber llenado el estómago de los aliados del conquistador. Nunca en la historia de la humanidad a la vista de una bandera cristiana se cometió el horrendo sacrilegio de tamaña antropofagia.

Hernán Cortés dispuso para otro (debe haber sido el 12 de agosto) otro ataque con los bergantines y se aparejasen tres tiros gruesos para poder rendir el reducto de la ciudad, donde dice que estaban hacinados los sobrevivientes y que el Uei Tlatoani, ya no tenía casa donde posar y que abordando una canoa recorría la reducida área que aún quedaba de su reino.

Escribe Cortés del 13 de agosto de 1521: "Siendo ya de día hice apercibir toda la gente y llevar los tiros gruesos, y que el día antes había mandado a Pedro de Alvarado que me esperase en la plaza del mercado y no diese combate fasta que yo llegase, y estando ya todos juntos y los bergantines apercibidos todos por detrás de las casas del agua, donde estaban los enemigos, mandé que en oyendo soltar una escopeta que entrasen por un poco parte que estaba por ganar y echasen a los enemigos al agua hacia donde los bergantines habían de estar a punto; y aviséles mucho que mirasen por Guatimucín y trabajasen de lo tomar a vida, porque en aquel punto cesaría la guerra." Dadas sus instrucciones, Cortés se subió a una torre para observar mejor el curso de la lucha, y estando allí, llamó a unos principales que conocía y le preguntó por la causa, por la que no acudía el rey a su presencia, que vieran la forma que no perecieran todos, y les rogó que fueran a llamar a su señor, y que no "hobiese temor". En ese momento fueron dos los señores principales los que se encaminaron para darle al Uei Tlatoani el llamado de Cortés, y al poco rato regresó uno de ellos que se consideraba el comandante del gobernador llamado Ciguacoacín o Guanacoxín, al llegar frente al Capitán español, éste le mostró buena cara y le habló con suave acento para infundirle confianza y que tratara con él sin temor alguno.

Pero aún el imperio agonizante, el gobernador llevaba la respuesta clara y concisa, el Uei Tlatoani, no se presentaría. Cortés dice que le dijo el gobernador: "...y al fin me dijo que en ninguna manera el señor vendría ante mí, y antes quería por allá morir, y que a él le pesaba mucho desto; que hiciese yo lo que quisiese; y así se fué." Cortés sigue hablando: "...que habían transcurrido más de cinco horas y que los de la ciudad estaban nadando, y otros ahogándose en aquel lago donde estaban las canoas, que era grande, era tanta la pena que tenían, que no bastaba juicio a pensar como lo podían sufrir; y no hacían sino salirse infinito número de hombres y mujeres y niños hacia nosotros. Y por darse priesa unos a otros se echaban en el agua y se ahogaban entre aquella multitud de muertos; que, según pareció, del agua salada que bebían, y de el hambre y mal olor había dado tanta mortandad en ellos, que murieron más de cincuenta mil ánimas."

Y el conquistador sigue hablando de la cantidad de muertos, que no los echaban el agua para que los bergantines no tropezaran con ellos o no los sacaban del lugar donde encontraban para que los españoles no los vieran. Cortés y sus soldados en su tránsito por las calles de la ciudad, se percataron de los montones de muertos insepultazos que había por todas partes, y asegura el Capitán, que mucha gente indefensa salía de la ciudad dirigiéndose a ellos, casi en busca de protección, por lo que Cortés ordenó a sus capitanes y soldados, que se distribuyeran por todas las calles de la ciudad: "...para estorbar que nuestros amigos no matasen aquellos tristes que salían, que eran sin cuento. Y también dije a los capitanes de nuestros amigos que en ninguna manera consintiesen matar a los que salían, y no se pudo tanto estorbar, y como eran tantos, que aquel día no mataron y sacrificaron más de quince mil ánimas..."

Los guerreros que aún quedaban se apiñaban en sus reductos de azoteas y algunas casas que les quedaban en el agua, sin el menor indicio de rendirse, por lo que Cortés ordenó se apuntaran en esa dirección, dos tiros de cañón, porque decía el Capitán que más daño recibirían si dejaban libres a sus aliados que los atacasen.

## EL UEI TLATOANI HECHO PRISIONERO

Hernán Cortés escribe sobre los últimos momentos de su conquista ese día 13 de agosto de 1521, refiriéndose a los tiros que apuntaban:

"E como tampoco esto aprovechaba, mandó soltar la escopeta y ensoltándola, luego fue tomado aquel rincón que tenían, y echados al agua los que en él estaban; otros que quedaban sin pelear se rindieron e los bergantines entraron de golpe por aquel lago y rompieron por medio de la flota de canoas, y la gente de guerra que en ella estaba ya no osaban pelear; y plugo a Dios que un Capitán de un bergantín, que se dice Garciholguín, llegó en pos de una canoa en la cual le pareció que iba gente de manera; y como llevaban dos o tres ballesteros en la proa del bergantín iban encarando en los de la canoa, hicieron señal que estaba allí su señor, que no tirasen y saltaron de presto, y prendiénronle a él y a aquel Guatimucín, y aquel señor de Tacaba, y a otros principales que con él estaban; y luego el dicho capitán Garciholguín me trujo allí a la azotea donde estaba, que era junto al lago, el señor de la ciudad y a los otros principales presos; el cual como le fice sentar no mostrándole rigurosidad ninguna, llegase a mí y díjome en su lengua que 'él ya había hecho todo lo que de su parte estaba obligado para defenderse a sí y a los suyos hasta venir a aquel estado, que ahora ficiese dél lo que yo quisiese', y puso la mano en un puñal que yo tenía, diciéndome: 'que le diese de puñaladas y que lo matase'. E yo le animé y le dijo que no tuviese temor ninguno; y así preso este señor, luego en ese punto cesó la guerra, a la cual plugo a Dios Nuestro Señor de dar conclusión martes, día de San Hipólito que fueron 13 de agosto de 1521 años. De manera que desde el día en que se puso cerco a la ciudad, que fue a 30 de mayo del dicho año, hasta que se ganó pasaron setenta y cinco días en los cuales vuestra Majestad verá los trabajos, peligros y desventuras que estos sus vasallos padecieron, en los cuales mostraron tanto sus personas que las obras dan buen testimonio dello."

Se ha seguido paso a paso el relato de Cortés en los últimos días del sitio y asedio de la gran Tenochtitlán, hasta el día de la caída del telón en que tocó a su fin la tragedia. Se hizo el silencio, quedaron las lágrimas, el dolor y la orfandad de un pueblo que lo había perdido todo.

Hay un pasaje histórico sobre la prisión de Cuauhtémoc, que Bernal Díaz escribe respecto de la disputa que Garciholguín y Gonzálo de Sandoval tuvieron por la posesión del cautivo. A Garciholguín le tocó la fortuna de hacer prisionero al Uei Tlatoani cuando en una piragua trataba de ponerse a salvo, en compañía de otros señores y sus mujeres Garciholguín al notar que una canoa de mayor tamaño trataba de alejarse a todo remo, dio órdenes a los de su bergantín para que dieran alcance a los fugitivos, y cuando ya casi estaban a tiro de ballesta o de escopeta, de la piragua azteca, se oyó una voz que decía:

"No me tiren, que yo soy el rey de esta ciudad y me llamo Guatemuz; lo que te ruego es que no llegues a cosas mías de cuanto traigo a mi mujer ni parientes, sino llevame luego a Malinche." 'Y como Holguín lo oyó, se gozó en gran manera y con mucho acato le abrazó y le metió en el bergantín a él y a su mujer y a treinta principales, y les hizo sentar en la popa en unos petates y mantas y les dio de lo que traían para comer, y a las canoas donde llevaban su hacienda no les tocó en cosa ninguna, sino que juntamente los llevó con su bergantín'".

"En aquella sazón Gonzálo de Sandoval había mandado que todos los bergantines se recogiesen, y supo que Holguín preso a Guatemuz y que lo llevaba a Cortés; y desde aquello oyó dá mucha prisa en que remasen los que traían en el bergantín en que él iba y alcanzó a Holguín y le demandó al prisionero; y Holguín no se lo quiso dar, porque dijo que él lo había preso y no Sandoval; y Sandoval le respondió que así era verdad, mas que él es el Capitán General de los bergantines y que Garciholguín iba bajo se mando y bandera, y que por ser su amigo le mandó que siguiera tras Guatemuz, porque era más ligero su bergantín, y le prendiese, y que él como general le había de dar el prisionero; y Holguín todavía porfiaba que no quería; y en aquel instante fue otro bergantín a gran prisa a Cortés a demandarle albricias, que está muy cerca en el Tatelulco, mirando desde lo alto del CU cómo entraba Sandoval; y entonces le dijeron la diferencia que traía con Holguín sobre el prisionero."

"Y desde que Cortés lo supo, luego despachó al capitán Luis Marín y a Francisco Verdugo que llamasen a Sandoval y a Holguín, así como venían en su bergantines, sin más debatir y trajesen a Guatemuz y su mujer y familia con mucho acato, porque él determinaría cuyo era el prisionero y a quién se había de dar la honra de ello; y entretanto que lo llamaron mandó aparejar un estrado lo mejor que en aquella sazón se pudo con petates y mantas y asentaderos y mucha comida de la que Cortés tenía para sí; y luego vino Sandoval y Holguín con Guatemuz, y lo llevaron entre ambos dos capitanes ante Cortés y de que se vió delante de él le hizo mucho acato, y Cortés con alegría lo abrazó y le mostró mucho amor a él y a sus capitanes; y entonces Guatemuz dijo a Cortés: 'Señor Malinche: yo he hecho lo que soy obligado en defensa de mi ciudad y vasallos, y no puedo más, y pues vengo por fuerza preso ante tu persona y poder, toma ese puñal que tienes en la cinta y mátame luego con él.' (El mismo

Guatemuz le iba a echar mano dél). Y esto cuando se lo decía lloraba muchas lágrimas y sollozos y también lloraban otros grandes señores que consigo traía."

Además de los relatos del Conquistador y Bernal Díaz, acerca de los últimos días del imperio azteca, hay una crónica indígena que el maestro Teja Zabre escribe:

"Yei Calli, tres casas (1521). En este año subió al trono Cuauhtémoc, y entonces nos batieron con mayor fuerza y crueldad, por lo que nos desbarataron y destruyeron completamente. Habiendo sido cogido Guahtemotzin, lo llevaron a Coyoacán bien amarrado."

Ciertamente, Cuahtémoc había sido vencido, era prisionero del Capitán castellano, pero aún le quedaba ánimo en su alma doliente, para pedirle a su vencedor que dejara salir a los mexicanos sobrevivientes, para que no sucumbieran entre el fango, la peste y el hambre, y pudieran ir a refugiarse a los pueblos circunvecinos. Tres días con sus noches duró el desfile de ancianos, mujeres, niños, heridos y enfermos, que más parecía una procesión de fantasmas que de seres humanos, todos hambrientos, flacos, amarillos y macilentos que apenas se podían mantener en pie. Cortés vencedor, en esta ocasión se mostró magnánimo, ordenó a sus capitanes y a sus aliados que no les hicieran daño a los vencidos, y de esa manera casi debe haber quedado la ciudad desierta, con sus escombros y sus muertos, como si hubiese pasado por allí un vendaval.

Bernal Díaz del Castillo, singular narrador de todos los episodios de la Conquista, refiere los últimos momentos de la lucha y prisión de Cuauhtémoc, diciendo:

"Llovió y relampageó y tronó aquella tarde hasta medianoche, mucho más agua que tres veces. Y después que se hubo preso a Guatemuz quedamos tan sordos todos los soldados como si de antes estuviera un hombre encima de un campanario y tañesen muchas campanas, y en aquel instante que las tañían cesasen de tañerlas, y a esto digo al propósito porque todos los noventa y tres días que sobre esta ciudad estuvimos (Cortés dice en su relato al emperador Carlos V, que fueron setenta y cinco días los que duró el sitio), de noche y de día daban tantos gritos y voces, unos capitanes mexicanos apercibiendo los escuadrones y guerreros que habían de batallar en las calzadas; otros llamando a los de las canoas que habían de guerrear con los bergantines y con nosotros en las puentes; otros en hincar palizadas y abrir y ahondar las aberturas de agua y puentes y en hacer albarradas; otros en aderezar vara y flechas y las mujeres en hacer piedras rollizas para tirar con las hondas, desde los adoratorios y torres de ídolos los malditos atambores y cornetes y abadales dolorosos nunca paraban de sonar. Y de esta manera de noche y de día teníamos el mayor ruido, que no nos oíamos los unos a los otros, y después de preso Guatemuz cesaron las voces y todo el ruido; y por esta causa he dicho como si de antes estuviéramos en un campanario."

Con la prisión de Cuauhtémoc, en la Gran Tenochtitlán se hizo el silencio, cesó el batallar; tal vez amainó el dolor, el sufrimiento y la muerte; pero ese 13 de agosto de 1521, día de San Hipólito, en el calendario hispano, se marcaba el fin de una nación, y arrancaba el principio de otra nacionalidad, que de todos modos se siguió llamando mexicana. Mas, en el calendario azteca el signo cronológico que se marcaba en el cráneo "miquiztli"; era la muerte. Y el Uei Tlatoani, como si su nombre fuera un presagio: "El águila que desciende o el águila que cae.", había caído.

Repitiendo lo que ya se ha escrito en páginas anteriores, sobre lo dicho por Bernal Díaz, acerca de Cuauhtémoc, cuando escribe:

"Ya en aquella sazón habían alzado en México otro señor, porque el señor que nos echó de México era fallecido de viruelas, y el señor que hicieron era un sobrino o pariente muy cercano de Moctezuma, que se decía Guatemuz, mancebo de hasta veinte y cinco años, bien gentilhombre para ser indio, y muy esforzado, y se hizo temer de tal manera, que todos los suyos temblaban de él; y era casado con una hija de Moctezuma, bien hermosa mujer para ser india."

Y más adelante, cuando Bernal Díaz se hizo amigo del caído, escribe: "Guatemuz era de muy gentil disposición, así de cuerpo como de facciones, y de cara algo largar, alegre, y los ojos más parecían que cuando miraba que era con gravedad que halagueños, y no había falta en ellos y era de edad de veintiseis años (hay una nota del mismo autor que dice veinte y tres años o veinte y cuatro) y la color tiraba su matiz algo más blanco que la color de los indios morenos, y decían que era sobrino de Moctezuma, hijo de una su hermana, y era casado con una hija del mismo Moctezuma, su tío, muy hermosa mujer y moza."

Escribe el maestro Teha Zabre: "Esta sumaria descripción es, sin embargo, lo único que realmente constituye la inconografía de Cuauhtémoc porque no es posible tomar de los dibujos primitivos, trazados burdamente en los códices una figuración aproximada a la realidad, y todas las estampas, retratos y pinturas que posteriormente se forjaron son obra de pura imaginación."

"Más bien en tales ensayos, donde aparece la cara del héroe sin expresión ni carácter, es necesario atenerse al esbozo de Bernal Díaz y a la institución que sólo puede guiarse por los rasgos fisonómicos de la raza y de la edad, así puede concebirse al rey de México, según el molde característico de su raza, tal como hoy podríamos ver a un muchacho de sangre indígena pura."

"Aún sería preciso imaginarse facciones más afinadas y con profunda personalidad, porque los tipos supervivientes ya tienes sin duda grabada la huella de los siglos de opresión, de miseria, de estancamiento y de trabajo serviles, enemigos de la integridad personal."

"Debe recordarse que los mexicanos formaron un núcleo superior, de guerreros, de nobles, amos de todo un imperio, y que Cuauhtémoc era dentro de su tribu persona de calidad regia con una larga ascendencia de reyes y sacerdotes y vástagos de una serie de familias seleccionadas por el poder, la educación y la sangre. No es extraño que sus condiciones físicas, hasta el color de la piel y la expresión de sus ojos, dieran fe de su linaje y de su personalidad, y causaran profunda impresión no sólo en los conquistadores que lo llegaron a conocer ya vencido, sino entre sus propios súbditos y familiares, y hasta los mismos jefes y sacerdotes que lo designaron entre los parientes de Moctezuma como el único de ser jefe de la empresa guerrera que había conocido la nación."

Cuando los españoles supieron, que el sucesor de Moctezuma, había sido Cuitláhuac, que muerto éste del contagio del terrible mal de la viruela, de quién recordaban el amargo episodio de la Noche Triste, los menos esforzados, tal vez pusilánimes y parciales de Diego Velázquez pretendieron regresar a Cuba, donde tenían sus haciendas o señoríos y que Cortés a su tiempo les concedió el retorno, afirmando: "…que valía más que se fueran y no estar mal acompañado." Pero ahora el nuevo Uei Tlatoani, era Cuauhtémoc.

Escribe el maestro Teja Zabre: "Y el mismo Cortés de alma invencible o insaciable, tal vez respiró más fuerte y se enderezó para recorrer el Valle de los Volcanes, satisfecho por sentir la inminencia de un adversario digno de combatir. Su gloria habría sido apenas reputación de hábil comerciante y mañoso logrero si hubiera hecho la Conquista simplemente engañando a Moctezuma y apoderándose furtivamente del Imperio Mexicano. La lucha de Cuauhtémoc en contra de Cortés hizo de la Conquista de México una pelea de semidioses." Y permítasenos agregarle: fue una lucha de gigantes, a la altura de las épicas más trágicas de la Historia Universal.

"La epopeya del cerco, asedio y destrucción de la antigua Tenochtitlán está en la Historia con proporciones semejantes a la toma de Jerusalem y el sitio (y caída) de Numancia o Alesia, admitiendo la comparación no sólo por el aspecto militar y los derroches de bravura humana, sino por constituir capítulos de la vida Universal, y de episodios finales, donde se pelea por la suerte de toda una cultura, una época y una raza."

De la dramática escena de la rendición del Uei Tlatoani azteca, el maestro Alfonso Teja Zabre, establece un paralelo, tan afín, tan idéntico, acaecido más de quince siglos antes de la Conquista del reino mexicano, en el bloqueo y caída de Alesia, y la rendición del joven caudillo, Vercingétorix, príncipe de las Galias; que vistiendo su más brillante armadura y montando brioso corcel, se presenta en el campamento romano y arroja su casco y su espada a los pies de su vencedor, Cayo Julio César, general en jefe de las legiones romanas, que en plan de conquista hacían la guerra en las Galias (año 52 a.d.c.).

"¡Cuauhtémoc-tzin y Vercingeto-rix! Entre las vidas paralelas que valdría la pena pregonar, no pueden encontrarse más sugestivas de profundidad y de hermosura fatal."

Antójasenos, dos héroes mitológicos, con dimensiones colosales, que hacen frente a sus destino implacable preñado de fatalidad y abandonados por los dioses.

"Vercingétorix era el 'jefe de cien hombres', como Cuauhtémoc era el 'tlacatecuhtli' o jefe de hombres. El propio Julio César retrata en sus comentarios al príncipe enemigo y le aplica las palabras indicadoras de la extrema juventud y la suma potencia: 'Summae potentiae adolescens'. En los relatos de Cortés y Bernal Díaz, Cuauhtémoc radiante de juventud, de belleza varonil y tan imperativo que todos los suyos temblaban a su vista. El caudillo galo en su patria ve ocupada por el conquistador latino, no cesaba de excitar a sus compañeros contra el invasor en las fiestas religiosas y en las asambleas."

"Cuando llegó el momento de pelear con el invasor, ambos reunieron bajo su mando a todos los hombres útiles y hasta los siervos y enviaron emisarios a todas las tribus afines. Vieron por instantes a sus gigantescos enemigos próximos a caer, en los linderos del fracaso total, frente a Georgovia o en las calzadas y fosos en la Tenochtitlán atrincherada. Vercingétorix se encerró en Alesia como Cuauhtémoc en su capital."

"Cuando la fuerza de la fatalidad dio la victoria a los amados de la fortuna, porque no en vano Cayo Julio César descendía de Venus y Don Fernando Cortés gozaba de prestigio como vástago del Sol, Vercingétorix y Cuauhtémoc tuvieron casi la misma actitud de semidioses vencidos."

"Las palabras del uno parecen anticiparse a las del otro con semejanzas conmovedoras".

"Vosotros sois testigos de que no emprendí esta guerra por interés personal, sino por la salvación de la patria... La Galia está vencida, los dioses nos ha abandonado...La vida para mí nada es sin libertad..."

"Y cuando se presentó para rendirse al conquistador romano, hubiera podido decir: 'hice cuanto pude por defender a mi patria. Toma ese puñal y mátame..."

"Lo mismo que Cortés, Julio César manchó su triunfo humillando a su prisionero, y después de varios años de servidumbre, tanto Vercingétorix como Cuauhtémoc acabaron su vida en el cadalso." Trágico fin de dos figuras heroicas y señeras, cuya presencia parecía ser todo un reproche para sus vencedores.

El maestro Teja Zabre concluye:

"Por eso subsiste la figura de Cuauhtémoc sin que la opaquen otros recuerdos gloriosos. La admiración y el homenaje nunca faltarán a los superhombres de la fortuna y de la fuerza, pero tampoco deben faltar el homenaje, la admiración para los superhombres afortunados que murieron por defender y no por conquistar, que conocieron la rabia del vencimiento, la tortura de la caída junto con sus dioses, sus hijos y sus hermanos, que tuvieron en la prisión o en el martirio tanta grandeza como los otros en la cima victoriosa, y en vez de sentir la frente adornada de laureles y coronas, sólo hallaron la consagración del dolor, como nuestro Cuauhtémoc, que fue ungido con el óleo ardiente en las manos y en los pies, y dijo sus palabras eternas y pasó a la inmortalidad, como rey del tiempo y emperador de una raza."

Consumado el drama con la prisión de Cuauhtémoc, Cortés preguntó a sus capitanes por las mujeres que acompañaban a los cautivos; a lo que el rey caído se apresuró a aclarar, que él le había pedido a Sandoval y a Holguín, que las dejase en las canoas donde venían, hasta conocer lo que "Malinche mandara". En seguida Cortés ordenó que esas grandes señoras fueran conducidas a su presencia, y cuando ello fue cumplido, el Capitán hispano ordenó que en el acto se les sirviera de comer de lo que en ese momento se podía disponer.

Avanzaba la tarde de ese fatídico 13 de agosto (y no está averiguado si los mexicanos a partir de esa fecha, tomaron el número 13 como de mal agüero), negros nubarrones surcaban el firmamento, el tiempo encapotado parecía solidarizarse con los caídos, una tormenta cargada de relámpagos y truenos, se cernía sobre la ciudad hambrienta y desolada, como una nueva Troya o como una nueva Cártago, Numancia y Jerusalén, se habían quedado atrás.

Cortés dispuso retirarse a Coyoacán con sus soldados de su real y los cautivos; donde por primera vez, desde que emprendió su empresa de conquista, como buen guerrero sin cargos de conciencia, como el verdugo que tiene la encomienda de matar, debe haber dormido tranquilo. Había alcanzado su meta y su ideal estaba cumplido.

En los días que siguieron, Cortés, le pidió a Cuauhtémoc que ordenara la reparación del acueducto del agua potable, enterrar a los muertos y la reconstrucción de la ciudad, y dio un término de dos meses para que regresaran sus moradores; y tomando el acuerdo con sus capitanes de reconstruir la ciudad en el mismo lugar, con rectificación de la traza, se fijaron lotes para iglesias, conventos, plazas y plazuelas y la edificación de la catedral y la casa consistorial, reservándose algunas áreas del primer cuadro, para el repartimiento y dotar de lotes y solares donde edificaran sus casas y palacios, según su calidad y rango, todos los capitanes y soldados conquistadores.

Hernán Cortés, deseando demostrar su reconocimiento a todos los componentes de su aguerrido y veterano ejército, para agasajarlos y celebrar su victoria; según escribe Bernal Díaz: "Que después que se ganó esta tan grande y populosa ciudad y tan nombrada en el Universo después de haber dado muchas gracias a Dios Nuestro Señor y a su bendita madre Nuestra Señora y haber ofrecido ciertas mandas y Dios Nuestro Señor, Cortés mandó hacer un banquete en Coyoacán por la alegría de haberla ganado, y para ello tenía ya mucho vino de un navío que había venido de Castilla al puerto de la Villa Rica, y tenía puercos que le trajeron de Cuba;..." La fiesta sería en grande, e invitó a ella a los capitanes y soldados de los tres reales, que le parecía que eran dignos de su estimación, por gentiles y esforzados. Se pusieron mesas para todos, pero dice Bernal Díaz que apenas alcanzaron a sentarse una "tercia" de los invitados y que concurrieron muchas damas de los tres reales, sin aclarar si todas eran españolas o si estaban presentes algunas damas mexicanas de las ya bautizadas. Y agrega el cronista soldado que "hubo mucho desconcierto, y valiera más no se hiciera aquel banquete por muchas cosas no muy buenas que en él acaecieron, (pues ya) que habían alzado las mesas hubo mucho regocijo, y se dieron gracias a Dios por los muchos bienes y mercedes que siempre nos hacía y a la continua ha hecho."

Añade Bernal Díaz, una lista tachada en el original, los nombres de las damas, que bailaron con sus galanes toda clase de: "bailes y danzas, que para otro día que habían alzado las mesas, hubo sortija e ansí mesmo valiera más que no hubiera, sino que todo se empleara con cosas santas e buenas..." ¿Qué exceso de pasiones vería Bernal Díaz, para expresarse y dolerse de los que en ese banquete acaeció?

## EL BOTÍN Y TORMENTO DE CUAUHTÉMOC

El botín después de la caída del Imperio Azteca, era inmenso, un rico territorio, habitado por muchos pueblos, algunos ya sometidos y otros que se irían conquistando, esto era para el futuro mediato, pero para el presente inmediato, el oro, las joyas y las mujeres, eran lo que más importaba. Sobre estas últimas, Cuauhtémoc se quejó ante Cortés de que sus capitanes y soldados habían tomado muchas hijas y mujeres de sus principales y que le pedía por merced que se las devolviese. Cortés respondió que daba licencia a los padres y maridos para que buscaran a las mujeres en todos los reales y que las recogieran y volvieran con ellas al seno de sus hogares. Mas, al hacer las pesquisas y encontrarlas, dice Bernal Díaz: "Y andaban muchos principales en busca de ellas de casa en casa, y eran tan solícitos que las hallaron, y había muchas mujeres que no se querían ir con sus padres, ni maridos, sino estarse con los soldados con quienes estaban y otras se escondían que no querían volver a idolatrar; y algunas dellas estaban preñadas, y de esta manera no llevaron sino tres, que Cortés mandó expresamente que las diesen."

Sobre el oro, el capitán vencedor ordenó a su prisionero y a los demás señores principales que entregaran el tesoro de Moctezuma, que se había quedado en la ciudad la noche del 30 de junio del año anterior. El rey azteca y los demás caciques, entregaron el oro y algunas joyas que guardaban y algo más que se encontró en los canales, y que fundido el primero, según Bernal Díaz, alcanzó un equivalente de trescientos mil pesos, según Cortés, fueron ciento treinta mil castellanos, cantidad que para muchos henchidos de codicia, resultaba muy poco, pues de ella se tenía que deducir el quinto del rey, el quinto de Cortés, los gastos de la guerra, compra de pertrechos, pago de caballos muertos, indemnización de los soldados que por el continuo batallar en los combates, resultaron baldados.

Julián Aldarete, tesorero de su Majestad y la facción de Narváez, parciales de Diego Velázquez, consideraron que el oro era muy poco, y comenzaron a sospechar que Cortés guardaba para sí el rico metal, y como veían que no ponía presos a Cuauhtémoc y a sus señores principales, hicieron presión al Capitán hispano, para que diera tormento con fuego en los pies, al emperador azteca y al rey de Tacaba, para obligarlos a confesar dónde tenían oculto el gran tesoro de Moctezuma. La acción impía e inhumana se llevó a cabo, sin que el rey azteca se doliera, impávido y estoico recibió el tormento sin retirar los pies del fuego ni exhalar queja y según Bernal Díaz, sólo dijo que en una de sus casas tenía echadas en una alberca, algunas piezas de oro, que al ser buscadas y encontradas, resultaron de poco valor, excepto un sol o calendario. Empero el rey de Tacaba, al sentir el fuego trató de retirar los pies y al mismo tiempo dirigía miradas de súplica a su emperador, para que sí sabía del tesoro lo dijera y se libraran del doloroso tormento. Cuauhtémoc, comprendió la súplica y en el acto le dijo a su compañero de suplicio, según unos cronistas: "¿A caso creéis que estoy en un lecho de rosas?" Según otros: "¿A caso creéis que estoy en un deleite o baño?" Cualesquiera de las dos versiones que han llegado hasta nosotros, verdaderas o deformadas, son acordes con las palabras que debe haber dicho el rey de Tacaba el gran vencido.

El capitán hispano y sus compinches, poco o nada obtuvieron de ese suplicio, pero en cambio se engrandeció la figura del gran cautivo y se empequeñeció la imagen del conquistador.

Mas, haciendo unas consideraciones en descargo de Hernando Cortés, sobre el tomento a un rey caído, aunque en Europa era una práctica común y corriente, acá en el mundo que Cortés había o estaba conquistando, y dada su política de pacifismo que siempre puso en juego, pensó o no pensó que no era necesario sacrificar al rey vencido. Empero tenía presente como aguijón a Julián de Aldarete, tesorero de su majestad y valido de Juan Rodríguez de Fonseca, obispo de Burgos y presidente del Consejo de Indias, enemigo declarado de Cortés, dizque por la traición que le cometió a Diego Velázquez y que de ninguna manera consentía en reconocerle autoridad alguna al Conquistador, por tal motivo Cortés era un gigante con pies de arcilla, en un mundo que conquistaba para un emperador que aún no lo ungía con el bastón de Autoridad.

Aldarete y la facción de Narváez que le secundaba, exigían abiertamente el tormento para Cuauhtémoc, con el fin de que revelara el lugar donde tenía oculto el tesoro de Moctezuma; escribe Torquemada que Cortés se resistía: "…afirmando que no convenía irritar a Dios que les había dado tan gran victoria." Pero Aldarete, seguía como "ariete" golpeando con murmuraciones puestas en labios de sus cómplices o en letreros con carbón que fueron apareciendo en las paredes blancas de su residencia. Algunos decían: "Más conquistados de Cortés que conquistadores de la Nueva España." Otro decía: "No le basta el quinto como general y quiere el quinto del rey." Estas y otras pullas y murmuraciones, hicieron saltar a Cortés de sus casillas, se le inflamaron las venas de la garganta, que era el signo manifiesto de su ira. Escribe a Bernal Díaz: "…y como Cortés era algo poeta, respondía por buenas consonantes y muy a propósito en todo lo que escribía, y de cada día iban muy desvergonzado los metros y motes que ponían, hasta que Cortés escribió: 'pared blanca, papel de necios.' Y amaneció escrito más adelante: 'Aun de sabios y verdades, Su Majestad lo sabrá muy presto.' Y bien supo Cortés quien lo escribía, que fue Fulano Tirado, amigo de Diego Velázquez, yerno que fue de Ramírez el Viejo;... y un Villalobos,... y otro que se decía Mancilla y otros que ayudaban de buenas para que Cortés sintiese los puntos que le tiraban. Y Cortés se enojó y dijo públicamente que no pusiesen malicias, que se castigaría a los ruines avergonzados."

Cortés vencido o convencido por la facción que encabezaba Aldarete, consiguió saber de unas cuantas piezas de poco valor, un sol de oro o calendario que se encontró en el fondo de una alberca, en una de las casas del rey vencido, siguieron las frases de Cuauhtémoc al señor de Tacaba, y según unos cronistas, la muerte de éste y Torquemada escribe que "Cortés mandó quitar a Cuauhtémoc del tormento, con imperio y despecho, teniendo por cosa inhumana y avara tratar de tal manera a un rey."

Por lo que escribieron algunos cronistas y el relato veraz de Bernal Díaz del Castillo, se desprende la responsabilidad que Cortés tuvo en ese dramático episodio del tormento. ¿Qué fue débil y se dejó dominar por una facción, al sentir que su autoridad endeble, no estaba ungida por Su Majestad? ¿Cómo conciliar entonces la autoridad de mando férreo y tenaz de un capitán Cortés conduciendo hombres aún en contra de su voluntad en pos de la Conquista? ¿Que consintió el tormento para borrar la sospecha de que encubría con Cuauhtémoc el fabuloso tesoro de Moctezuma? Pero a la luz de la historia, no se concibe a un Cortés débil y sumiso, cuando en muchas crisis de su accidentado camino para llegar a la cima, dio muestras de un admirable valor y talento político, convincente y hasta temerario; por lo que en el tormento, algo de codicia personal debe haberlo movido, porque de otra manera lo hubiera impedido y Cortés hubiera seguido siendo aún más Cortés.

La joven emperatriz Tecuichpoch, curó con su dolor y sus lágrimas las llagas producidas por el fuego en los pies del gran caído, y que sacrificado éste, por un supuesto plan para asesinar a Hernando Cortés, a su regreso de las Higueras, la joven viuda, pasaría a ser propiedad del Conquistador.

## REPARTO DEL BOTÍN Y MÁS BATALLAS

En el reparto del botín, lo que tocó a cada soldado, fue relativamente poco, pues no correspondió a las cuentas galanas que todo mundo se hizo el día del banquete; capitanes y soldados salieron defraudados en sus sueños de alhajas y vajillas de oro. Cuando Pedro de Alvarado y Cristóbal de Olid, vieron que el oro rescatado de la laguna era poco, opinaron que mejor se repartiera entre los soldados que la guerra dejó baldado. Más, sacarse las cuentas y antes de hacerse el reparto, los soldados fuertes y sanos, demandaron de Cortés les dijera poco más o menos cuánto le tocaba a cada uno, porque calladamente tenían la sospecha de que el Capitán, tenía escondido el oro, y que le mandó a Guatemuz que dijera que no tenía ninguno. "Y lo que Cortés respondió fue que vería a cómo salíamos y que en saber lo que nos cabía de parte, dabamos prisa para que se echase la cuenta y se declarase a qué tanto pesos salíamos. Y después de lo que hubieron tanteado, dijeron que cabían a los de a caballo a ochenta pesos, y a los ballesteros, escopeteros y rodeleros a sesenta o cincuenta pesos, que no se me acuerda bien. Y desde que aquellas partes nos señalaron, ningún soldado las quiso tomar."

Entonces las murmuraciones de todos en contra de Cortés, se fueron incrementando; se aseguraba que el Capitán tenía todo el oro escondido y que no lo quería repartir; las pullas le llegaban también al tesorero de su Majestad, Julián de Aldarete, que él en descargo de su responsabilidad como tesorero respondía que no podía más; que Cortés sacaba del montón, un quinto igual al quinto de su Majestad, todas las costas de la guerra, como ya se dijo antes y el valor de los caballos muertos y concluía el Aldarete: "... que riñésemos con Cortés y no con él..."

Habla Bernal Díaz, acerca de las deudas y trafiques que en ese tiempo y entre los conquistadores se llevaban a cabo; escribe:

"...como había muchas deudas entre nosotros, que debíamos de ballestas a cincuenta y a sesenta pesos, y de una escopeta ciento, y de un caballo, ochocientos y novecientos pesos, y otros de una espada cincuenta, y de esta manera eran caras todas las cosas que habíamos comprado, pues un cirujano que se llamaba Maestro Juan, que curaba algunas malas heridas y se igualaba por la cura a excesivos precios, y también un medio matasanos, que se decía Murcia, que era boticario y barbero, que también curaba, y otras treinta trampas y tarrabusterías que debíamos, demandaban que las pagásemos de las partes que nos daban; y el remedio que Cortés dio fue que puso dos personas de buena conciencia, que sabían de mercaderías, que apreciasen qué podía valer cada cosa de lo que habíamos tomado fiado, llamábanse los apreciadores Santa Clara, persona muy noble, y el otro se decía fulano de Llerena, también noble persona, y se mandó que todo lo que aquellos dijesen que valían las cosas que nos habían vendido y las curas que habían hecho los cirujanos que pasasen por ello y que si no teníamos dineros, que aguardasen por ellos tiempo de dos años.

Por el anterior pasaje, se verá que los soldados conquistadores, no obstante tanto oro que había visto y por el que habían luchado, no andaban en jauja, fundieron el poco que tenían dándole una ley de tres quilates para ayudar a pagar las deudas.

Hernán Cortés residente en Coyoacán, en el palacio que fuera de uno de los señores, había acordado con sus capitanes la reconstrucción de la ciudad de Tenochtitlán y con una rectificación de la traza, se hizo el reparto de casas y vastos solares para la edificación de las residencias de los más esforzados conquistadores, se ampliaron algunas calles y se destinaron lotes para iglesias, conventos, casas de gobierno, hospitales, plazas y plazuelas y el conquistador se reservó el Palacio de Moctezuma (donde ahora se encuentra el Palacio Nacional) y el Palacio de Atxayácatl (donde ahora está ubicado el Nacional Monte de Piedad). La extensión de la ciudad quedó limitada por el oriente, hasta las calles de la Santísima (hoy Emiliano Zapata), por el poniente, hasta las calles de Santa Isabel (hoy Ruiz de Alarcón), por el norte, hasta las calles de Cocheras (hoy calles de Colombia), y por el sur, hasta la plazuela y calles de San Jerónimo. La ciudad se iba reconstruyendo con una imagen nueva, las casas de los conquistadores se iban levantando y poco a poco sobre las ruinas de lo que fue la ciudad vieja, iba emergiendo una ciudad nueva que al pasar el tiempo, sería una de las más hermosas de América.

En los meses que siguieron de la segunda mitad del año de 1521, Cortés comisionó a varios de sus capitanes para que fueran a conquistar y poblar diversas regiones del país. A Cristóbal de Olid, le ordenó que fuese por el rumbo de Michoacán, a Gonzalo de Sandoval lo comisionó que fuera a poblar o someter a Tepustepeque y que de allí fuera a Guazacualco y que poblara una villa que se había fundado con el nombre de Medellín, poblado que aún existe al sur de Veracruz. A Vicente López y un Castañeda, los comisionó para que fueran a conquistar la región de Pánuco; Juan Álvarez Chico, fue a Colima, y un Villafuerte fue a Zacautla; mientras le ordenaba a Rodrigo Rangel que con Pedro de Ircio, estuvieran de guarnición en la Rica Villa de la Veracruz y para conquistar y poblar Oaxaca, fue enviado Francisco de Orozco y otros capitanes y otros soldados se encaminaban con la anuencia de Cortés, a conquistar y poblar otras regiones del país.

Mientras tanto Cortés permanecía vigilante y activo, en la reconstrucción de la ciudad y de sus casas; recibía las embajadas de lejanos señoríos, que llegaban a felicitarlo por su victoria en la toma y destrucción de la que fue la Gran Tenochtitlán, la ciudad dominadora de muchos y lejanos pueblos; aún le llevaban regalos de oro y joyas al Conquistador, pero también llevaban a sus hijos para mostrarles la caída y destrucción de México –dice Bernal Díaz: "y, como solemos decir, aquí fue Troya, se lo declaraban."

Por su parte don Juan Rodríguez de Fonseca, obispo de Burgos y arzobispo de Rosano, que sin poner un escudo o mover un dedo, para que se llevara a cabo la conquista, ahora se la querían escamotear al Conquistador, valiéndose de la autoridad que ostentaban, como Ministro del Rey, le envió cartas y provisiones de Gobernador a Cristóbal de Tapia veedor de la isla de Santo Domingo, para que con el carácter de Gobernador se presentara en la Nueva España y despojara a Cortés de su conquista. Mas, al desembarcar en la Villa Rica de la Veracruz, se presentó ante el teniente de Cortés, que por esos días era Gonzálo de Alvarado, hermano del capitán del mismo apellido, de quien presentó sus provisiones, Alvarado, hábil recepcionista y mejor diplomático, tomó las provisiones, se las puso en la cabeza y dijo: "Mandado de Nuestro Rey y Señor", pero en cuanto al cumplimiento, dijo que se juntarían los alcaldes y los regidores de esa Villa, para platicar y averiguar "cómo y de qué manera eran habidas aquellas provisiones" y que todos juntos las obedecerían, porque sólo eran de una sola persona, que también "verían si su Majestad era sabedor que tales provisiones enviasen".

A Cristóbal de Tapia no le agradó en nada la respuesta que le dio el lugarteniente de Cortés y los demás ediles, allí en la Villa Rica, y además personas que no estimaban al Conquistador, le aconsejaron que no perdiera tiempo y que se fuera luego a México, donde estaba Cortés con todos sus capitanes. En el acto Tapia escribió a Cortés, que llegaba como Gobernador; que traía provisiones y hasta cartas en blanco para extender nombramientos a las personas que él estimara, entre ellas, algunas amenazas para el Conquistador y sus más allegados capitanes. Pero Cortés era un consumado diplomático, contestó a Tapia con buenas y halagüeñas palabras y en seguida envió a su encuentro a Gonzálo de Sandoval, Pedro de Alvarado, Diego de Soto y a Fray Pedro Malgarejo de Urrea que tenía "buena expresiva". Ya en el camino a Veracruz, los enviados del Conquistador, antes de llegar al puerto, se encontraron con Cristóbal de Tapia, a quien saludaron muy efusivamente, e invitaron que pasara con ellos a Cempoal allí en ese lugar, le pidieron que mostrara sus provisiones, las cuales tomaron y con la ceremonia debida se las pusieron en la cabeza, diciendo que verían cómo y de qué manera lo mandaba su Majestad. Tapia no había puesto reparos al mostrar sus documentos, pero entonces al ser examinados le contestaron que no era suficiente para Gobernador, que todo lo había arreglado el Obispo de Burgos porque está en contra de los conquistadores y a favor de Diego Velázquez y que además, quería casar con Tapia a una Fulana Fonseca, sobrina o hija del mismo Obispo, y que de todo, nada sabía su Majestad, ya que en esa sazón, se encontraba en Flandes.

Al darse cuenta Cristóbal de Tapia que ni sus provisiones ni promesas ni palabras ni amenazas le daban ningún resultado satisfactorio, resintió un verdadero enojo, por lo que los capitanes al darse cuenta de que el pretendido Gobernador adolecía de codicia, le informaron a Cortés el resultado de las pláticas y le sugirieron que les enviase algunas barras de oro para apaciguar al protegido del Obispo Fonseca, el Conquistador respondió con creces a lo indiciado por sus embajadores, por lo que hubo manera de que le obsequiaran al supuesto Gobernador, además del oro que siempre ablanda los caracteres más recios, tres caballos, unos cuantos negros y un navío en el cual Cristóbal de Tapia, contento regresó a la isla de Santo Domingo quedado Hernán Cortés, aún dueño de su conquista.

Cuenta Bernal Díaz, que cuando Cristóbal de Tapia llegó a la Villa Rica, se entrevistó con Pánfilo de Narváez, y que éste le habló en los siguientes términos:

"Señor Cristóbal de Tapia, paréceme que tan buen recaudo debéis de traer y llevaréis como yo; mirad en lo que yo he parado trayendo tan buena armada; mirad por vuestra persona y no curéis de más perder el tiempo, que la ventura de Cortés no es acabada. Entended para que os den algún oro, idos a Castilla ante su Majestad, que allá no os faltará favor y quién os ayude, y diréis lo que acá pasa, en especial teniendo, como tenéis al señor Obispo de Burgos, y esto es lo mejor".

Cortés libre ya de Tapia, siguió sus obras repartiendo órdenes entre sus capitanes y soldados para que siguieran con la tarea de poblar en todos los lugares que seguían sometiendo al dominio castellano. Por esos días, Cortés dejó Coyoacán y se fue a la ciudad de México, donde ratificó el repartimiento de lotes y solares para iglesias, conventos, casas reales, plazas y plazuelas, lotes para los soldados conquistadores y para los vecinos, de tal manera que la ciudad quedara reconstruida y poblada, de donde resultó "otra más populosa y mayor ciudad, de mejores casas y poblada de caballeros, según su calidad y tiempo que se pobló, no se (ha) habido en el mundo, entiéndase con lo poblado de mexicanos" (Bernal Díaz).

Estando Cortés en esa sazón absorto en sus obras y descansando del trajín guerrero, le llegó de Pánuco la noticia de que los naturales se habían alzado y estaban dando guerra a los pocos españoles que habían ido a poblar, que urgía un pronto socorro. Por esos días el conquistador, no tenía cerca de sí a algún capitán para enviarlo al auxilio que le pedían; por lo que el mismo Cortés en persona, alistó un ejército con los soldados que más pudo reunir, algunos eran de los que recientemente llegaron con Tapia y se quedaron, otros de los de Lucas Vázquez Ayllón que habían regresado de la Florida y algunos más de los que recientemente llegaron. En total, reunió doscientos cincuenta soldados entre ballesteros y escopeteros y más de ciento treinta de a caballo, aunque para estos se presentó el problema de que no había herraduras para los caballos, también se hizo acompañar de diez mil mexicanos.

Al partir de la ciudad de México, Cortés encomendó el gobierno a Diego de Soto; llevó consigo a doña Marina y a Jerónimo de Aguilar. La campaña de Pánuco fue breve pero sangrienta, Cortés perdió tres soldados y le hirieron más de treinta y le mataron cuatro caballos, además murieron más de doscientos indios de sus aliados, y de los alzados que pasaban en más de cincuenta mil los muertos fueron por millares; y una vez que fueron derrotados y dispersos, ya no volvieron a presentar batalla, Cortés como siempre, se los atrajo, como lo sabía hacer y los naturales aceptaron someterse, llegaron ante el Capitán hispano en son de paz, con muchos regalos de oro y joyas.

En los dos días que pasaron, Cortés dividió su hueste en dos secciones, con una partió hacia un río que Bernal Díaz nombra "Chila", Cortés convocó a todos los pueblos comarcanos ofreciéndoles la paz, pero nadie acudió y en cambio, mataron a los mensajeros que el Capitán hispano les había enviado.

Cortés estuvo esperando varios días a ver si llegaban algunos caciques a concertar la paz pero nadie llegó, entonces reagrupó a su gente, hizo acopio de canoas, cruzó de noche el río y cayó de pronto sobre los nativos, pero ellos estaban alerta, casi casi vigilaban los movimientos del Capitán hispano, por lo que en el momento que estimaron oportuno, le salieron al encuentro, librándose una cruenta lucha, en la que los hispanos perdieron dos soldados, hirieron a más de treinta y mataron tres caballos, pero los nativos perdieron la batalla, murieron cientos de ellos y se pusieron en fuga en la que perseguidos, iban muriendo más. Esa tarde Cortés y sus soldados llegaron a un pueblo cercano al lugar de la lucha, lo encontraron despoblado, hallaron algunos víveres y allí durmieron, no sin antes poner sus velas, guardias y escuchas. A la mañana siguiente cuando Cortés con sus soldados hicieron un reconocimiento en el lugar, se encontraron con que en un adoratorio o CU, estaban las cabezas desolladas y adobadas, de algunos españoles que fueron muertos en la expedición que mandó Garay cuando trató de poblar en el río Pánuco. De entre los muertos algunos fueron reconocidos por los de Cortés que decían que habían sido sus amigos. Los despojos mortales de los soldados españoles fueron recogidos para darles sepultura y poco después la hueste de Cortés, con las debidas precauciones, emprendieron la marcha en busca de los belicosos nativos. Habían caminado como una legua, cuando los descubridores de campo, dieron con unos grandes escuadrones de indios que estaban en celada, pero como fueron sorprendidos, no tuvieron tiempo de poner en juego su plan, fueron acometidos, pero también acometieron con verdadera furia, hirieron quince soldados y de ellos después murieron, tres de las heridas; también mataron dos caballos y siete fueron heridos. La batalla había durado cerca de una hora y los indios del lugar no daban trazas de retraerse, por fin lo hicieron dos veces pero luego volvían a la pelea, pero convencidos de que sus bajas eran muchas, se refugiaron en un río caudaloso hasta donde fueron perseguidos.

Al día siguiente, Cortés con su ejército recorrió cinco días el lugar y llegó a otros pueblos que estaban abandonados, en uno encontraron en unos coterráneos unas tinajas con vino de España. Convencido el Capitán hispano de que todo estaba abandonado, regresó con su gente al río Chila. En éste lugar, Cortés pacifista como siempre, mandó mensajes a todos los caciques de la región ofreciéndoles la paz, paz que aceptaron los nativos en virtud de las cuantiosas bajas que habían sufrido; harían acopio de oro y joyas y pasados cuatro días, se presentarían ante el Capitán hispano, pero no lo hicieron. Entonces Cortés ordenó que se avanzara sobre una población de alguna importancia que estaba rodeada de agua con sus ciénegas y ríos, que parecía inexpugnable, pero Cortés mandó preparar balsas y reunió canoas y de noche efectuó un ataque con su hueste, españoles y mexicanos arrasaron el poblado y saquearon todo lo que encontraron, al saber de éste ataque los pueblos de la región, optaron por presentarse ante Cortés en demanda de paz.

Dice Bernal Díaz "que óbra de una legua" de Chila, Cortés fundó un puerto al que le puso por nombre Santiesteban, que después se llamaría Pánuco en el estado de Veracruz, allí dejó como teniente a Pedro Vallejo, con ciento veinte vecinos y veintisiete de a caballo y treinta y seis escopeteros y ballesteros. A todos los vecinos Cortés les entregó su repartimiento, y todos los pueblos sometidos, quedaron en encomienda del teniente Pedro Vallejo.

Ya estando Cortés para partir hacia la ciudad de México, supo que algunos pueblos sólo esperaban su partida para asaltar y darle guerra a los pobladores, entonces el Capitán reaccionó airadamente y cayó sobre esos pueblos, los arrasó y los convirtió en montones de cenizas. Poco después cuando ya el Capitán se dirigía a México, tuvo otra noticia de que unos pueblos que se encontraban sobre la sierra, se habían rebelado y que hacían la guerra a otros pueblos que vivían en paz, se dirigió a esos lugares y cuando pasaban un "mal paso" los rebeldes cayeron sobre la rezaga formada por tamemes que llevaban el fardaje, los destrozaron y se llevaron todo. Mas, Cortés como siempre aguerrido y tenaz, los destrozó y sus aliados los mexicanos se hartaron de botín, hicieron prisionero al cacique y su capitán que en el acto fueron ahorcados; se recobró todo lo robado y se ordenó que los mexicanos ya no hicieran más daño. A continuación, Cortés convocó a los principales y caciques y sacerdotes de la población, quienes al llegar fueron conminados a mantener la paz y reconocer por único rey a Carlos V. Aceptado todo por los nativos, Cortés nombró como cacique al hermano del cacique ahorcado, y de esa manera concluyó la campaña que Hernán Cortés emprendió por la región del Pánuco, donde la gente de Francisco de Garay, gobernador de Jamaica había fracasado.

De la anterior campaña, Cortés presentó a la Real Hacienda, una relación de gastos que ascendían a la cantidad de sesenta mil pesos, y que los oficiales se negaban a pagar. Por este hecho se verá que Cortés no era un Capitán con facultades omnímodas, por tal motivo, no podía disponer de todo su arbitrio, ya que entre su gente se encontraban los Aldarete y compañía que siempre lo tenían vigilado.

Al finalizar el año de 1522, Alonso de Ávila, que acostumbraba ponerse al tú por tú con Hernán Cortés, había regresado de Santo Domingo, donde estuvo de procurador de Cortés, ante la Real Audiencia regida por frailes jerónimos, que gobernaban todas las islas y que siempre estuvieron a favor de Cortés, traía licencia para conquistar toda la Nueva España, hacer repartimientos, encomiendas de indios, herrarlos y reducirlos a esclavitud, como se hacía en las demás islas del Nuevo Mundo. Trágica y triste disposición, y aunque inhumana y dolorosa, real y corriente en ese tiempo. Esta licencia de los jerónimos a Cortés, estaría vigente "en tanto su Majestad fuese sabedor de ello o fuese servido mandar otra cosa..." De todo lo acaecido en la Nueva España, los frailes jerónimos hicieron una cabal y clara información al emperador que en ese tiempo se encontraba en Flandes de los servicios prestados a la Corona por Cortés y sus capitanes, ya que el Obispo de Burgos, Presidente de Indias, por favorecer a Diego Velázquez no informaba los hechos de Cortés y sí lo trataba y lo presentaba en la Corte, como un traidor.

Alonso de Ávila era un tenaz opositor de Cortés, a su regreso de Santo Domingo, creía que el Gobernador de la Nueva España, era Cristóbal de Tapia, de quien hubiera sido su leal partidario, por ser los dos parciales del Obispo don Juan de Fonseca, ya que el primero había sido criado del prelado y traía cartas para Tapia.

Mas, Cortés hábil como siempre, procuró atraerse a su antagonista Alonso de Avila, lo hizo encomendero de un pueblo llamado Gualtitlán, de muchos indios y mucha renta y le entregó una buena cantidad de pesos y de oro.

Poco tiempo debe haber disfrutado de su encomienda el tal Alonso de Avila, pues Cortés sabiendo que era mejor tenerlo lejos, juntamente con Antonio de Quiñones, el Conquistador los nombró como sus procuradores ante la Corte de Castilla, para que llevara directamente al Emperador Carlos V, en dos navíos, un valioso tesoro de más de cincuenta mil pesos, barras de oro, ricas joyas y la recámara que había sido del Emperador Moctezuma. Con el valioso cargamento los procuradores, salían portadores de una vastísima información para el Emperador, dándole cuenta de toda la azarosa campaña de la conquista, hasta consumarla con la toma de la Gran Tenochtitlán, concluyendo con la última campaña de la pacificación de la provincia de Pánuco, donde la armada y los capitanes de Francisco de Garay habían fracasado. Se informó minuciosamente el caso de Cristóbal de Tapia; se pidió a su Majestad que ya no se metiera con Cortés y sus capitanes el Obispo de Burgos don Juan de Fonseca, en los asuntos de la Nueva España.

Y además, se rogaba a su Majestad que enviase Obispos y religiosos de todas las órdenes que fuesen de buena vida y doctrina para que ayudaran a plantar en estas partes la Santa Fe.

En el informe y relación de Cortés, éste le suplicaba a su Majestad, que le diese licencia para ir a Cuba a prender al Gobernador de ella "que se decía Diego Velázquez, para enviarlo a Castilla para que allá su Majestad le mandase castigar, porque no le desbaratase más ni revolviese la Nueva España, porque enviaba desde la isla de Cuba a mandar que matasen a Cortés".

Bernal Díaz nos habla de quienes escribieron al Emperador diciendo: "Y con estos procuradores escribió el cabildo de México, a su Majestad, y asimismo todos los más conquistadores escribimos juntamente con Cortés, y fray Pedro de Melgarejo y el tesorero Julián Alderete, y todos a una decíamos de los muchos y buenos y leales servicios que Cortés y todos nosotros los conquistadores le habíamos hecho y la continua hacíamos, y todo lo por nosotros sucedido desde que entramos a ganar la ciudad de México, y cómo estaba descubierta la Mar del Sur y se tenía por cierto que era cosa muy rica."

Los procuradores Alonso de Avila y Antonio de Quiñones, con sus dos naves, su tripulación y su valioso cargamento, salieron del puerto de Veracruz, el veinte de diciembre de 1522. Tomaron el canal de las Bahamas y con buen tiempo, llegaron a la isla Tercera, donde Antonio de Quiñones, capitán de uno de los navíos, se las daba de valiente y mujeriego en una riña por faldas, fue acuchillado a poco murió. De allí para adelante, Alonso de Avila, se hizo cargo de la Capitanía de las noves naves, siguió su ruta rumbo a España, pero a poco navegar, le salió al paso un corsario francés llamado Juan Florín, quien después de breve lucha, se apoderó de las dos naves con su rico cargamento e hizo prisioneros a Alonso de Avila y sus tripulaciones, el valioso botín en conjunto con otro navío procedente de Santo Domingo con rico cargamento, fueron conducidos a Francia, parte del oro y la recámara de Moctezuma fue entregada a Francisco I, y el almirante francés y con la parte que le quedó al corsario, se hico muy rico. En toda Francia causó admiración y revuelo las riquezas que Carlos V obtenía de sus colonias y que eso le bastaba y le sobraba para hacer la guerra al Rey de Francia.

Escribe Bernal Díaz que Francisco I, dijo "o le envió a decir a nuestro Emperador, que como habían partido entre él y el rey de Portugal el mundo sin darle parte a él; que mostrasen el testamento de nuestro padre Adán si les dejó a ellos por herederos y señores de aquellas tierras que habían tomado entre ellos dos sin darle a él ninguna de ellas, y que por esta causa era lícito robar y tomar todo lo que pudiese por la mar".

Poco tiempo después, a principios de 1523, Juan Florín al frente de una nueva armada, volvió a la piratería. En sus correrías había hecho acopio de un gran botín, pero tuvo la mala suerte de encontrarse entre las Islas Canarias y España con cuatro navíos españoles bien armados, que batieron las naves del corsario, lo derrotaron y lo hicieron prisionero con toda su tripulación. Conducido a la Casa de Contratación en Sevilla, ésta dispuso que los prisioneros fueran enviados a la Corte, pero ésta ya conocedora de los sucesos, ordenó que en el camino se ajusticiara a todos los prisioneros. Así acabó sus días Juan Florín sin haber disfrutado de sus riquezas, mientras Alonso de Avila habiéndose ganado la voluntad de su custodio francés, lo convenció de que para que se obtuviera su rescate, necesitaban saber en España dónde se encontraba, por lo que logró que se despacharan las cartas y relaciones a los deudos de Cortés, y estos las enviaran a Flandes donde se encontraba el Emperador, sin haber entrado al Obispo de Burgos, que al saber de la pérdida del tesoro enviado por Cortés: "se holgó que se hubiese perdido y robado todo el oro", y además agregó: "En esto habían de parar las cosas de éste traidor de Cortés."

Enterado el Emperador del tesoro que fue a dar a Francia y recibidas las relaciones y cartas de Cortés y sus capitanes, sintió la pérdida pero al mismo tiempo se debe haber holgado de las riquezas que le enviaban sus súbditos de la Nueva España; y por otra parte ordenó que se le comunicara al Obispo de Burgos y presidente del Consejo de Indias don Juan de Fonseca, que en lo sucesivo ya no interviniera en los pleitos de Diego Velázquez y Cortés, hasta que él, presto viniera a Castilla, pero que sí le diera favor y ayuda al Conquistador en todo lo que necesitara en la Nueva España.

Cuando Hernán Cortés supo la pérdida del tesoro enviado a Carlos V, debe haber sentido una suma tristeza, pero como en esos días habían regresado de sus expediciones algunos capitanes, entre ellos Cristóbal de Olid que había ido a Michoacán, y regresaba con buena cantidad de oro, acompañado del hijo del Cacique llamado Caltzontzin; por lo que Cortés pudo reunir otra buena cantidad de oro e hizo un tiro de este metal y de plata, al que llamó "tiro Fénix" y lo volvió a mandar a Carlos V.

Gonzálo de Sandoval, que había partido en expedición de conquista, poblar y pacificar a los pueblos del Istmo, entre los cuales se puede citar (según Bernal Díaz), Tustepeque, Zitla y Copilco; más allá en Chiapas, Zinacantan y los Quilates. Poblaciones que Bernal Díaz cita pero que es muy probable que alguno ya no existan con esos nombres o que hayan desaparecido.

## SOSPECHOSA MUERTE DE LA ESPOSA DE CORTÉS

En el verano de 1522, debe haber sido por el mes de junio, el capitán Sandoval se encontraba ya casi al finalizar su campaña de pacificar y poblar la región de Coatzacoalcos, según ya antes se escribió, cuando recibió la noticia de que había entrado al río Ayagualco, que se consideraba como buen puerto, un navío que conducía numerosas mujeres españolas, procedentes de Cuba, entre las que llegaban iba doña Catalina Juárez, esposa que era de Hernán Cortés; la acompañaba su hermano Juan Juárez. En el acto Sandoval y sus compañeros, presurosos acudieron a darles la bienvenida, luego dispuso, escoltar hasta México, a la esposa de su Capitán. La llegada de doña Catalina, escribe Bernal Díaz, pareció que no le agradó a Cortés, mas, con todo ello, le mostró buena cara y organizó en su honor una agradable recepción con juego de "cañas". Esta doña Catalina, es la dama con quien Cortés se vio obligado a casarse por presión e intervención de Diego Velázquez, que tenía amores con una hermana de la que fuera esposa de Cortés, y aunque vivió con ella en Cuba, se infiere que no la haya amado y ni ella ejerció ninguna influencia moral sobre su marido, por lo tanto cuando ella llegó a México por su iniciativa, Cortés no la llamó y su presencia debe haberle causado al Conquistador un singular desagrado, pues con ella se limitaban las relaciones sexuales que tenía con su serrallo de indias escogidas, de lo que muy poco hablan sus más cercanos relatores. No obstante lo anterior,

Cortés vivió en vida íntima por ser su mujer legítima, le dio riquezas y dominios de indios y una servidumbre de gran dama; pero la esposa era celosa, se resistía a compartir al marido con las mujeres que él, dueño y señor poseía.

Habían pasado apenas unos tres meses desde que doña Catalina, llegó de Cuba, y aparentemente había estado viviendo tranquila con sus marido; más, su salud no era muy buena, desde Cuba había estado padeciendo una asma, que acá con la altura y el clima tendría que recrudecerse, por lo que de vez en cuando la señora debe haberse resentido en algún ataque a su salud.

Escribe don Salvador de Madariaga, que el día de la muerte de doña Catalina, ella y su marido habían tenido una discusión enojosa, por la debilidad mujeril de Cortés, y las intrigas y chismes que alrededor del matrimonio se tejían y en esta ocasión el hermano de la señora de Cortés, mucho había tenido que ver; que pasado un rato, los cónyuges hicieron las paces y que ya reinaba la armonía entre ambos, cuando comenzaron a llegar personas que el matrimonio había invitado para ofrecerles una cena, entre los invitados, se encontraba el capitán Pedro de Solís, que debe haber fungido como administrador de los bienes de doña Catalina; ya sentados a la mesa, comenzó la charla, cuando de pronto "doña Catalina dijo al capitán Solís: 'Vos, Solís, no queréis sino ocupar a mis indios en otras cosas de las que yo les mando, o no se face lo que yo quiero'. 'Yo señora –replicó Solís-, no los ocupo. Ahí está su merced que los manda y ocupa'. Doña Catalina entonces al parecer con cierta agresividad, disparando por bando a su marido, dijo a Solís: 'Yo os prometo que antes de muchos días haré de manera que no tenga nadie de entender con lo mío'. Con lo vuestro señora –replicó Cortés, medio en serio, medio por pasatiempo- yo no quiero nada'. Las señoras presentes, procuraron aclarar el ambiente tornándolo a rosa, pero sólo consiguieron hacer la situación más tirante. Doña Catalina se puso colorada, se levantó y con profunda reverencia a su marido salió de la sala en silencio toda corrida". Cortés aún siguió charlando un buen rato con sus invitados, y cuando ellos se retiraron, él se dirigió a su alcoba para desnudarse, pero al entrar, se encontró con que su esposa, estaba arrodillada en la capilla privada, donde después de su disgusto se había retirado a orar y ahora estaba llorando, al verla en tal estado Cortés le preguntó:

- "¿Por qué lloráis?"
- "¡Déjame! ¡Que estoy por dejarme morir!"

Cortés la consoló cuanto pudo y en seguida, llamó a las doncellas para que la desvistieran. Ana Rodríguez al verla salir de la capilla toda demudada, le preguntó:

- "¿Qué hay señora?"
- "¡Dios me lleve de este mundo!" Contestó la señora.

Don Salvador de Madariaga escribe sobre ese suceso en su obra "Hernán Cortés": "Pasaron unas dos o tres horas. Una de las doncellas indias, que dormía cerca oyó la voz de Cortés. Obedeciendo sus órdenes la muchacha india fue a despertar a las doncellas españolas, Ana y Violeta Rodríguez".

- "Haced lumbre –dijo Cortés- creo que es muerta mi mujer".

"Las doncellas llevaron velas y vieron a doña Catalina reclinada sin vida sobre el brazo de su marido. El collar de cuentas de oro que llevaba en el cuello se había roto y doña Catalina tenía sobre la piel del cuello cardenales negros."

"Cortés se levantó del lecho y se retiró al cuarto de vestir donde sus criados y pajes lo encontraron 'dando gritos e que andaba dando golpes consigo por aquellas paredes'. Su mayordomo Diego de Soto mandó llamar al padre Olmedo y envió recado a Juárez, hermano de la muerta, dándole cuenta de lo ocurrido y rogándole que no viniera, pues sus importunidades habían sido la causa de todo.ortés llevó luto por su mujer durante muchos años."

A decir verdad, Cortés no amó a doña Catalina y tal vez a ninguna otra mujer, si se ocupaba de ellas, hombre como era, lo hacía por su sexo. Recuérdese que desde España, andaba por tejados ajenos en pos de unas faldas, y acá en Cuba, dueño de indias, engendró una hija a la que llamó Catalina Pizarro. Luego surgieron los amores con la dama española del mismo nombre, a quien debe haber seducido con la promesa del matrimonio, pero consumada la seducción, como no amaba a esta dama, trató de rehuir el compromiso de matrimonio y sólo consintió en casarse con doña Catalina, cuando sintió la presión de Diego Velázquez, amante de una hermana de la señora seducida y después de haber sido preso por dos veces, pero cuando Cortés se encaminó a la conquista, dejó a su mujer en Cuba, y aunque le enviaba algún dinero, ya no se acordó de ella, hasta que la propia Catalina se hizo la aparecida en la Nueva España, para vivir al lado de su esposo, hecho que a Cortés no le agradó, porque no tenía necesidad de ella como mujer y menos como fuente de inspiración, como suele suceder en grandes mujeres, que se encuentran detrás de grandes hombres. Si esta hipótesis se agrega que a Cortés en el camino de la conquista no le faltaron mujeres comenzando su fortuna de ellas en Tabasco con doña Marina, luego en Cempoala, donde hizo gala de su agudeza y talento político, al recibir con semblante placentero a la hija del cacique "Gordo", que según Bernal Díaz brillaba por su fealdad; y de allí para adelante, en Tlaxcala, en Texcoco y en la Gran Tenochtitlán, la llovieron mujeres, hasta una hija de Moctezuma. Hermosas y feas, tomó algunas para sí y muchas otras entregó a sus capitanes. A doña Marina, agraciada y hermosa mujer, que le fue leal, como a otras no la amó; la deseó, la poseyó y se sirvió de ella como valioso instrumento en el camino de sus campañas, y luego como tenía otras mujeres, debe haberse hastiado de ella, y dócil a su amo, como era, la casó con Portocarrero, uno de sus capitanes, y cuando este por comisión de procurador fue a Castilla, la volvió a hacer suya y le dio un hijo que debe haber nacido a mediados de 1523, algunos meses después de la muerte de su esposa doña Catalina. Posteriormente en la expedición que Cortés emprendió a la Hibueras, a su paso por Orizaba, el Conquistador consintió en volver a casar a doña Marina con el soldado Juan Jaramillo. Sobre este hecho dice el cronista de Cortés, Francisco López de Gómara:

"Creo que aquí casó Juan Jaramillo con Marina, estando borracho, de lo que culparon a Cortés, que lo consintió teniendo hijos en ella".

Bernal Díaz escribe sobre el mismo caso:

"Y en aquella sazón y viaje se casó con ella un hidalgo que se decía Juan Jaramillo, en un pueblo que se decía Orizaba, delante de ciertos testigos, que uno de ellos se decía Aranda, vecino que fue de Tabasco, y aquel contaba el casamiento, y no como lo dice el cronista Gómora".

Este desprecio de Cortés por una de las mujeres más importantes en su vida, demuestra el despego y desamor que el Conquistador tuvo por sus mujeres, se servía de ellas, tal vez las consideraba, pero no las amaba, con ese tierno y dulce encanto que el hombre siente, prodiga y comparte, pero Cortés aunque a veces se humanizaba y afloraba en su continente rasgos innegables de bondad, siempre fue un guerrero despiadado y frío, y un político calculador; ¿cómo pues había de haber en su alma una fuentes de amor para sus mujeres?

La muerte de doña Catalina quedó envuelta en un gran misterio, sólo Cortés supo cómo murió; porque dormían en la misma alcoba, seguramente en la misma cama, pero jamás dijo cómo murió su mujer. A la luz de la lógica más elemental, por los disgustos antes de la cena y luego en la mesa, después de retirarse para acostarse, pudo haberse asfixiado; pero por los cardenales negros en la garganta, salta la sospecha de que el Conquistador en un momento de violencia, en una discusión iracunda, la haya estrangulado, y después arrepentido, saltó del lecho y se fue a su cuarto a vestir, y allí se daba golpes en la pared, como lo afirma el señor de Madariaga. De todos modos, Cortés, culpable o no, algo o mucho tuvo que ver en la muerte de su mujer. Las sospechas de culpabilidad se hicieron llegar al mismo emperador quien por boca de sus jueces, dijo que esa causa se vería después hasta recabar mayor información.

## HERNÁN CORTÉS, CAPITÁN GENERAL Y GOBERNADOR DE LA NUEVA ESPAÑA

Con el señorío que Cortés había impuesto, y soñaba con ir extendiendo sus conquistas por todo lo largo y ancho del territorio de lo que fuera Anáhuac, y ya con el dominio de la Gran Tenochtitlán, él mismo debe haber pensado, que no dejaba de ser un aventurero, algo así como un salteador. Necesitaba entonces ser ungido en reconocimiento de sus grandes servicios a la corona, con un bastón de mando venido de Su Majestad, para que con carácter oficial, fuera el gobernador legítimo de la Nueva España, pues Diego Velázquez y su protector Fonseca, hacían esfuerzos ininterrumpidos por arrebatarle su victoria. El último enviado del Obispo había sido Juan Bono de Quexo, que llegaba a la Nueva España, para reforzar a Cristóbal de Tapia, que pretendía escamotearle la gobernación a Cortés.

Mas, a la altura de ese tiempo, el Emperador ha regresado de Flandes a la península, e informado de las hazañas de Cortés en el nuevo mundo, reconoce sus méritos y con fecha del 15 de octubre de 1522, Carlos V, se sirve enviarle dos cartas, en una le extiende nombramiento oficial de Gobernador y Capitán General de la Nueva España. En la otra, el Emperador manifiesta su interés por las cosas que Cortés ha realizado en la conquista. Estas cartas las recibió Cortés a fines del año de 1522 y con ello terminaron las intrigas de Fonseca. Cortés después de recibir la investidura, se siente feliz, sus poderes son omnímodos, pero sigue siendo el mismo Cortés.

Empero, en las mercedes que Carlos V, concedía al Conquistador, entremetía a un grupo de altos funcionarios seleccionados de la realeza que merodeaban en la Corte. Alonso de Estrada, llegaba como tesorero; Rodrigo de Albornóz, como contador; Alonso de Aguilar, como factor; y Peramil de Chirino, como veedor. Todos ellos con sueldo superior al del Gobernador y Capitán General. Además estos funcionarios reales, le trajeron a Cortés unas instrucciones, con reglas a las cuales se debía sujetar el Gobierno de la Nueva España.

Cortés agradece al emperador las mercedes que le ha concedido, pero le habla también de sus soldados diciendo: "...no en menos merced yo recibiré la que a cualquiera de ellos mandare hacer si a mí se me hiciese, pues yo sin ellos no pudiera haber servido a Vuestra Alteza como lo he fecho".

En los días que siguieron a la muerte de doña Catalina, Cortés vivía ya como potentado, se daba vida de rey, tanto en las comodidades de su residencia como en las riquezas que ostentaba. Tenía su mayordomo, su ayuda de cámara, personal para todos los servicios y su imprescindible serrallo de indias jóvenes y bonitas. El poder de su autoridad era indiscutible. Dice don Salvador de Madariaga que "era la encarnación viva del éxito", y agrega que: "el carácter español que tantos rasgos admirables posee, adolece de una de las más tristes enfermedades del alma humana; no puede tolerar el éxito en el vecino". Y luego concluye: "Cortés había subido a la cumbre. Estaba por lo tanto condenado ante los ojos de sus compatriotas".

Debemos recordar que Cortés pese a su carácter frío, como lo demostró en muchos actos de su vida, poseía un manifiesto del de gentes, era de fácil palabra y razonamientos convincentes, que le permitieron salir avante en todas las crisis que se le presentaron en su camino, no obstante ese don, sumado al buen trato que siempre dio a amigos y enemigos, no le faltaron opositores, enfermos de envidia, que trataron de negar su grandeza. Mas, Cortés por encima de toda mezquina malignidad, hacía una vida de príncipe, porque tal era su calidad, y porque además, llevaba en sí una especia de condición humana, un natural sentido de grandeza; era poseedor de la esencia de un espíritu creador y emprendedor. En suma hay que reconocerlo (aunque nos cueste trabajo) era un hombre de acción, con iniciativa dinámica de inaplazable ejecución. Ese era Cortés, en los albores del renacimiento de la gran ciudad, capital de la Nueva España.

Pánfilo de Narváez, desde su derrota, había permanecido cautivo en la Villa Rica de la Veracruz, custodiado por los lugartenientes de Cortés que a la sazón por 1522, lo era Rodrigo Rangel, a quien el conquistador ordenó que enviara al prisionero a su residencia de Coyoacán porque las casas de México aún no estaban terminadas.

Narváez en su estancia en Veracruz, tuvo la oportunidad de conocer y tratar a Cristóbal de Tapia, a quien como hemos visto antes, le habló de la grandeza y ventura del Conquistador.

Al recorrer Narváez el camino que Cortés siguió en su conquista, no pudo menos que quedar pasmado de admiración, al contemplar las importantes poblaciones y las ricas tierras por donde pasaba, pero su admiración creció cuando llegó a Texcoco y luego vio la laguna y las ciudades que la circundaban, pero por poco se desmaya al saltar a su vista la Gran Tenochtitlán que aunque destruida y comenzada a reedificar, su imagen denotaba una grandeza poco común.

Cuando Cortés supo que su frustrado antagonista se aproximaba, ordenó se le hicieron honores y el mismo Cortés salió a recibirlo. Y cuando Narváez estuvo frente a su vencedor, trató de hincarse y besarle las manos, pero Cortés no lo consintió, lo hizo ponerse de pie, le dio la mano y lo abrazó, dándole la bienvenida con palabras llenas de cordialidad. Bernal Díaz, escribe las palabras de agradecimiento de Narváez que dirigió a Cortés en el momento de su llegada a Coyoacán:

"Señor Capitán: ahora lo digo de verdad, que la cosa que menos hizo vuestra merced y sus valerosos soldados en esta Nueva España fue desbaratarme y prenderme a mí, aunque trajera mayor poder del que traje, pues he visto tantas ciudades y tierras que ha domado y sujetado al servicio de Dios y de nuestro emperador, y puédese vuestra merced alabar y tener en tanta estima que yo así lo digo, y lo dirán todos los capitanes muy nombrados que el día de hoy son vivos, que en el Universo se puede anteponer a los afamados e ilustres varones que (ha) habido, y otra tan fuerte y mayor ciudad como este de México no la hay, y es digno que (a) vuestra merced y sus soldados su Majestad les haga muy crecidas mercedes". Y Narváez, siguió hablando de los méritos de Cortés y sus capitanes, sin denotar en la entonación de sus palabras, que pocos años después, sería uno de los más enconados acusadores de Cortés ante el Emperador. Enfermo de envidia olvidó que su vencedor le perdonó la vida en el momento en que por el fragor de la batalla pudo haberse propiciado su muerte, a cambio de eso, el conquistador le permitió que viviera, se curara de su herida y ordenó a sus custodios que se le diera buen trato.

Cortés empeñoso como siempre, activaba la reconstrucción de la ciudad, la construcción de sus casas y palacios, que según Bernal Díaz, por la extensión, número de piezas y patios, se parecían "al laberinto de Creta". Y como siempre su atención estaba en todo, preparaba dos importantes expediciones; una a la exploración y conquista de Guatemala, y la otra con el mismo fin a las Hibueras (Honduras), porque Cortés pensaba y tenía como una obsesión la existencia de un estrecho que deseaba descubrir, porque con él, decía al escribir al Emperador: "Y se descubrirán hartos secretos". Al abordar este pasaje don Salvador de Madariaga, establece un paralelo entre Colón y Cortés; aunque a decir verdad, nada hay de semejante en las hazañas de ambos personajes, porque el primero, deja una estela de luz en su camino, y el segundo deja en su camino una estela de dolor y sangre, de despojos y muerte. Colón es un mal político, pero un gran navegante, humanista y gran científico de su tiempo; Cortés es un guerrero conquistador y buen político. El primero dice (según Don Salvador) "Habla de los secretos de la naturaleza que ansía describir". Colón: "Es el lenguaje del hombre del renacimiento, pues el concepto de 'descubrir' de navegantes y exploradores era una de las formas de aquel anhelo universal de abrir nuevos reinos a la experiencia humana que enciende con luz de acero los ojos del siglo XV, y con luz de oro los ojos del siglo XVI".

El concepto pues, en los ojos de Cortés y sus capitanes, era ir de "adelantados", explorar los confines de las nuevas tierras, someter a los nativos y acumular más oro.

## FRANCISCO DE GARAY

Hernán Cortés había elegido ya a los dos capitanes que irían a las expediciones que proyectaba, Pedro de Alvarado partiría hacia Guatemala y Cristóbal de Olid a las Hibueras, Cortés se hallaba postrado en cama por un golpe de caballo que había sufrido, cuando le llegó la noticia de que Francisco de Garay con trece velas, once navíos y dos bergantines, ciento treinta y seis caballos y ochocientos cuarenta soldados, entre ballesteros y escopeteros, todos bien equipados con su artillería y suficientes bastimentos, como que Garay era rico, tenía cerdos y vacas y caballos en la isla de Jamaica de donde era Gobernador. Escribe el cronista soldado, que con esa formidable armada, salió de su isla rumbo a Pánuco, donde creía que Pinedo había puesto el pie de conquistador, por los días de "San Juan de junio" del año de 1523, pasó por el puerto de Xagua en Cuba, allí supo que Cortés había pacificado toda la provincia de Pánuco y que había gastado de su hacienda, más de sesenta mil pesos de oro; y que ya había pedido a su Majestad que le hiciera merced de la gobernación de esa provincia juntamente con la Nueva España.

Supo Francisco de Garay, que Cortés con unos pocos soldados había desbaratado a Pánfilo de Narváez que tenía un poderoso ejército de más de mil efectivos, bien equipados, en los que figuraban, ballesteros, escopeteros, doscientos de a caballo y dieciocho cañones.

Estando Garay en el Puerto de Xauja, se le incorporaron muchas personas de Cuba con el deseo de llegar a las nuevas tierras y hacer fortuna entre ellas unas diez principales de esa villa. Estaba allí un licenciado de apellido Zauzo a quien Garay invitaba que lo acompañara para que fuera intercesor entre él y Cortés, ya que temía el poder y la ventura del Conquistador; pero Zauzo declinó la invitación so pretexto de que estaba en Cuba para tomar residencia a Diego de Velázquez por mandato de la Real Audiencia de Santo Domingo, "pero que presto sería allá".

No teniendo ya qué hacer en Cuba, Garay ordenó desplegar sus velas y tomar rumbo a "su derrota para Pánuco", debe haber sido por la primera quincena del mes de julio, porque sus pilotos al navegar por mares que no conocían, llegaron más allá del punto deseado el 23 de julio de 1523, según Bernal Díaz, llegaron al río Palmas el día de Santiago, Garay desembarcó algunos de sus soldados a explorar la tierra, pero regresaron diciendo que no era buena o no se quisieron quedar allí, por lo que el gobernador de Jamaica, ordenó regresar a Pánuco, donde cerca de allí, Cortés había fundado una villa; al llegar a esos lugares, Garay tomó juramento a sus soldados para que nunca abandonaran sus Banderas y le fueran leales en todas sus jornadas, nombró autoridades para fundar una villa y propuso que se llamaría Garayana; a continuación mandó desembarcar todos sus caballos y todos sus contingentes, y sus navíos los dejó a cargo de un capitán de nombre Juan de Grijalva, homónimo del explorador que antecedió a Cortés, luego durante dos días, se encaminó por la costa tropezando con malos pasos, marismas y pantanos, pueblos despoblados y un río que le impedía el paso; tuvo que valerse de balsas y canoas que le facilitaron algunos nativos, franqueado el río, llegó a un pueblo abandonado donde encontró suficiente maíz, gallinas y frutas del país, que le sirvieron para saciar las privaciones que Garay y su gente habían padecido. En ese pueblo, el Gobernador de Jamaica, tomó prisioneros a unos indígenas a quienes trató bien, les hizo algunos regalos de ropa, y luego los mandó en son de paz a otros pueblos cercanos para que lo recibieran amistosamente. A continuación, Garay, siguió avanzando, le dio un rodeo a una ciénaga y llegó a otros poblados que lo recibieron como amigo, le dieron de comer a toda su gente con pan de maíz y carne de gallinas y frutos de la tierra, pero algunos de sus soldados no contentos con lo que los nativos les ofrecían, se amotinaron y se dedicaron a robar en los pueblos circunvecinos y que Garay no fue capaz de controlar. Tres días duró el Gobernador de Jamaica en esos lugares, al cuero con guías del lugar siguieron su marcha hasta llegar a un gran río que atravesaron gracias a que los nativos les dieron su ayuda con canoas y algunas balsas, los caballos pasaron el río a nado, jalados desde las canoas por el cabestro, cinco de ellos no fueron bien conducidos y se les ahogaron. Después del cruce del río, Garay y su gente tropezaron nuevamente con unos pantanos, que a duras penas lograron salvar para llegar después a las tierras de Pánuco, donde creían encontrar todo lo necesario para comer, pero se llevaron un gran chasco, porque debido a las guerras que Cortés había sostenido para someter a los nativos rebeldes, el país había quedado devastado, y lo poco que quedó, los indios al ver que llegaban muchos españoles, lo recogieron y se pusieron en fuga. Garay entonces se encontró en un país, desierto, plagado de alimañas e insectos, agravando su situación el hecho de que nada sabía de navíos, en los cuales llevaba muchos bastimentos. Aconteció entonces que en un pueblo cercano al puerto de Santiesteban fundado por Cortés, Garay se encontró con un español que había cometido un delito en la Villa donde residía el teniente de Cortés, y andaba prófugo, por él, el Gobernador de Jamaica, por este español prófugo, supo de la riqueza de las tierras y de la bonanza en que vivían los vecinos y que estaba por el teniente de Cortés un tal Pedro de Vallejo.

Al conocerse las noticias que había llevado el español prófugo, la gente de Garay comenzó a amotinarse y algunos se dedicaron a robar, y el Gobernador de Jamaica, nuevamente no los pudo controlar. Entonces Garay queriendo hacer valer su autoridad, envió al real español a un capitán de apellido Ocampo, para que hiciera saber a Pedro de Vallejo, Gobernador de la Villa de Santiesteban, "cómo traía provisiones y recaudos de Su Majestad para Gobernar y ser adelantado de aquellas provincias, y cómo había aportado con sus navíos el río de las Palmas, y del mal camino y trabajos que había pasado".

Vallejo recibió a Ocampo y sus compañeros, con muy buen semblante y les hizo mucha honra y le comunicó "que Cortés se holgará de tener tan buen vecino por Gobernador". Y agregó: "más que le había costado muy caro la conquista de aquella tierra y Su Majestad le había hecho merced de la Gobernación, que venga cuando quisiese con sus ejércitos, y que le hará todo servicio, y que le pide por merced que mande a sus soldados que no hagan injusticias ni robos a los indios, porque se han venido a quejar de pueblos..." Vallejo no perdió tiempo, en posta, escribió a Cortés comunicándole la llegada de Garay, incluso le mandó la carta que había recibido de éste, y le pedía que le mandara refuerzos o que fuera Cortés en persona. Enterado Cortés de la llegada de Garay, en el acto ordenó a Pedro de Alvarado, Gonzalo de Sandoval y un Diego de Ocampo, hermano del que venía con el Gobernador de Jamaica, para que sin perder tiempo, provistos de "recaudos", fueran a la villa donde Pedro de Vallejo tenía su real, y que hicieran saber a Francisco de Garay, que su

Majestad había dispuesto, que todo lo conquistado estuviera bajo el gobierno de Cortés, hasta que se averiguara la justicia entre él y Diego Velázquez.

Por su parte Garay al recibir la contestación de Vallejo le dio por buena, ser acercó con todo su ejército al puerto de Santiesteban, mas Pedro de Vallejo concertó con los vecinos de su villa, prender unos cuarenta soldados de Garay de los que se habían amotinado, de lo cual los presos se holgaron. Garay reclamó a Vallejo sus soldados, pero éste le contestó que le regresaría sus soldados cuando viera las provisiones de que era portador, se las pondría en la cabeza y las obedecería y le pide por merced, que sus soldados no cometan robos en los pueblos de su Majestad.

En el momento en que Vallejo y Garay, se cruzaban sus palabras, llegaban al real de Santiesteban, los capitanes enviados por Cortés entre los que iba Diego de Ocampo, que en México al lado del conquistador, tenía el cargo de Alcalde Mayor, comenzó por hacer requerimientos a Garay, que no entrase en la tierra porque su Majestad mandó que la tuviese Cortés. Y así en dimes y diretes se pasaron algunos días sin que se llegara algún acuerdo, mientras tanto, la gente de Garay se iba pasando poco a poco al bando de Cortés. Lo mismo pasaba con los navíos, dos habían naufragado, y los restante, recibieron un requerimiento de Vallejo, para que entraran al puerto y no sufrieran algún "desmán" y se rindieran a Cortés, o de lo contrario se les tomaría como corsarios.

Por otra parte Pedro de Alvarado, Gonzalo de Sandoval y Diego de Ocampo, habían puesto mucho empeño en convencer a los soldados y marinos de Garay para que se pasaran al bando de Cortés, lo que lograron cuando muchos maestres con sus navíos se entregaron a Vallejo, y éste se dirigió al capitán Juan de Grijalva para que entrara al Puerto o se fuese donde quisiera, Grijalva se mostraba rebelde, pero al fin cedió. Vallejo lo tomó preso en unión de otros soldados, pero luego los puso en libertad.

Francisco de Garay al encontrarse solo, fue presa de una muy grande tristeza, pero ésta fue más cuando consideraba la gran fortuna de Cortés.

Reclamó sus soldados y sus barcos para dirigirse al río de las Palmas donde iría a poblar, los capitanes de Cortés le prometieron toda clase de bondades pero su gente, por más que oyó los pregones y se trató de obligarlos por la fuerza, ya no quisieron regresar al mando de Garay, alegando que no era capitán para saber mandar, ni hombre de guerra.

Entonces los capitanes de Cortés, le aconsejaron al gobernador de Jamaica, para que le escribiera al Conquistador, lo que Garay hizo en el acto, dándole cuenta en una relación de su viaje, de sus gastos, de su amada, sus soldados, de sus desdichas y trabajos: "y que si su merced mandaba, que le iría a ver y a comunicar las cosas cumplidas al servicio de Dios y de su majestad, encomendándole su honra y estado, y que lo efectuase de manera que no fuese disminuida su honra".

Diego de Ocampo y Alvarado intercedieron por Garay, recordándole que en el pasado habían sido grandes amigos, por lo que Cortés, viendo las cartas de sus capitanes, "hobo mancilla de Garay", y le respondió con atención indicándole que sentía todos sus trabajos y vicisitudes, y que se fuera a México, donde se vería la forma de ayudarlo. A continuación ordena a todos los reales por donde ha de pasar Garay, que le prodiguen toda clase de honores y atenciones.

El gobernador de Jamaica al emprender su viaje desde Veracruz, iba admirado de la calidad de las tierras y de los pueblos por donde pasaba, pero su asombro creció más, cuando llegó a la ciudad de Texcoco, donde Cortés había ordenado que se le recibiera con un banquete, al continuar su viaje y cruzar la ciudad de México, quedó espantado de los prodigios que Cortés realizaría para apoderarse de esa gran ciudad.

Francisco de Garay llegó al fin a presencia de Hernán Cortés, el encuentro fue cordial gracias a la mediación de Gonzalo de Sandoval y de Pedro de Alvarado; el capitán extremeño, llevó luego a mostrarle a su visitante la reconstrucción de la Gran Tenochtitlán y sus palacios que en esos días llevaba a cabo. Después en las pláticas privadas que tuvieron, concertaron el matrimonio de un hijo de Garay con una hija de Cortés llamada doña Catalina Pizarro, niña aún, nacida en Cuba de los amores que tuvo en la isla con una india. Y cuyo mayorazgo del hijo de Garay venía en la armada, y que se acrecentaría con ir a poblar el río de las Palmas. Cortés daba en dote a su hija, gran cantidad de pesos de oro.

Además, Cortés ofreció a Garay, toda clase de elementos de guerra para que llevase adelante su empresa; barcos, capitanes, caballos y soldados. Garay andaba contento y optimista, pidió permiso a Cortés para irse a hospedar a la casa de su amigo Alonso de Villanueva, que había conocido cuando fue enviado a Jamaica por el Capitán castellano a comprar caballos.

Por esos días Pánfilo de Narváez se hallaba en México y al enterarse de la estancia de Garay en la ciudad, lo fue a saludar, se abrazaron y entablaron una plática, en la cual se comunicaron sus nuevos trabajos y desastres, Narváez quejóse de la derrota que le infringió Cortés con tan pocos soldados y la pérdida de su ojo y de la bonanza de Cortés, comparándolo con Octaviano, en el vencer como Cayo Julio César y en la estrategia en la batalla como Aníbal. Narváez en todo hacía grande a Cortés, loaba sus hechos "en la conquista de esta Nueva España como a manera de coloquio".

Y Garay respondió a lo dicho por Narváez, que no había necesidad que se lo dijese, que por las obras se veía lo que decía: que ¿qué hombre hubo en el mundo que con tan pocos soldados se atreviese a dar con los navíos al través y meterse en tan recios pueblos y grandes ciudades a darles guerra? Narváez y Garay siguieron comentando los triunfos y fortuna de Cortés.

Pasados esos momentos de mutuas confidencias, Garay se acercó a Cortés, para interceder por Narváez, con el fin de que lo pusiera en libertad y lo dejara volver a Cuba y se reuniera con su esposa donde ella era rica y comadre del Conquistador, éste sin hacerse mucho del rogar, accedió y aún más, obsequió a Narváez dos mil pesos de oro, quien agradeció e hizo promesas a Cortés de que le sería su muy servidor.

Por su parte, Cortés en el día de navidad del año de 1523, invitó a Francisco de Garay a oír misa y en seguida lo llevó a su casa a comer y poco después, según cuenta

Bernal Díaz, comenzó a sentir "dolor de costado", con grandes calenturas, lo atendieron los médicos, le recomendaron que hiciera testamento y que se confesara, lo cual hizo y pasando tres días murió. El doctor Ojeda y el licenciado Pedro López certificaron que Garay murió en tierra ajena, lejos de sus esposa e hijos. Cortés dispuso que se le hiciera un gran funeral y llevó luto, lo mismo que otros capitanes. Mas, no obstante esa demostración, no faltó por allí quien dijera que Cortés había envenenado al Gobernador de Jamaica.

Con la muerte de Garay, su armada y su gente quedó al mando de su hijo que no supo mantener el mando y en pocos días, se dedicaron a robar y raptar mujeres, de tal manera que asolaron la provincia donde habían quedado morando. A esos ataques los indios respondieron con la guerra, y en unos cuantos días, hicieron prisioneros a más de quinientos españoles casi todos de la gente de Garay, a quienes sacrificaron y los convirtieron en suculento manjar en sus comidas. Caro estaban pagando los latrocinios cometidos en contra de los nativos.

Al sentir Vallejo la fuerza casi incontenible de los indios, llamó a todos los soldados que quedaban de Garay, organizó la defensa en campo abierto y allí fue atacado tres veces y en la última aunque desbarataron a los indígenas, sucumbió el capitán Vallejo. Los nativos siguieron atacando por la noche, y aunque fueron rechazados, quemaron el campamento, mataron cuarenta españoles y quince caballos. La situación se había vuelto crítica para los hispanos. Cuando Cortés tuvo noticia de los desastres de la Villa de Santiesteban, se apresuró a mandar a Gonzalo de Sandoval, para pacificar y someter a los rebeldes, y como el Conquistador no podía ir en persona, por tener un brazo roto; y como según Bernal Díaz, Sandoval "era muy ardid", llevó cien soldados, cincuenta de caballo, quince arcabuceros y escopeteros y dos cañones y como auxiliares, llevó ocho mil tlaxcaltecas y mexicanos.

A marchas forzadas Sandoval se dirigió a su objetivo, y con suma cautela dispuso sus "ardides", de tal manera que después de varios encarnizados combates, pudo entrar en la Villa de Santiesteban, donde los defensores habían hecho prodigios de valor, siete viejos soldados de Cortés resistiendo las frecuentes acometidas de los guerreros nativos y que ya estaban a punto de sucumbir no tanto por los ataques, sino de hambre. Sandoval "presto", ordenó una salida a sus amigos a "un fulano Navarrete, y Carrascosa, y un fulano de Alamilla y otros cinco, que todos eran de los de Cortés" que con los de a caballo, los ballesteros y escopeteros, fuesen en dos direcciones y trajesen maíz y otros bastimentos, hicieran la guerra y prendieran a los caciques que encontraran.

Los capitanes destacados en estas dos misiones, cumplieron denodadamente su cometido, hicieron acopio de maíz y otros bastimentos, prendieron a cinco caciques, varias indias y nativos menores de edad.

Sandoval permaneció en la Villa tres días sin salir a hacer la guerra tenía suficientes víveres para todos, pero el principal motivo era que se encontraba herido, con un muslo atravesado por una flecha y una pedrada en la cara.

Sandoval político a la usanza de Cortés, puso en libertad a los prisioneros excepto a los caciques, y mandó decir a sus capitanes que ya no prendieran más gente, sino a los que habían tomado parte en la muerte de los españoles, por la rebelión que provocaron los soldados de Garay, a quienes Sandoval amonestó y reprochó de manera severa su falta de combatividad, agregando que si no hubiera sido por esos siete soldados viejos que supieron defender la villa, "tuviérades más trabajo; y como sabían la tierra mejor que vuestras mercedes, por esta causa los envié". Daba esta explicación el capitán de Cortés porque los de Garay se quejaban de que no los tomaba en cuenta y murmuraban de Sandoval.

Pasados algunos días y restañadas las heridas del capitán Sandoval con su tropa, hizo una salida por apacificar a la llamada provincia, capturó más de veinte caciques y en pocos días logró someter a toda la región, y de ello comunicó de "presto" a Cortés, y cuando éste vio la carta de su capitán, se holgó y la leyó delante de algunos caballeros conquistadores, de lo que resultó un elogio del Capitán hispano diciendo: "¡Oh, Gonzálo de Sandoval, qué en gran cargo os doy y cómo me quitáis de muchos trabajos!" A continuación todos loaron allí diciendo que Sandoval era muy extremado capitán.

Sin perder tiempo Cortés ordenó a Diego de Ocampo, Alcalde Mayor de la ciudad de México, que saliera para la villa de Santiesteban, con instrucciones precisas de someter a juicio a todos los que habían causado o provocado la rebelión y la muerte de muchos españoles, incluyendo a los soldados de Garay. Castigados los supuestos culpables con la horca, fueron repuestos los caciques muertos con sus hijos, se nombró nuevo lugarteniente de Cortés para la Villa, y los soldados de Garay que no quisieron quedarse al mando del conquistador, con suficientes abastos fueron embarcados para Cuba y con esas medidas quedó terminada esa campaña, provocada por la codicia e indisciplina de soldados que merodearon sin jefe y sin ley, y cuya paz de ahí para adelante ya no se alteró, Sandoval y Ocampo regresaron a México, donde fueron recibidos por Cortés como verdaderos triunfadores.

Se recordará que don Alonso Zauso fue invitado por Francisco de Garay para emprender su viaje a la provincia de Pánuco, donde creía que señoreaba Pinedo y deseaba que el licenciado Zauzo mediara entre él y el poder de Cortés, a quien se lo habían ponderado muy afortunado y muy poderoso, pero Zauzo declinó la invitación porque había sido comisionado por la Real Audiencia de Santo Domingo, para fijarle juicio de residencia a Diego Velázquez por sus manejos políticos y la inquina que traía en contra de Cortés. Llevada a cabo su misión en Cuba, el licenciado Zauzo se embarcó en San Antón para la Nueva España en una pequeña nave, en cuya navegación el piloto erró la "derrota" y fueron a dar a unas isletas, de terrenos bajos de donde salieron de puro milagro, gracias a lo ligero de la nave, para dar en otra isla que para no encallar tiraron al mar todo lo que llevaban de bastimento, sirviendo ello de cebo a los tiburones, que seguían al barco con codicia hasta que lograron atrapar a un marinero que con otros andaba por la borda del navío para evitar su encallamiento, por fin llegaron los navegantes a la isla donde desembarcaron pero ya sin víveres, problema que quedó resuelto de momento por los trabajos de carne de una vaca que se escapó de ser echada al mar; posteriormente descubrieron unas nidadas de huevos de tortugas que llegaban a la isla a desovar y con la caza de lobos marinos, quedó resuelto el problema de la subsistencia. En seguida cavaron en la arena en un lugar adecuado para obtener agua, y con ello obtuvieron el líquido salobre, más aún, venían con la tripulación dos indios de Cuba que sacaron fuego de dos palos secos. Pero el licenciado Zauzo y sus trece tripulantes, no querían ni deseaban vivir en esa isla para siempre, entre su tripulación viajaban dos carpinteros que salvaron su herramienta al desembarcar y con la tablazón, clavos y jarcias de la nave naufragada, construyeron una pequeña carabela y concluido que fue, con suficientes víveres, se embarcaron cinco personas, tres soldados, un marinero y un indio de Cuba, para ir a la Nueva España.

Emprendido el viaje con viento bueno o contrario, llegaron los navegantes del pequeño barco los enviados por Zauzo al río de Banderas donde estaba el puerto llamado entonces Chalchicueca, puerto de comunicación con la villa de Medellín, donde le comunicaron al teniente de la villa el peligro en que se encontraba el licenciado Zauzo, por lo que aquel sin demora, alistó un navío de mediano porte para que se dirigiera a la isla a recoger a los náufragos. Simón de Cuenca el teniente de Cortés, escribió a Zauzo que el Conquistador se holgaría de su venida, y a Cortés avisó de la llegada del licenciado, por lo que el Conquistador ordenó que cuando llegase a la Villa de Medellín se le "diese todo lo que hubiese menester vestidos y cabalgaduras y que lo enviasen a México".

Llegado el navío donde Zauzo y los suyos se encontraban, grande fue su alegría y con el mayor entusiasmo se embarcaron y en poco tiempo arribaron a Medellín, donde Pedro Vallejo les hizo mucha honra y de allí, con buena escolta partió para México, donde al llegar, Cortés salió a recibirlo, lo llevó a ver sus casas y palacios que construían y alguna obra ya terminada, le hizo mucha honra y le nombró Alcalde Mayor.

## ACUSACIONES A CORTÉS ANTE SU MAJESTAD

Hernán Cortés había logrado llegar a la cima de sus caras ambiciones, para que sus compatriotas a quienes había vencido, se quedaran callados, la aparentaron amistad mientras estuvieron cerca de él, pero ya lejos, se unieron en corrillo y juntos presentaron sus quejas ante el Emperador. Afortunadamente para el Conquistador, el Obispo de Burgos estaba ya nulificado, pero tenía aún el ferviente deseo de que las quejas en contra de Cortés se multiplicaran. Así pues, los procuradores de Diego Velázquez, se vieron auxiliados por Pánfilo de Narváez, que había sido derrotado por Cortés; Cristóbal de Tapia, que no pudo obtener la Gobernación de la Nueva España; Benito Martín y Manuel de Rojas, hablaban por Diego Velázquez, alegando ante el Emperador, tanto más, cuanto que el Gobernador de Cuba había gastado en la empresa para armar la flota que puso al mando de Cortés. A los anteriores alegatos agregaron la muerte sospechosa de la esposa de Cortés, doña Catalina Juárez la Marcaida, la muerte de Francisco de Garay, gobernador de Jamaica; salió a relucir el tormento de Cuauhtémoc y el quinto que tomaba el conquistador, del oro que les ofrecían los nativos. Estos y otros cargos le hicieron a Cortés.

Escuchadas las acusaciones por el Emperador, confió el caso a cinco magistrados, de quienes tenía confianza que hicieran recta justicia. Uno de ellos era Mercurino Citirinario, gran canciller italiano; y Mosior de Lasaeo, y el doctor de la Rocha, flamencos; uno más era Hernando de Vega y comendador mayor de Castilla; y el doctor Lorenzo Galíndez de Carvajal, y el licenciado Vargas, tesorero general de Castilla. Y cuando su majestad supo que estaban reunidos, les mandó que mirasen muy justificadamente los pleitos y debates que había entre Cortés y Diego Velázquez y los demás querellantes y que en todo se hiciese justicia, no teniendo afición a las personas ni favoreciesen a ninguno de ellos excepto a la justicia.

Comparecieron los quejosos que ya se han nombrado y de parte de Cortés compareció su padre, Martín Cortés, el licenciado Francisco Núñez y Diego de Ordaz.

Los quejosos hicieron uno por uno la presentación de sus cargos, pero uno a uno los procuradores de Cortés, los fueron rebatiendo hasta que toda acusación quedó en nada y el Conquistador salió libre de todo cargo.

De allí para adelante, la confianza de Cortés en sí mismo aumentó y con ello, su poder fue omnímodo y se creyó autorizado para proseguir su empresa de expansión y conquista.

Por esos días, Cortés como ya se dijo antes, preparaba dos campañas de exploración y de conquista, equipaba dos ejércitos, uno para ir a las Hibueras al mando de Cristóbal de Olid y otro para ir a Guatemala al mando de Pedro de Alvarado, éste partió de la ciudad de México, al mando de 160 jinetes y 300 infantes, rumbo a sus conquistas, el 6 de diciembre de 1523. Pacificó Tututepec, siguió a Tehuantepec y de allí a Soconusco, donde fue recibido con muestras de amistad. De allí envió mensajeros a Utatlán, considerada como la capital de Quiché, pero el cacique Kicab Tenub opuso resistencia y solicitó el auxilio de otros señores, para que unidos resistieran la conquista de los españoles. Mas, unos manifestaron estar por los castellanos y otros que para hacer la guerra no necesitaban aliados. Esa división de criterios facilitó a Alvarado derrotar en Zapotitlán a los quichés. La campaña de Alvarado antes de llegar a Guatemala, donde lo recibirían en son de paz, fue cruel y sangrienta, arrasó pueblos y hacía morir en la hoguera a muchos caciques de los pueblos que se le opusieron.

El cacique Sinacán, señor de los Cakchiqueles, envió al capitán castellano, una invitación para que pasara a Guatemala, la capital de su señorío. Alvarado recelaba de la invitación de los nativos, pero al ver que Sinacán le salía al encuentro, se disiparon todos sus temores.

Alvarado y su hueste, estuvieron algunos días entre los cakchiqueles, pero entonces los zutugiles de Atitlán sumamente disgustados por la actitud pasiva del cacique Sinacán y sus hombres, comenzaron a atacarlos destruyendo sus campos. Sinacán recurrió a Alvarado en demanda de auxilio, el capitán castellano les hizo un llamado de paz a los zutugiles, pero ellos contestaron matando a los mensajeros, por lo que Alvarado se aprestó a combatirlos y en una cruenta batalla los dispersó y posteriormente pidieron la paz, que el capitán español presto se las concedió.

Como Colofón de esa campaña, Alvarado llegó a las costas del Océano Pacífico, que entonces se llamaba "mar del Sur" y después de someter otros pueblos, regresó a Guatemala, para fundar la ciudad de Santiago de los Caballeros el 25 de julio de 1524. En su viaje a España el Rey le concedió el cargo de Gobernador y Capitán General de los pueblos que había conquistado.

## MUERTE DE PEDRO DE ALVARADO

A su regreso de España, Pedro de Alvarado emprende algunas expediciones con una flota de por la costa del Océano Pacífico, llegando hasta lo que es hoy el puerto de Navidad (hoy Manzanillo) supo que el Conquistador Cristóbal de Oñate, hacía frente a una rebelión de los indios fortificados en Nochistlán. Alvarado no se hizo repetir el llamado, acudió presto en su auxilio de Oñate, quien lo recibió en Guadalajara el 12 de junio de 1541.

Informado Alvarado de la situación, sin perder tiempo se puso en movimiento para atacar a los rebeldes, mas, estos al sentir la presencia de los españoles, los atacaron con denuedo haciéndolos retroceder, pero Alvarado porfiado como era, volvió a la brega y al subir una cuesta con bastante pendiente, Alvarado bajó de su caballo, debe haberlo llevado de la brida, cuando uno de sus soldados también subía un tramo resbaladizo, tropezó y cayó con todo y caballo rondando hacia el abismo y en la caída, Alvarado fue arrastrado recibiendo un violentísimo golpe que lo dejó casi moribundo. Cuando Luis de Castilla corrió para auxiliarlo, vio que arrojaba sangre por la boca y presto le dio:

- "¿Qué le duele?"

- "¡Me duele el alma, llevadme ante un confesor!"

Moribundo fue llevado a Atenguillo y luego a Guadalajara, donde murió el 4 de julio de 1541. Sus restos exhumados fueron llevados a México, allí estuvieron depositados en el templo de Santo Domingo, y después se condujeron a Guatemala, donde es probable que aún estén.

Tal fue el fin de Pedro de Alvarado, uno de los capitanes de Cortés, si duda uno de los más valientes, pero también el más despiadado, por todo el camino de la conquista que recorrió, dejó una estela de sangre y muerte, la historia no lo tiene como un hombre ilustre, pero sí como un capitán conquistador.

Por su parte, Cristóbal de Olid, salió de Villa Rica de la Veracruz, rumbo a las Hibueras el 11 de enero de 1524; a borde de cinco grandes navíos y un bergantín, cuatrocientos infantes y ocho mil pesos oro, para comprar caballos en Cuba. Cortés escribe al Emperador Carlos V: "Y tengo por muy cierto, según las nuevas figuras de aquella tierra que yo tengo, que se han de juntar el dicho Pedro de Alvarado y Cristóbal de Olid, si estrecho no los parte".

En su expedición Cristóbal de Olid, pasó por la isla de Cuba, en ese lugar en pláticas que tuvo con amigo de Diego Velázquez se dejó convencer de que desconociera a Hernán Cortés como su capitán General y que emprendiera la conquista de las Hibueras por su cuenta y riesgo, como lo había hecho Cortés con el Gobernador de Cuba. Olid ameritado capitán en la conquista de México por ambición o por otros motivos traicionó a su jefe y emprendió la conquista de las Hibueras por su cuenta. Al tener noticias Cortés por Gonzálo de Sandoval que regresaba de Cuba, de esa traición, sin perder tiempo envió a su pariente, Francisco de las Casas con 150 soldados en dos navíos, pero al llegar a las costas de su objetivo, se abatió una tempestad que le destruyó sus naves y disminuyó su poder combativo.

Por esos días se encontraba en Honduras, Gil Gonzalo Ávila, que trataba de conquistar por su cuenta ricas tierras. Al tener conocimiento de la presencia de Cristóbal de Olid, se apresuró a ir a su encuentro, lo atacó, pero Cristóbal de Olid lo venció y lo hizo prisionero; y con ello el capitán Olid aumentó su poder militar. A continuación, se enfrentó con Francisco de las Casas a quien también venció y lo hizo prisionero. Mas, los soldados fieles a Cortés, secretamente se pusieron de acuerdo y en un lugar llamado Naco, después de tomar la cena, atacaron la tienda del Capitán Olid, lo hirieron y en seguida le cortaron la cabeza. De ese modo terminó su vida uno de los conquistadores más esforzados en la toma de la Gran Tenochtitlán.

Francisco de las Casas terminó la campaña, fundó la Villa de Trujillo, y sin encontrarse con Cortés, regresó a México.

## LLEGAN A MÉXICO LOS MISIONEROS FRANCISCANOS

Uno de los acontecimientos más felices que puede encontrase en la historia de la conquista, es sin duda, la llegada de los misioneros franciscanos a la Nueva España. Desembarcaron estos venerables frailes en San Juan de Ulúa, según Torquemada, basándose en la relación escrita por fray Jerónimo de Mendieta, el 13 de mayo de 1524 y en seguida pasaron a tierra firme, donde después de un breve descanso, descalzos, prosiguieron su camino, rumbo a la capital de la Nueva España.

Al llegar a Cortés la noticia de la llegada de los doce santos varones, se maravilló, y sin demora, despachó a uno de los tenientes de su casa, llamado Juan de Villagómez, para que fuera al encuentro de los recién llegados y se encargara de su resguardo y bienestar, en el trayecto de todo el camino, mas, los frailes hicieron caso omiso de las atenciones que les prodigara el enviado de Cortés.

El conquistador deseando ofrecer a los misioneros una cariñosa bienvenida, había dado instrucciones a todos los pueblos y villas por donde pasaran, que les barrieran el camino, les hicieran ranchos y los trataran con respeto y cariño. Que cuando los frailes llegaran a pueblos y villas, les salieran a recibir, tocaran las campanas y les hicieran mucho "acato", "...y que los naturales llevasen candelas de cera encendidas y con las cruces que hobiese, y con más humildad, y porque los indios lo viesen, para que tomasen ejemplo, mandó a los españoles se hincasen de rodillas a besarles las manos y hábitos".

Los doce misioneros llegaron a Tlaxcala, pasaron allí una noche, visitaron al Tianquztli, sumamente concurrido; allí causaron a los nativos un verdadero asombro; los frailes a su vez se maravillaron –escribe fray Jerónimo de Mendieta- "de ver tanta multitud de ánimos cuenta en su vida jamás habían visto así junta. Alabaron a Dios con grandísimo gozo por ver la copiosísima mies que les ponía por delante". Les hablaban a los indios por señas, porque no se entendían sus leguas, y estos seguían a los frailes como los niños siguen a las personas que les causan alguna novedad. Los nativos se maravillaban al contemplar los raídos hábitos de los misioneros que contrastaban con las armaduras de los soldados. Deben haber hecho comparaciones pensando que los misioneros eran tan pobres, que comenzaron a aplicarles la palabra MOTOLINEA, que llamó la atención a uno de los frailes llamado Toribio de Benavente, que al preguntar su significado, equivalente a "pobre" desde ese momento lo adoptó, y en lo sucesivo se llamó Fray Toribio de Motolinea.

En su marcha, descalzos y pacífica hasta llegar a México, Cortés les esperaba con una viva expectación; había reunido a todos sus capitanes y soldados españoles y a los principales mexicanos, entre los que se encontraba el vencido Guatemuz.

Hernán Cortés, temerario guerrero, ahora habilidísimo político, hombre de estado, que ha cimentado el dominio armado, ahora su mayor anhelo es fincar el dominio espiritual. Preparaba cuidadosamente una escena cuyo valor histórico solamente se apreciará al paso de los siglos.

Al arribar a la ciudad de Tenochtitlán, los doce apóstoles, descalzos y cubiertos de polvo, con los labios secos y el hábito raído, Cortés al frente de un brillante escuadrón salió a recibirlos; al encontrase con los humildes sacerdotes, echó pie a tierra e hincando su rodilla, frente a fray Martín de Valencia, quiso besarle las manos pero el sacerdote no lo consintió y sólo le besó el hábito...", y a todos los demás religiosos –escribe Bernal Díaz- "Ansí hicimos todos los más capitanes y soldados que allí íbamos y el Guatemuz y los señores de México; y desque Guatemuz y demás caciques vieron ir a Cortés de rodillas a bersarle las manos, espantáronse en gran manera, y como vieron a los frailes descalzos y flacos, y los hábitos rotos, y no llevar caballo, sino a pie, y muy amarillos, y ver que a Cortés le tenían por ídolo o cosa como sus dioses, ansí arrodillado delante dellos, desde entonces tomaron ejemplo todos los indios, que cuando agora vienen religiosos les hacen recibimientos a acatos según de la manera que dicho tengo".

Fray Mendieta escribe que este acto fue "celebérrimo y que está pintado en muchas partes de esta Nueva España (...) para eterna memoria de tan memorable hazaña, que fue la mayor que Cortés hizo, porque en las otras venció a otros y en este se venció a sí mismo".

Pensamos que la anterior escena, fue la primera piedra espiritual de la iglesia católica de México. Los misioneros encabezados por fray Martín de Valencia, fueron los pioneros de una intensa evangelización que una pléyade de santos varones les seguiría renunciando a todo bienestar con espíritu de entrega y poniendo en peligro su propia vida.

Con las órdenes religiosas que llegaron a la Nueva España, llegaban una especie de nuevo orden, traían consigo no solamente el afán de evangelizar y realizar la verdadera conquista, la conquista del espíritu, sino también el anhelo de organizar el trabajo, para hacerlo más productivo. Toca a la raza vencida realizar las tareas para cultivar la tierra, porque los conquistadores nada saben o nada quieren saber de ello. a mano de obra del vencido, es abundante, se canaliza en la agricultura, de los incipientes y extensos feudos o encomiendas que empiezan a funcionar, en los fundos mineros que se comienzan a explotar.

Los sacerdotes intervienen en la creación de huertos y hortalizas, en la construcción de misiones que al principio brillan por su pobreza, las iglesias, los conventos, las escuelas y las casas no tienen adornos, sólo fueron creadas para desempeñar una función; pero al pasar el tiempo, cuando el clérigo y el fraile forman parte de un organismo con funciones dentro del poder civil, todo comienza a cambiar, la Nueva España irá tomando una nueva imagen, creada por una raza vencida y explotada a la que solamente los misioneros amorosamente tendieron la mano.

## HERNÁN CORTÉS ABANDONA EL GOBIERNO DE MÉXICO POR IR A LAS HIBUERAS

Por esos días, Cortés es el hombre más poderoso de la Nueva España, su riqueza y su poder político, son superiores a los hombres que gobiernan Cuba y Santo Domingo. Tiene la obsesión de construir lo mejor que pueda sus casas y palacios, de armar expediciones a conquistar el inmenso territorio que ya va poseyendo, pero sobre todo, encontrar el estrecho que lo lleve al mar del Sur, aunque tenga que recorrer la costa desde "Los Bacallaos" al Estrecho de Magallanes (son los Bacallaos lo que es ahora la costa oriental de los E.U.). Escribe al Emperador que la expedición que ha mandado al Mar del Sur, le ha enviado la noticia de que hay muchas perlas y un buen puerto, y de "una isla toda poblada de mujeres, sin varón ninguno, y que en ciertos tiempos van de la tierra firme hombres con los cuales han acceso; y las que quedan preñadas, si paren mujeres las guardan; y si hombres los echan de su compañía". Esta isla debe haber sido la Isla mítica de las Amazonas de que hablan algunos autores, pero Cortés se refería a una "isla" que no era isla sino California.

Después de la pérdida del tesoro que fue a dar a Francia y del nuevo envío que hizo Cortés a Carlos V del Fénix de la plata y los sesenta mil pesos de oro, incluyendo una Culebrina, los bonos del Conquistador debieron haber subido y no obstante los poderosos defensores que Cortés tenía en la Corte; el conde de Aguilar, el almirante de Castilla y el Duque de Béjar. Y el matrimonio que ya se negociaba con doña Juana de Zuñoga, hija del Conde y sobrina del duque; la inquina de sus enemigos se acerbaba y se incrementó con la llegada a la Corte de Cristóbal de Tapia y Pánfilo de Narváez, ahora era uno de sus más enconados acusadores. Cortés nada sabe de la tempestad que se le avecina, ni de los enemigos que se le han levantado; conciente de su papel político sigue gobernando en la Nueva España con admirable prudencia, sin dejar de quejarse que en la Corte, no se le han tomado debidamente en cuenta sus servicios no obstante que el Obispo Fonseca ya no le estorba.

Debe reconocerse en Cortés la ecuanimidad y prudencia que muestra en esos días cuando siente la presencia de los cuatro oficiales intendentes que el emperador le manda para que lo auxiliaran en el gobierno, que creyéndose más importantes y con más autoridad que el mismo Conquistador, se traslimitan en sus funciones. Informa al Emperador que da a los cuatro oficiales el trato y la honra a que tienen derecho, y aún va más allá diciendo que el sueldo anual que a él se la concedido como Gobernador de la Nueva España, es de trescientos mil maravedis, mientras que a cada uno de los cuatro oficiales que le acompañan en el gobierno, se les había asignado un sueldo de quinientos diez mil maravedis. Y por qué, pregúntese el lector, Cortés ha conquistado todo un mundo preñado de riquezas para que otros con menos méritos que él lo vengan a disfrutar.

Pensaba Cortés que a él cuando menos debieron asignarle un sueldo cuatro veces mayor que cualesquiera de los Oficiales reales que llegaran nombrados por la Corona. Cuando el Conquistador recibe del Emperador la orden de nombrar Alcaldes y Regidores de las ciudades, que debía hacerlo por la lista de candidatos presentadas por las ciudades; al punto Cortés suplica al Emperador le permita atenerse a su sistema, pues estima que las ciudades presentarán candidatos "a personas amigos e parientes suyos por el provecho e interés dellos que no a personas que mirasen el bien de la República".

Cortés en honor a la verdad, tiene suma preocupación porque gobiernen en las villas y ciudades fundadas, que comienzan a levantarse, hombres responsables, que se plieguen a sus dictados para que no echen a perder la conquista. Pedía a la Corona que le enviasen hombres de bien.

Preocupado en la solución de esos problemas político se encontraba Cortés, cuando Gonzálo de Sandoval que regresaba de Cuba, le informó de la infidelidad de Cristóbal de Olid, por lo que sin perder tiempo como ya se dijo, envió a Francisco de las Casas a someter al rebelde, pero como Cortés ignoraba el resultado de la expedición del capitán Las Casas, y movido por un celo de autoridad y la codicia de oro que se decía abundaba en esas ricas tierras, el Conquistador se propuso ir en persona a someter al Capitán Olid, al que consideraba un traidor.

Para abandonar la ciudad de México, encargó el gobierno de la Nueva España en dos de sus callados enemigos, el contador Albornoz y el tesorero Alonso de Estrada, quienes secretamente habían informado mal de él, al Emperador. Al licenciado Zauzo lo dejó como Alcalde Mayor y como administrador de todos sus bienes dejó a su deudo Rodrigo de Paz; y al franciscano Toribio de Benavente (Motolinía) que mirase por los indios y que no se alzasen. Y para que en la ciudad no hubiesen motivos de inquietud en apoyo del rey caído, se llevó consigo a Guatemuz, Guanacoch, rey de Texcoco, Tetepanquetzal, rey de Tacaba y un jefe militar llamado Tomilatzin, y otros principales. Convocó a varios capitanes que habían formado parte de su ejército entre ellos a: Gonzálo de Sandoval que a la sazón era Alguacil Mayor de México, a Luis Marín, Francisco Montejo, Gonzálo Rodríguez de Ocampo, Pedro de Ircio, Ávalos y Saavedra, Juan Jaramillo, Alonso Valiente y otros no menos importantes, sin que faltara doña Marina, porque Jerónimo de Aguilar ya había muerto, llevó sacerdotes y su imprescindible servicio de gran señor, pues viajaría con luto y hasta con alguna ostentación; mayordomo, maestresala, pajes y demás servicios, como si se tratara de un gran paseo y no de una expedición de guerra.

El 12 de octubre de 1524, Cortés salió de la ciudad de México al frente de 150 soldados de a caballo, 30 escopeteros y ballesteros y según Bernal Díaz, tres mil aliados indios con sus armas. Además llevaban entre otros bastimentos, una manada de cerdos para ir comiendo por el camino.

Escribe Bernal Díaz que a la salida de Cortés de la capital, todo mundo sintió su partida, un notorio descontento que flotaba en el ambiente de la ciudad, se creía que el Conquistador desertaba del gobierno a que estaba obligado a servir; pues se preveían desórdenes y anarquía. Ya en marcho, el factor Gonzálo de Salazar y el veedor Chirino, se quitaban el sombrero con gran retórica, rogándole que se regresara a la ciudad de México. Chirino muy cerca de Cortés y en son de canto decían:

"¡Ay tío, y volvámonos, que en esta mañana he visto una señal muy mala! ¡ Ay tío, y volvámonos!"

Y Cortés respondía cantando:

"¡Adelante mi sobrino! ¡Adelante mi sobrino, y no creáis en agüeros, que será lo que Dios quisiere! ¡Adelante mi sobrino!"

Cortés seguro de sí mismo, siguió su camino sin hacer caso de súplicas y cantos y para su satisfacción, por cada población que pasaban se le ofrecía una fraternal recepción. Ordenó el regreso del factor y del veedor y se dirigió por tierra a Espíritu Santo y de allí a Coatzacoalcos. Dice Casasola en "6 siglos de Historia de México", que Cortés llegó a Veracruz, de donde partió para Tabasco. Salvat en su "Historia de México", repite lo que afirma Bernal Díaz, de que Cortés, desde México se dirigió a Coatzacoalcos. En ese lugar le llegaron noticias de los disturbios de México, provocados por las autoridades que él había dejado, y lo prudente hubiera sido regresar, pero Cortés era porfiado, y muy dado a mantener en lo más vivo su honor, por lo que en esta ocasión sentía su orgullo lastimado y decidió continuar adelante.

De Coatzacoalcos, Cortés y su hueste avanzaron unas ocho leguas hasta llegar al río Tonalá, luego siguieron hasta la Barra de Santa Ana para pernoctar en el pueblo de Ahualulco, llamado también la Rambla. Siguieron caminando y llegaron frente a la Barra de Copilco, donde para atravesarla, los expedicionarios, tuvieron que construir un puente hasta de novecientos treinta y cuatro pasos.

En su recorrido la expedición llegó a la Barra de Dos Bocas o Río Seco, cercano a la actual población del Paraíso, desde allí continuaron por Nacajuca, ahora cabecera municipal del mismo nombre, en la bifurcación del Chacalapa, de donde partieron para llegar al paso de Quetzalapa sobre el mismo río Grijalva. Siguiendo su marcha, la expedición hizo un recorrido de 12 leguas, para llegar a la provincia de Tsahuatlán y pernoctar en Jalapa o Estapa, su capital.

Cortés y su hueste siguió avanzando y en dos jornadas hicieron su arribo a Chilapa sobre las riberas del río del mismo nombre, que se conocía con el nombre de Macuspana.

El avance de la expedición era lento, un sinnúmero de obstáculos se les presentaban, las selvas, los esteros, los pantanos, las alimañas y la escasés de víveres, se unían al calor sofocante, de tal modo que en dos jornadas la expedición apenas pudo avanzar ocho leguas.

En otras tres jornadas, la hueste de Cortés recorrió doce leguas y se aproximó al río Usumacinta donde estaba ubicada la población de Iztapan, que ahora tiene el nombre de Emiliano Zapata. En Iztapan Cortés recibió una información muy valiosa, en el sentido de que a 40 leguas de allí, se encontraba la provincia de Acalán, Gran Acalá o Guaymala. En ese lugar había varios pueblos con abundancia de víveres, incluyendo miel. Ya informado Cortés de la ruta que debía seguir para llegar a Acalan, siguió el curso del Usumacinta río arriba, hasta llegar a Tatahuitlapan, que en lengua nativa quiere decir: "tierra quemada", y en mexicano significa: "lugar abandonado o quemado", ese Tatahuamilpan, según algunos autores, pertenece ahora al municipio de Balancan.

Cortés y su hueste, se había movido dentro de las cuencas y afluentes de los ríos Grijalva y Usumacinta; ahora se encontraba la cuenca de éste último. De Tatahuamilpan, Cortés envió exploradores para que fueran a Zogoastepan, remontando el río del mismo nombre, pero el Conquistador no esperó el regreso de sus exploradores, porque con el resto de su gente, se dirigió a Zogoastepan o Tsautecpan, que significa: "palacio de Hiladores o Hilanderos", por lo que algunos autores la identifican con la actual Tenosique.

En Zagoastepan o Tenosique, se discutió cuál sería el camino apropiado para llegar a Acalan. Según los naturales, se debía seguir río arriba, y que el ejército marchara sis estorbos, ya se había cubierto un tramo de más de seis leguas, pero otros naturales opinaron que si se seguía esa "derrota" Cortés daría un gran rodeo. El autor Marcos Becerra escribe que partiendo Cortés desde el punto donde se encontraba, en tres días llegaría al río San Pedro, afluente del Usumacinta y que de allí en poco andar, llegaría al Tizatepetl, primera población de Acalan. El autor Morley escribe diciendo que si Cortés partía desde Tenosique, hacia el este, atravesando esteros, selvas y pantanos, fácilmente llegaría a la provincia de Acalán.

Cortés por su parte, después de recorrer un dédalo de senderos escribe diciendo: "Finalmente se averiguó entre ellos de ser este el mejor camino, y yo había enviado antes un español con gentes de los naturales de aquel pueblo de Zogoastepan, en canoa por el agua a la provincia de Acalán, a les hacer saber de cómo yo iba, y que se asegurasen y no tuviesen temor, y para que supiesen si los españoles que debían ir con los bastimentos era llegados...fuése forzado partirme antes que me escribiesen, porque no se me acabasen los bastimentos que estaban recogidos en el camino, porque me decían que había cinco o seis días de despoblado; y comencé a pasar el río con mucho a aparejo de canoas que había y por ser tan ancho y corriente se pasó con mucho trabajo".

Es muy seguro que Cortés y su hueste, caminando río abajo, salvaron primero el caudaloso río y luego su afluente el San Pedro, pues solamente pudo así, encontrarse con los mensajeros españoles, que habían partido en su busca de Espíritu Santo y San Esteban del Puerto, lo que indica con toda seguridad, que era más fácil comunicarse con Acalán, por vía fluvial, partiendo ya de Santa María de la Victoria o ya de Términos o de Xicalango, por lo que Cortés al llegar a cualesquiera de esos lugares, ya encontraría los bastimentos que desde el mar, le habían enviado los capitanes de los navíos que en las costas se hallaban navegando.

Bernal Díaz por su parte escribe que estando en Ziguatepecad o Zagoastepan como lo escribe Cortés: pueblo de Acala o Acalán.

"Y luego Cortés me mandó a mí y a un Gonzálo Mejía...y mandó que fuésemos con ciertos principales de Ziguatepecad a los pueblos de Acala a que halagásemos los caciques con buenas palabras y los trajésemos para que no huyesen, porque aquella población de Acala eran sobre veinte poblezuelos, unos en tierra firme y otros en unas como isletas y todos andaban en canoas por ríos y esteros." Al llegar Bernal Díaz con su gente al primer pueblo de Acala, como él la llama, lo encontraron alborotado, porque entre ellos andaban en guerra; Bernal Díaz les habló cariñosamente y les rogó que fueran a Ziguantepecad donde se encontraba Malinche, que le llevasen de comer. Los caciques de ese lugar, no tenían noticias de la llegada de Cortés y su hueste, al principio no mostraron buena voluntad, pero poco después, ofrecieron enviar suficientes bastimentos, pero que no irían porque eran enemigos, Bernal Díaz se encontraba en esas pláticas cuando llegaron dos españoles con mensajes de Cortés en los que ordenaba que con los bastimentos que hubiese encontrado saliese inmediatamente a su encuentro, pues en el poblado donde lo había dejado, se habían ido todos los naturales y se llevaron todo, de modo que se encontraba con su gente sin ningunas provisiones.

Supo Bernal Díaz por los mismos mensajeros, que Cortés envió a cuatro españoles río arriba en busca de víveres, pero esos enviados ya no volvieron porque fueron muertos.

El Coquistador sin esperanza de víveres, ordenó la marca y en dos días, llegó al río que según Bernal Díaz era muy ancho, donde ordenó se construyera "una puente, y fue con tanto trabajo y con maderos gruesos y grandes, que después de hecha, se admiraron los indios de Acala o Acalán de verla de tal manera puestos los maderos y estuvo en hacerla cuatro días."

En los días que Cortés duró en hacer el puente de que habla Bernal Díaz, muchos de sus auxiliares murieron de hambre. Los españoles subían a unos "árboles muy altos que parecen palmas, que tienen por fruta al parecer nueces muy encarceladas y aquellas usaban y quebraban y comían." Deben haber sido dátiles.

En el momento en que Cortes hacía frente a esa crisis de escasés y hambre entre su gente, Bernal Díaz por la noche del día en que terminaron el puente, hizo su arribo al campamento de los españoles, llevando ciento treinta cargas de maíz, ochenta gallinas, miel y frijoles, sal, huevos y otras frutas. Mas, como la llegada de los bastimentos que llevaba Bernal, era de noche, se produjo un desorden y todo mundo se abalanzó sobre ellos, de tal manera que no quedó nada para Cortés, con el consiguiente enojo de éste. Llamó a Bernal Díaz, le echó una filípica y ante Sandoval le dijo:

"¡Oh, señor y hermano Bernal Díaz del Castillo, por amor de mi que si dejaste algo escondido en el camino, que partáis conmigo, que bien creído tengo de vuestra buena diligencia que traeríades para vos y para vuestro amigo Sandoval!.".

Bernal Díaz dice que tuvo "mancilla de Cortés" y que esa noche, "al cuarto de la modorra", cuando el real estuviera durmiendo, fuera a recoger doce cargas de maíz, veinte gallinas, miel y frijoles y dos indias que le habían regalado para que les hicieran de comer, una de las indias se la dio a Sandoval y la otra se quedó con Bernal Díaz. Recogieron los bastimentos y regresaron en la misma noche. Deben haber hecho un buen reparto entre Cortés, Sandoval y Bernal Díaz porque con ello aliviaron la crisis que padecían.

Terminado el puente y resuelto el problema de los alimentos, Cortés dio orden de seguir adelante, pero como "obra de una legua adelante, dimos en las ciénagas, muy malas,...de tal manera que no se aprovechaban de poner maderos, ni armar, ni hacer otra manera de hacer remedios para poder pasar los caballos, que atollaban todo el cuerpo sumido en las grandes ciénagas, que creíamos no escapan ninguno de ellos, si no que todos quedaban allí muertos."

La tierra firme del punto de donde se encontraba Cortés con sus soldados, solamente distaba ya de un tiro de ballesta, por lo que con los castellanos porfiaron y siguieron adelante, con los caballos que al parecer hicieron un como callejón o zanja, por la cual avanzaron casi nadando hasta llegar a la tierra firme; ya a salvo, todos hincaron su rodilla en tierra y dieron gracias a Dios por haberlos salvado.

Apenas habían tomado un ligero descanso, cuando el conquistador volvió a ordenar a Bernal Díaz para que fuera a Alcala y pusiese en gran "recaudo" a los caciques que se encontrasen en paz y que en el menor tiempo que pudiera, le enviara bastimentos de los que ya carecían. El soldado cronista cumplió la orden lo mejor y lo más pronto que pudo. Regresó de un pueblo de Acala con más de cien indios cargados de maíz y otros bastimentos, pero se apresuró a mandar decir a su capitán que estuviera "presto" con Sandoval, para que recibieran los víveres para que no pasara lo de la vez anterior; por lo que el Capitán hispano, Sandoval y Luis Marín, estuvieron pendientes para recibir los bastimentos, y al día siguiente por riguroso orden los repartieron. Cortés ordenó la marcha: "Y obra de mediodía, llegaron a Acala y los caciques les fueron a dar la bienvenida y les llevaron bastimentos."

Hernán Cortés y su hueste, se habían movido en un área relativamente reducida, sin camino, selvática y pantanosa; totalmente diferente al área que cruzó en el camino de la Conquista de México.

Al pasar por Itzankanac, Cortés escribe que es una población de muchas mezquitas y de alguna importancia, donde era señor Ah-Paxz Bolon, a quien se lleva consigo. El poblado de Itzankanac se encontraba en la orilla de un estero y en la ribera del río Usumancita y se comunicaba con Xicalango por medio del río Palizada, que era el resultado de la bifurcación del Gran Río antes de llegar a Tabasco, en la llamada Junta, que siguiendo el río principal, desemboca en el río Grijalva, en el llamado Tres Brazos, a pocos kilómetros de verter sus aguas en el Golfo de México.

Desde su salida de la ciudad de México, el 12 de octubre de 1524 Cortés llevaba más de cuatro meses por dédalos de marismas y selvas, padeciendo toda clase de penalidades, incluso escacés de víveres hasta sentir una verdadera hambre de la que Bernal Díaz le saca de ese apuro. Se dice que pensó regresarse, pero su celo y porfía lo impulsaron a seguir adelante, cuando no había ido más allá del área de lo que hoy es Tabasco y parte de Yucatán.

Bernal Díaz, a quien hay que darle crédito, por encima de todo lo que digan otros cronistas, en los azares de Cortes en esta aventura, hace referencia del poblado de Gueyacala, en la misma provincia de Acala o Acalán, que al llegar allí Cortés con su hueste, fue bien recibido, que les habló a los caciques con la lengua de doña Marina, de lo cual los nativos se holgaron, le llevaron maíz y otros bastimentos; el Conquistador les preguntó del camino que debía seguir rumbo a sus objetivos, y que si sabían de otros hombres igual a sus soldados, con barbas y con caballos, y además, que si habían visto "navíos ir por la mar", los nativos contestaron que a ocho jornadas de allí, habían visto hombres con barbas, mujeres de castilla, caballos y tres acales (barcos). Cortés volvió a preguntar por el camino que debía seguir, entonces los indios le mostraron en unos lienzos los ríos, ciénegas y atolladeros, enterado de ese modo de la topografía del terreno, les rogó que pusieran unos puentes donde fuera necesario, pero los caciques respondieron que eran veinte pueblos en la provincia y que no todos los querían obedecer, por lo que la petición se la voltearon a Cortés diciendo que mandara a sus "teules" a que les pidieran maíz y otros bastimentos, y deben haber agregado que les pidieran que construyeran los puentes y llevaran las canoas que pedía el Capitán.

En esa sazón, Cortés le ordenó a un Diego de Mazariego, nuevo en estas tierras, al que le agregó a Bernal Díaz como soldado más avezado o experimentado, para que lo acompañara y visitaran a algunos pueblos de la región en busca de bastimentos, acompañaban a los dos tenientes de Cortés, unos ochenta soldados, transportados en canoas que los caciques les dieron. Así que recorrieron unos cuantos pueblos de la provincia de Acala, donde los recibieron de buena voluntad, regresaron con más de cien canoas cargadas de maíz, miel, gallinas, sal, frutos y otros bastimentos; y como regalo esencial diez indias. Poco después, llegaron los caciques principales a saludar a Malinche, por lo que hubo en el real abundante comida, mas, al transcurrir cuatro días, los caciques desparecieron quedando solamente tres, que sirvieron de guías en el momento en que el Conquistador ordenó seguir adelante. Ya en la marcha, Cortés y su hueste, cruzaron dos ríos, el primero en un puente que no resistió y el segundo en una balsa, en seguida llegaron a un poblado, aún de los dominios de Acala o Acalán, que encontraron desierto, sus pobladores habían huido, llevándose todo para no dejarles víveres a los expedicionarios, pero escondieron su maíz, que muy pronto fue encontrado entre la maleza.

Acala o Acalán, volvemos a hacer referencia, según unos autores su territorio comprendía una región que llegaba hasta la laguna de Términos, comprendiendo parte de lo que hoy es el Estado de Campeche, un sector conocido con el nombre de los Ríos, donde hoy se encuentran los municipios de Montecristo, Tenosique, Jonuta y Balacan, que forman parte del Estado de Tabasco y una pequeña franja de Guatemala, y su capital Itzankanac, que Bernal Díaz no cita con este nombre, ubicada en la margen izquierda del río Candelaria, en un lugar llamado el Tigre, a Itzankanac, Alva Ixtlixóchitl llama, Teotilac a un lugar cerca de la supuesta capital de Acala, donde fueron sacrificados los últimos señores del reino azteca.

## MUERTE DE CUAUHTÉMOC

Estando en Teotilac como dice Ixtlixóchitls, o Acala como dice Bernal Díaz y otros autores dicen que fue en Itzankanac, el mismo Cortés dice que se encontraba en Acala, cuando una noche Coztemexi, de la comitiva de Guatemocin, le informó al Conquistador, mostrándole un plano, cómo el emperador azteca, Guanacoch, rey de Texcoco, Tetepanquetzal, rey de Tacaba y un Tlacatecatl, de nombre Tomilatzin trataban de sublevarse, matar a los españoles de la expedición, y buscar a Cristóbal de Old y hacer lo mismo, regresar a México y recobrar sus poderes.

A la luz de la lógica más elemental, semejante complot no era más que una quimera para los caídos y un pretexto para el Conquistador para eliminarlos. En verdad, Cortés debe haber ya sentido la presencia de los señores de México, como un estorbo y en las circunstancias en que iba como una carga. Y siendo como era muy avezado para tomar acuerdos en asuntos de política y de otra índole, ¿quién puede asegurarnos que no fue él, el que fraguó el complot y lo puso en boca de Coxtemexi y luego éste lo llevó a Cuauhtémoc y lo deslumbró con su posibilidad, para en seguida denunciarlo ante Cortés? Y eso sí es que hubo denuncia y si en verdad hubo complot. Que el Conquistador sin demora puso presos a los inodados y que los interrogó personalmente, y que confesaron su participación en alzarse en contra de Cortés; ellos fueron Guatemocín, Emperador de los mexicanos, Tetepanquetzal, rey de Tacaba y primo del emperador, Guanacoch, rey de Texcoco y Tomilatzin, tlacatecatl o jefe de guerreros. Todos manifestaron sucumbir contentos, por morir al lado de su señor, aunque sólo fueron sacrificados Cuauhtémoc y Tetepanquetzal, Bernal Díaz nos ha dejado un relato de ese episodio de la muerte de Cuauhtémoc, diciendo:

"...que sería bien que cuando pasásemos algún río o ciénaga, dar en nosotros, porque eran los mexicanos sobre tres mil y traían sus armas y lanzas y algunos con espadas. Guatemuz confesó que así era como lo habían dicho los demás; EMPERO, QUE NO SALIÓ DE ÉL AQUEL CONCIERTO, Y QUE NO SABE SI TODOS FUERON EN ELLO O SE EFECTUARA, Y QUE NUNCA TUVO PENSAMIENTO DE SALIR CON ELLO, sino solamente la plática que sobre ello hubo."

Esta narración de Bernal Díaz da una luz de que no fue Cuauhtémoc el que fraguó el complot que se le imputó, sino que fue otra persona la que lo planeó y luego se lo comunicó al Emperador caído, para arrancarle su opinión, para con base en ello, acusarlo, condenarle y por fin ahorcarlo. Y quién pudo ser ese hilvanador de planes, sino el mismísimo Cortés. Recuérdese que cuando venía en camino de la Conquista, hablaba con dos o tres de sus capitanes, para vencer la oposición de los parciales de Velázquez, ponía en boca de los primeros lo que debía discutirse y aprobarse, y así no salía de sus labios, lo que Cortés se proponía en sus planes, sino de un acuerdo de todos. El Conquistado siempre fue hábil en aquello de justificar y darle un viso de legalidad, a todo aquello que lo pudiera condenar como injusto o ilegal.

Cuauhtémoc al conocer por doña Marina que va a morir, le lanza al Conquitador un severo reproche en el que le dice:

"¡Oh, Malinche; días había que yo tenía entendido que esta muerte me habías de dar, y había conocido tus falsas palabras, porque me matas sin justicia! Dios te lo demande, pues yo no me la di cuando te me entregaba en mi ciudad de México".

Cuauhtémoc fue ahorcado en una ceiba el 25 de febrero de 1525, lo mismo hizo el Conquistador con su primo el rey de Tacaba. De esa manera se desembarazó del gran cautivo azteca.

Bernal Díaz, veraz narrador y adicto al Conquistador, nos deja el juicio de él y de sus compañeros sobre la muerte de Cuauhtémoc, diciendo:

"...y verdaderamente yo tuve gran lástima de Guatemuz y su primo, por haberlos conocido tan grandes señores, y aún ellos me hacían honra en el camino en cosas que se me ofrecían, especial en darme algunos indios para traer yerba para mi caballo. Y FUE ESTA MUERTE QUE LES DIERON MUY INJUSTAMENTE, Y PARECIÓ MAL A TODOS LOS QUE ÍBAMOS".

En este caso Cortés fue implacable y frío, siguiendo su estilo informa al Emperador que los principales conspiradores eran Guatemocín y Tetepanquetzal, y para atenuar un poco su crueldad dice: "...y a los otros los solté porque no parecía que tenían más culpa de haberles oído aunque aquella bastaba para merecer la muerte."

No se podrá negar jamás la habilidad de Cortés para manejar hombres, desafortunadamente a esa habilidad la hacía acompañar de una crueldad fría e implacable, a Cuauhtémoc, después de la caída de la Gran Tenochtitlán, lo conservó con vida, con una libertad vigilada, para servirse de su autoridad que la reconstrucción de la ciudad y otros grandes servicios, pero cuando le estorbó, no vaciló en sacrificarlo, valiéndose de un complot en que el gran cautivo tal vez no había tomado parte en su elaboración.

Pese a la serenidad del Conquistador, consumado el sacrificio debe haber sentido algún remordimiento, porque la noche del 25 de febrero, se le fue el sueño, y en su aposento del real donde se encontraba (un Teocalli), dice Bernal Díaz:

"También quiero decir que como Cortés andaba mal dispuesto y aún muy pensativo y descontento del trabajoso camino que llevábamos, y como había mandado ahorcar a Guatemuz y a su primo el señor de Tacaba, ya había cada día hambre, y que adolecían españoles y morían muchos mexicanos, pareció ser que de noche no reposaba en pensar en ello y salíase de la cama donde dormía a pasear en una sala donde había ídolos,..." "...y descuidose y cayó más de dos estados abajo, y descalabró la cabeza; y calló que no dijo cosa buena ni mala sobre ello, salvo curarse la descalabradura y todo se lo pasaba y sufría."

Don Salvador de Madariaga escribe sobre el estado de ánimo del Conquistador después del sacrificio de Cuauhtémoc:

"Este incidente le hizo darse cuenta de la gravedad de la situación en que tan temerariamente se había metido. La preocupación y la inquietud le privaron del sueño. Iba y venía una noche de insomnio en su alcoba, en el local del teocalli donde estaba alojado, cuya forma y disposición no le eran familiares, cuando avanzando sobra el vacío en la obscuridad cayó pesadamente a una sala inferior, haciéndose una herida en la cabeza. Con su paciencia para sufrir, no dijo palabra sobre el asunto y siguió su camino sin inmutarse como era su costumbre..."

En los días que siguieron al sacrificio de Cuauhtémoc, Cortés y su hueste, siguieron su odisea, adelante, casi sin rumbo, tropezando con grandes obstáculos, ríos, marismas, hambre, calor, bosques casi impenetrables, un desfiladero de pedernal, tan filoso como navajas, se perdieron sesenta y ocho caballos y se avanzó tan sólo diez leguas en doce días, y dice Cortés que llevaban la sensación de estar perdidos y de "que no volverían a ver la Cristiandad".

Mas, al estar perdidos entre sierras sin senderos que los llevaran a alguna parte, sin esperanzas por estar sin guías, tropezaron en unos montes con un muchacho que tendría unos quince años, que se ofreció a llevarlos hasta un lugar que se llamaba Taniha, donde se encontraron con dos sujetos indígenas que habían servido a unos españoles a unas cuatro leguas de distancia (dos jornadas), los expedicionarios respiraron con alivio, se consideraban salvados. Mas, Cortés debía conducirse con cautela, no sabía si encontraría gente amiga, de las Casas o enemiga de Olid. ¿Quiénes serían? En sus dudas destacó en una canoa a Gonzálo de Sandoval para que averiguara con qué gente se las tendría que haber. Sandoval avanzó sigilosamente y se apoderó de unos españoles que se encontraban pescando, los trató con suma amistad y de ellos obtuvo valiosa información. Que Francisco de las Casas había sido desbaratado por una tormenta y sorprendido por Cristóbal de Olid fue hecho prisionero; que Gil Dávila, conquistador que obraba por su cuenta, también fue derrotado por Olid y hecho prisionero, pero que la excesiva confianza de Olid lo había perdido, puestos de acuerdo los dos capitanes vencidos, una noche atacaron a Cristóbal de Olid, lo hirieron y llamando a los suyos, huyó, pero nadie acudió a prestarle ayuda, fue alcanzado y degollado y con ello terminó su rebelión.

Los soldados españoles que pescaban y que había capturado Sandoval le informaron también que Francisco de las Casas había regresado a México, después de fundar en la costa del Atlántico una Villa que le puso por nombre Trujillo, en honor de la población donde nació. Por su parte, Gil González de Ávila, fundó sobre una de las márgenes del río Dulce, una Villa que le puso por nombre San Gil de Buena Vista, y en seguida regresó a México.

Enterado Cortés, por Sandoval de los sucesos en que perdió la vida Cristóbal de Olid, ordenó cruzar el Golfo Dulce, donde tropezaron con innumerables obstáculos, entre ellos un estero que crecía y decrecía y que tuvieron que pasar en balsas y a "vuela pie" y a nado. Llegaron al gran río del Golfo Dulce y el primero que quiso ir a la Villa que distaba unas dos leguas, fue el mismo Cortés, haciendo uso de dos canoas, una era de los indios que la tenía varada en la orilla y la otra la había llevado unos soldados que habían pertenecido a la tropa de Gil González, en ellas el Conquistador embarcó a seis soldados y a sus mozos de espuelas; pasaron dos caballos cabestrando al lado de las canoas.

Cuando Cortés y sus acompañantes lograron pasar el Gran Río del Golfo Dulce, se encaminó a la Villa donde se decía que se encontraban los soldados del español Gil González de Ávila, pero no se hallaban allí, sino que habitaban cerca del mar, y cuando vieron entre sus chozas a un jinete acompañado de cinco o seis soldados, se espantaron, pero al darse cuenta que el jinete era el mismísimo Cortés, Conquistador famoso en las indias y Castilla, se llenaron de regocijo, lo aclamaron y en seguida llegaron los caciques del lugar a besarle la mano y darle el bienvenido. Cortés siguiendo su costumbre les habló a todos los concurrentes de manera afectuosa y a continuación le ordenó a un teniente de apellido Nieto, para que fuese donde estaban carenando un navío para que trajese a dos bateles que se encontraban allí y que si había canoas que las recogiese pero que tuviera cuidado al pesarlas por el río ya que su corriente era impetuosa; que recogieran todo el casabe que allí había y que se lo llevasen al Capitán Sandoval, para suplir el pan de maíz que en ese lugar no había, pues la alimentación de los soldados que habitaban la región, consistía en zapotes y algunos mariscos que pescaban. Todo se hizo como lo ordenó el Conquistador, incluso impidió que los españoles que moraban en San Gil, partieran en el navío que estaban carenando, ordenando a Sandoval que él en persona y el Capitán Marín fueran los últimos en cruzar el gran río, y que tuvieran cuidado en que no se embarcasen más de los que el Capitán mandase, y que los bateles pasaran sin mucha carga porque no los hiciera zozobrar la furia de la corriente del río que por esos días iba muy crecido. Repitió Cortés la orden de que solamente pasaran dos caballos en cada batel, tomados del cabestro como la vez anterior y que en las canoas ningún caballo pasara, debido a que la corriente era demasiado intensa.

En el cruce del río, se suscitó un incidente entre Sandoval y un soldado de apellido Sayvedra, que sintiéndose gran señor, por ser pariente de Cortés, quiso sentirse superior a Sandoval y cuchillo en mano trató de sobreponerse al Capitán, pero

Sandoval hábil en el manejo de las armas, con el agua hasta las rodillas, pudo evitar el golpe tomando la mano armada de su adversario y lo botó al agua, huelga decir que todos los presentes estaban de parte de Sandoval. En el cruce de aquel río se murió un soldado y dos caballos y duró el paso hasta cuatro días y cuando lo lograron, como no había bastimentos, les acometió una aguda hambre de la cual Bernal Díaz dice: "y de comer ni por pensamiento, si no era de unas papayas que nacen de unas palmeras y otras como nueves, que asábamos y las partíamos, y los meollos de ellos comíamos".

Cuando los odiseos acabaron de pasar el río y llegaron al pueblo no había bocado de ninguna especie y todo mundo padecía hambre y no se sabía dónde se pudiera encontrar qué comer. Mas, Cortés diligente sin perder tiempo le ordenó al capitán Luis Marín para que con algunos vecinos de Coatzacoalcos fuesen a buscar maíz. Llegados que fueron a la Villa de San Gil González de Ávila, se encontraron con una población hambrienta, compuesta de cuarenta hombres españoles y mujeres de Castilla, con algunas mulatas. Cortés le repitió la orden al Capitán Luis Marín para que con ochenta hombres fueran en busca de maíz, llevando como guía a un indígena de Cuba, que los condujo a unos pueblos y estancias que distaban de San Gil como unas ocho leguas, donde hallaron suficiente maíz, frijoles y cacahuates y además algunas legumbres.

Cuando Cortés se enteró que estábamos en buenas tierras y que había qué comer, envió a Gonzálo de Sandoval, con la mayor parte del ejército y que acampamos allí, hasta recibir nueva orden. Sandoval se "holgó" mucho cuando vio la abundancia de víveres y le envió a Cortés hasta treinta anegas con indios mexicanos, las que repartió entre los más necesitados o agobiados por el hambre.

Mas, los beneficiados a quienes repartió Cortés el maíz, como solamente se alimentaban de zapotes asados y alguna otra fruta al hartarse de tortillas de maíz, dice Bernal Díaz: "se les hincharon las barrigas y como estaban dolientes, se murieron siete de ellos."

## LLEGA UN NAVÍO

Cortés siempre afortunado, en las más agudas crisis que padeció durante la conquista, como caído del cielo siempre le llegó un auxilio; ahora le llegaba allí a las proximidades de su real, un navío de buen porte, al mando de Antón de Carmona, el Borcejero, cargado de víveres, entre otras cosas, cuarenta puercos, ocho pipas de tasajo salado, pan de casabe, llegaban quince pasajeros, ocho marineros y siete caballos. Todo el bastimento fue comprado por Cortés fiado, y lo repartió entre los más necesitados que casi eran todos. Otra vez se hartaron y como estaban con el estómago vacío, se murieron catorce.

El conquistador aprovechó la llegada del navío y el bergantín de los españoles para explorar el río, de manera que con éste y dos bateles y unas canoas, se aventuró río arriba hasta como a una distancia de diez leguas donde descubrió una laguna muy larga y que tenía de anchura seis leguas.

Cortés exploró otros pueblos donde había mucho maíz, cacahuates, gallinas, faisanes y otros frutos. En esos lugares según Bernal Díaz, se cultivaba el algodón de muy buena calidad. En sus andanzas por esos lugares el Conquistador estuvo en un pueblo que Bernal Díaz llama Zanacantenzintle, donde había grandes áreas sembradas de maíz, cacahuates y algodón. Cortés y su hueste se dieron cuenta de que los habitantes de ese poblado estaban de fiesta y para que no se percataran de su llegada, se escondieron en un monte, pero de pronto arremetieron en contra de los nativos y prendieron diez hombres y quince mujeres. Entonces los indios fueron por sus armas y acometieron en contra de los españoles, pero fueron repelidos con pérdida de ocho de sus principales, por lo que los indios mandaron a cuatro de sus principales a negociar con Cortés. Le llevaron joyas de poco valor, maíz, gallinas, sal y otros bastimentos, Cortés aunque les había prometido devolverles a todos los prisioneros, se quedó con unas indias para que les hicieran pan de maíz; mas, al ver los indios que Cortés había faltado a su promesa, en un mal paso del río, arremetieron a la hueste de Cortés y el mismo capitán salió herido en una de sus mejillas, allí le desbarataron una balsa y se perdió la mitad de los efectos que llevaba.

Bernal Díaz escribe que el pueblo al que llegó Cortés, se llamaba Zanacantenzintle a siete leguas de Guatemala y que tardó en esa odisea veintiséis días, pero al notar que no había nativos en el lugar, desistió de poblar. Regresó a la Villa de Buena Vista, fundada por el conquistador Gil González de Ávila, llegando allí, escribió los sucesos de sus andanzas y que le enviase diez soldados.

Cortés consideró que la Villa fundada por Gil González de Ávila no presentaba ninguna seguridad para la población, determinó abandonarla y embarcarse a otro lugar más seguro, por lo que decidió embarcarse con toda su gente que allí vivía en los dos navíos y el bergantín de que disponía y después de ocho días de navegación, llegó a un lugar propicio al que llamó puerto Ceballos y como cerca de allí había poblaciones de indios, acordó fundar una villa que le puso por nombre Natividad, y nombró como teniente a Diego de Godoy. Luego ordenó a sus capitanes que fueran con algunos soldados en busca de maíz. Cortés supo entonces que se encontraba cerca de la villa de Naco, donde le dieron muerte a Cristóbal de Olid, por lo que le volvió a escribir a Sandoval para que le enviara los diez soldados que le había pedido antes.

En Puerto Ceballos y la Villa de Trinidad, aunque la salud de Cortés no era buena, hizo varias incursiones por tierra firme y trató de ponerse en contacto con Francisco Hernández, teniente de Pedrerías Dávila, Gobernador de Nicaragua que consideraba ese territorio como feudo de su propiedad. Mas tarde Cortés dejó Puerto Ceballos y se embarcó hacia Trujillo, donde antes de partir, llegaron ocho soldados que le envió Sandoval acompañados de cinco principales que se encargarían de que nada les faltara en el camino y que si no les daban de comer a los españoles, los atacarían y les quemarían sus pueblos. No obstante esas seguridades, renegaban de Cortés por haberlos metido en esa aventura de la que no podían salir. Alcanzaron al Conquistador y se holgó en verlos y saber que Sandoval estaba bien, los llevó a los navíos y se embarcó rumbo a Trujillo, dejando a Godoy como capitán con cuarenta vecinos todos de Gil González de Ávila y unos cuantos que habían llegado de las islas.

Por su parte Gonzálo de Sandoval, cuando recibió las cartas de Cortés, no se encontraba en Naco, andaba pacificando los alrededores de esa villa; tropezaba además de la rebeldía de los indios, con la inconformidad de algunos soldados, que renegaban de Cortés por haberlos metido en esa larga aventura que parecía no tener fin. Escribe Bernal Díaz sobre ese pasaje:

"Y llegado donde Sandoval estaba, le dije de nuestro viaje y del hombre que quedó muerto; y hobo enojo conmigo entre todos nosotros no los trajimos a cuentas o en un caballo. Y le dije que traíamos dos dolientes en cada caballo, y nos venimos a pie, y que por esta causa no se pudo traer. Un soldado que se decía Bartolomé de Villanueva, que era mi compañero, respondió a Sandoval muy soberbio, que harto teníamos con traer nuestras personas, sin traer muertos, y que renegaba de 'tanto trabajo y pérdida como Cortés nos había causado'. Y luego mandó Sandoval a mi y a Villanueva sin más parar le fuésemos a enterrar."

Entre las andazas de Sandoval por esos lugares, cuéntase el encuentro que tuvo con Pedro Garro, teniente de Francisco Hernández, que lo había destacado para conquistar y poblar Honduras, pero andando en su empeño cerca de Naco, cometía hurtos y llevaba indios e indias hermosas, encadenados como esclavos, se topó con Gonzálo de Sandoval, capitán valiente del muy famoso don Hernán Cortés, quien le reprochó su proceder y lo hizo prisionero con sus cuarenta soldados, no obstante que Garro y sus soldados, iban fuertes con suficientes bastimentos y los de Sandoval iban hambrientos y cansados por tantas caminatas.

Hechos prisioneros Garro y su hueste, fueron conducidos al real de Sandoval, donde este procuró aposentarlos bien y en pláticas que tuvieron los dos capitanes, se hicieron amigos y el teniente de Francisco Hernández, se holgaba de encontrarse entre soldados del Conquistador Hernán Cortés, aunque sabía que ya no tenía libertad para seguir cometiendo los robos y atropellos a los nativos.

Escribe Bernal Díaz sobre este pasaje, que Sandoval y Garro tuvieron una plática secreta y que convinieron darle aviso a Cortés que ya se encontraba en Trujillo, y que Sandoval tenía por cierto, que el Conquistador ayudaría a Francisco Hernández para que se quedara como Gobernador de Nicaragua. Lo cierto es que Sandoval había convenido con Garro, que enviarían cinco soldados cada uno para que llevara cartas a Cortés de que tenía su real en Trujillo, pero los enviados no pudieron cumplir su cometido, porque una serie de obstáculos que no supieron o no pudieron vencer; específicamente los numerosos ríos crecidos, la falta de conocimiento en los caminos y los bastimentos, por lo que al cabo de quince días regresaron al real donde se encontraban Sandoval y Garro que al verlos el primero, montó en cólera y con palabras de coraje para cumplir su cometido. En el acto ordenó a Luis Marín, para que con diez soldados incluso los cinco de Garro y el resto del ejército de Sandoval, entre los que iba el cronista soldado, para que juntos emprendieran la marcha y pudieran llegar todos donde se encontraba Cortés.

La marcha de Gonzálo Sandoval fue penosa, debe haberse realizado por el mes de marzo, con los consiguientes obstáculos, ríos, pantanos, caminar bajo constantes lluvias y dormir mojados, si es que dormían, escasés de víveres y los constantes ataques de los nativos, porque creían que esa gente no era la de Cortés, y que solamente llegaban a robar indios y mujeres. Por fin después de muchos pesares por el camino, padeciendo hambre y con las consiguientes bajas, Sandoval y su hueste llegaron al real de Cortés en Trujillo. Bernal Díaz escribe sobre este pasaje:

"…y antes de entres en él que sería hora de vísperas, vimos a unos cinco de a caballo, y era Cortés y otros caballeros a caballo que se habían ido a pasear por la costa; y cuando nos vieron desde lejos no sabían qué cosa nueva podía ser; y desde que nos conoció Cortés se apeó del caballo y con lágrimas en los ojos nos vino (a) abrazar y nosotros a él, y nos dijo: '¡Oh, hermanos y compañeros míos, qué deseos tenía de veros y saber qué tal estábais!'. Y estaba flaco que hobimos mancilla de verle, porque según supimos había estado a punto de muerte de calenturas y tristezas que en sí tenía, y aún en aquella sazón no sabía cosa buena ni mala de México, y dijeron otras personas que estaba ya tan a punto de muerte, que le tenían ya unos hábitos de Señor Francisco para enterrarle con ellos. Y luego a pie se fue con todos nosotros a la villa y nos aposentó y cenamos con él; y tenía tanta pobreza, que aún de casabe no nos hartamos."

Bernal Díaz escribe otra versión del hundimiento de un barco diciendo:

"...y con temporal dieron con el navío en tierra, de manera que se ahogaron los frailes y el capitán Ávalos y muchos soldados, y de ellos se salvaron en el batel y en tablas, y con mucho trabajo aportaron en la Habana, y desde allí fue la fama volando en toda la isla de cómo Cortés y todos nosotros éramos vivos; y en pocos días fue la nueva a Santo Domingo, porque el Licenciado Pedro López, médico que iba allí, que escapó en una tabla, y escribió a la Real Audiencia de Santo Domingo en nombre de Cortés y todo lo acaecido y cómo estaba poblado en Trujillo, y que había menester bastimento y vino y caballos y para comprarlo traía mucho oro y que se perdió en la mar de manera que ya dicho tengo..." Cuando se supo que Cortés y su hueste vivía, agrega Bernal Díaz: "...Y desde que aquella nueva se supo todos se alegraron, porque ya había gran fama y lo tenían por cierto que Cortés y todos nosotros sus compañeros éramos muertos, las cuales nuevas supieron en la Española, de un navío que fue de la Nueva España."

Y estando Cortés en Trujillo, llegaron a quejarse algunos indios de unas islas llamadas Guanajes, a ocho leguas del real de Cortés, de que cerca de su pueblo estaba anclado un navío del que descendían algunos españoles armados de ballestas y escopetas y les robaban sus maseguales y le suplicaban que pusiera remedio a esa situación. Cortés al tener conocimiento de esos hechos, en el acto ordenó que en un bergantín bien artillado con veinte soldados para que se dirigieran a esa lugar y pusieran presos a los robadores de su Majestad. Pero los que atacaban a los indios capitaneados por un bachiller de apellido Moreno, que la Audiencia de Santo Domingo había enviado a un arreglo de cierto negocio, anduvo pirateando, cometiendo asaltos y robos y tan luego como se dio cuenta de la presencia de Cortés y la protección que les daba a los indios guanajes, levó anclas, se hizo a la vela y desapareció huyendo de esos mares.

## AVISO DEL LICENCIADO ZAUZO DE LA SITUACIÓN EN MÉXICO

En un navío procedente de la Habana, al llegar al Puerto de Trujillo, donde Cortés tenía su real, un hidalgo saltó a tierra y después de saludar y besarle la mano a Cortés, le entregó una carta del licenciado Zauzo, que el Conquistador dejó en México como alcalde mayor, en la cual comunicaba a difícil situación que imperaba en México, desde su infortunada ausencia. Al enterarse Cortés del contenido de la carta, se metió en su aposento y comenzó a sollozar, y no salió de él, sino hasta la mañana siguiente. Por la carta supo cómo las personas que dejó para gobernar, se habían apoderado del gobierno, haciendo propalar la noticia de que Cortés y sus hombres eran muertos. Celebraron misas de réquiem, y castigaban a las personas que no creían que el Conquistador era muerto.

Albornoz que había sido contrario de Cortés en las cartas que le escribieron al ya fallecido obispo de Burgos, se apoderó con sus cómplices de los bienes del Conquistador y sometió a tormento a sus custodios, por guardar el secreto del lugar en que ocultaba sus tesoros. Repartió diversos cargos; a Nuño de Guzmán le dio la gobernación de Pánuco, a Pánfilo de Narváez la conquista del río de las Palmas. Pero como el contador Albornoz y el tesorero Alonso de Estrada a juicio del veedor y el factor Pedro Almirante Chirino y Gonzálo de Salazar a quien Cortés en Coatzacoalcos había dado poderes para que en caso de que los primeros no gobernaran bien, los depusieran y que ellos tomaran el poder; hecho que llevaron a cabo, después de hacerse amigos del licenciado Zauzo y de otros conquistadores. Escribe Bernal Díaz sobre este pasaje:

"...así como llegaron a México el factor y el veedor, con sus poderes fueron a hacerse muy amigos del licenciado Zauzo, que era alcalde mayor, y de Rodrigo de Paz, que era alguacil mayor, de Andrés de Tapia y Jorge de Alvarado y de todos los más conquistadores de México; y desde que se vio el factor con tantos amigos de su banda, dijo que el factor y el veedor habían de gobernar y no el tesorero y el contador, y sobre ellos hubo muchos ruidos y muertes de hombres, los unos por favorecer al factor y veedor, y los otros por ser amigos del tesorero y contador; de manera que quedaron con el cargo de gobernadores el veedor y el factor y echaron presos a los contrarios, tesorero y contador y a otros muchos que eran de su favor, y cada día había cuchilladas y revueltas; y que a los indios que vacaban que los daban a su amigos, aunque no tenían méritos; y que al licenciado Zauzo que no dejaban hacer justicia;..."

Cortés al leer todos estos informes, debe haber llorado lágrimas de amargura, pues consideraba que su obra en la Nueva España, se estaba viniendo abajo, por culpa de unos ambiciosos e ineptos a quien él en un momento de celo de autoridad por castigar una infidelidad encargó el poder.

El sábado día siguiente de las noticias, ordenó la celebración de una misa a Nuestra Señora, y terminadas las oraciones, reunió a toda su hueste y les comunicó las ingratas nuevas sin omitir detalle terminada la información que a todos dejó consternados, sin esperar más, ordenó se aparejaran las naves de que disponía, se embarcó con sus hombres el 25 de abril de 1526; y después de tocar la Habana para refugiarse del mal tiempo, siguió su ruta hacia Veracruz, donde llegó el 14 de mayo del mismo año de 1526, después de estar ausente de la Nueva España veinte meses, que fueron aciagos para él y para México. Cortés en esos casi dos años de ausencia, envejeció diez y se consumió parte de su gran fortuna.

Al desembarcar Hernán Cortés en Veracruz, lo hizo con gran cautela, por el mal tiempo, no pudo desembarcar de día, por lo que lo hizo por la noche, de allí se dirigió con algunos de sus fieles a pie hasta Medellín, a cuatro leguas del puerto, ya en la villa, sus primeros pasos los encaminó a la iglesia a dar gracias a Dios por su retorno. Las precauciones tomadas por Cortés y su Capitán Martín Dorantes, se debieron al temor de encontrar el país alzado en contra de su autoridad, pero al rayar el alba, el sacristán al ir a dar el toque, se encontró con que la iglesia estaba llena de gentes extrañas, corrió espantado a pedir auxilio y al acudir los moradores, que muchos habían sido compañeros del Conquistador, al reconocerlo, aunque flaco y envejecido, por tanto batallar en medio de privaciones, hubo gran regocijo y rodeado de gran alegría, le organizaron mas de ocho días de fiestas, que a Cortés le sirvieron de merecido descanso, hizo saber de su llegada a todas las ciudades y a Albornoz que sabía que no era su amigo.

Pasados esos ocho días, Cortés se puso en camino hacia la capital de la Nueva España, por todos los pueblos que iba pasando, le salían a recibir españoles y nativos y de una o de otra manera le manifestaban su alegría por haber vuelto a México. Regalos, mantas, gallinas y oro le llegaban por doquier, porque sabían que él era el único caudillo, capaz de gobernar con justicia. Esta virtud del conquistador, que aunque no queramos, debemos reconocerla, pues ya en la paz, de los malos él fue el menos malo y de los buenos, él fue el mejor (en caso de que en la conquista hubiera conquistadores buenos).

Al llegar a Tlaxcala se le tributó uno de los recibimientos mejor organizados, toda la ciudad con suma alegría salió a recibirlo; el mismo Albornoz, su archienemigo con fingida sonrisa estuvo más allá de Texcoco y le rogó que hiciera una buena escala en esa ciudad para dar tiempo a que en la Ciudad de México, se le hiciera un recibimiento digno de su grandeza. Y cuando Cortés estuvo en la Gran Tenochtitlán, indios y españoles se volcaron a la calle con verdadera alegría, para testimoniar su respeto y adhesión al hombre que creían que era el verdadero remedio de todos los males que habían acaecido durante su larga ausencia. La ciudad engalanada con colgaduras por el día y luces por la noche, daba la impresión de encontrarse en uno de esos instantes en que las hadas y los genios se reúnen para festejar algún acontecimiento en que han de ungir a algún mortal con poderes mágicos, para servir mejor a su destino. Era el 4 de junio de 1526.

Pero Cortés al referirse a este pasaje, cuando le escribe al Emperador le dice:

"...e así me fui derecho a la cama y monasterio San Francisco, a dar gracias a Nuestro Señor por me haber sacado de tantos y tan grandes peligros y trabajos, haberas traído a tanto sosiego y descanso, y por ver la tierra que en tan en trabajo estaba, puesta en tanto sosiego y conformidad, y allí estuve seis días con los frailes, hasta dar cuenta a Dios de mis culpas."

Entre tanto que Cortés había perdido el tiempo y parte de su riqueza y fortaleza en la desdichada aventura de las Hibueras, el pobre Emperador Carlos V, esperaba con ansiedad los envíos de oro que le llegaban de la conquista de Cortés, pero como ya se dijo Albornoz mal amigo y traidor a la confianza de Cortés, había escrito a Carlos que el Conquistador solamente enviaba presentes de plumas a la Corona y que se quedaba con el oro, y que ni el quinto real enviaba con la debida regularidad. Esos y otros informes llamaron la atención del Emperador, e instaba al Conquistador a que cumpliera con el envío del famoso quinto real. Por esos días se encontraba en la corte el secretario de Cortés, un hidalgo de apellido Rivera, que logró un acuerdo que favorecía al Conquistador, con los títulos de Adelantado de la Nueva España y Caballero de Santiago y el derecho de llevar en su nombre el "Don" y llevar en su escudo de armas en honor de su conquista, lo siguiente:

"En el primer cuartel, una águila negra con dos cabezas, armas del Santo Imperio Romano; en el segundo, tres coronas de oro sobre campo de sable, en memoria de los tres reyes de la confederación mexicana que había vencido; en el tercero un león de oro sobre campo de gules; en el cuarto, la ciudad de México sobre el agua. Por orla, en campo amarillo siete cabezas en una cadena cerrada por un candado encima un yelmo con su timbre."

Todo lo anterior a cambio de que Cortés enviara al Emperador la cantidad de doscientos mil pesos de oro.

Empero, mientras en la Corte se hacían los anteriores asientos, seguían llegando a México las peores noticias y de Cortés ninguna, no hacía falta que las cartas hablaran bien o mal del Conquistador, lo cierto era que él no se encontraba en su puesto. En la Corte no le faltaban enemigos que hacían esfuerzos por evaluar sus yerros convirtiéndolos en crímenes, y Cortés no aparecía por ningún lado. Se insistía en que había asesinado a su esposa y a Garay, que tenía un astillero en el sur para construir navíos y escaparse a Francia, que conspiraba en contra del Emperador para erigirse en rey independiente; que poseía tesoros fabulosos que ocultaba a la corona y que contaba con la complicidad de sus adictos capitanes. Se asegura que el Emperador pensó desconocerlo y privarlo del gobierno que le reconocía para darlo al hijo del gran descubridor, Don Diego Colón a cambio de que dejase el gobierno de la isla, la Española.

Mas, Cortés no estaba solo, tenía poderosos amigos que tomaron su defensa, entre ellos el Duque de Béjar y el Prior de San Juan, don Juan de Zúñiga, tío de doña Juana, hija del Conde de Aguilar, con quien más tarde Cortés se casaría. El duelo se entabló y los amigos del Conquistador sostenían que los honores concedido a su persona eran pocos, si se tomaban en cuenta sus grandes hazañas y los servicios que había prestado a la Corona.

La lucha se prolongaba y la ausencia de Cortés laboraba en su contra, pues no aparecía por ninguna parte y el desorden y hasta visos de anarquía se experimentaban en la Nueva España.

La corte más bien intrigaba que convencida, ordenó una investigación, por lo que se nombró a una persona de recto criterio para que se encargara de tomarle juicio de residencia a Hernán Cortés nada más y nada menos que al Conquistador. El nombramiento para esa misión, recayó en el Licenciado Luis Ponce de León, quien llegó a la Ciudad de México, cuando Cortés aún hacía oraciones en el monasterio donde se había retirado a su llegada a la capital de la Nueva España, pero tan luego que supo de la presencia de tan importante personaje, abandonó su retiro y ordenó se le hiciera al licenciado Ponce de León, un recibimiento digno de su persona, se le ofreciera un banquete en Iztapalapa a donde llegó según Casasola a fines de junio y tomó el gobierno el 4 de julio de 1526, y se le alojara con todas las comodidades que merecía su investidura; ya en la ciudad de México, Corté salió a recibirlo en persona, pero el juez recién llegado, rehusó todas las atenciones que se le prodigaron para permanecer independiente del Conquistador y no dar lugar a que se pensara que lo favorecía. Además, había sido prevenido por los enemigos de Cortés, de los ardides en hizo caer a Pánfilo de Narváez, Cristóbal de Tapia y a Francisco de Garay.

En las acusaciones que se le hacían a Cortés sobre los "ardides" en que hizo caer a Narváez, sobra decir que fue un enfrentamiento, auspiciado por Diego Velázquez, en su afán incansable de castigar a Cortés por haberlo desconocido. Y en ese enfrentamiento el éxito fue para el más audaz y más hábil. No hubo traición, al contrario, Narváez despreció las proposiciones que Cortés le hizo, para que juntos conquistaran todo el imperio mexicano y se lo repartieran.

Sobre Cristóbal de Tapia, tal vez allí sí hubo "ardid", pero un ardid que convenció al supuesto gobernador, porque sus provisiones no eran reales, se fincaban en un favor recibido para arrebatarle a Cortés su conquista. Pero el ardid tuvo más efecto cuando a Cristóbal de Tapia lo convenció la cantidad de oro que recibió para anular por sí mismo el nombramiento que lo acreditaba como gobernador.

En cuanto a Francisco de Garay, el pobre no tenía tamaños de conquistador, pues después de buscar a Pinedo, su teniente, sin hallarlo, y fracasar en sus intentos de conquista por el Río de las Palmas, se acogió al amparo de Cortés, quien lo recibió, lo honró y hasta hizo tratados con él, pero murió estando en la ciudad de México.

Mas, Ponce de León sorprendido cuando se encontró con un Cortés atento y respetuoso, lleno de urbanidad. Nunca Cortés actuó con más prudencia y talento político, supo situarse en su lugar para presentar una imagen diferente a la que habían presentado sus enemigos.

Al día siguiente de la llegada del juez residencial, convocó en la iglesia al cabildo para dar a conocer sus credenciales y el propósito de su visita, que conocidas por Cortés, las tomó, se las puso en la cabeza y dijo que las respetaría, y en el acto le entregó la vara de Justicia Mayor de la Nueva España y humildemente se sometió a los dictados del nuevo juez, quien causó la mejor impresión, tanto en Cortés como en los miembros del Cabildo y demás residentes en la Capital.

Escribe Bernal Díaz sobre la opinión que se formó el licenciado acerca de Cortés diciendo:

"..que el mismo Luis Ponce dijo secretamente al alguacil mayor Proaño, y a un Bocanegra, que ciertamente que parecía que Cortés en todos los cumplimientos y en sus palabras y obras que era de muchos años atrás gran señor."

Mas, dentro de la comitiva del licenciado Luis Ponce de León, llegaba un fray Tomás Ortiz, ambicioso o intrigante, que pensaba obtener alguna dádiva de Cortés o predisponerlo para perderlo frente al juez de Residencia y que el dicho fraile, comunicó un secreto a tres amigos de Cortés, que el licenciado Ponce de León, traía mandado de su Majestad cortarle la cabeza a Cortés; y cuando el Capitán castellano se fue a su aposento, muy de mañana según Bernal Díaz, en secreto dijo a Cortés:

"Señor Capitán, por lo mucho que os quiero y de mi oficio y religión es avisar en tales casos, hágalo, señor, saber que Luis Ponce trae provisiones de Su Majestad para os degollar."

Cortés, según Bernal, se puso preocupado, pensativo, pero sabía que el fraile era dado a meter chismes para enemistar a cualquier persona con otra, y pensó que no debía creerle todo lo que le informaba, ni le pidió que intercediera por él, ni le ofreció nada, dejó pasar los días y ello sería su mejor defensa.

## SE PREGONA LA PRESIDENCIA GENERAL EN CONTRA DE CORTÉS Y OTROS CONQUISTADORES

Pregonada la residencia de Cortés y otros conquistadores, salieron a flote todas las quejas que se hacían al Capitán Castellano, presentaron los quejosos sus pleitos con testigos. Unos alegaban que en el reparto del oro no les dio lo que les correspondía, otros que no les dio indios, de acuerdo con lo que Su Majestad había mandado y que en cambio les dio a su padre, Martín Cortés y a otras personas llegadas de Castilla que no tenían ningún mérito; otros le demandaban los caballos que les mataron en la guerra, ya que había mucho oro con el que les podía pagar. Juan Juárez le puso demanda por la muerte de su hermana doña Catalina Juárez y otras muchas demandas que se le presentaron al Juez de Residencia.

Mas, comenzados los juicios y el llevar a cabo las investigaciones, el licenciado Luis Ponce de León, regresaba de oír misa del monasterio de San Francisco, le atacó "una muy recia calentura y echóse en la cama y estuvo cuatro días amodorrido sin tener el sentido que convenía, y todo lo más del día y de la noche era dormir; y después que aquello los médicos que le curaban, que se decían licenciado Pedro López y el doctor Ojeda y su médico personal que traía de Castilla." Los tres médicos opinaron que el licenciado Ponce de León debía confesarse y hacer testamento, lo cual hizo lo primero con toda contricción, y en lo segundo delegó sus poderes a un letrado llamado Marcos de Aguilar, viejo y enfermo de sífilis, y que Bernal Díaz describe que esta "ético", y que se alimentaba directamente de leche en el seno de una nodriza y de unas cabras que tenía.

Pasados ocho días de la enfermedad del licenciado Luis Ponce de León, murió el 20 de julio de 1526, y murieron otras treinta personas que con él llegaron en el navío que los trajo de Castilla, pero fray Tomás Ortiz, volvió a la carga haciendo circular la versión de que fue Cortés el que provocó la muerte del Juez de Residencia.

Envuelto en estos acontecimientos, los amigos de Cortés le instaban que tomara el mando del gobierno, pero este legalista como siempre, se negó esperando que el tiempo siguiera su marcha y con ello, se aclarara la situación de tan embrollados sucesos.

Cortés conservaba los cargos de Capitán General y Administrador de Asuntos Indígenas, por lo que se creía con derecho a ejercer esas funciones, en tal virtud, hizo pregonar unas ordenanzas para la protección de los indios. Pero Aguilar instigado por la oposición, le negó a Cortés el derecho de ejercer esas funciones, por lo que en el acto Cortés renunció a esos cargos, y escribió al Emperador diciendo:

"Pienso que vuestra Majestad se irá satisfaciendo de mi limpieza, pues no solamente obedecía y cumplía lo que el juez enviado por V. M. me mandó, pero aún obedezco y cumplo todo lo que me manda el juez que no tengo por competente ni sé su es mandado por V. M., ni por su Consejo, en lo cual padezco harto disfavores y no tal tratamiento cual mis servicios merecen, ni creo que V.M. lo consentiría su lo viese." Y agrega como su razón primera: "Sobre todas las cosas del mundo, yo he deseado dar a conocer a V.M. mi fidelidad y obediencia."

A Hernán Cortés le preocupaba que el Emperador no viera con claridad la sinceridad de su conducta, mucho le hería que se hubiera propagado la versión de que se quería proclamar independiente, cuando llevaba tan arraigada la creencia del origen divino de las Coronas Reales. En esta etapa de su vida, el Conquistador se había vuelto más prudente, más reflexivo, ya no era el guerrero temerario que fue. Por eso toleró a sus dos enemigos más encarnizados, Salazar y Chirino. Escribe Bernal Díaz que si Cortés al volver de las Hibueras los hubiera "despachado, no habría en Castilla quien dijera 'mal hizo', y su Majestad lo tuviera por bien hecho." Empero a Cortés le afligía que existiera la posibilidad de que una grave acusación hubiera "puesto alguna niebla o obscuridad ante los ojos de V. Grandeza."

Otra espina traía clavada el Capitán castellano, había presentado demanda de la confiscación y venta de sus bienes para aplicar el producto en la celebración de misas cuando lo creían muerto en las Hibueras, se gastaron cuantiosas sumas con ese motivo y se castigaron y casaron a algunas esposas de soldados y aplicaron tormento a las que se negaron en la muerte de los expedicionarios ausentes, una de ellas era Juana de Mancilla, que sostuvo que Cortés y su hueste vivían.

Pero la situación en la Nueva España se seguiría complicando, ya que el anciano enfermo Tomás de Aguilar, murió el 1º de marzo de 1527, por lo que el cabildo nuevamente insistió a Cortés para que asumiera el gobierno, pero el Conquistador, nuevamente se negó; entonces el cabildo reconoció por Gobernador y Justicia Mayor a Alonso de Estrada, a quien Aguilar había designado en su testamento como heredero del poder, peor el cabildo logró que Gonzálo de Sandoval formara parte del gobierno y que en cualquier asunto, se consultara a Cortés antes de tomar alguna decisión. Aguilar gobernó en la Nueva España hasta su muerte el 1º de marzo de 1527.

Según Bernal Díaz, Cortés nada tuvo que ver con la muerte del licenciado Ponce de León y menos con la del viejo enfermo Tomás de Aguilar, pero sus enemigos no descansaban en cargarle al Conquistador todo el mal que pudieran hacerle. Escribieron a la Corte que Cortés había envenenado a Ponce de León, a Aguilar y al Adelantado Francisco de Garay y que quería darles muerte al factor y veedor que estaban presos en jaulas. Y por su parte el contador Albornoz, no descansaba en atribuirle a Cortés todo tipo de maldades y desmanes en contra de los conquistadores. Agregaban en las acusaciones el desbarate de Narváez, el rechazo de Tapia y la muerte de doña Catalina Juárez, la que había sido esposa de Cortés.

Vistas las acusaciones por su Majestad y en su Real Consejo de Indias, se ordenó que solamente gobernara Alonso de Estrada y que se diera por bueno todo lo que él hubiera hecho y que se pusieran en libertad al factor y el veedor y se le devolvieran los bienes. Y en posta se enviaba un navío con las debidas provisiones para castigar a Cortés por todos los delitos que se le imputaban. Escribe Bernal Díaz sobre este pasaje:

"...mandó que luego viniese un caballero que se decía don Pedro de la Cueva, Comendador Mayor de Alcántara, y que a costa de Cortés trajese trescientos soldados, y que si le hallase culpado le cortase la cabeza y a los que juntamente con él habían hecho algún deservicio de Su Majestad, y que a los verdaderos conquistadores que nos diesen de los pueblos que le quitasen a Cortés y así mismo mandó proveer que viniese Audiencia Real, creyendo que con ella habría recta justicia."

Mas, don Pedro de la Cueva por razones de dinero, no emprendió el viaje por que se creyó que con la Audiencia Real era suficiente para hacer justicia y porque además, el Duque de Béjar quedó como fiador de Cortés y su partido.

## DESTIERO DE CORTÉS

Empero, al verse libres el veedor y el factor, hablaron con Alonso de Estrada, ahora favorecido por el Monarca para que desterrara a Cortés, pues aseguraban que mientras el Conquistador estuviera en la ciudad, jamás habría paz, por lo que notificado Cortés de esa disposición, se retiró a Coyoacán, luego a Texcoco y desde ese lugar en pocos días se dirigió a Tlaxcala.

En esa sazón la mujer del tesorero, Alonso de Estrada, doña Marina Gutiérrez de la Caballería, dama de muchas virtudes, supo lo que su marido le había hecho al Conquistador y poner libres al veedor y al factor, dijo a su marido: "plego a Dios que estas cosas que habéis hecho no nos venga mal de ello." Y le recordó todos los favores y bienes que había derramado en ellos y los pueblos de indios que les dio y que procurara amistad con él, y lo hiciera retornar a la ciudad de México.

Por el trato que Estrada dio al Conquistador, hemos de repetir un pasaje de don Salvador de Madariaga, cuando escribe:

"Por su parte Cortés y los suyos aportaban a la situación los errores de juicio y conducta que la lucha menuda de incidentes mezquinos en una sociedad reducida suele provocar aún en los mejores. En toda esta fase de su vida, Cortés se hallaba en situación penosa y difícil." Soportó con verdadera dignidad el hecho de que Estrada mandara cortarle una mano a uno de sus criados, cuando tenía en ascendiente sobre españoles y nativos para destruir a Estrada en el momento que quisiera; pero su abnegación y su tolerancia de nada le servían ante un hombre que carecía de la altura moral que necesitaba para juzgar a Cortés y a sus hombres.

Por esos días, el carácter del Conquistador antes violento, ahora apacible, jamás se le vio tan manso, tan prudente, tan legalista y sumiso, cuando se le notificó el destierro apenas dijo:

"Doy gracias a Dios, que es servido que de las tierras y ciudad que con mis compañeros he descubierto y ganado, derramado de día y de noche mucha sangre y muerte de tantos soldados, me vengan a desterrar personas que no son dignas de bien ninguno, ni de tener los oficios que tienen de Su Majestad. Iré a Castilla a dar relación de ello a Su Majestad y demandar justicia."

Sus compañeros de andanzas sentían suma tristeza al ver el trato que recibía su Capitán, entre otros Diego de Ordáz le instaba a que antepusiera su nombre el "Don". Bernal Díaz del Castillo que tanto lo trató escribe:

"No le he nombrado ni le nombro Don Hernando Cortés, no otros títulos de marqués ni capitán, salvo Cortés a boca llena; la causa dello es porque el mismo se preciaba de que llamasen solamente Cortés."

Parece que Cortés y Bernal Díaz se habían puesto de acuerdo, ¿quién podría dudar que no tuvieran razón? Si en toda España el solo nombre de Cortés llenaba el pensamiento y corría de boca en boca. Y Bernal Díaz añade:

"Porque eran tan temido y estimado este nombre en toda Castilla como en tiempo de los romanos solían tener a Julio César o Pompeyo, y en nuestros tiempos teníamos a Gonzálo Hernández por sobre nombre Gran Capitán, y entre los cartagineses, Aníbal o de aquel valiente caballero Diego García de Paredes."

Mas, Hernán Cortés, hombre singular, que con sus hazañas ya habían alcanzado fama y gloria populares, era abandonado por la Corte y la gente sin méritos de toga y espada, le perseguía con continuas acusaciones para arrebatarle su conquista del Nuevo Mundo, don Cristóbal Colombo, como si las vastas conquistas de Cortés constituyeran tan sólo una mayordomía.

Escribe a su padre, su confidente más íntimo y en esa carta se ve el anhelo más caro del Conquistador, quiere verse vindicado y reconocido como el servidor más leal de la Corona, y manifiesta el deseo de que se le recibe en la Corte, cuando dice:

"Su Majestad me hiciera merced de tomar muy estrecha cuenta para que yo por ella pudiera quejarse de los disfavores que tan sin merecimiento Su Majestad ha sido servido de me mandar hacer." Y añade cuando le pide a su padre que insista para que se le reciba:

"Porque más quiero que Su Majestad conozca mis servicios y lealtad con que los he hecho, que todos los estados y tesoros del mundo." Y agrega algo más de sus íntimas razones:

"Porque yo tengo por mejor ser rico de fama que de bienes."

En vano fueron los esfuerzos que hicieron doña Marina de Gutiérrez y Fray Julián Garcés, primer obispo de Tlaxcala, recién llegado de España, por conciliar a Cortés con Alonso de Estrada, nada se consiguió; por lo que el Conquistador determinó por fin, ir a Castilla a hacer valer sus derechos y sus méritos. Antes de partir, debió asegurar sus bienes, encomendándolos a personas de su confianza, entre ellos al licenciado Juan Altamirano.

Estaba Cortés haciendo sus preparativos para salir rumbo a España, cuando le llegaron cartas, del Presidente de Indias, don García de Loaísa y del duque de Béjar y de otros grandes personajes, en las que lo decían que como estaba ausente de la Nueva España, se renovaban las quejas ante su Majestad, "y que fuese en todo caso a volver por su honra, y le trajeron nuevas de la muerte de su padre, Martín Cortés." Esta última noticia debe haber golpeado el alma del recio Conquistador, agregó sobre el luto de su mujer, el luto de su padre. A partir de ese momento apresuró su viaje, ordenó a su mayordomo Pedro Ruiz Esquivel, que aparejara otros dos navíos que habían llegado, además de los dos con que ya contaban y que pusiera todo el fardaje necesario, como si fueran a navegar unos dos años. Mas, Esquivel en una de sus idas y venidas, desapareció en la laguna grande y no se supo más de él sino hasta que se encontró en una isleta, la mitad de su cuerpo carcomido por las aves de rapiña, pero jamás se supo quién dio muerte a él y sus compañeros.

Cortés al saber de la desaparición de su mayordomo que bien estimaba, dispuso otros mayordomos para que le tuvieran aparejadas sus naves con los bastimentos como ya se dijo antes, incluyendo pipas de vino y enseguida mandó pregonar su partida y ofreció llevar gratuitamente a los españoles que le quisieran acompañar.

A la cabeza de su séquito iban Gonzálo de Sandoval y Andrés de Tapia, numerosos hijos e hijas de los vencidos nobles mexicanos, llevaban presentes de plumas montados en oro, barras de oro, mantas de calidad y muchas filigranas trabajadas por los artistas mexicanos.

Los cronistas no se han puesto de acuerdo en qué día, Cortés se hizo a la mar para ir a España. Unos dicen que fue el domingo 7 de marzo, otros que fue el miércoles 17 del mismo mes de 1528. Bernal Díaz escribe que el viaje duró 42 días, por lo que Cortés debía desembarcar en el Puerto de Palos hacia la segunda quincena de abril. El mismo Bernal Díaz escribe que el viaje lo hizo directo sin tocar la Habana, ni ninguna otra isla y que llegaron al Puerto de Palos cerca de Nuestra Señora de la Rábida. "Y de que se vieron en salvamento en aquella tierra hincan las rodillas en el suelo y alzan las manos al cielo dando muchas gracias a Dios por las mercedes que siempre le hacía; y llegaron a Castilla en el mes de diciembre de mil quinientos veintisiete años."

Ateniéndonos a ésta fecha, Cortés se embarcaría en Veracruz, en el mes de octubre de 1527.

En los días que Cortés y su séquito llegaron a España, Cortés se retiró a la Rábida y sus acompañantes debieron hospedarse en la villa de Palos, entre ellos Gonzálo de Sandoval que iba muy enfermo fue a dar a una posada que era de un cordero, que hacía artefactos de jarcias y cables, y que en un momento dado, entró al alojamiento del enfermo que estaba solo y se apoderó de trece barras de oro, salió de la posada y huyó, Sandoval no pudo dar voces de auxilio por temor a que lo estrangulara o lo asfixiara con la almohada; al entrar los criados del enfermo presto mandó avisar a Cortés del robo, quien acudió en el acto ante Sandoval, pero aunque puso mucha diligencia en la pesquisa, el ladrón se acogió al amparo de Portugal y ya nada se le hizo.

Mientras tanto la enfermedad de Sandoval seguía avanzado, los médicos que lo atendían, se convencieron de que no tenía remedio, le aconsejaron que se confesara y que hiciera testamento; nombró por albacea a Cortés y heredó a sus hermanas y ya en paz con su conciencia murió allí en la villa de Palos y fue enterrado en el monasterio de la Rábida. Cortés y los hombres de su compañía, honraron al capitán fallecido y llevaron luto muchos días.

A continuación Cortés queriendo dar cuenta de su presencia en Castilla, escribió al Emperador, al Duque de Béjar, al Cardenal de Sigüenza, al Conde de Aguilar y a sus más valedores que le tenían afecto, hico relación de su llegada y de la muerte de Sandoval, la cual fue muy asentida por todos, pues tenía fama de esforzado, noble y valiente, y quizás de los conquistadores el menos cruel.

Cuando las cartas de Cortés llegaron ante su Majestad y se enteró de su contenido, sintió una suma alegría por la llegada del Conquistador, los demás señores también se alegraron aunque les pesó la muerte de Sandoval. Ahora tendrían la oportunidad de aclararse todos cargos y quejas en contra de Cortés.

De los grandes señores, el Duque de Béjar, era el que más entusiasmo tenía pues él había sido tres veces fiador de Cortés, y en las tres veces, había puesto su cabeza para responder de él.

Por su parte, el Emperador ordenó que por todas las ciudades por donde pasara Cortés, se le hicieran muchas honras. El Duque de Medina Sidonia a su paso por Sevilla le hizo muchos honores y le prestó si es que no le regaló, dos caballos de gran alzada. Se detuvo en Sevilla dos días que le sirvieron de descanso. A continuación a marchas y "largas" jornadas, Cortés y su séquito, siguieron su camino y al pasar por el templo de "Nuestra Señora de Guadalupe", se detuvo a hacer oración, lugar donde residía la señora doña María de Mendoza, mujer del comendador mayor de León, don Francisco de los Cobos, le acompañaban muchas damas de grande estado, entre las que estaba su hermana aún doncella. El Conquistador hizo sus oraciones, dio limosnas a los pobres y con su triple luto, fue a presentar acato a la señora de Mendoza y su hermana que era muy hermosa y a las damas que les acompañaban. Ya se ha dicho que Cortés era de expresión elocuente y viva franqueza y su riqueza la mostraba obsequiando ricos presentes de oro y pedrería, lo que hizo con las damas en la villa de Guadalupe, ganándose con ello la simpatía de la señora de Mendoza y su hermana doña Francisca de Mendoza, que era soltera. Y como Cortés se mostrara muy asiduo con esta dama, despertó en la doncella, dulces esperanzas de amor que terminarían en matrimonio, matrimonio que no se llevaría a cabo, debido a que Cortés ya estaba comprometido con doña Juana de Zúñiga, familiar de los Béjar. Entonces viendo frustradas sus pretensiones, las hermanas Mendoza, antes tan vehementes abogadas del Conquistador, después se mostraron sus más enconadas enemigas. Bernal Díaz afirma que ese embrollo de amor, le costó al Conquistador, el virreinato de la Nueva España.

Concluidos los acatos, los presentes y los flirteos, Cortés siguió su camino en dirección a la Corte que por entonces se encontraba en Toledo. Las damas también habían regresado; Cortés escribió a doña María, al Duque de Béjar y al Almirante de Castilla para que fuera recibido en la Corte.

Debe haber sido en octubre de 1525, cuando Cortés precedido de su fama de Conquistador y de –escribe Bernal Díaz- "…tantos buenos servicios le ha hecho a la Corona y de quién tantos malos le han informado que hacía con mañas y astucias. Pues llegado a la Corte, Su Majestad le mandó señalas posada."

Cuando el Duque de Béjar, el Conde de Aguilar y otros grandes señores supieron de su llegada, le salieron a recibir, prodigándole honores de grande.

El día siguiente Cortés acompañado del comendador de León, el almirante de Castilla y el Duque de Béjar, "…y con licencia de Su Majestad, fue a besarle sus reales pies,..." en seguida puesto de rodillas el Conquistador, demandó licencia para hablar. Dice Bernal Díaz sobre este pasaje:

"...y Su Majestad le mandó levantar, y luego representó sus muchos servicios y todo lo acaecido en las conquistas e ida de Honduras, y las tramas del factor y veedor; y recontó todo lo que llevaba en la memoria, y porque era muy larga relación y por no embarazar más a Su Majestad en otras pláticas, dijo: 'Ya Vuestra Majestad está cansado de oírme'."

Y presentó al Emperador un memorial que llevaba, y volvió a hincar las rodillas en el suelo, para besarle los pies por las mercedes que le había concedido al recibirlo y oírle.

El Emperador escuchó con suma atención, la exposición que con vehemente elocuencia le hizo el Conquistador; la claridad de sus palabras en la exposición de los hechos, deben haber dejado casi convencido a Carlos V, de que Cortés era sincero y de que los informes en su contra no pasaban de ser burdas calumnias, no pasaban a ser más que frutos de la envidia y del rencor. Pero no obstante haberle creído, no le devolvió la Gobernación de la Nueva España. Le concedió otras mercedes, pero no el gobierno que había perdido el Conquistador.

## HERNÁN CORTÉS, MARQUÉS DEL VALLE DE OAXACA, CAPITÁN GENERAL DE LA NUEVA ESPAÑA Y CABALLERO DE LA ORDEN DE SANTIAGO

En las pláticas que siguieron, Cortés solicitó del Emperador, la Gobernación de la Nueva España, como reconocimiento a sus grandes servicios. Escribe Francisco Hernández de Gómara:

"Pidió la Gobernación de México y no se la dio; porque no piense ningún conquistador que se le debe. Que así lo hizo el Rey Don Fernando con Cristóbal Colón, que descubrió las Indias, y con Gonzálo Hernández de Córdoba, Gran Capitán, que conquistó Nápoles."

Si el criterio de la Corona era que a ningún conquistador se le debía su conquista, tal vez en otras latitudes así haya sido, pero respecto de la conquista del reino de los mexicanos, en honor a la verdad, la conquista del reino azteca, sí se le debió solamente a Cortés y sus capitanes, y sólo ellos lo lograron. No recibió auxilio de nadie y por el contrario lo combatían y lo querían exterminar. Cortés conquistó un vastísimo territorio que puso a los pies de un monarca, que ni siquiera sabía que Cortés existiera, y si lo supo, se lo presentaron como un salteador, como un traidor que no merecía que se le tomara en cuenta y menos que se le ayudara y se le reconociera después su mérito de conquistador.

Carlos V, le regateó la Gobernación y en cambio le ofreció un marquesado con 23 mil vasallos en el llamado Valle de Oaxaca, vastos dominios rurales, donde recibiría tributos de señor feudal; solares en la Ciudad de México y el título de Capitán General de la Nueva España. Y por último, lo hizo Caballero de la Orden de Santiago, título que el Conquistador jamás ostentó, porque además aspiraba el de Comendador, que no se le otorgó, no obstante que uno de sus subalternos, Pedro de Alvarado ya ostentaba. De cualquier manera, Cortés con tantos méritos en su conquista, quedó defraudado ya que el Emperador no lo supo comprender y pecó de ingrato. Solamente recibió la promesa de que esperara para más tarde, en que tal vez se le otorgara algo mejor.

Cortés privado del Gobierno de la Nueva España, y frustrado en sus ambiciones, se refugió en su vocación de conquistador y negoció con la Corona unas capitulaciones, por las que se le autorizaba descubrimientos y conquistas por el Mar del Sur. En las capitulaciones se le autorizaba para que al descubrir cualquier isla o tierra firme y desde ese momento se le dio el título de Gobernador. "... y todas las demás preeminencias y ventajas que se usaban dar a los descubridores."

No obstante, Cortés al no haber recobrado el gobierno que por su expedición a las Hibueras había perdido, en la Corte había llegado al cenit de su gloria y su fama; el Emperador al fin le había reconocido sus grandes méritos, y ello quedó evidenciado, cuando el Conquistador en Toledo, cayó enfermo de gravedad, tan grave, que se temió por su vida y entonces el Emperador a sugerencia de Cobos y Béjar, le fue a hacer una visita al enfermo. Honra suprema que recibió Cortés, pero que pareció –dice don Salvador de Madariaga- "una arma de dos filos", por la vivísima reacción que provocó en los enemigos del Conquistador. Brotaron por todas partes los chismes y las intrigas, los ataques y las habladurías, que bien le herían, pero que se iba acostumbrando a oírlas. Escribe Bernal Díaz: "Un domingo llegó tarde a misa adrede, cuando ya el Emperador había ocupado su sitial,... y pasó delante de algunos de aquellos ilustrísimos señores con su falda de luto alzada y se fue a sentar cerca del Conde de Nasao, que estaba su asiento más cerca del Emperador, y desde ansí lo vieron pasar delante de aquellos grandes señores de salva, murmuraron de su gran presunción y osadía." Sus amigos el Conde de Aguilar, el Duque de Béjar y el Almirante de Castilla, hicieron valer la versión de que Su Majestad le había mandado expresamente se sentara cerca del Conde Nasao para honrarle. Por ese hecho se le trató de advenedizo. Pero Bernal Díaz escribe que "Cortés había ganado tantas tierras que toda la cristiandad le era en cargo, mientras que los estados que ellos tenían los habían heredado de sus antepasados."

El grupo Béjar, trata de forzar al Emperador para que le conceda a Cortés el Gobierno de la Nueva España, pero el grupo de los Cobos
ya le ha retirado su apoyo, y Su Majestad recibe sino con enojo, sí con desagrado tan insistencia, Cortés, entonces recurre al Conde Nasao por intercesor, pero el Emperador en Barcelona, en vísperas de marchar hacia Italia manifiesta que ya no quiere hablar de ese asunto; y dice que el propio Cortés como Marqués, tiene más rentas que Nasao en Europa. A Cortés no le queda más, se resigna y se dispone a contraer nupcias con doña Juana de Zúñiga.

Doña Juana de Zúñiga, según Francisco Hernández de Gómara, era mujer de familia ducal, joven y hermosa, Cortés de antemano había concertado su matrimonio con esta dama, cuando la conoció, un vivo amor nació en su alma de guerrero insensible, por lo que debe haberse casado con ella enamorado como un jovenzuelo. Su boda debe haber sido todo un acontecimiento, los regalos sobre todo fabulosos, en especial cinco esmeraldas de diversas formas que constituían cada una toda una fortuna, no sólo por el tamaño, sino por el artificio de cómo estaban trabajadas por la genial mano de artistas mexicanos. Una representaba una campana que llevaba como badajo una perla, otra un pez, otra en forma de trompeta, otra en forma de rosa y una más tenía la forma de taza. Estas joyas realzaron la riqueza y la fama de Cortés, de tal manera que despertaron en la misma reina doña Isabel, una verdadera envidia, que poco después de convirtió en odio, a tal grado que constituida la primera audiencia, le giró una disposición para que al conquistador, no se le permitiera acercarse a la ciudad de México a diez leguas a la redonda.

## PRIMERA AUDIENCIA
### 1527-1531

El odio y al envidia que anida en el alma de hombres mediocres, incapaces de alcanzar las cumbres excelsas de la fama, y que como reptiles se arrastran por el suelo, para estorbar y causar el mayor daño a los hombres que se destacan por el solo hecho de ser superiores, en sus anhelos o en su conducta. El odio, repetimos, que alimentaba la facción contraria a Cortés, había sentido una viva decepción, cuando fueron testigos de que el Emperador, aunque no le concedió al Conquistador el gobierno que solicitaba, sí lo había vindicado de todas las acusaciones que en su contra habían presentado, y además, le había concedido mercedes de señor feudal. Entonces se avivó la envidia y al designarse la Audiencia, vislumbraron la oportunidad de seguir hostigando a Cortés, por lo que al ser nombrada la Real Audiencia para que investigara la actuación del gobierno de Cortés, el odio escogió a hombres enemigos implacables del Conquistador; su presidente el licenciado Nuño Beltrán de Guzmán, despiadado conquistador que llegó a México como gobernador de Pánuco, en compañía del licenciado Luis Ponce de León, Juez de residencia del Conquistador. El odio de Nuño Beltrán de Guzmán por Cortés, no tenía límites, al grado de que un hospital fundado por Cortés en 1526, por el rumbo de la Tlaxcapana, destinado a leprosario, cuando Nuño fue nombrado presidente de la Real Audiencia, lo expropió para convertirlo en su casa de campo.

Cuando Carlos V, por cédula del 13 de diciembre de 1527, expedida en Burgos, España, para crear la Primera Audiencia Real, con amplias facultades para gobernar la Nueva España; equivocadamente arrebató el gobierno que correspondía al Conquistador, para entregarlo a un bandolero, que no había participado en la guerra de conquista y cuyo mérito único era la crueldad.

Formaban parte de la Real Audiencia, además de Nuño como presidente, el licenciado Juan Ortiz de Natienzo, Alonso de Parada, Francisco Maldonado y Diego Delgadillo. Mas, al llegar a la ciudad de México murieron Francisco Maldonado y Alonso de Parada, por lo que la Real Audiencia se redujo a tres miembros, que olvidando su cometido se dedicaron a realizar toda clase de atropellos, abusos, hurtos, queriendo hacerse ricos en poco tiempo y arruinar a Cortés.

Con los Oidores llegaba a la Nueva España, uno de los prelados más ilustres de ese tiempo, fray Juan de Zumárraga, Primer obispo de México, quién al observar la conducta punible de los componentes de la Audiencia, con fecha 27 de agosto de 1529, escribía al Emperador una extensa información de las exacciones cometidas, por Nuño, Matienzo y Delgadillo.

Por otra parte, las quejas en contra de Guzmán no cesaban, en particular, su horrendo tráfico de esclavos, que había organizado en Pánuco, donde se aseguraba que tenía 17 navíos cargados de nativos herrados, dispuestos a la explotación. Pero si por un lado se acusaba a los Oidores de sus fechorías, por otra parte había conquistadores que los apoyan, asegurando "...que cumplían lo que Su Majestad mandaba". Y cuando los frailes acusaban a Guzmán de crueldad, éste respondía acusando a los prelados y frailes de ambición y deslealtad a la Corona. Pero los obispos y frailes ostentaban una santa razón al protestar por la inhumana manera que empleaban los magistrados de la Audiencia de herrar a los nativos, que en plan de vencedores tomaban prisioneros, para luego venderlos y obtener pingües ganancias. Escribe Bernal Díaz: "...y los vendían los criados del Nuño de Guzmán y del Delgadillo y Matienzo, pues en lo de Pánuco, herraron tantos aína despoblaron aquella provincia".

Por esos días la Audiencia, o más bien sus componentes, se creían con poderes obnímondos, pues se habían ensoberbecido tanto, que estaban en constante pugna en contra de la iglesia; al grado de que dos perseguidos, que buscaron asilo en un templo, los corchetes, sin ningún respeto, los sacaron por la fuerza de ese lugar sagrado, y no valieron protestas ni procesiones encabezadas por los prelados para rescatarlos. Escribe el cronista Herrera: "...que los obispos y frailes que afuera aguardaban, oían los lamentos de los desdichados que habían caído en poder de los esbirros de la maldecida Audiencia. La iglesia excomulgó a los magistrados, pero eso ni les llamó la atención ni les preocupó en lo mínimo, siguieron sus depredaciones y vicios; Guzmán con las mujeres, Matienzo con la bebida y Delgadillo con sus naipes, sin contar con los tormentos que por doquier mandaban dar.

Para evitar un enfrentamiento con sus enemigos mortales de México, Cortés había permanecido en Castilla, hasta que partiera la Segunda Real Audiencia, que suponía no tendría los graves vicios y pasión tiránicas de la primera, pero el Monarca le apremió a tornar a sus dominios, pues creía que el Conquistador por su ascendencia y autoridad, sería un factor valioso de estabilidad en la Colonia. Antes de que fueran designados los magistrados de la Segunda Audiencia, Cortés se hizo a la vela a mediados de abril de 1530 y llegó a Santo Domingo a mediados de mayo, donde pensaba esperar a los magistrados de la Real Audiencia, que a su salida de España, aún no habían sido nombrados, la espera se prolongó cerca de dos meses, pero como su tren de vida era muy costoso, decidió partir hacia México. Navegando con buen tiempo, llegó a Veracruz el 15 de julio de 1530. Cortés en su retorno, dice don Salvador de Madariaga: "...regresaba en plan de magnate, pero ya era un sol poniente". Y Bernal Díaz escribe: "...nunca tuvo ventura en cosa que pusiese la mano sino todo se le tornaba espinas". Mas, la sola presencia de Cortés en la Colonia, llenó de alegría a indios y españoles, todos se volcaron en la primera ciudad a donde llegó, le ofrecieron una gran recepción, y unos y otros se quejaban ante él diciendo: "que sin él habían estado solos" y en cuanto había llegado a Veracruz, se hizo pregonar Capitán General.

Mientras tanto, la Audiencia presidida por Nuño y sus dos secuaces dispusieron por bando, prohibiendo a los nativos bajo pena de severos castigos, no se le diera a Cortés y su séquito, entre los que se encontraba gente de Iglesia y de Corte, incluyendo su propia madre, que no se le diera ningún servicio. Esta tiránica táctica de prohibiciones tendía a provocar a Cortés a que se rebelara y entonces tener material de acusaciones, pero Cortés era un viejo lobo, intuía el peligro por donde quiera que asomara y no se tragó el anzuelo.

Avanzó, llegó a Tlaxcala y el 9 de agosto, llegó ante él, un escribano, para leerle una orden suscrita por la emperatriz, en la cual se le prohibía a él y a su mujer entrar a la ciudad de México, o en lugar alguno a menos de diez leguas, so pena de severas sanciones. Cortés, político legalista, tomó la carta real y según el protocolo de ese tiempo, la besó, se la puso sobre la cabeza y concluidas las ceremonias, manifestó que la obedecería en todas sus partes. El escribano se quedó turulato, porque en contra de todo lo que esperaba, Cortés no se rebeló. Poco después el Capitán General, avanzó hasta Texcoco, ya que no se sabía a ciencia cierta si esa ciudad estaba o no a diez leguas de distancia de la capital de la Nueva España.

Los punibles oidores con su presidente, temerosos o fingiendo temor, fortificaron la ciudad como si de veras fuera a ser acatada. Cortés al saber esos preparativos, comisionó al prior de Santo Domingo y al obispo de Tlaxcala, para comunicar a los tres indignos mandatarios, que venía como Capitán General a mantener el orden en servicio del Rey, y no a lanzarse en contra de la autoridad. Pero claro está, entre tres bandoleros y un hombre investido de distinguidas dignidades, no podía haber paz ni entendimiento, supuesto que a éste lo habían despojado de sus bienes, vivían en su casa y a sus sirvientes y mayordomos hasta los habían martirizado.

Mas, Cortés nuevamente en la Nueva España, como Marqués del Vale de Oaxaca y del Mar del Sur y Capitán General, fue bien recibido por españoles e indios, su popularidad era tal, que los oidores deben haber temido su presencia en México, por eso la prohibición que entrara en la ciudad de México y la fortificación de éste. Sin embargo, Bernal Díaz escribe:

"Y llegado a México, se le hizo otro recibimiento, más no tanto como solía. Y en lo que entendió fue presentar sus provisiones de Marqués y hacerse pregonar por Capitán General de la Nueva España y de la Mar del Sur y demandar del Virrey y Audiencia Real que le contasen sus vasallos. Y esto me parece a mí que vino mandado de Su Majestad para que se los contase, porque de lo que yo entendí, cuando le dieron el marquesado demandó a Su Majestad que le hiciese merced de ciertas villas y pueblos con tantos mil vecinos tributarios".

Allanadas las dificultades que le habían puesto al Conquistador, como llegaba de España, casado con doña Juana de Zúñiga, fue a instalarse en la Villa de Cuernavaca, con el boato y sus blasones debidos a su rango, donde aposentó a su familia con toda su servidumbre y que nunca más movió de allí, ni a doña Juana llevó a la ciudad de México, para darle a conocer sus dominios. Infiérese que debe haber sido para que la esposa no se diera cuenta del serrallo de indias bonitas que el Conquistador poseía ahí. Aún no había virrey.

## SEGUNDA REAL AUDIENCIA
### 1531-1535

Convencido el Emperador y el Real Consejo de Indias de la anarquía y desorden que vivía la Nueva España y los abusos que cometían los componentes de la Audiencia, y que el mismo Emperador había propiciado con los nombramientos de personajes tan siniestros, para formar el gobierno de una nación, en la que apenas se estaban poniendo los cimientos de su formación; la Corte procuró poner inmediato remedio nombrando para una segunda audiencia, a hombres escogidos, de recto criterio y sano juicio. Entre los designados, figuraban: para presidente, don Sebastián Ramírez de Fuenreal, obispo y presidente de la Real Audiencia de Santo Domingo, como Oidores fueron nombrados: Don Vasco de Quiroga, varón ilustre, de inmarcesible memoria, dotado de un maravilloso talento pedagógico, quien posteriormente dejó en Michoacán una huella educativa que aún perdura, Los otros oidores fueron don Alonso Maldonado, don Francisco Ceinos y don Juan Salmerón. Estos magistrado, fueron investidos con facultades omnímodas, para poner remedio a los males sembrados por la Primera Audiencia, y a cuyos componentes se les sometería a juicio de residencia, para juzgarlos con pago de costas, multas y restitución de bienes a quienes se los hubieran confiscado. A la llegada de la Segunda Real Audiencia se ordenó la aprehensión de Matienzo y de Delgadillo, a Nuño no se le prendió, debido a que sabedor de que era culpable, con su olfato de felino, olió el peligro y se escurrió por el occidente del país, en plan de conquistados y cuando a su tiempo se le llamó para que respondiera de los cargos que pesaban en su contra, se negó volver a la ciudad de México.

Los nuevos magistrados desembarcaron en Veracruz, en los primeros días de enero de 1531 y llegaron a la ciudad de México en el transcurso del mismo mes; hicieron su entrada a la capital, apegándose a las órdenes protocolarias que habían recibido. Cabalgando por ambos lados de una mula ricamente enjaezada con terciopelo, cargaba sobre su lomo una caja que contenía el Sello Real. Se instalaron en las casas de Cortés, intervenidas por la Audiencia anterior, de las que traían instrucciones de comprarle para la Corona. Además, los magistrados habían sido instruidos de darles confianza y respetar a Cortés y al obispo fray Juan de Zumárraga, velar por el bienestar y los derechos humanos de todos los súbditos de la Nueva España, sin distinción de raza, prohibir la esclavitud y castigar con pena de muerte a todo español que herrase a los indios y decretó la libertad para estos sin menoscabo de raza o condición social.

Uno de los primeros actos de justicia de la Segunda Audiencia Real, fue mandar prender a Matienzo y Delgadillo, a quienes sometieron a juicio, fueron encontrados culpables, pagaron una multa de cuarenta mil pesos cada uno y sus bienes intervenidos. Nuño escapó gracias a que andaba de conquistador.

La rectitud y manera de administrar justicia de los magistrados de la Segunda Real Audiencia, muy pronto causó una grata impresión a los habitantes de la Nueva España, y volvió con ello la confianza y tranquilidad de los gobernados. El orden había vuelto, perdido desde que Cortés partió a la expedición de la Hibueras, y aunque la actual Real Audiencia le había pedido al Conquistador que se instalara en la Capital, no por ello dejaba de haber una grieta entre el Capitán General y los magistrados reales, ora por el recuento de los vasallos ora porque los enemigos de Cortés se habían movido con sus intrigas entre los colonos para que al Conquistador en cualquier momento que ordenara algo, no se le obedeciera.

Escribe don Salvador de Madariaga en su "Hernán Cortés", que "Un día que Cortés como Jefe de las fuerzas armadas de la Corona, hizo llamar la alarma, muchos se negaron a acudir, Cortés se quejó al Emperador de que la Audiencia le impidió castigar a los que así se habían negado a prestar sus servicios al Estado, pero la Audiencia explica el caso al Emperador alegando que muchos de los pobladores preferían perder todo lo que tenían, antes que servir a las órdenes de Cortés". Sin embargo, afirma Herrera, que los magistrados de la Real Audiencia, no obstante ser los hombres fuertes del momento, tenían que apoyar su autoridad, en el nombre y prestigio del Conquistador, y no dejaban de reconocer que era un primordial factor para preservar la paz y obtener la obediencia de los indios. Era algo así como el ángel tutelar de la Nueva España, pues no había otro personaje que le igualara en autoridad y en prestigio, ya que había probado muchas veces su capacidad de moderación, sereno equilibrio, para no romper el hilo de su legalidad, prueba de ello fue la prudencia que mostró con Salazar y Chirino a su regreso de las Hibueras. El destierro que le decretó Salazar y el impedimento que la Primera Audiencia le impuso para no llegar a la antigua Tenochtitlán. Y ni siquiera se sublevó de ánimo, cuando supo que Matienzo se había bebido todo el vino de sus bodegas, se había posesionado de sus tierras, sus casas, y se había robado a sus indios, porque siendo su vocación muy otra, sólo le interesaba el porvenir.

El problema de los vasallos aún quedaba en pie, el Marqués del Valle reclamaba veintitrés mil familias, y la Real Audiencia solamente le adjudicaba veintitrés mil personas, pero le concedió la Villa de Cuernavaca como sede de su señorío feudal y algunos otros pueblos, con el carácter de encomiendas, como una merced que se otorgaba a un español cualquiera, medida que hirió profundamente al Conquistador. Se ha de haber hecho la reflexión de que él, que había ganado todo un gran imperio y lo habían despojado del cargo de Gobernador, y ahora le escatimaban sus vasallos y sus pueblos, personas que nunca estuvieron en la lucha para ganar ese imperio. Poseedor de una iniciativa poco común y considerando que en la Capital, poco o nada adelantaba, se trasladó con toda su familia a Cuernavaca, donde daría salida a las dos corrientes que dominaban su espíritu. Una el fomento de la agricultura y la ganadería, con la implantación en el país de simientes europeas, susceptibles de aclimatarse, como la caña de azúcar, algodón, maíz y frijol. Y en la ganadería: vacas, caballos, asnos, ovejas, cabras y aves de corral. Sin dejar de aventurarse por el camino de la minería. La otra corriente: fiel a su vocación, le fascinaba lo desconocido, soñaba y tejía fábulas, y en sus sueños se veía conquistando tierras y reinos tan grandes o más que la Gran Tenochtitlán, que con suma porfía y con ayuda de un puñado de valientes conquistó. Y porque debe haber pensado que en sus nuevas conquistas, él sería amo y señor y que nos las perdería como la anterior. Es de suponerse que no asociaría que por un celo de autoridad, al partir para las Hibueras, esa autoridad la perdió, y que a su regreso, ni ante el Rey jamás la recuperó, ahora formulaba otro plan, pero ya era un Sol en el ocaso.

## FRAY SEBASTIÁN DE APARICIO EN MÉXICO

Por los días de la llegada de la Segunda Audiencia, llegó en el año de 1531, fray Sebastián de Aparicio, hombre de acción dinámica, impulsor de la agricultura y de otras artes técnicas. Buscó y encontró ayuda para construir el camino carretero de México a Veracruz, construyó la primera carreta en la Colonia y posteriormente otras, para establecer un servicio de transporte de carga de minerales, de los centros mineros del país, que lo hicieron rico, cuya riqueza le permitieron realizar muchas obras de beneficencia. Tomó parte activa en las labores agrícolas en las nacientes fincas de los alrededores de la capital de la Colonia.

A poco más de tres meses de la llegada de la Segunda Audiencia, el 16 de abril de 1531, le fue encomendado a fray Toribio de Benavente Motolinía, la fundación y el trazo de una población designada con el nombre de "Cuetlaxcoapan", que después llevaría el nombre de Puebla, y que antes, el obispo de Tlaxcala, Julián de Garcés había querido fundar cerca de Cholula, como un paso en el camino de México a Veracruz.

El nombre de Puebla de los Ángeles, se debió según a una leyenda, de que una noche el obispo Garcés soñó un hermoso valle, con jardines y manantiales y que al estar admirando esas bellezas, se aparecieron dos ángeles que provistos de una vara y una cadena comenzaron a medir el terreno. En los días que siguieron, el obispo buscó el terreno y al hallar un valle parecido al de sus sueños, exclamó: "Este es el lugar elegido por el Señor por medio de los ángeles para edificar una ciudad y aquí será levantada para su gloria".

Por su parte, la Real Audiencia se creía segura, y en verdad era fuerte. Las medidas aplicadas para enmendar abusos y corregir males comenzaron a dar sus frutos, ya había prohibido la esclavitud y los trabajos forzados; ahora fomentaba la enseñanza religiosa, de oficios y agrícola; y sin darse punto de reposo, organizaban los pueblos indígenas para darles por elección democrática sus regidores y alcaldes. Con este panorama de acción política, la postura de la Real Audiencia, con sus magistrados de rectísimo criterio, se consolidó en el gobierno, destacando de manera notable, las sanciones que aplicó a los componentes de la Audiencia anterior.

## FIN DE NUÑO DE GUZMÁN

Por la forma en que actuó este siniestro personaje, antojásenos uno de esos seres infernales, que andan sueltos por la superficie de la tierra llevando como único afán, causar los mayores males. Odiaba cordialmente a Cortés, y hubiera dado con sumo placer un ojo de su cara o su mano derecha, con tal de ver al Conquistador en la ruina o metido en una cárcel. Nuño era uno de esos tipos mediocres que por contagio o por consigna o tal vez por envidia, cogen inquina sobre personajes que a todas luces son superiores a ellos.

Nuño Beltrán de Guzmán, debe haber montado en cólera, cuando supo que el monarca español, por cédula de 16 de julio de 1527, concedió a Cortés el título de Marqués del Valle de Oaxaca y veintitrés mil vasallos como tributarios de su marquesado. Pero no teniendo nada que hacer para nulificar ese título y otros, se dio a emprender empresas de conquista; tomó el rumbo de occidente, llegó a los dominios del Rey Caltzontzin, a quien para obligarlo a entregar exorbitantes cantidades de oro, lo sometió a los más crueles tormentos hasta quemarlo vivo y luego esparció sus cenizas en un río, no obstante que el rey tarasco ya se había sometido a Cortés y reconocido al Emperador como su rey.

Nuño y su tenientes, siguieron sus conquistas por Jalisco, Colima, Nayarit, Sinaloa, llegaron a Sonora y en su retorno, conquistando Durango, Zacatecas, parte de lo que hoy es el estado de Guanajuato y el estado de México. Las conquistas de este guerrero implacable y cruel, sumaron la tercera parte de lo que hoy es el país. Carlos V cometió otro gran equívoco, lo nombró gobernador del Reino de Nueva Galicia. Pero tanto Nuño como sus tenientes, cometieron múltiples abusos y crueldades, que al llegar al Emperador y al Consejo Real de Indias las quejas, de inmediato ordenaron se les sometiera a un juicio de Residencia; diligencia que se le encomendó al licenciado don Luis de Castilla, que sin demora en cuanto pudo, se presentó ante Nuño, lo aprehendió, lo despojó de su cargo, le confiscó sus bienes y lo remitió preso a México, donde si hemos de creer a algunos cronistas, el Virrey don Antonio de Mendoza, tal vez por considerarlo contrapeso de Cortés, le tuvo alguna consideración. Apremiado con las multas, y pago de bienes tomados, se le permitió vender sus propiedades en Pánuco, y al presentarse a recoger el producto de la venta, se dirigió a Veracruz, donde pensaba embarcarse rumbo a Génova, mas, allí oportunamente había llegado el Juez de Residencia, licenciado don Diego Pérez de la Torre, quien ordenó su inmediata aprehensión. Hasta aquí acaban las andanzas y fechorías del tristemente célebre licenciado Nuño Beltrán de Guzmán. En 1536 fue enviado preso a España y confinado a una cárcel, murió en 1544, como mueren los malhechores, en el olvido y en la más completa miseria.

## GOBIERNOS QUE SUCEDIERON A CORTÉS DESPUÉS DE SU VIAJE A LAS HIBUERAS

Hernán Cortés al salir para las Hibueras en persecución de Cristóbal de Olid, que por consejos de gente de Diego Velázquez, desconoció la autoridad de Cortés y quiso obrar por su cuenta, pagando con su vida ese intento. Ambos se equivocaron, uno perdió la vida y el otro perdió el gobierno de la Nueva España que nunca más recuperó.

El 12 de octubre, cuando Cortés salió de la ciudad de México a su expedición de las Hibueras, voluntariamente entregó el gobierno de la Nueva España a los señores Alonso de Estrada, al contador Rodrigo de Albornoz y como alcalde mayor, al licenciado Alonso Zauzo. Entre estos personajes incapaces de gobernar, muy pronto estalló la anarquía.

Al saber esta situación, el Conquistador desde Veracruz, envió a Gonzalo de Salazar y a Pedro de Chirino, como sustitutos de los primeros, pero una vez en el gobierno, muy pronto se declararon enemigos del Conquistador.

A su regreso, Cortés no pudo o no quiso recuperar el gobierno porque además en esos mismos días, tenía como visitador al licenciado Luis Ponce de León, que le declaró Juicio de Residencia a Cortés, se hizo cargo del gobierno del 4 de julio de 1526 al 20 del mismo mes en que murió.

Por la muerte del anterior, se hizo cargo del gobierno el licenciado Marcos Aguilar, del 1º de agosto de 1526 al 1º de marzo de 1527, en que murió.

Alonso de Estrada gobernó del 1º de marzo de 1527 hasta fines del mismo año en que fue nombrada la Primera Audiencia Real.

Por cédula del 13 de diciembre de 1527, Carlos V, emperador de Austria y Rey de España, de la que ya se ha hecho mención; comenzó a gobernar en la Nueva España a principios de 1528, hasta fines de 1531.

Una Segunda Real Audiencia, se hizo cargo del gobierno de 1531 a 1535, en que fue nombrado el Primer Virrey de la Nueva España.

## PRISIÓN DE PEDRO DE ALVARADO

La aprehensión de Pedro de Alvarado, a su regreso de España, era "Don", y Adelantado de Guatemala, el más rico de los capitanes de Hernán Cortés, había casado en España con doña Francisca de la Cueva, mujer de alto relieve, pariente de los Cobos, que habían intervenido para que se nombraran los personajes siniestros de la Primera Audiencia, ahora por el informe de fray Juan de Zumárraga, al Emperador, sabían de los funestos manejos, y que recaían en uno de sus parientes políticos.

Al regreso a la Nueva España, el Adelantado de Guatemala, recién casado, en Veracruz murió su esposa, por lo que después del funeral, triste y enlutado llegó a la ciudad de México, donde supo de la intervención de sus bienes por la Real Audiencia, cuyo presidente era el fatídico Nuño de Guzmán y sus secuaces Matienzo y Delgadillo, a quien Alvarado hacía reclamos, pero lo que más le urgía, era que se le otorgase el permiso de regresar a su señorío de Guatemala. Mas, los oidores llenos de codicia no dejarían escapar su presa sin antes despojarlo de toda su riqueza; pretextando que el Adelantado de Guatemala recurriendo a juegos prohibidos durante la Conquista, gradualmente le fueron privando de todo dinero, luego de sus indios, su caballos, para seguir con sus muebles, hasta confiscarle la última mula en la que llegó cabalgando a la Audiencia. Dice fray Zumárraga en su informa al Emperador: "...y allí en la puerta se la tomaron y le hicieron ir a pie, no mirando su autoridad".

Empero, el desacato más sonado que estos tiranuelos –como los llama don Salvador de Madariaga- cometieron en menoscabo del Emperador, fue el sobrepasarse a sí mismos, cuando recibieron la noticia de que Hernán Cortés regresaba de Oaxaca, Capitán General y Caballero de la Orden de Santiago y Marqués del Valle de Oaxaca, causando con ello el consiguiente revuelo y la cólera de las personas que formaban la Real Audiencia; y estando Nuño entre un grupo donde se encontraba Alvarado, Albornoz, Salazar y otros, éste último, indignado exclamó, casi gritó: "El Rey que a tal traidor como Cortés envía, es hereje y no cristiano". Todos los presentes oyeron el exabrupto, pero nadie se atrevió a protestar por el temor que infundían los tres infames tiranos que formaban la Audiencia y que estando allí el presidente, todo quedó callado. Pasados algunos días, el miércoles 18 de agosto de 1529 el Adelantado Pedro de Alvarado, se presentó ante la Audiencia para solicitar el permiso para retar y desafiar a duelo a Salazar por las palabras que había proferido en ofensa de su Rey y otras que decía sobre el retorno de Cortés. Entre otras: "...que los vasallos debían rebelarse contra el rey que tal cosa permitía". Nuño se encontraba ausente ese día; al siguiente, contestó desde su sillón oficial: "Pedro de Alvarado miente como ruin caballero, si lo es que el factor no dijo tal, porque es servidor de Su Majestad y no había de decir tal palabra". Al día siguiente la Real Audiencia ordenó fuera aprehendido Pedro de Alvarado y puesto en calabozo con grillos en los pies.

Cuando la noticia de la aprehensión del Adelantado y Conquistador de Guatemala llegó a la Corte y Real Consejo de Indias, causó efectos de estupor, ya que los Cobos seguía teniendo parentesco político con el Conquistador, pues estaba concertado otro matrimonio con una de las hermanas de su difunta esposa, y aunque ellos habían intervenido para que se diera el nombramiento a los personajes de la primera Audiencia, ahora se habían vuelto en contra de ella, por lo que no deben haber sido ajenos para que se nombraran nuevos magistrados para integrar una Segunda Audiencia, se apresurara a partir y pusiera remedio a tantos males que se suscitaban en la Nueva España por la tiranía y ambición de tres funestos personajes.

A la llegada de la Segunda Real Audiencia, los Matienzo, Delgadillo y el mismo Guzmán, deben haberse lamentado amargamente, porque con ninguno de los tres, la justicia fue clemente, y el valor de sus bienes mal habidos, no les alcanzó para cubrir multas y valores defraudados a los colonos y conquistadores de la Nueva España. El caso de Pedro de Alvarado, Conquistador y Adelantado de Guatemala, fue típico en la actuación de Guzmán y sus compinches.

Superando los problemas, Cortés fiel a su vocación, con sus nuevas jerarquías, dirigió sus pasos a Tehuantepeque (Tehuantepec) y Acapulco, para armar una flota y alistar una expedición, que encomienda al Capitán Diego de Hurtado, quien salió en busca de nuevas tierras el 30 de junio de 1532. El nuevo argonauta con su gente, se aventuró por las costas del Océano Pacífico, adentrándose un poco a mar abierto, tomó el rumbo un poco al norte, donde descubrió las "Islas Marías" que desde entonces fueron bautizadas con los nombres de: MARÍA MADRE, MARÍA MAGDALENA, MARIA CLEOFAS y el islote llamado San Juanito.

Después de tomar posesión en nombre del Emperador de España y del Marqués del Valle y el Capitán General don Hernando Cortés, el capitán Hurtado siguió navegando por las costas de Sinaloa, pero por falta de víveres, se le insubordinó el capitán de una de las naves, quien dio un viraje de retorno, mientras Hurtado seguía adelante, pero la fortuna no le fue propicia, porque naufragó frente las costas de Sinaloa pereciendo toda la tripulación, de la que nada se volvió a saber.

Cuando Cortés recibió la noticia del fracaso de su expedición a fines de 1533, presuroso armó otra expedición para despacharla en busca de su capitán perdido y adentrarse más en las exploraciones y descubrimientos. Aparejó dos barcos, cuyos mandos encomendó uno a Diego de Becerra y el otro a un hermano de Juan de Grijalva, aquel marino que el primero en llegar a Veracruz. Ya en plena ruta, una tormenta huracanada apartó a los dos navíos, uno logró regresar a puerto, mas el otro siguió su ruta, pero en el trayecto, Diego Becerra fue asesinado por su piloto de nombre Fortuna Jiménez, quien se apoderó de la nave y continuó navegando hasta llegar al cabo de San Lucas, el 3 de mayo, por lo que la nombró Santa Cruz (Península de Baja California), hoy la La Paz; allí fueron atacados ferozmente por los nativos, murieron 23 expedicionarios y los que escaparon en su barco pudieron regresar a las costas de Sinaloa, donde la gente de Nuño de Guzmán los hizo prisioneros y se apoderó del barco.

Cuando Cortés se enteró del desastre de sus barcos; escribe Bernal Díaz: "...hobo gran pesar de lo acaecido y como era hombre de corazón que no reposaba con tales sucesos, acordó de no enviar más capitanes sino ir él en persona".

En el año de 1533, el capitán Grijalva comunicaba a Cortés que a bordo del navío San Lázaro había llegado a unas islas a las que llamó: Socorro, Santo Tomás, Roca Partida, San Benedicto y Clarión. Posteriormente a ese archipiélago se le llamó Islas Revillagigedo.

El objetivo inmediato del Capitán General, era el Cabo de San Lucas, en la punta de la península de la Baja California, la que creía una isla y el objetivo mediato el descubrimiento de otro mundo tan grande como el que conquistó con la Gran Tenochtitlán.

Cortés afrontaba lo desconocido y a su implacable enemigo Nuño Beltrán de Guzmán, que se encontraba en rebeldía con la nueva Real Audiencia, y aterrorizaba el occidente del País.

Cuando se supo que Cortés en persona iría a una nueva expedición, numerosos soldados y capitanes acudieron a ponerse a sus órdenes, el Marqués otra vez en plan de Conquistador, aparejó tres navíos bien provistos de bastimentos y pertrechos de guerra. En la hueste se alistaron trescientos personas, entra las cuales iban treinta y cuatro mujeres, esposas de otros soldados. Chinantla fue el primer punto tocado por el ejército de Cortés para cobrar con ejemplar venganza los saqueos terroristas perpetrados por Nuño de Guzmán y sus hombres, allí se le reunieron parte de su contingente que había hecho el recorrido por mar.

Organizado el ejército que el Capitán General había de llevar, sumó ciento treinta soldados, entre escopeteros y ballesteros y cuarenta caballos. Se hizo a la vela el 18 de abril de 1535, quedado en Chinantla como teniente, Andrés de Tapia. Navegando en mar tranquilo, la expedición llegó al cabo de San Lucas, al que ya Fortín Jiménez había bautizado con el nombre de Santa Cruz, por haber llegado allí el 3 de mayo de 1533.

Tan pronto como Cortés desembarcó a su hueste, hizo regresar a los navíos para recoger el resto de la expedición, mas, esta segunda travesía, tuvo tintes de desastre, por las tempestades que con vientos huracanados la dispersó. De los tres barcos, sólo uno pudo llegar a Santa Cruz, uno pudo regresar a un puerto en Jalisco y el otro se refugió en una bahía escondida donde nadie había llegado. Lo grave de los barcos dispersos era que en ellos se codiciaban los víveres por lo que no llegar a Santa Cruz, colonia de tierra pobre, comenzó a sentirse el hambre, enfermedad muy grave que sólo se ataca con alimentos.

Cortés, hombre responsable (como pocos hubo que militaran en sus filas), en los momentos más graves de su vida, pasados unos días, sintió la necesidad de buscar socorro para la mucha gente que lo había seguido, sin pensarlo mucho, se embarcó en el único navío disponible, y en el retorno, encontró las dos naves perdidas, una estaba encallada en un laberinto de arrecifes y que logró sacar gracias a sus ingeniosos esfuerzos, la otra estaba inservible. Reparados los barcos, cruzó por tercera vez el Golfo, que posteriormente llevaría su nombre, con sus naves cargadas de maíz, carne y otros bastimentos que había comprado a crédito personal, y que su gente con avidez esperaba.

Resuelto el problema de los víveres, el Conquistador ya tranquilo veía pasar el tiempo, alimentaba la esperanza y soñaba con encontrar otro imperio, tan rico y tan grande como el de la Gran Tenochtitlán, sentía la necesidad de justificar sus razones ante los hombres que le negaban su grandeza.

## LLEGADA DEL PRIMER VIRREY A LA NUEVA ESPAÑA. DON ANTONIO DE MENDOZA

El 15 de octubre de 1535, mientras Hernán Cortés andaba en sus expediciones por el noroeste del país, llegaba a la Ciudad de México el primer virrey de la Nueva España, don Antonio de Mendoza, personaje de ilustre ascendencia, Conde de Tendilla, y Comendador de Secuéllanos en la Orden de Santiago y Camarero del Emperador Carlos V, hijo legítimo de don Iñigo López de Mendoza, embajador de los reyes católico en Roma, sobrino del primer duque del Infantado, don Diego Hurtado de Mendoza y de don Pedro González de Mendoza, arzobispo de Sevilla y gran Cardenal de España.

Este don Antonio de Mendoza, heredero de una genealogía ilustre era el hombre que sin haber lanzado proyectil de ballesta, llegaba a tomar el gobierno que le habían despojado al Conquistador Hernán Cortés. Que no tenía genealogía ilustre, que no heredó nada, que se hizo solo en su camino y que sin ayuda de los grandes, con unos cuantos capitanes de su misma talla y un puñado de valientes; dio el través con sus naves, se enfrentó a lo desconocido, donde otros de genealogía ilustre lo hubieran rehuido; y si en el camino de la conquista que siguió, no hubiese sido cubierto con sangre y sacrificios, su hazaña tendría visos de epopeya sin paralelo en la historia. Un hecho debemos aclarar de reconocer a este Conquistador, que ni siquiera fue grande, ni siquiera fue magno, ni "don", fue sencillamente Hernán Cortés. Pero que Cortés, resulta incomparable y a la vez incomprendido, cuando fue despojado del gran imperio que incorporó a la civilización.

El nuevo virrey, debía apellidarse López, por su padre don Iñigo López, mas la historia lo registra como Antonio de Mendoza y todos sus títulos a quienes de veras honró, porque fue en México un gobernante ejemplar. Hombre honesto y trabajador, de juicio ecuánime, con sentimientos verdaderamente paternales, que resultaban oportunos por los abusos que habían sembrado los personajes, a quienes en mala hora, Cortés encargó el gobierno, fue un estadista prudente y mejor administrador, protegió y mejoró la situación de los indios prohibiendo que se les tratara como animales de carga. Fundó el primer colegio para indígenas, estableció en la Ciudad de México la primera imprenta de América, fundó la casa de la moneda y estableció las primeras fábricas de paños y sayales; fomentó la agricultura y la ganadería. Promovió exploraciones por el occidente del país y él mismo tomó parte en alguna de ellas. El 11 de diciembre de 1540, con cuatro familias españolas, fundó la Villa de Zamora, en memoria de los colonos fundadores. El 18 de mayo de 1541, el mismo virrey, en el valle de Guayangereo con 70 familias, nueve frailes y muchos indios, fundó la Villa de Valladolid, que por su clima atrajo a otras familias y en 1545, se le concedió el título de Muy Noble y Leal Ciudad.

Entre otras atribuciones del Virrey, las fundamentales eran las siguientes:

"...ser representante directo del Rey, Gobernador, Capitán General, Presidente de la Real Audiencia, Visipatrono de la Iglesia, cuidar el progreso de la real hacienda, vigilar el buen trato a los indios, hacer nuevos descubrimientos, nombrar Alcaldes Mayores y Corregidores, vigilar la conducta de autoridades civiles y eclesiásticas y ser el jefe de todas las fuerzas de mar y tierra..."

Esta era la autoridad suprema a la que tenía que estar sujeto el Marqués del Valle de Oaxaca, que se encontraba a la llegada del Virrey, tratando de abastecer a su hueste y colonos que iban a poblar en la punta de Baja California Sur, en el lugar que Fortín Jiménez bautizó con el nombre de Santa Cruz.

El tiempo pasaba, mientras Cortés vivía el dilema de seguir buscando tierras nuevas o regresar a su hogar, al seno de su familia o seguir exponiéndose a las vicisitudes de lo desconocido; cuando de pronto, asomaron por el horizonte azul, dos navíos que llegaban portadores de sendas cartas; una de su amante esposa doña Juana de Zúñiga y sus hijos, que le instaban a regresar al seno de la familia, y la otra, de un nuevo personaje que el conquistador aún no conocía, don Antonio de Mendoza, que también le pedía que regresara.

Cortés se apresuró a organizar la nueva colonia, en la que dejó por teniente al capitán Ulloa y sin demora, se hizo a la vela y navegando en mar tranquilo, pronto llegó a Acapulco, de allí sin detenerse se dirigió a Cuernavaca. Escribe Bernal Díaz: "...donde estaba la marquesa, con la cual hobo mucho placer y todos los vecinos de Méjico y los conquistadores se holgaron de su venida, y aun el Virrey y Audiencia Real, porque había fama que se decía en Méjico que se querían alzar todos los caciques de la Nueva España viendo que no estaba en la tierra de Cortés".

Mas, los soldados que se quedaron en aquellas islas o bahía llamada California, en poco tiempo regresaron al continente, ya porque el lugar que era muy pobre o porque el Rey o la Real Audiencia les haya dado licencia de regresar. Lo cierto es que en esas expediciones nada se logró poblar.

## UNA NUEVA EXPEDICIÓN

Pasados algunos meses, Cortés un poco descansado, fue a saludar al Virrey, en el encuentro de ambos personajes, debe haber habido un preliminar de mutuo estudio; ambos eran buenos psicólogos y diestros en el manejo de sus semejantes, por lo que no debe haber habido ni vencedor ni vencido, ni convencedor ni convencido, afilarían sus armas para encontrarse después. Empero Cortés por mandato de la Audiencia Real, para que cumpliera con lo estipulado por su Majestad, aparejó otras dos naves para emprender otra nueva expedición, cuyo mando encomendó a Francisco de Ulloa. Según Bernal Díaz, los navíos deben haber salido en el mes de junio de 1539, en el momento de zarpar, Cortés recomendó a Ulloa que buscara a Diego de Hurtado, de quien ya nada sabía, pero aunque lo buscó por las Costas de Baja California, nunca lo localizó. El viaje duró de ida y vuelta, siete meses, y la expedición, nada notable realizó, excepto explorar el Golfo de California que después se llamaría Mar de Cortés. La expedición regresó a principios de 1540.

Dice Bernal Díaz que Ulloa murió a manos de un soldado que lo emboscó y que con ello, terminaron los viajes del Marqués. "Y si miramos en ello, en cosa ninguna tuvo ventura, después que ganamos la Nueva España".

Mas, Cortés legalista como siempre fue, había comunicado a su Majestad, que en la expedición había invertido "sobre trescientos mil pesos de oro", y le suplicaba que "…le pagase alguna cosa de ello". Y sobre el contar de sus vasallos, determinó ir por segunda vez a Castilla, "para demandar a Nuño de Guzmán cierta cantidad de pesos oro de los que la Real Audiencia le hubo sentenciado cuando le mandó vender sus bienes, porque en aquel tiempo Nuño de Guzmán fue preso a Castilla".

## LLEGA A MÉXICO LA NOTICIA DE LA FIRMA DE LA PAZ ENTRE FRANCIA Y ESPAÑA

En el transcurso del año de 1538, llegó a la ciudad de México, la grata noticia de la firma de la paz entre España y Francia, cuyos monarcas eran Carlos V y Francisco I, que éste con suma gallardía se había enfrentado al Emperador más poderoso de su tiempo, en cuyos dominios no se ponía el sol. Con ese motivo, se organizaron en la capital del ahora virreinato, lucidas y ruidosas fiestas, como nunca las hubo ni siquiera en la propia España. En la plaza mayor se pusieron cotos de caza, hubo juegos de toda índole, inclusive simulacros de guerra, en los que tomaron parte Hernán Cortés y los viejos conquistadores, culminando dichas fiestas en dos banquetes-cenas, uno ofrecido por el Virrey en las casas reales, y el otro por Hernán Cortés en su palacio; en ambos banquetes se hizo derroche de suculentos manjares. La concurrencia de caballeros y damas, según Bernal Díaz, vestían sus mejores galas, pedrerías, alhajas, sedas y otros lujos de oro y plata.

Cuenta Bernal Díaz que en la fiesta había un hombre viejo con un lobanillo en el pescuezo, "...y era su cuerpo cuatro palmos, como tiene nombre de maestre de Roa, le nombraron adrede maestre de Rodas, porque este comisario fue al que el Marqués hubo enviado a llamar a Castilla para que le curase el brazo derecho, que tenía quebrado de una caída de un caballo después que vino de Honduras, y porque viniese a curarle el brazo se lo pagó muy bien y le dio unos pueblos indios; y cuando se acabaron de hacer las fiestas que dicho rango, como tuvo nombre de maestre de Rodas, fue uno de los cronistas y tenía buena plática; fue a Castilla en aquella sazón tuvo tal conocimiento con la señora doña María de Mendoza, mujer del comendador mayor, de un don Francisco de los Cobos, que la convocó y la prometió de darle cosas con que pariese, y de tal manera se lo decía, que le creyó..." Con la cura que le haría a la señora doña María Mendoza, el Maestre Rodas, recibió dos mil ducados además la señora Mendoza le favorecería en el Real Consejo de Indias para que en la Nueva España recibiera otros pueblos de indios. Al Cardenal Sigüenza que era el presidente del Consejo de Indias y que padecía de gotas, le prometió curarlo, pero aunque el maestre de Rodas recibió la paga de ducados e indios, "...ni la señora doña María de Mendoza nunca parió, por más letuarios calientes de zarzaparrilla que le mandó comer, ni el Cardenal sanó de su gota; y quedándose con las barras de oro que le dio Cortés y con los indios que le hubo dado el Real Consejo de Indias, volviese a la Nueva España, pero con burlas; y dejó en Castilla entre los negociantes que habían pleitos (de indios) unos chistes que el maestre de Roa, que por solo el nombre que le pusieron, maestre de Rodas y ser plático, les fue a engañar, así al presidente como a la señora María de Mendoza; y otros conquistadores, que cuando sirvieron a su Majestad no recaudaron nada, y que valía más un poco de zarzaparrilla que llevó, que cuantos servicios hicimos los verdaderos conquistadores a su Majestad".

El primero de mayo de 1539, murió en Toledo la serenísima emperatriz doña Isabel de Portugal, esposa de Carlos V. Escribe Bernal Díaz "...y fue llevado a sepultar su cuerpo a la ciudad de Granada, y por su muerte se hizo gran sentimiento en la Nueva España y se pusieron todos los más conquistadores grandes lutos, y yo, como regidor de la Villa de Guazacualco y conquistador más antiguo, me puse grandes lutos, y con ellos fui a Castilla..."

Desde el 20 de septiembre, Cortés había escrito al Consejo de Indias, diciendo que tenía nueve navíos nuevos, dispuestos a continuar la labor de exploración, pero que le faltaban pilotos, por lo que mandaría unos barcos para traer algunos; pues existía una pugna por decirlo así entre el Virrey y el Conquistador, por llegar primero a descubrir la fabulosa QUIVIRA o de las SIETE CIUDADES, que la imaginación había creado tanto así como un paraíso, donde abundaba el oro, la plata, las perlas y toda clase de pedrerías.

Las disputas entre el Virrey don Antonio de Mendoza y el Conquistador, parecían no tener fin. Cortés era porfiado, como lo había sido en su empresa de conquista; ahora parecíale que le menoscaban en su amor propio; creíase que le habían defraudado en sus legítimos derechos, primero le arrebataron el gobierno y ahora le limitaban el espacio para ir en pos de nuevas conquistas, por lo que creyó necesario llevar sus asuntos a la Corte, donde creía que le harían justicia, vano anhelo. Los años se le iban acumulando, ya no era el hombre de 1530, habían pasado diez años, ahora se deslizaba el año de 1540, no había sanado del brazo que se le había roto, y padecía una dolencia de una herida producida por un lanzaso en los torneos de las fiestas de la firma de la paz (Aguas Muertas).

Al hacer sus preparativos para ir a España, comenzó a recoger el oro que más pudo. Pensaba que su permanencia en la península, sería larga y estaba escaso de fondos, por los trescientos mil castellanos que había gastado en sus expediciones y exploraciones para nuevas conquistas y pensaba que algo recobraría en la Corte.

Además estaba pendientes las indemnizaciones que recibiría de Nuño de Guzmán. Pero lo que más consumía su hacienda, eran los cuantiosos gastos de la lujosa vida que llevaba, en ese aspecto, su casa era de las primeras, si es que no era la primera.

Escribe Francisco López de Gómora:

"Gastaba liberalísimamente en la guerra, en mujeres, por amigos y en antojos, mostrando escaseza en algunas cosas. Por donde lo llaman río de avenida".

Cortés aunque realista, pecaba de iluso, mientras él con su postura legal, creíase acreedor del Tesoro Real a cuenta de las grandes inversiones de sus nuevas empresas de exploración y por razón de los vasallos que creía se le debían.

Hecho el acopio de oro, bastimentos, criados y señores que le habían de acompañar, llevando consigo a sus dos hijos, su heredero legal de 8 años, don Martín Cortés y uno de sus bastardos, don Luis, ¿hijo de Tecuichpoch? ¿o de quién? A principios de 1540, alistó sus naves y partió hacia España, de donde ya no regresaría vivo al señorío que con tanta porfía conquistó.

## SEGUNDO VIAJE DE CORTÉS A ESPAÑA

Debe haber sido por el mes de abril, cuando el Conquistador desembarcó en Palos y se presentó en Madrid a fines del mismo mes.

Cuando los señores del Real Consejo de Indios, tuvieron conocimiento de que Hernán Cortés, Marqués del Valle de Oaxaca se aproximaba a Madrid, dice Bernal Díaz: "...le mandaron salir a recibir y le señalaron por posada las casas del comendador don Juan de Castilla, y cuando algunas veces iba al Real Consejo de Indias salía un Oidor hasta una puerta donde hacían el acuerdo del Real Consejo y le llevaban bajo los estrados donde estaba el presidente don fray García de Loaisa, Cardenal de Sigüenza, y después fue arzobispo de Sevilla, y oidores licenciado Gutiérrez Velázquez y el obispo de Lugo, y el doctor Juan Bernal Díaz, y un poco junto de las sillas de aquellos caballeros, le ponían a Cortés otra silla; y desde entonces, nunca más volvió a la Nueva España, porque entonces le tomaron residencia y Su Majestad no le quiso dar licencia para que volviese a la Nueva España puesto que echó por intercesores al almirante de Castilla y al duque de Béjar, al comendador mayor de León, y aun también echó por intercesora a la señora doña María de Mendoza y nunca le quiso dar licencia Su Majestad, antes mandó que le detuviesen hasta acabar de dar la residencia, y nunca la quisieron concluir, y la respuesta que le daban en el Real Consejo de Indias, que hasta que Su Majestad viniese de Flandes de hacer el castigo de Gante que no podían darle licencia".

Hernán Cortés debe haberse sentido profundamente decepcionado; en su primer viaje a España, aunque se sinceró ante el Emperador y este le hizo merced de otorgarle dis títulos, cometió con él un verdadero despojo, si preguntamos ¿qué hizo Carlos V, para ganar la vastas y ricas tierras de Anáhuac? Concluiremos con que ni siquiera sabría que Cortés existiera, y tuvo conocimiento de él, cuando comenzaron las acusaciones de traidor. Ahora en este segundo viaje, se le comete a sangre fría algo así como un atraco para inmovilizarlo y someterlo en España y no volviera a sus dominios donde era verdaderamente un señor, un señor que estorbaba o se le temía. Sea como haya sido, Cortés amargado y triste, siguió viviendo en España, cerca de la Corte, pero se le relegaba. Triste y amargado, Cortés irá consumiendo los años que le quedan. Por las vicisitudes que atraviesa, se verá que el destino tiene diversas formas de cobrarse las deudas que el hombre contrae en su camino.

Aníbal y César, pagaron cara su grandeza, Cortés no podía ser la excepción. ¿Y Colón? El hombre más grande de su tiempo, murió olvidado y triste, ¿qué más podía esperar Cortés?

En la Nueva España, el Virrey don Antonio de Mendoza, no debe haber sido indiferente a la grandeza de Cortés, es muy probable que haya escrito al Emperador y al Real Consejo de Indias, de la influencia del Conquistador en los asuntos de la Colonia y que le hacía sombra o que le disputaba el poder, y Cortés legalista fue a Castilla a hacer reclamos, sin intuir que atado de manos se iba a entregar, dejando el campo libre al Virrey su opositor.

Mas, la Historia será más indulgente, Carlos V seguirá siendo Carlos V, y Hernán Cortés el Conquistador, que incorporó sobre ríos de lágrimas y sangre, un gran imperio a la civilización y fundó una nueva nación.

Hernán Cortés desde siempre, fue un hombre activo, con iniciativa dinámica, pronto a realizar sus planes, pronto a convertirlos en obras tangibles que respondieran a una necesidad; por eso cuando estuvo en su mano transformar la flora y la fauna del imperio que había conquistado, lo hizo, procuró fomentar la simiente de trigo, arroz y caña de azúcar; en ganadería importó caballos, asnos, ovejas, vacas, aves y otros; pero en donde perpetuó su memoria, tal vez sin intuirlo, fue en la fundación del Hospital de la Purísima Concepción de María Santísima y Jesús Nazareno, que pasó a la posteridad con el nombre de Hospital de Jesús, donde se encuentran los restos del Conquistador. Para el sostenimiento de esta institución benéfica, Cortés antes de morir en Castilleja de la Cuesta, España en 1547, hizo testamento de suficientes legados. La construcción del Hospital fue iniciada en 1524 y fue terminada en 1535 por el aldarete Pedro Vázquez. Ya se ha dicho que Cortés construyó en 1526 otro hospital, destinado a leprosario, por el rumbo de la Tlaxpana, pero Nuño de Guzmán lo confiscó y lo hizo se residencia campestre.

Siendo oidor el venerable don Vasco de Quiroga, para beneficio de los enfermos, indios y mestizos, que vivían y morían en la miseria, construyó y fundó por el año de 1532, en cercanías de la ciudad de México, el Hospital de Santa Fe, en el lugar que aún lleva ese nombre.

Ya cuando Cortés estaba ausente, en 1540, el obispo fray Juan de Zumárraga, comenzó a construir el Hospital que llevaría el nombre de "Amor de Dios" para acoger en su seno y dar asistencia a los sifilíticos que en ese tiempo les nombraban "enfermos de bubas". El hospital se edificó en la calle de la Academia, se destinaría la institución a recoger a los enfermos que antes morían en las calles o en los caminos.

## CARLOS V EN FLANDES Y EXPEDICIÓN A ARGEL

A fines de 1539, Carlos V de Austria y Primero de España, vistiendo luto y fiando en la palabra del Rey Francisco I, Rey de Francia, atravesó el territorio de este país, para dirigirse a Flandes y castigar una rebelión que había brotado allí.

En su ausencia el Emperador dejó como regente del Reino de España, a don Juan Tavera, Cardenal Obispo de Toledo y como Ministro Universal a don Francisco de los Cobos, y en los asuntos de Indias seguía el Cardenal Loaisa. Estos eran los personajes que en 1540, traerían dando vueltas a Cortés y que argumentarían que sus asuntos y su retorno a la Nueva España, se resolverían cuando el Emperador regresara a la Corte. Mas, el Conquistador presentó ante ellos sus quejas contra Nuño de Guzmán, sus desavenencias con el Virrey Mendoza y los gastos de sus últimas expediciones. Vana quimera, los magistrados lo atendían, ordenaban ponerle una silla junto o cerca de ellos, mas con argucias dilatorias le hacían dar vueltas, pero nunca le resolvían nada; le respondían la misma cantinela, que todo se arreglaría cuando regresara el Emperador.

Sofocada la rebelión de Gante y a medio conciliar sus súbditos protestantes de Estisbona, se dio por terminada la campaña, el Emperador con un ejército de 12 mil alemanes y un mil caballos, en el verano de 1541, debe haber sido por el mes de junio, cruzó los Alpes, se dirigió a Luca, Italia, para entrevistarse con el Papa, y de allí, ungido de bendiciones y provisto de dinero, se fue a Luni, donde embarca al frente de de treinta y cinco galeras, que tomarán el rumbo de Argel, el Puerto y foco más importante de los infieles, a cuya cabeza está el eunuco y renegado Azán Aga y los mandos de la Real Armada van a cargo de caballeros de alto rango; alemanes e italianos. Una tormenta abate la flota y la hace pasar por Córcega, Cerdeña y Mallorca. Al llegar a Menoría, las treinta y cinco galeras hacen conjunción con otros ciento cincuenta navíos en los que iban seis mil soldados españoles y cuatrocientos caballos al mando de don Hernando de González, Virrey de Sicilia. Completaban el grueso del ejército, cinco mil italianos y seis mil alemanes al mando de Camilo Colona. El total de la flota iba bajo las órdenes de Andrea Doria. En poco tiempo, llegó de España a reforzar la marina imperial, otra flota, cuyos soldados eran voluntarios en su mayoría aventureros, hidalgos y caballeros, era una campaña popular en la cual se habían enrolado los hombres más ilustres de España. Y entre ellos iba Hernán Cortés "Marqués del Valle de Oaxaca con sus hijos don Martín y don Luis".

Defendía Argel el renegado de Cerdeña Azán Aga, cuya fuerza estaba integrada por cinco mil moros, ochocientos turcos, caballería árabe y muchos renegados españoles y moriscos. El Azán Aga llevaba una bruja que le había asegurado la victoria.

Era el 23 de octubre de 1541, cuando llegó la expedición imperial frente a Argel. El mar estaba en completa calma. El Emperador ordenó a las tropas españolas sus desembarco, acción que lograron, no sin vencer alguna resistencia.

Logrado los primeros objetivos, Carlos V envió un mensaje al renegado Azán Aga, requiriéndole que rindiera la plaza y le recordaba que era hijo de padres cristianos, le ofrecía honores, perdón y libertad para todos sus soldados y súbditos. Mas, el eunuco Azán Aga contestó filosóficamente "que a nadie convenía seguir los consejos de su enemigo".

Sin mas se inició el ataque a la plaza, que careció de la consiguiente coordinación debido a los tres tipos de contingentes (españoles, italianos y alemanes) que concurrían a la batalla, pues de otra manera, cómo explicar que un ejército tan poderoso provisto de las mejores armas, no hubiera aplastado en breve tiempo a los defensores en número inferior, en una plaza más o menos mal fortificada.

Comenzadas las escaramuzas, una lluvia con viento frío, seguida de una tormenta huracanada se abatió sobre los combatientes, afectando con más rigor a los atacantes, perdieron estos varios barcos, entre ellos el navío donde iba Hernán Cortés con sus hijos; los que lograron salvar la vida, pero perdieron su equipaje y con ello la riqueza en joyas y oro que llevaban, comprendiendo las primeras cinco esmeraldas de regular tamaño, estimadas en cien mil ducados oro.

Las horas que siguieron fueron negras, cuando amaneció y la luz del día iluminó el panorama de la guerra, el Emperador espantado o temeroso de un mayor desastre, consultó a su Consejo de Guerra, en el que figuraban personajes militares, que no tenían la talla de caudillos, porque si no hubiera sido así, una flota de doscientos navíos en menos de 24 horas hubiera tomado una plaza defendida apenas por una tercera parte de los atacantes.

Pero el Consejo de Guerra, indudablemente debe haber estado formado por militares de salón, no fogueados en la guerra, por lo que aconsejaron al Emperador el reembarque y retirada. ¡Qué ridículo! Allí en ese ejército vencido sin combatir, vagaba de tiendo en tienda un verdadero caudillo que con sólo cuatro decenas de hombres y 16 caballos había vencido y conquistado a un gran imperio diez veces más

poderoso que el reducto de Azán Aga, en Argel. Se sentía triste y andaba lastimado, no por la pérdida de su equipaje y sus esmeraldas, sino porque el Consejo de Guerra y el mismo Emperador no lo había convocado para que diera su opinión en esa gran empresa, cuya situación él no consideraba "desesperada". Refiere el cronista Sandoval: "Decía él (Cortés) que se viniese el Emperador y le dejase con la gente que aquí tenía, que se obligaba de ganar con ella Argel. No le quisieron oír, y aún dice que hubo algunos que hicieron burla de él".

## LAS QUEJAS DE CORTÉS

De retorno a la Corte, aun tiene esperanzas de que se le escuche, que lo recibe el Monarca, para que se le atienda y se le hagan valer las querellas que presenta en contra del Virrey Mendoza, pero además anhela que se le restituyan sus riquezas que ha invertido en las expediciones del Mar del Sur, se le reconozcan sus derechos y se le concedan los honores que como conquistador se le deben. Mucho habría que escribir sobre este tema, y nada positivo se hallaría para Cortés. Siempre dando vueltas a la Corte, y siempre recibiendo respuestas dilatorias, y después viene lo más grave, la negativa para que regrese a lo que considera su Nueva España.

Pero el Emperador y el Consejo de Indias ya han madurado un plan: Cortés no regresará a la Nueva España. En esto, sus enemigos se salen con la suya, Cortés ya no regresó.

En los dramáticos y últimos años que Cortés vivió en España, cerca o alejado de la Corte, una infinita amargura debe haberle atormentado; ningún anhelo llevó siempre tan vivo como el de reconocimiento de su hazaña y el valor de su empresa, para ponerla a los pies del monarca, un imperio tan vasto y tan rico como el que él ganó. Su afán de alcanzar ese reconocimiento no lo dejaba en paz, porque siempre fue un hombre del fututo, sin preocuparse por el presente. Su deseo vehemente fue crear una casa con sus blasones para sus herederos ya legítimos o bastardos, pero que su nombre perdurara a través de los siglos.

Escribe don Salvador de Madariaga: "Si en la soledad de sus meditaciones (Cortés) se sentía el igual de Julio César, nadie tiene derecho a reprochárselo, ni siquiera a decir que se equivocaba, pues cabe considerar su conquista como una hazaña todavía más grande que las de las Galias". Y si consideramos los medios con que uno y otro conquistador llevó a cabo su hazaña, la de Cortés se agiganta y no tiene paralelo. Más adelante el señor de Madariaga prosigue:

"Con la ingenuidad absorta en si del hombre que ha llevado a cabo grandes cosas, Cortés se imaginó sin duda que iba a rebotar sobre él una ola de afecto y gratitud por parte del país a quien llenaba de poder y gloria. ¡Pobre Cortés! En cuanto su propia grandeza lo hubo elevado por encima del común de sus compatriotas, fue blanco favorito de la injuria, la calumnia, la insidia, todos los ruines sentimientos con que los bajos e impotentes procuran nublar a los ojos del pueblo sencillo la odiosa encarnación de un éxito para ellos demasiado evidente".

Desde 1533, en una carta dirigida a uno de sus representantes de apellido Núñez, Cortés ya manifiesta sus quejas y desencanto cuando dice:

"S. M. fue servido de enviarle a tomar residencia con el licenciado Luis Ponce de León, siendo cosa que no se suele acostumbrar hacer con los capitanes e conquistadores de tierras nuevas". Esta residencia que lo hirió en lo más vivo, pero que soportó con una prudencia ejemplar. Sin embargo no deja de manifestar gratitud por las mercedes que de su Majestad he recibido cuando dice: "porque tiene por muy gran pecado el de la ingratitud". Y añade: "…que tiene en lugar de reliquias dos cartas que V.M. le ha mandado escribir desde el camino cuando iba a Barcelona a se embarcar para Italia".

Más tarde, cuando iba y venía de su casa a la Corte y de ésta a su casa, sin oficio ni beneficio, en un llamado diálogo, publicado por Pedro de Navarra después de su muerte, escribe: (Habla uno de los conversadores).

"En la Corte, comemos a peso, bebemos a medida, dormimos sin reposo y vivimos con tanto tiempo que no se nos pasa punto de tiempo sin punto de reloj y con tener el tiempo tan medido, pasamos la vida tan descansada que tomamos la muerte por vida, y no somos vosotros (los rústicos) que vuestra vida es muerte. A las doce me acuesto, a las ocho me levanto, hasta las once despacho negocios, de once a doce como, de doce a una me entretengo con truhanes, con detrahedores, o en plática sin fruto, de la una a las tres tengo la siesta, de tres a seis despacho negocios, de seis a ocho ruo la corte, o doy vuelta a las vegas y ocho a diez ceno y descanso, diez a doce vuelvo y platico, de doce adelante duermo como he dicho, más acompañado de ambición y codicia o de miedo y malicia que de quietud ni contento".

La vida que en el trozo anterior describe Cortés, no era su vida para un hombre de sus inquietudes y su iniciativa, era aburrida, pero aún le hubiera sido llevadera si el Emperador lo hubiera llamado a su círculo de intimidades. Aunque Carlos V lo trataba con "urbanidad, lo mantenía a distancia que rayaba a la injuria e indiferencia". Un día, Carlos V, bajo el influjo de los innumerables enemigos del Conquistador llegó a decirle: "…que no había sido suya aquella Conquista". La insinuaba que le había usurpado los derechos a Velázquez. La anterior afirmación, se infiere de un párrafo de una carta de Cortés al Emperador del 18 de marzo de 1543, cuando le dice:

"También quiero traer a la memoria a V. M. lo que me dijo en esta Villa, y fue: 'que no había sido mía aquella Conquista', porque me va mi honra. Y V. M. se sanee de esa duda y vea que yo siempre le he dicho la verdad".

Carlos V no debe haber dudado de la épica conducta del Conquistador, pero un cúmulo de prejuicios medievales, avivados por la ruin insidia de los enemigos de Cortés, no le permitieron abrir los brazos a un conquistador de origen plebeyo, cuya modesta grandeza opaca a todos.

En un fragmento de una carta escrita al Emperador, cuatro años antes de su muerte, le recuerda todos sus motivos de queja, en tono casi tan grave le reprocha la ingratitud con que se le trata cuando le dice:

"Por todo doy gracias a Dios que quiere pagarse con esto de muchas ofensas que yo le he hecho. El tenga por bien que sea para esta cuenta, y así lo creo, porque siendo mis servicios tan notables que jamás los hizo vasallo a su Rey, y habiéndolos yo hecho el más católico y poderoso y agradecido de todos los reyes, redundar este agradecimiento y paga no es de creer, sino que como el corazón del Rey (mayormente católico como V. M. lo es) esté en la mano de Dios, que dél mana todo y no permite que se haga conmigo otra cosa".

En el fragmento de otra carta escrita al Soberano desde Valladolid, el 3 de febrero de 1544, deja entrever en sus palabras el mismo triste estado de ánimo que le aflige cuando dice:

"Mi trabajo aprovecho para mi contentamiento de haber hecho el deber y no para conseguir el afecto dél, pues no sólo no se me siguió reposo a la vejez, más trabajo hasta la muerte, y pluguiese a Dios que se pare adelante, sino que con el corporal se acabase, y no se excediese a la respuesta, porque quien tanto trabajo tiene en defender el cuerpo no puede dejar de ofender el ánima".

Don Salvador hace una pausa diciendo: 'Con cansancion y amargura, contempla su vida malgastada en la Corte'. Continúa Cortés:

"Veame viejo y pobre y empeñado...nunca he salido de la Corte, con tres hijos que traigo en ella, con letrados, procuradores y solicitadores..." Y ruego al rey con vehemencia, le dé prisa en atender y despachar sus asuntos, cuando siente que la vida se le va, dice con apremio: "A dilatarse dejarlo he perder y volverme he a mi casa, porque no tengo ya edad para andar por mesones, sino para recogerme aclarar mi cuenta con Dios, pues la tengo larga y poca vida para dar los descargos y será mejor perder la hacienda que ánima".

## SE FORMA UNA ACADEMIA EN LA CASA DE CORTÉS

Hernán Cortés anda ya en los años de la vejez, tal vez se sienta cansado o enfermo, pero lo que no su puede negar es que esté profundamente decepcionado o más bien desilusionado, se va convencido de que el ingrato monarca no le concederá nada de lo que ha reclamado. Ferviente creyente como fue siempre, su espíritu estaba atento a los misterios de la muerte, pero no obstante eso, también estaba abierto como la casa donde residía, a personas de calidad que acudían a él para formar una sencilla academia particular, que por los personajes que acudían a ella, no dejaba de tener su importancia. Entre las amistades figuraban: el Nuncio del Papa, Cardenal Poggio y el

Arzobispo de Cagliari, Domenico Pastorelli y los hermanos, don Bernardino Peralta y don Antonio Peralta, marqués de Falces, de los concurrentes el último en llegar, era el que proponía el tema y el encargado de tomar notas por escrito, de lo que se trataba, era Fray Pedro de Navarra, después obispo de Comenje, quien más tarde recopiló en forma de diálogos inspirados en lo que había oído en la academia de Cortés, con una aproximación asombrosa de lo que Cortés y sus amigos discutían. El saludo al entrar a la sala era sencillo y bastante llamativo: "Paz al pueblo y libertad a tu persona". Es de estimarse que ese saludo hubiera quedado mejor invertido, diciendo: "Paz a tu persona y libertad al pueblo".

Los días son implacables, se van aproximando con la lentitud y puntualidad del tiempo, en mayo de 1547, don Francisco de los Cobos, poderoso ministro del Emperador, se halla al borde de su tumba; era deudo mayor de Cortés, mucho muy Corteciano, pero sin que haya logrado hacer nada por su protegido en los últimos años en que el Conquistador deambuló por la Corte. En los días en que el ministro agonizaba, la academia de Cortés acogió ese acontecimiento con el tema de: "La orden que todo verdadero cristiano ha de tener en aparejarse para bien morir".

Estas tertulias en forma de academias, deben haberle proporcionado a Cortés un atenuante a su constante amargura por la forma en que había sido tratado por el Emperador, máxime si se toma en cuenta la calidad de los personajes que acudían a su casa para hacerle más llevadera su situación.

Escribe Pedro de Navarra a propósito de los temas tratados en esas reuniones:

"Las materias que entre estos insignes varones se trataban eran notables, que si mi rudo juicio alcanza alguna parte de bueno, tuvo dellas el principio; tanto que en doscientos diálogos que yo he escrito, hay muy pocas cosas que en esta excelente academia no se hayan tratado".

# FIN DE HERNÁN CORTÉS

Por esos días el Conquistador fue a Sevilla (1547) a esperar a su hija mayor doña Juana, que llegaba de la Nueva España, para contraer matrimonio con don Álvaro Pérez Osorio, hijo y heredero del marqués de Astorga, a quien ya había adelantado veinte mil ducados, de los cien mil en que se había estimulado la dote, pero ya se sentía viejo, tal vez cansado, tal vez enfermo; agravó su estado de salud, el hecho de que se hubiera frustrado ese matrimonio.

Escribe Francisco López de Gómara:

"Fue a Sevilla con voluntad de pasar a la Nueva España y morir en Méjico". Pero ya no alcanzó a realizar ese deseo. Nuevos problemas deben habérsele presentado.

El 2 de octubre de 1547, conciente de la salvación de su "anima" y asegurar su mayorazgo para su hijo don Martín Cortés, dictó su testamento. A sus hijas legítimas les señaló magníficos legados, a sus bastardos, hijos e hijas, que no fueron pocos, mestizos engendrados en indias, tampoco los olvidó. Bernal Díaz escribe los nombres de algunos cuantos, pero se supone que dado el número de indias que el Conquistador tuvo a su servicio, debieron ser más.

Hijos de su matrimonio con doña Juana de Zúñiga, don Martín, doña Juana, doña Catalina y doña María. Doña Catalina murió en Sevilla cuando después de muerto el Conquistador, la marquesa doña Juana de Zúñiga regresó a España. Bernal Díaz habla de doña Leonor Cortés, casada en México, pero no dice quién fue su madre, luego sigue con los bastardos, don Martín Cortés, hijo de doña Marina, Luis Cortés, cuya madre calla. La hija que hubo en Cuba, a la que le puso por nombre doña Catalina Pizarro, otra doña Fula de Hermosilla, otra con una india mexicana y una más que nació deforme, todas hijas que hubo con indias mexicanas. Pero Bernal Díaz calla si Cortés engendró con la hija de Moctezuma, algún hijo, la cual poseyó como una de tantas barraganas que pasaron por su vida. A toda esta prole, el Conquistador le dejó ricos legados e indios, pueblos y propiedades. Nombró como albaceas al marqués de

Astorga y al duque de Aguilar. Encargó que se averiguara el estado de esclavitud en que se encontraban algunos indios. También se preocupa por las tierras que se les han tomado a algunos naturales cuando dispone:

"Mando que porque en algunos lugares de mi estado se han tomado algunas tierras para huertas y viñas e algodonales y para otros efectos, que se averigüe y se sepa si estas tales tierras eran propiamente de algunos de los naturales de aquellos pueblos y siendo así, mando que se las restituyan".

Cuántas cosas debe haber pensado remediar este Conquistador atribulado que no obstante poseer suficiente talento guerrero, político y diplomático, fue despojado. Sería esto por incauto y legalista incorregible, que confiando en el derecho inmanente que da la razón de haberlo ganado todo, se le priva hasta del derecho de regresar a la Nueva España que consideraba como tierra suya, ganada con sus esforzados compañeros a filo de espada.

Pasóle a Hernán Cortés lo que le sucede a un salteador de caminos que va por su sendero feliz con su botín a cuestas, y de pronto, le salen otros salteadores y sin más mérito que el de la fuerza o su ley, se lo arrebatan y lo dejan sin nada.

Aplícase en esta última consideración el proverbio evidente de que: "Ladrón que roba a ladrón, tiene cien años de perdón". Más, en estos hechos históricos no fueron cien; fueron trescientos años de opresión, injusticias y explotación.

Hernán Cortés presintiendo su fin, hace un severo examen de conciencia para hallar la paz de su alma, según los dictados de justicia de su tiempo y con la certeza de haber cumplido su destino, retirado en Castilleja de la Cuesta, para no ser importunado por los visitantes que lo asediaban, allí cerca de Sevilla, con sus hijos a lado y rodeado de sus íntimos, muere el 2 de diciembre de 1547 a los sesenta y dos años de edad.

Bernal Díaz habla del funeral de la manera siguiente:

"Y llevóse su cuerpo a enterrar con gran pompa y mucha clerecía y gran sentimiento de muchos caballeros de Sevilla, y fue enterrado en la Capilla de los duques de Medina Sidonia; y después fueron traídos sus huesos a la Nueva España y están en un sepulcro en Coyoacán o en Texcoco, esto no lo sé bien, porque así lo mandó en su testamento.

Tal fue el fin de Hernán o Hernando Cortés.

# EPÍLOGO

Se ha de enfatizar que Hernán Cortés no es un héroe de México, y tal vez ni de España, porque desde el momento en que fue discriminado, calumniado y despojado de su conquista por sus mismos paisanos, a los que colmó de gloria y riquezas, por lo que estaban obligados a deificarlo, no quedó de él más que su fama; pero por encima de todos los odios, las envidias y las calumnias que tuvo que afrontar, es un hombre de la historia, que a nivel universal, deja muy abajo a los mediocres que lo calumniaron en su patria y su figura se levanta más alto que los Alejandro, los Aníbal, los Escisión y los Julio César, si se consideran los elementos, que cada capitán dispuso para llevar a cabo su gran empresa.

Hernán Cortés, en la culminación de su conquista, deja impresa su huella, en la construcción de hospitales, monasterios e iglesias. Hombre de singular talento, militar, político y diplomático; por legalista incorregible, pierde su última batalla ante el poder político, al que sirvió con lealtad y devoción, sin que nadie se lo pidiera, para incorporar a un mundo nuevo, pleno de promisión. ¿Que causó muchos males en el camino de la Conquista? Es cierto. Nadie de sus simpatizadores lo podrá negar, pero también es cierto que con él llegaron muchos bienes, que dieron origen a un cambio en la propia naturaleza y al nacimiento de una nueva nación.

Toluca, Mex., año de 1980

Prof. Esteban Mendieta Saavedra

Escribe el maestro Alfonso Teja Zabre:

"... y entonces aparece Cuauhtémoc, dice el códice....apenas había acabado (Itzquelzin) cuando un animoso Capitán llamado Cuauhtémoc, de dieciocho años, que ya querían elegir como rey, dijo en alta voz: 'Qué es lo que dice ese bellaco de Moctezuma, mujer de los españoles, que tal se le puede llamar, pues con ánimo mujeril se entregó a ellos de puro miedo'".

"Cortés de alma invencible e insaciable, tal vez respiró más fuerte y se enderezó para recorrer con su mirada imperiosa el Valle de los Volcanes, satisfecho por sentir la inminencia de un adversario digno de combatir. Su gloria habría sido apenas reputación de hábil comerciante y mañoso logrero si hubiera hecho la Conquista simplemente engañando a Moctezuma, apoderándose furtivamente del Imperio Mexicano".

"La lucha de Cuauhtémoc contra Cortés hizo de la Conquista de México, una pelea de semidioses..."

"La epopeya y el cerco, asedio y destrucción de la antigua Tenochtitlán, está en la Historia en proporciones semejantes a la toma de Jerusalén y el sitio de Numancia o Alesia..."

"Mil veces se ha dicho, pero otras tantas hemos olvidado, la suprema enseñanza: Morir por la defensa de la tierra, de la familia y de la libertad, es misión esencial del hombre..."

"¡Cuauhtémoctzin y Versingetorix! Entre las vidas paralelas que valdría la pena pregonar, no pueden encontrarse dos existencias más sugestivas, de profundidad y de hermosura fatal..."

"Versingetorix era el 'jefe de cien hombres', como Cuauhtémoc era el 'tlacatecutli' o jefe de hombres...El propio Julio César retrata en sus comentarios al príncipe enemigo y le aplica las palabras indicadoras: *Sumae potentiae adolescens*. En los relatos de Cortés y Bernal Díaz, Cuauhtémoc aparece radiante de belleza varonil y tan imperativo que todos los suyos temblaban a su vista".

Cuando las fuerzas de la fatalidad dio la victoria a los amados de la fortuna, porque no en vano Cayo Julio César descendía de Venus y don Fernando Cortés gozaba de prestigio como vástago del Sol. Versingetorix y Cuauhtémoc, (aunque media una distancia en el tiempo por más de quince centurias) tuvieron casi la misma actitud de semidioses vencidos".

"Las palabras del uno parecen anticiparse a las del otro, con semejanza conmovedora..."

"...La Galia está vencida, los dioses nos han abandonado...La vida para mí nada es sin libertad..."

"...Hice cuanto pude por defender a mi patria...Toma ese puñal y mátame..."

Palabras inmortales, recogidas por la Historia y esculpidas en las rocas con vigencia de eternidad.

Bibliografía:

1. Agustín Yañez. Crónicas de la Conquista. 2ª ed. México. UNAM. 1963. ISBN de la edición de 1993: 968-36-3047-2.
2. Alfonso Teja Zabre. Historia de México: Una moderna interpretación. 4ª ed. México. Ediciones Botas. 1961.
3. Antonio de Solís. Historia de la Conquista de México. 4ª ed. España. Espasa-Calpe. 1970.
4. Bernal Díaz del Castillo. Historia Verdadera de la Conquista de la Nueva España, 3ª ed, Madrid, Espasa-Calpe S.A. 1975. Colección Austral Nª 1274. ISBN 84-239-1274-4.
5. Francisco López de Gómora. Crónica de la Nueva España.
6. Fray Bartolomé de las Casas. Historia de las Indias. México. FCE. Tomo I: ISBN: 9681609948, Tomo II: ISBN: 9681609956, Tomo III: ISBN: 9681609964.
7. Fray Bartolomé de las Casas. Los indios de México y la Nueva España. 8ª ed. México. Porrúa. ISBN: 9700715906.
8. Fray Juan de Torquemada. Monarquía Indiana. México, UNAM, 1979.
9. Fray Bernardino de Sahagún. Historia General de las Cosas de la Nueva España. Editor: Ángel María Garibay Kintana. México. Porrúa. 1969.
10. Gregorio Torres Quintero. Historia de México. Patria.
11. Hernán Cortés. Cartas de Relación de la Conquista de México.
12. Salvador de Madariaga. Hernán Cortés. 8ª edic. Buenos Aires, Sudamericana, 1964.
13. Jose Luis Martínez. Hernán Cortés. Semblanza. FCE. Colección Fondo 2000. ISBN: 9681651227.
14. Francisco Cervantes de Salazar. Crónica de la Nueva España (1514-1575), México, Porrúa, 1975. Biblioteca Porrúa, 84.

**Simbiosis literaria del prologuista**

Hugo Mendieta Zerón, (Toluca, México, 1974). Médico cirujano por la Universidad Autónoma del Estado de México (UAEMex), especialista en Medicina Interna y Maestro en Ciencias Médicas por la Universidad Nacional Autónoma de México (UNAM), Doctorado en la Universidad de Santiago de Compostela, España.

Entre los premios y estímulos que ha obtenido destacan: Reconocimiento y Medalla al Mérito de la UAEMEX 1992; Reconocimiento del Presidente de la República en 1993; **3er lugar** del Certamen del Estado de México "Los Jóvenes Opinan" 1993; **2do lugar** del Certamen del Estado de México de Expresión Escrita 1993; **Mención Honorífica** en el género de Cuento en el certamen "Los Símbolos Patrios" 1994; **3er lugar** del IV Concurso Nacional "Carta a mis padres" 1996; Presea Estado de México a la Juventud Felipe Sánchez Solís 1996; **1er lugar** del Concurso para la elaboración de un libro de "Historia de la ciencia para estudiantes de enseñanza media y media superior" 1997 (publicado en el Tomo III de la colección "Estampas de la Ciencia" del Fondo de Cultura Económica); **2o lugar** en el certamen "Para leer la ciencia desde México/La ciencia para todos" 1998; **2º lugar** del Concurso Nacional de Ensayo "Reflexión sobre el presente y futuro de los Derechos Humanos en México" 1999.

Ha publicado la novela "Una familia mexicana. Historia de 7 generaciones", editorial EDAMEX (2002); fue compilador de "Tres personajes de noble espíritu" (autor: Esteban Mendieta Saavedra) con el Instituto Mexiquense de Cultura (2005); coautor de "Historias de Inmigración en Galicia", Unidixital, España (2008), además ha participado en la publicación de diversos libros de medicina.

¡POR SIEMPRE! ¡MÉXICO!

www.ingramcontent.com/pod-product-compliance
Lightning Source LLC
Chambersburg PA
CBHW080916230426
43668CB00014B/2134